AUGUSTIN CHALLAMEL.

HISTOIRE
DE PARIS

ILLUSTRÉE

PAR FOULQUIER.

PRIX : **1** FRANC **10** CENTIMES.

FOULQUIER

PARIS,
PUBLIÉ PAR GUSTAVE BARBA, LIBRAIRE-EDITEUR,
RUE DE SEINE, 31.
53.

PANTHEON POPULAIRE

HISTOIRES POPULAIRES

PAR

AUGUSTIN CHALLAMEL.

GUSTAVE BARBA, ÉDITEUR.   BEST, ROTELIN ET RÉGNIER, GRAVEURS.

HISTOIRE DE PARIS

ILLUSTRÉE PAR FOULQUIER.

PREMIÈRE PÉRIODE.

I.

Géographie.

Environ un siècle avant notre ère, l'an 645 de Rome, un petit peuple s'établit sur les bords de la Seine. On l'appelait *Parisii*, les Parisiens. Jules César, cinquante-quatre ans plus tard, mentionna cette colonie. L'historien conquérant visita donc cette puissance, infime alors, qui devait devenir la dominatrice du monde moderne.

La population nouvelle des Parisiens s'étendit sur les deux rives de la Seine, ce fleuve aux mille sinuosités, qui, après avoir pris sa source près de Saint-Seine (Côte-d'Or), après avoir reçu l'Yonne, l'Hyères, la Marne et la Bièvre, formait à Paris cinq îles réduites à trois maintenant : l'île Louviers, l'île Saint-Louis et la Cité. Paris a pour armes un vaisseau, dit Michelet. Primitivement il est lui-même un vaisseau, une île qui nage entre la Seine et la Marne. Il porte « de gueules, à un

Sainte Geneviève.

navire frété et voilé d'argent, flottant sur les ondes de même, au chef semé de France. »

Paris est situé au 20° degré 6′ 4″ de longitude, sa latitude septentrionale est, à l'Observatoire, de 48 degrés 50′ 14″. Cette ville a pour terrain une sorte de gypse. Les collines qui l'environnent comprennent les hauteurs de Bercy, Charonne, Belleville etc., et principalement Montmartre; car les buttes Saint-Chaumont et Montmartre ont jusqu'à 90 mètres. De la rive gauche de la Bièvre, une pente douce monte jusqu'au plateau de Sainte-Geneviève qui s'élève à 34 mètres 3 centimètres. Sa superficie, jusqu'au mur d'octroi, est de 34,398,000 mètres carrés, et, jusqu'à l'enceinte fortifiée, de 267,558,000 mètres carrés. On a calculé qu'elle était, sous Jules César, de 44 arpents; sous Julien, de 113; sous Philippe-Auguste, de 739; sous Charles VI, de 1,284; sous François Iᵉʳ, de 1,414; sous Henri IV, de 1,600; sous Louis XIV, de 3,228; sous Louis XV, de 3,919; sous Louis XVI, de 3,958. Le développement de sa circonférence est de 24,287 mètres ou de plus de 7 lieues

91.

Paris. Typographie Plon frères, rue de Vaugirard, 36.

1

anciennes. Il y a 7,800 mètres de la barrière de Charonne à celle de Passy, et 5,500 de la barrière des Martyrs à celle de la Santé. Paris renferme 1,150 rues, 47 marchés, 96 places, 133 impasses, 50 cloîtres, cours, etc. Le développement de toute sa voie publique comprend 425 kilomètres, et sa surface, avec les trottoirs, environ 4,000,000 mètres carrés. Le nombre de ses maisons monte à plus de 30,000.

Plusieurs causes physiques contribuèrent à vicier l'air de Paris où pullulent les rues étroites, les maisons mal aérées, les immondices entassées sur différents points, et les gravois de toute sorte.

En 1709, le peuple d'alors, c'est-à-dire les pauvres, aplanit la dernière des buttes factices qui se trouvaient près de la porte Saint-Denis; il obtint pour récompense des distributions de pain. La température moyenne de la capitale est de 10 degrés. On y a éprouvé jusqu'à dix-huit degrés de froid, et jusqu'à 32 degrés de chaleur.

Paris, avant 1789, se subdivisait en vingt quartiers :

1°	Quartier de la Cité.	
2°	—	Saint-Jacques de la Boucherie.
3°	—	Sainte-Opportune.
4°	—	du Louvre.
5°	—	du Palais-Royal.
6°	—	Montmartre.
7°	—	Saint-Eustache.
8°	—	des Halles.
9°	—	Saint-Denis.
10°	—	Saint-Martin.
11°	—	de la Grève.
12°	—	Saint-Paul.
13°	—	Sainte-Avoie ou de la Verrerie.
14°	—	du Temple ou du Marais.
15°	—	Saint-Antoine.
16°	—	de la place Maubert.
17°	—	Saint-Benoît.
18°	—	Saint-André.
19°	—	du Luxembourg.
20°	—	Saint-Germain-des-Prés.

En 1789, une ordonnance de Necker divisa Paris en soixante districts, auxquels répondirent soixante bataillons de garde nationale. Cette organisation subsista jusqu'au 21 mai 1790, époque où un décret de l'Assemblée nationale substitua aux soixante districts quarante-huit sections. En l'an IV (1796), il y eut douze arrondissements et quarante-huit quartiers, qui existent encore.

Paris est à :

392	kilomètres S.-S.-E. de Londres;	
211	—	et 11 postes 1/2 de Bruxelles;
223	—	et 32 postes 3/4 S. d'Amsterdam;
277	—	et 91 milles 7/8 S.-O. de Berlin;
211	—	29 postes 1/4 et 128 milles 1/2 S.-S.-O. de Copenhague;
211	—	et 198 milles 1/2 S.-S.-O. de Stockholm;
377	—	198 milles 1/8 et 807 werstes 1/2 S.-O. de Saint-Pétersbourg;
377	—	et 173 milles 3/8 S.-O. de Varsovie;
377	—	25 postes et 57 milles 3/8 de Dresde;
476	—	et 100 milles 1/2 N.-N.-O. de Vienne;
498	—	2 postes N.-O. de Genève;
481	—	et 81 postes 3/4 de Florence;
495	—	et 115 postes 1/4 N.-N.-O. de Rome;
454	—	et 75 postes N.-O. de Venise;
495	—	et 37 postes 3/4 N.-O. de Turin;
454	—	et 52 postes 3/4 N.-N.-O. de Milan;
497	—	et 4 postes 1/2 de Chambéry;
481	—	136 postes 3/4 et 404 lieues et 1/2 de caravane N.-O. de Constantinople;
495	—	et 137 postes 1/2 N.-N.O. de Naples;
811	—	et 105 1/2 d'Espagne N.-N.-E. de Madrid;
811	—	et 202 lieues 1/2 d'Espagne et de Portugal N.-E. de Lisbonne.

Ainsi géographiquement placée, la capitale de la France offre un spécimen complet de tous les arts, de tous les travaux, de toutes les fabrications du pays, portés à la dernière perfection. Elle a une industrie spéciale, dite *article de Paris*, qui comprend les modes, les jouets, la bimbeloterie, la gainerie, la mallerie, les bronzes, le plaqué, l'orfévrerie, etc. Aussi, dès 1831, elle renfermait 96,091 ouvriers du sexe masculin, et 46,124 ouvrières. D'autres renseignements firent connaître que chaque ouvrier actif représentait 4,38 personnes à nourrir, c'est-à-dire que le salaire des 96,091 ouvriers dont nous avons parlé devait pourvoir aux besoins de 420,818 individus de tout âge et de tout sexe. Que de luttes désespérées! Que de misères cachées! Une partie de la population parisienne ne gagne pas le pain nécessaire à son existence. Ceux qui confectionnent les plus beaux objets de luxe languissent parfois dans la plus profonde gêne, et Paris offre constamment le spectacle d'hommes en haillons qui s'arrêtent devant des boutiques rayonnantes de lumière, de cristal et d'or.

Quoi qu'il en soit, comme l'a dit un charmant poëte, *Paris est le* *champ clos des talents;* là viennent se faire consacrer les réputations européennes, là se forment les renommées nouvelles. C'est la capitale par excellence; c'est le lieu de rendez-vous, le salon de la France.

II.

Paris sous Jules-César, sous Julien l'Apostat. — Mœurs.

La nation parisienne eut un sort commun à plusieurs autres nations répandues dans les Gaules; son histoire reste à peu près nulle pendant la domination romaine. L'étendue de son territoire ne fut pas considérable. L'île nommée *Lutèce*, qui reçut plus tard le nom de la *Cité* et que les Romains choisirent pour leur place de guerre, n'avait de fortifications que le cours de la Seine.

Cinquante-quatre ans avant l'ère vulgaire, les Parisiens figurèrent pour la première fois sur la scène historique. Jules César avait presque achevé de conquérir les Gaules lorsqu'il parut aux bords de la Seine; mais les belliqueux Gaulois ne se courbaient pas encore sous sa domination. Dans cette guerre acharnée, véritable guerre d'indépendance, les Parisiens s'armèrent contre l'ennemi commun, et fournirent deux mille hommes au Gaulois pour combattre l'armée de César.

Ils s'effacèrent pendant plusieurs siècles. L'histoire n'en parle plus. Rome absorba cette nation, comme elle avait absorbé celle des Éduens, celle des Carnutes, etc.

Vers 360 cependant, l'état précaire des Parisiens s'améliora. Leur ville s'embellit. L'empereur Julien, qui habita deux fois Lutèce, y fut couronné, y habita durant deux hivers le palais des Thermes, dont il reste quelques ruines rue de la Harpe, y rassembla autour de lui plusieurs savants, et en conserva toujours le plus doux souvenir. Julien avait fondé le régime *municipal* établi dans toute la Gaule. A cette époque, le nouvel état politique des Parisiens revêtit un caractère distinctif; leur ville changea son nom de *Lutèce* en celui de *Paris*.

Ce fut alors que Paris, érigé en cité, élut un corps municipal et des juges, et construisit le palais dit de la Cité. Comme il faut rapporter toute la prospérité dont jouirent les Parisiens, durant la domination romaine, au règne bienfaisant de l'empereur Julien, saisissons cette époque importante, mais trop courte, pour tracer un aperçu de la vie publique et privée de la nation qui nous occupe.

Trois classes existaient sous Julien parmi les Parisiens et les autres nations gauloises : les druides, les chevaliers et le peuple. Les druides dirigeaient la jeunesse, mais ils gardaient étroitement parmi eux leur science profonde et mystique. En vain la connaissance de la législation et de l'administration gauloise devenaient chaque jour plus nécessaires. Les chevaliers ne déposaient presque jamais leurs armes. Le peuple languissait dans la servitude. Le caractère national, ainsi comprimé par la conquête romaine, reprit pourtant son essor. On ne parvint que plus tard à le changer. De fréquentes révoltes s'élevèrent parmi les Gaulois, dont l'éducation était propre à bannir la mollesse, et qui dès leur bas âge apprenaient à braver le froid, le chaud et les fatigues de la guerre. Julien vantait par-dessus tout les mœurs austères des Parisiens. « Ils n'adorent Vénus, dit-il, que comme président au mariage; ils n'usent des dons de Bacchus que parce que ce dieu est le père de la joie et qu'il contribue avec Vénus à donner de nombreux enfants; ils fuient les danses lascives, l'obscénité et l'impudence des théâtres, etc. »

Ce portrait est flatté sans doute. On voit que l'empereur romain parle de sa *chère Lutèce*, qu'il célèbre les vertus morales avec d'autant plus de chaleur, que le territoire parisien possède un agréable climat, des eaux abondantes, des figuiers et des vignobles.

La religion des Gaulois, réduite à la pureté primitive de la morale, développa plusieurs belles qualités de leur naturel. Le précepte fondamental enseigné par leurs prêtres était : « Ne faites aucun mal à personne, et donnez en toute occasion des preuves de grandeur d'âme, de courage et de bienfaisance. »

Nous avons relaté plus haut la science profonde et mystique des druides. Ils avaient, en effet, quelques notions d'astronomie, de physique et de géographie; ils cultivaient la poésie et formaient des *bardes* ou poëtes sacrés, qui par leurs chants excitaient les guerriers au combat, ou célébraient les exploits des héros morts sur le champ de bataille.

L'ignorance du peuple engendra dans les Gaules la crédulité et la curiosité. Son oisiveté produisit de funestes résultats. Peu à peu, néanmoins, le travail refréna ses vices, et les contrées gauloises renfermèrent des classes laborieuses. Quelques terrains seulement restèrent incultes dans les pays propres à la culture. Il n'y en avait pas sur le sol parisien. Cela se conçoit sans peine : pendant le troisième et quatrième siècles, la population y était déjà nombreuse. Les Gaulois, bons agriculteurs, se servirent de la marne comme engrais, et soignèrent beaucoup la culture des arbres. Ils propagèrent principalement la vigne; à Paris, le versant du mont Sainte-Geneviève se couvrit de raisins, et l'olivier crût sur les bords de la Seine

Le commerce, favorisé par les productions du sol, prospérait; les mines étaient fécondes dans plusieurs provinces. Le négoce même occupait les peuples gaulois qui nouaient des relations commerciales avec leurs voisins, qui avaient élevé des manufactures longtemps avant l'invasion romaine. On sait peu de chose de leur goût pour les beaux-arts et de leur aptitude musicale. La langue presque universellement répandue chez les diverses nations était le *celtique*; mais après la conquête de César, les Parisiens se formèrent un idiome mêlé de gaulois et de latin qui, plus tard, se combinant avec les langues germaniques, se transforma en *franc*, et devint le *français* que nous parlons encore.

III.

Légendes de saint Marcel et de sainte Geneviève.

Au milieu des obscurités qui enveloppent l'histoire de Paris avant la conquête de la Gaule par les Francs, on distingue principalement deux légendes.

La première est la *légende de Marcel*, enfant de Paris. Ce saint, dont la piété n'avait pas de pareille, monta sur le siége épiscopal à la fin du quatrième siècle, et l'occupa jusqu'à sa mort, vers 440. Il avait, assurait-on, jeté à la Seine un dragon monstrueux qui répandait la terreur dans la ville, ou plutôt il avait précipité dans le fleuve les idoles des ennemis du Christ. Saint Marcel fut enterré près de Paris, dans un petit village qui forme aujourd'hui le *faubourg Saint-Marcel*. On célèbre sa fête le 3 novembre.

La seconde légende est devenue très-populaire; elle se rapporte à sainte Geneviève, patronne de Paris. Sainte Geneviève naquit à Nanterre vers l'an 423. Ce n'était, selon l'opinion commune, qu'une simple bergère. Saint Germain d'Auxerre lui conseilla de consacrer sa virginité à Dieu; elle suivit ce conseil. Après la mort de ses parents, elle vint demeurer à Paris chez sa marraine: elle y mena une vie toute de piété et d'abstinence. Cependant, en 451, Attila, le *fléau de Dieu*, fit une invasion dans les Gaules. Les Parisiens, remplis d'effroi, désespérèrent de résister au barbare. Ils voulurent abandonner leur ville. Geneviève les y retint à l'aide de ses prédictions. Elle leur assura que Paris serait épargné. L'espoir rentra au cœur des habitants, et ils eurent pour Geneviève une profonde vénération lorsqu'ils virent sa prédiction s'accomplir. A une autre époque, la sainte procura des vivres aux Parisiens affligés par une disette.

Geneviève mourut le 3 janvier 512. Elle a été canonisée et considérée comme la *patronne de Paris*. On exposa ses reliques dans l'église de Saint-Pierre et Saint-Paul, que Clovis bâtit, à sa prière (en haut de la montagne Sainte-Geneviève); église qui ne tarda pas à prendre le nom de la sainte. Après la destruction de ce monument, sur l'emplacement duquel s'élève aujourd'hui le lycée Henri IV, les restes de la patronne de Paris ont été transportés dans l'église de Saint-Étienne-du-Mont. Une neuvaine, commençant chaque année le 3 janvier, jour de la mort et de la fête de sainte Geneviève, attire encore dans ce quartier une foule considérable.

Ces deux légendes touchent par certains côtés à l'histoire positive. En les rapportant, nous n'avons pour but que de satisfaire la curiosité des lecteurs qui aiment avec raison connaître l'origine des renommées séculaires.

IV.

Paris sous Clovis, Childebert, Chilpéric, etc. — Misère du peuple.

Vers le milieu du troisième siècle, une alliance défensive se forma entre plusieurs peuples d'outre-Rhin dans le but de repousser ou les légions romaines ou les peuples germains. Cette alliance se connue sous le nom de *confédération des Francs*, mais son histoire est obscure jusqu'à Clovis (Clodowig), fils de Childéric.

A l'époque (495) où Clovis, vainqueur des Gallo-Romains, fixa le siége de son empire à Paris, la cité commençait à devenir active et populeuse. La place du Commerce, environnée de cases où logeaient les marchands, était située entre l'église cathédrale et le Palais. Sur les deux rives de la Seine s'élevaient des habitations considérables, dominées par le palais des Thermes, cette ancienne résidence de l'empereur Julien. Clovis, cédant aux vœux de la pieuse Clotilde, sa femme, et de sainte Geneviève, fit, ainsi que nous l'avons vu, construire l'église qui plus tard prit le nom de la patronne des Parisiens; Childebert fonda l'abbaye de Saint-Vincent et Sainte-Croix, depuis appelée Saint-Germain-des-Prés; Chilpéric, l'église qui porte maintenant le nom de Saint-Germain-l'Auxerrois; Dagobert, commença l'abbaye de Saint-Denis, et couvrit son église avec des lames d'argent.

Chilpéric laissa de pénibles souvenirs aux habitants. Il maria sa fille à un roi des Visigoths en 584. Selon la coutume, il voulut lui faire un magnifique cortége pour l'envoyer en Espagne. Aussitôt, en vrai barbare, « il ordonna de prendre dans les maisons de Paris beaucoup de familles et de les mettre dans des chariots sous bonne garde.

Plusieurs, craignant d'être arrachés à leurs familles, s'étranglèrent; d'autres personnes de grande naissance firent leur testament, demandant qu'il fût ouvert, comme si elles étaient mortes, dès que la fille du roi entrerait en Espagne. Enfin, la désolation fut si grande dans Paris qu'elle fut comparée à celle de l'Égypte. »

Pendant les règnes sanglants qui suivirent le partage des États de Clotaire Ier, Paris reçut peu d'accroissement. Un incendie (586) réduisit une grande partie de la Cité en cendres. Aucun monument remarquable ne s'éleva.

Quant aux mœurs, loin de s'épurer, elles se ressentirent des affreuses guerres qui divisaient les chefs. Le pouvoir des grands n'avait pour ainsi dire pas de limites. Leurs sujets en subissant ordinairement les fatales conséquences; ils étaient forcés d'arroser de leur sueur et de leur sang cette terre qui ne produisait jamais rien pour ceux qui la cultivaient. Les rois et les évêques intervenaient rarement en faveur du peuple; les derniers, tièdes observateurs des préceptes divins de l'Évangile, ne montraient pas plus de modération ni plus de sagesse que les souverains et les seigneurs séculiers. Quoi que fissent les uns et les autres, une impunité complète les endurcissait dans la tyrannie. Et d'ailleurs, moyennant des fondations religieuses ou des subsides monnayés, les indulgences et les faveurs de la cour ne leur manquaient point. Ils achetaient le pardon de leurs crimes.

Et le peuple, comment vivait-il? S'il n'était pas exempt de fautes, parce qu'il imitait les dérèglements de ses maîtres, la misère de sa position servile rachetait largement ses actions, qui n'allaient presque jamais jusqu'aux crimes. Il souffrait de toutes les manières, moralement et physiquement. Dans les maisons sales et sombres de la Cité, les Parisiens éprouvaient à chaque instant les horreurs de la peste, de la famine ou de la guerre civile. N'oublions pas cependant que Clotaire Ier avait publiquement émis ce principe : « Il ne faut pas condamner un accusé sans l'entendre; » principe équitable que ses successeurs oublièrent souvent depuis. N'oublions pas non plus que l'évêque de Paris, saint Landri, vendit ses meubles et les vases précieux de son église pour nourrir les pauvres pendant une famine (650), que saint Germain, autre évêque de Paris, blâma courageusement les mœurs effrénées du roi Caribert et des grands, et qu'il s'efforça de remédier aux désastres des guerres civiles.

DEUXIÈME PÉRIODE.

I.

Siége de Paris par les Normands.

Sous la seconde race, les souverains résident fort rarement à Paris. Et pourtant le commerce de cette ville s'accrut pendant le règne de Pépin-le-Bref, surtout à cause des relations que les Francs entretenaient avec les peuples de l'Italie.

Charlemagne visita plusieurs fois Paris, qu'un historien contemporain appelait « le trésor des rois et le grand marché des peuples. » Charlemagne, ce géant du moyen âge, fit apporter à Paris par un comte, nommé Étienne, à qui il signifia les *Capitulaires* pour qu'on les publiât dans une assemblée générale en présence des échevins. L'assemblée déclara qu'elle voulait toujours conserver ce recueil de lois, que signèrent tous les grands du territoire parisien.

Deux famines (779 et 793), et plus tard la mauvaise qualité des grains, engendrèrent à Paris une maladie affreuse nommée *mal des ardents*, maladie d'enfer. Les Parisiens souffrirent aussi longtemps des invasions des hommes du Nord, des *Normands*, qui, trois fois, pillèrent impunément la ville, qui dévastèrent et brûlèrent plusieurs églises et les maisons voisines. Saint-Étienne (Notre-Dame), Sainte-Geneviève, Saint-Vincent et Saint-Germain (Saint-Germain-des-Prés), Saint-Germain-l'Auxerrois devinrent la proie des flammes, ou ne se rachetèrent de l'incendie qu'à prix d'or.

Lorsque, pour la quatrième fois, les Normands remontèrent la Seine et se livrèrent à de nouvelles déprédations, les Parisiens s'effrayèrent d'abord; mais bientôt il leur vint la pensée nationale de repousser la force par la force. Goslin, quarante-neuvième évêque de Paris, se hâta d'ajouter de récentes fortifications à celles que son parent Charles-le-Chauve avait ordonnées (877). Dès que l'on fut informé des dispositions prises par l'évêque Goslin pour résister aux Normands, la confiance se rétablit, le courage revint aux plus timides d'entre les habitants. Les Normands, accumulés dans des barques informes, arrivèrent sous les murs de Paris et demandèrent la permission de remonter la Seine. C'était un piége grossier auquel les habitants ne pouvaient se laisser prendre. L'évêque Goslin, le comte de Paris, Eudes et Hugues, « le premier des abbés, » déclarèrent qu'ils

1.

n'accéderaient pas aux demandes des pillards. Voyant que les Parisiens étaient déterminés à se défendre énergiquement, les Normands se décidèrent à faire le siége de Paris. Trente mille hommes assaillirent les murs de la ville pendant une année, sans parvenir à lasser l'ardeur des assiégés.

Charles-le-Gros se présenta avec une armée, non pour combattre, mais pour acheter la retraite des pirates, pour signer la plus honteuse capitulation qui jamais ait été conclue! Il donna aux Normands quatorze cents marcs d'argent. Les pirates renoncèrent enfin au siége de Paris : ils se dédommagèrent de l'inutilité de leurs efforts en ravageant tous les environs de la ville, en pillant les contrées supérieures arrosées par la Seine, la Marne et l'Yonne. Quant à Charles-le-Gros, il paya cher sa lâcheté : renversé du trône, il se vit remplacer par le comte Eudes, fondateur d'une dynastie nouvelle.

Pendant le siége de Paris, l'abbaye de Sainte-Geneviève souffrit beaucoup et ne put donner asile aux reliques qu'on apportait alors de tous les environs. Aussitôt après la retraite des pirates on fit réparer l'église. Lorsque, plusieurs siècles plus tard, elle disparut sous des constructions modernes, il restait encore quelques notables parties du monument primitif.

II.

Charlemagne et ses successeurs.

Il existe un poëme écrit en latin sur le siége de Paris. Dans cette œuvre éminemment curieuse, le moine Abbon, dit le Courbé, qui en est l'auteur, ne signale pas seulement la vaillance des Parisiens, mais il trace aussi le tableau de leurs vices. Sous le rapport moral, les habitants n'avaient donc pas progressé. Toutefois, pendant le temps que régna la dynastie carlovingienne, plusieurs établissements d'enseignement se fondèrent et contribuèrent à développer la civilisation en France. Il convient de les connaître. A dater de cette époque, Paris n'a-t-il pas toujours marché à la tête du mouvement intellectuel? Paris n'a-t-il pas été le cœur de notre pays?

Charlemagne, après avoir parcouru les contrées de l'Italie, après avoir visité toutes les provinces de ses immenses Etats, se rendit (770) sur les bords de la Seine, et y établit, avec l'aide des membres les moins ignorants du clergé, une école où l'on enseignait à lire, à écrire, où l'on apprenait quelques éléments du calcul et même l'art de chanter au lutrin. Il introduisit en France le chant grégorien. Pour accomplir ses desseins, il appela des savants étrangers, des grammairiens, des philosophes. Paul d'Aquilée, Alcuin et Eginhard répondirent à son appel. Les deux derniers, principalement, obtinrent une grande influence à la cour de Charlemagne. Eginhard devint le secrétaire de l'empereur, jouit de toute sa confiance et fut surintendant des bâtiments. On raconte qu'il conçut une vive passion pour une fille de son maître nommée Emma, qu'il eut avec elle plusieurs aventures amoureuses, et qu'il finit par obtenir sa main. C'est là une simple légende. Alcuin, que l'on surnommait le sanctuaire des arts libéraux, parce qu'il réunissait toutes les connaissances de son temps, fonda des écoles dans plusieurs villes de l'empire. Paris eut sa part des fondations d'écoles publiques. Il existait déjà dans cette ville quelques institutions pour les gens qui se destinaient au sacerdoce; conformément à l'ordre de Charlemagne, il s'en établit de nouvelles dans la maison épiscopale, dans les abbayes de Sainte-Geneviève, de Saint-Germain-des-Prés, etc., etc.

Aussi en 900, Rémi, moine de Saint-Germain-d'Auxerre, commentateur de la Bible, arriva à Paris pour y ouvrir une école de philosophie.

Avec le grand homme mourut la grande œuvre. Après Charlemagne, la civilisation française se replongea dans l'abîme. L'ignorance redevint profonde; les ecclésiastiques, soit par indifférence, soit par incapacité, soit par système, ne donnèrent aucune instruction au peuple. A l'ignorance se joignit l'erreur, mal plus funeste encore.

Les superstitions absurdes servirent de croyances et de règles. L'astrologie, la magie, les divinations, les sortiléges, et surtout les épreuves par le feu et le fer chaud, par l'eau froide ou bouillante (jugement de Dieu), etc., passèrent en usage, furent autorisés par les évêques et adoptés quelquefois par les conciles. Comme corollaire de ces erreurs, de ces désordres, de ces crimes, la double aristocratie cléricale et nobiliaire s'élevait. Elle anéantit l'influence salutaire des institutions fondées par Charlemagne.

La dynastie carlovingienne tomba de la même manière que celle des Mérovingiens, sous les coups de cette aristocratie. Une race nouvelle de rois, la race des Capétiens, s'établit sur les ruines des indignes successeurs de Charlemagne. Ne citons que pour mémoire, surtout en ce qui concerne la capitale, les règnes de Louis le Débonnaire, de Charles le Chauve et de leurs successeurs. La seconde race, correspondant à la seconde période de l'histoire de Paris, offre peu d'intérêt. La déposition de Charles le Gros, sa mort, et l'extinction des Carlovingiens, abattirent le colosse élevé sous le nom d'empire d'Occident.

TROISIÈME PÉRIODE.

I.

Paris sous Hugues Capet, Robert le Pieux, Philippe Ier. — Pierre l'Ermite.

Tout le dixième siècle s'était écoulé au milieu des guerres, des famines, des pestes successives. Ce ne fut que sous la troisième dynastie que Paris s'accrut notablement. Hugues, dit Capet, premier roi capétien, résidait dans Paris lorsqu'il ne portait encore que le titre de comte de cette ville; il continua d'y résider lorsqu'il eut placé sur sa tête la couronne de France. Le palais de la Cité, maintenant demeure royale, devint un édifice remarquable, sans doute parce que la capitale du duché des Capétiens s'était changée en capitale du royaume. Hugues Capet transforma une portion de son palais en église : c'était, assure-t-on, Saint-Barthélemy, démolie pendant la révolution de 1789, métamorphosée en salle de spectacle, puis en bas de bas étage, Bal du Prado. Hugues Capet, après avoir régné neuf ans, mourut à Paris; il fut inhumé à l'abbaye Saint-Denis, où plus de soixante rois de sa race devaient aussi venir se réduire en poussière.

Son fils Robert mérita le surnom de Pieux, et gagna, par ses libéralités envers les ecclésiastiques, par son goût à chanter au lutrin, l'affection du clergé. Malgré ses scrupules de conduite, le roi Robert ne sut pas donner une éducation convenable à son fils, à son successeur Henri Ier. Celui-ci prit les armes contre son père : ses fils combattirent contre lui.

Robert le Pieux fit réparer et achever le palais de la Cité. Un jour de Pâques il ordonna que les tables y fussent dressées. Parmi la foule des pauvres qui le suivait, un aveugle s'avança vers lui et demanda l'aumône. La chronique raconte que le roi, en badinant, jeta l'eau au visage du mendiant, et qu'aussitôt, par miracle, l'aveugle recouvra la vue. Ce qu'il faut induire de ce fait miraculeux, c'est que Robert était d'une piété extrême, et que ses sujets le regardèrent comme un saint. L'église de Saint-Nicolas, chapelle située dans l'enceinte du Palais-de-Justice, fut bâtie par son ordre; il fit en outre réparer Notre-Dame, Sainte-Geneviève, et élever la seconde église de Saint-Germain-l'Auxerrois sur les ruines de la première, incendiée par les Normands. Sous son règne, le mal des ardents exerça encore une fois des ravages dans la capitale (996); sous celui de Henri Ier, les établissements publics de Paris ne s'augmentèrent pas considérablement. Il n'y eut guère que la reconstruction du monastère de Saint-Martin-des-Champs, aujourd'hui le Conservatoire des arts et métiers, détruit par les Normands.

Sous Philippe Ier, il s'établit à Paris une institution nouvelle et importante : la prévôté. Le prévôt de Paris, magistrat d'épée, siégeant au Châtelet, était chargé du gouvernement politique et financier dans toute l'étendue de la ville, où il représentait le roi « pour ... fait de la justice. » A la même époque, Pierre l'Ermite, du diocèse d'Amiens, prêcha la première croisade; il marchait pieds nus, une corde à la ceinture, le crucifix à la main. Il exhorta les Parisiens à participer à la délivrance du saint sépulcre. Trois mille hommes, recrutés dans le rebut de la population, s'engagèrent et partirent pour la Palestine, sous la conduite de Pierre. De cette expédition, entreprise sans vivres ni argent, pas un seul croisé ne revint. Nous nous trompons, le prédicateur reparut, pour mourir, en 1115, au couvent de Neu-Moutier, qu'il avait fondé.

Le caractère distinctif du dernier siècle écoulé consistait dans le régime féodal et dans le brigandage des seigneurs, deux plaies toujours saignantes pour les classes pauvres. Malgré la proximité du trône, les campagnes voisines de Paris souffraient immensément des malheurs publics. Sur le paysan retombait tout le fardeau, sur lui pesaient toutes les fautes des hommes puissants. Bravant les lois civiles et religieuses, les barons couvraient la terre de cadavres, de débris et de cendres... Le peuple ne caressa plus qu'un seul espoir, celui de voir ses oppresseurs se détruire les uns les autres, juste punition de leur cupidité et de leur égoïsme sans frein. En effet, le vol commis sur les voyageurs et les marchands entraînait de temps en temps des débats sanglants parmi les pillards des grands chemins. Mais ce remède avait des résultats accidentels, lents, peu efficaces, tandis que la misère des masses allait se développant, s'agrandissant chaque jour. La famine, les épidémies, suites ordinaires d'un abandon général de l'agriculture et de l'industrie, moissonnaient la population de la ville et des campagnes environnantes.

Que faisait le clergé dans ces désastres? Oubliant sa mission divine, négligeant l'œuvre de charité et de concorde, il suscitait des accusations d'hérésie, fomentait des disputes théologiques, toujours contraires au véritable progrès de la tolérance, toujours funestes au repos des peuples. Et il ne s'arrêtait pas là encore. Nous le voyons, —

commencement du onzième siècle, adorer la force brutale et restaurer le prétendu jugement de Dieu, le triomphe du hasard sur le droit.

II.

Enceinte de Paris sous Louis le Gros. — Héloïse et Abailard.

Paris, trop à l'étroit dans son île, avait passé l'eau, et il s'étendit, quand régna Louis le Gros, sur les deux rives de la Seine. Voici la description certaine en plusieurs points, conjecturale en quelques autres, de son enceinte : le mur devait partir de la rive droite de la Seine, dans le voisinage de Saint-Germain-l'Auxerrois ; il enserrait cette église et ses dépendances, et, s'étendant probablement jusqu'à la rue des Fossés-Saint-Germain-l'Auxerrois, il suivait la direction entière de cette rue, celles de Béthizy, des Deux-Boules, de la rue et place du Chevalier-du-Guet, enfin de la rue Perrin-Gosselin, et aboutissait à la rue Saint-Denis : là était une porte située au nord, en face et à peu de distance du Grand-Châtelet. De cette porte, qui devait être au point où la rue d'Avignon débouche dans celle de Saint-Denis, le mur se dirigeait le long de la première rue, celle des Écrivains, enserrait l'église Saint-Jacques-de-la-Boucherie, et aboutissait à la rue des Arcis, où se trouvait une porte de ville. Comme on passait par cette porte pour arriver à l'église Saint-Méry, elle fut nommée l'Arche de Saint-Méry. De cette porte, le mur d'enceinte se continuait dans la direction des rues Jean-Pain-Mollet et Jean-l'Épine, de la Seine, où se terminait du côté du nord la seconde enceinte. — Il paraît que dans la suite l'enceinte fut de nouveau, du même côté, prolongée dans la rue Saint-Antoine, jusqu'en face de la rue Geoffroi-Lasnier, où était une porte appelée porte Baudet. L'enceinte de la partie méridionale présente aussi plusieurs incertitudes. Il paraît que sur l'emplacement du couvent des Grands-Augustins, aujourd'hui halle à la volaille, au bord de la rivière, commençait cette partie de mur : ce point correspondait alors à la pointe de l'île de la Cité, et servait à la défense. Deux rues, situées dans le voisinage du couvent des Grands-Augustins, portaient le nom de la Barre, nom indicatif d'une porte de ville, porte qui devait être placée dans la rue Saint-André-des-Arts, vers le point où la rue des Grands-Augustins vient y aboutir. De cette porte, le mur devait se prolonger à travers le massif des maisons situées en face de la rue des Grands-Augustins, atteindre le cul-de-sac du Paon, aboutir à la rue Hautefeuille, presque en face de la rue Pierre-Sarrazin ; il se pourrait qu'en cet endroit fût une porte, la rue Hautefeuille étant, dans un grand nombre d'actes, nommée rue de la Barre. Le mur devait suivre la direction de la rue Pierre-Sarrazin et traverser la rue de la Harpe. De ce point il devait se diriger à peu près comme la rue des Mathurins, et aboutir à la rue Saint-Jacques, où se trouvait une porte. Le mur d'enceinte suivait évidemment, à cette porte, la direction de la rue des Noyers jusqu'à la place Maubert, où se trouvait une autre porte qui s'ouvrait sur la voie qui conduit à Sainte-Geneviève, à Saint-Marcel, etc. et de là le mur, se prolongeant entre les rues Perdue et de Bièvre, aboutissait à la gauche de la Seine, vers le point de cette rive appelé les Grands-Degrés, point qui correspondait à l'extrémité orientale de l'île de la Cité. En cet endroit de la rive était une tour nommée tour Saint-Bernard et tournelle des Bernardins, qui devait terminer l'enceinte.

On rapporte à Louis le Gros la construction du grand et du petit Châtelet, qui devaient défendre l'entrée de la Cité.

Le peuple était jusqu'ici presque entièrement absorbé par le pouvoir féodal. Louis VI sembla vouloir jouer le seul rôle qui convienne à un roi, celui de défenseur de ses sujets. Il eut constamment les armes à la main pour combattre les barons qui relevaient de l'ancien duché de France, et pour lutter hardiment contre leur turbulente autorité. Le meilleur moyen d'y parvenir, c'était de délivrer le peuple du servage qui l'abrutissait. Le mouvement communal naissait ; il s'en servit, le développa et le favorisa dans les cités qui lui fournissaient des ressources et de l'argent pour atteindre son but contre les barons. Il octroya à plusieurs villes le droit de communes si désiré, c'est-à-dire la faculté de régir elles-mêmes leurs affaires communales ; il leur accorda aussi des chartes contenant des priviléges qui les délivraient de tout assujettissement féodal. Le peuple commença dès lors à naître à la vie véritable, dans les bourgs par les bourgeois, dans les campagnes par les serfs affranchis, enfin par l'acquisition graduelle de la propriété morcelée.

Les Parisiens obtinrent, en outre, de Louis VI, quelques prérogatives qui ne paraissent pas sans importance, surtout si l'on considère l'état dans lequel se trouvait la classe bourgeoise au onzième siècle. Entre autres priviléges accordés aux Parisiens, les historiens citent une charte qui favorise les bourgeois dans les moyens de poursuivre leurs débiteurs. Certes, voilà une chose bien simple, n'est-ce pas, exiger que ceux qui doivent payent ! Cela donne idée de la justice du temps.

À l'avénement de Louis le Gros (1108) il n'existait à Paris que quatre écoles supérieures et publiques : celle de l'abbaye de Sainte-Geneviève ; celles de Saint-Germain-des-Prés et de Saint-Germain-

l'Auxerrois, et la grande école de la cathédrale ou du Parvis, où le célèbre Guillaume de Champeaux, fils d'un laboureur de Champeaux en Brie, philosophe scolastique, archidiacre de Notre-Dame, enseigna la théologie et la dialectique (philosophie). La réputation de Guillaume de Champeaux fut bientôt surpassée par celle de son meilleur disciple, et plus tard de son ardent adversaire, Pierre Abailard, né au bourg de Palais, près de Saintes, en 1079.

Pierre Abailard, après avoir suivi les leçons du célèbre archidiacre de Notre-Dame, aspira dès l'âge de vingt-deux ans à l'honneur de professer les premiers principes, de féconder les premiers germes de la civilisation et de la liberté de penser. Il commença sa carrière de philosophe en établissant une école à Melun. L'excès du travail lui ayant causé une maladie, il se rendit de Corbeil, où il avait transféré son camp, à Paris. A Paris, la réputation de son savoir éminent était déjà parvenue. Il ouvrit ensuite une école dans la capitale. Là le succès qu'il obtint appela d'abord sur sa tête les persécutions. Il quitta la ville pour y revenir en 1118 et pour s'y fixer définitivement, ainsi, du moins, le croyait-il.

De toutes les parties de la France et de l'Allemagne, les écoliers, attirés par la célébrité de Pierre Abailard, accoururent pour entendre ce vrai philosophe. On en comptait plus de trois mille. Cependant, Fulbert, chanoine de Notre-Dame, choisit Abailard pour donner des leçons à sa nièce Héloïse, jeune fille de qualité, pleine d'esprit et de charmes. Le maître ne tarda pas à concevoir pour son écolière une ardente passion. Après quelques mois de relations amoureuses, Abailard enleva Héloïse et la conduisit en Bretagne, où elle lui donna un fils, qu'il nomma Astrolabius. Le professeur, pour réparer ses torts, épousa secrètement son élève. Fulbert ne se contenta pas d'un dénoûment aussi simple ; il se vengea d'Abailard en le faisant mutiler pendant la nuit.

Cet événement, si connu, vint troubler le bonheur que procuraient au savant philosophe ses incontestables talents et sa renommée. Abailard fut contraint de se retirer à l'abbaye de Saint-Denis, où il prit les ordres. Il n'y devait pas rester. Les sollicitations les plus vives l'allèrent arracher au calme de la retraite. Cédant aux instances de ses auditeurs de Paris, il rouvrit à Provins une école de théologie et de dialectique. Accusé d'hérésie, lassé par les persécutions, dégoûté d'une carrière où sa gloire était payée par de trop grands sacrifices, Abailard se retira près de Nogent-sur-Seine et y fonda une abbaye nommée le Paraclet, dont Héloïse, son écolière et son amante, fut la première abbesse. On possède encore la correspondance qu'ils entretinrent dans cette retraite, on l'on voyait encore, il y a quelques années, dans la Cité, à Paris, la maison du chanoine Fulbert, oncle d'Héloïse. Ces deux vers y étaient inscrits :

Héloïse, Abailard habitèrent ces lieux,
Des sincères amants modèles précieux.

Dans le cimetière du Père-Lachaise se trouve un tombeau construit avec les débris de l'abbaye du Paraclet : le corps d'Abailard y est inhumé.

III.

Paris sous Louis VII le Jeune.

Paris, lorsque les rois de France l'eurent adopté pour résidence ordinaire, fut entouré d'une seconde enceinte. La capitale du royaume exerça alors une haute influence sur les affaires politiques. En 1147 on vit apparaître, à Paris, les chevaliers du Temple, qui vers 1182 fondèrent un établissement célèbre dans l'histoire. Déjà, le pape Eugène III étant venu dans la capitale (1147), avait célébré la messe à l'abbaye de Sainte-Geneviève. Les chanoines, voulant rendre les honneurs au vicaire de Jésus-Christ, firent étendre devant l'autel un riche tapis que le roi Louis VII, le Jeune, leur avait envoyé. Mais, à peine le souverain pontife fut-il rentré dans la sacristie, que ses officiers prétendirent s'emparer du présent royal comme d'une chose qui leur appartenait, les servants de l'église prétendirent de leur côté que le tapis revenait à l'abbaye de Sainte-Geneviève. Des disputes on en vint aux injures, des injures aux coups, on ne fut pas sans peine qu'on mit fin au tumulte, pendant lequel Louis VII fut frappé par les domestiques de l'abbaye.

Louis le Jeune avait pour les ecclésiastiques un respect extraordinaire. Dans toutes les cérémonies, il cédait le pas au moindre clerc, en lui disant : « Par tous les saints de Bethléem, je ne marcherai pas ; c'est à vous de passer devant. » On jugera davantage encore de la déférence de ce souverain pour les membres du clergé, lorsqu'on aura lu le trait suivant. Le roi se transporta un jour d'un de ses domaines dans la capitale. Surpris par la nuit, il soupa et coucha à Creteil aux frais des habitants : le village relevait du chapitre de Notre-Dame. Le lendemain, aussitôt son arrivée à Paris, il se rendit dans la cathédrale, pour assister aux offices divins et pour faire ses dévotions. Une visite du roi à la cathédrale jetait toujours l'émoi parmi les populations. Cependant, Louis VII trouva les portes de l'église fermées. Il demanda la cause de cette mesure inusitée, insultante. Des chanoines répondirent :

« Quoique vous soyez roi, vous n'en êtes pas moins cet homme qui, contre les prérogatives et les coutumes sacrées de la sainte Église, a eu l'audace de souper à Creteil, non à vos dépens, mais à ceux des habitants de ce village; voilà pourquoi nous, humbles serviteurs de Dieu, nous vous avons fermé les portes de l'église. »

A ces mots, le roi, frappé de stupeur, versa d'abondantes larmes et s'excusa ainsi :

« Je ne l'ai pas fait à dessein : il était nuit ; je ne pouvais aller jusqu'à Paris ; je n'ai pas voulu repousser les offres empressées des habitants de Creteil. Qu'on fasse venir tout le chapitre et même le chanoine prévôt du village, je m'en rapporterai à leur décision sur mon innocence. »

Ce dialogue terminé, les chanoines laissèrent Louis VII se morfondre à la porte de la cathédrale, jusqu'à ce qu'on eût donné deux chandeliers d'argent pour gage de la promesse qu'il faisait de payer à sa juste valeur le souper de Creteil.

Plus tard, pour montrer son zèle religieux et pour donner des preuves de soumission aux volontés du clergé, Louis le Jeune ne se contenta pas de se croiser, et d'aller en Terre-Sainte, mais il opéra une révolution dans la chevelure française. L'évêque de Paris, Pierre Lombard, dit le *Maître des Sentences*, persuada à ce prince de faire publiquement, par humilité, le sacrifice de ses cheveux. Louis VII y consentit. Il connaissait sans doute le décret rendu par un concile qui s'était réuni à Rouen, vers la fin du siècle précédent, décret qui déclarait « que ceux qui portaient de longs cheveux seraient exclus de l'église. » Le prélat, politique aussi habile que célèbre théologien, coupa de sa propre main la barbe du roi dans l'église Notre-Dame. Cet acte produisit un grand effet. Les Parisiens, qui avaient jusque-là conservé leurs cheveux longs, imitèrent le roi.

IV.

Enceinte de Paris sous Philippe-Auguste. — Expulsion et rappel des juifs. — Les écoliers de l'université.

On se rappelle que Paris avait, sous le règne de Louis le Jeune (1137-1180), une seconde enceinte. Philippe-Auguste (1180-1223), qui succéda à son père, entoura la capitale d'une sorte de fortification et d'une nouvelle digue. On voit encore aujourd'hui, à l'extrémité de la rue Clovis, des restes de cette grande et forte muraille.

Philippe-Auguste, craignant de voir la capitale insultée par les Anglais au moment où il s'embarquait pour une croisade, ordonna d'environner les faubourgs d'un mur de sept à huit pieds d'épaisseur, défendu par cinq cents tours et muni d'un fossé profond. On commença en 1190 par la partie septentrionale de Paris. Le mur partait de la rive droite de la Seine, à quelques toises au-dessus de l'extrémité septentrionale du pont des Arts. Là s'élevait une grosse tour ronde, qui pendant plusieurs siècles a porté le nom de *Tour-qui-fait-le coin*. De cette tour, le mur traversait l'emplacement actuel de la cour du Louvre, longeait la façade occidentale de cette cour et se prolongeait, en suivant la direction de la rue de l'Oratoire, jusqu'à la rue Saint-Honoré, qui portait vers ce temps le nom de Charronnerie. Là, le mur interrompu présentait une entrée fortifiée par deux tours rondes, et qui se nommait porte Saint-Honoré. De cette porte l'enceinte s'étendait entre les rues de Grenelle et d'Orléans jusqu'au carrefour où aboutissaient les rues de Grenelle, Sartine, Jean-Jacques-Rousseau, et Coquillière.

La muraille se prolongeait entre les rues Jean-Jacques-Rousseau et du Jour jusqu'à la rue Montmartre, où elle était un ouvrage appelé porte Montmartre ou porte Saint-Eustache, à peu près entre les numéros 15 et 32. De là, le mur traversait le massif de maisons qui est en face, se continuait derrière le côté septentrional de la rue Mauconseil, suivait la direction de cette rue, et traversait la rue Française. Presque à l'angle formé par les rues Mauconseil et Saint-Denis, était une porte de ville appelée porte Saint-Denis ou porte aux Peintres : entre cette porte et la porte Montmartre, il en existait une autre, nommée Comtesse d'Artois. De la porte Saint-Denis, le mur perçait le massif des maisons qui sont directement en face de la rue Mauconseil, enserrait l'emplacement de la rue aux Ours, traversait la rue Grenier-Saint-Lazare, en débouchant dans la rue Saint-Martin. Là était la porte Saint-Martin, nommée aussi porte Saint-Méry.

Le mur traversait le massif de maisons entre les rues Michel-le-Comte et Geoffroy-Langevin, allait aboutir à la rue Sainte-Avoie, entre le coin de la rue de Braque et l'hôtel de Mesmes, traversait l'emplacement des bâtiments et jardins de cet hôtel et aboutissait à la rue du Chaume, à l'angle que forme avec cette rue la rue de Paradis. Là était une porte appelée porte du Temple et porte de Braque, parce que la rue du Chaume était ainsi nommée. On la nommait aussi porte Neuve, ou Poterne-Neuve. De cette porte, le mur suivait à peu près la direction de la rue et du couvent des Blancs-Manteaux, se détournait un peu de la ligne de cette rue à son extrémité orientale, et aboutissait dans la rue Vieille-du-Temple, entre les rues des Francs-Bourgeois et des Rosiers. Entre ces deux rues et dans celle du Temple se trouvait une entrée nommée porte ou plutôt poterne Barbette, à

cause de l'hôtel Barbette situé dans le voisinage. De cette porte, et sans aucune interruption jusqu'à la porte Saint-Antoine, qui était située sur la place de Birague, le mur décrivait une courbe peu sensible, traversait les emplacements qui se trouvent entre la rue Vieille-du-Temple et la rue Culture-Sainte-Catherine, et aboutissait presque à l'extrémité méridionale de cette dernière rue, en face de Sainte-Catherine-du-Val-des-Écoliers. Près de là était la porte Saint-Antoine, dite aussi Baudet ou Baudoyer. Le mur traversait l'emplacement de l'église et autres bâtiments de Saint-Louis, puis passait à travers l'enclos du couvent du quai de l'Ave-Maria, traversait l'emplacement de la rue des Barres, où l'on plaça dans la suite une petite porte appelée fausse poterne de Saint-Paul, et aboutissait à la rive droite de la Seine. Là, entre les rues de l'Étoile et Saint-Paul, vers le milieu du massif de bâtiments qui sépare le quai des Ormes du quai des Célestins, et rétrécit le quai en s'avançant vers la Seine, s'élevait la tour de Billy, fortification où dans la suite on pratiqua une porte nommée porte Barbelle ou Barbéel-sur-l'Yeau. Cette fortification terminait à l'est de Paris l'enceinte de la partie septentrionale de cette ville. Entre la porte Saint-Antoine et la porte Barbéel étaient deux fausses portes ou poternes : l'une ouvrait dans la rue des Prêtres-Saint-Paul et portait le nom de porte Saint-Pol ou de porte des Béguines et de l'Ave-Maria ; l'autre, nommée porte des Barres, aboutissait à la rue de ce nom.

L'enceinte de la partie méridionale fut commencée vers l'an 1208. En face de la Tour-qui-fait-le coin, sur la rive droite de la Seine, à l'endroit même du pavillon oriental du collège Mazarin, s'élevait une haute tour qui, d'abord appelée de Philippe Hamelin, reçut ensuite le nom de Nesle ; c'est le point où commençait, du côté de l'ouest, l'enceinte méridionale. De la tour de Nesle, le mur, laissant en dehors l'emplacement de la rue Mazarine et du collège Mazarin, en suivant la direction jusqu'au point où le côté oriental de cette rue cesse d'être en alignement, traversait l'emplacement de la rue Dauphine, suivant la ligne de la rue Contrescarpe, et aboutissait à la rue Saint-André-des-Arts. Là se trouvait la porte dite du Bussy. — De cette porte, le mur, laissant en dehors le passage connu sous le nom de porte du Commerce, se dirigeait parallèlement à sa ligne entre le passage de l'hôtel de Tours et aboutissait rue des Cordeliers, aujourd'hui de l'École de Médecine, jusqu'à l'endroit de cette rue où se voit encore la fontaine des Cordeliers. En cet endroit était une porte appelée porte des Cordelles ou des Cordeliers, porte des Frères-Mineurs, et ensuite porte Saint-Germain.

En partant de cette porte, l'enceinte, traversant les rues de Touraine, de l'Observance et les emplacements intermédiaires, se prolongeait en droite ligne entre la rue des Fossés-Monsieur-le-Prince et l'enclos du couvent des Cordeliers, où se voient encore de grandes parties de ce mur, et aboutissait à la place Saint-Michel à l'extrémité supérieure de la rue de la Harpe. A l'endroit même où cette rue débouche sur cette place était une porte de ville nommée Gibert, ou Gibard, ou porte d'Enfer. En 1394, Charles VI lui donna le nom de porte Saint-Michel. Le mur longeait l'enclos du couvent des Jacobins. Vers le milieu de l'espace qui se trouve entre les rues Soufflot et des Fossés-Saint-Jacques, était une porte appelée Saint-Jacques ; on la nomma aussi porte de Notre-Dame-des-Champs. De là le mur se prolongeait sur les emplacements qui sont au nord et à environ vingt mètres du côté septentrional des rues des Fossés-Saint-Jacques, de l'Estrapade, et, ayant enserré la maison, l'église et les jardins de Sainte-Geneviève, aboutissait à la rue Bordet, où se trouvait une porte de ce nom. On l'appelle aussi Bordel et Bordelle ; elle était située à environ vingt-quatre mètres du point où cette rue débouche dans celle de Fourcy. Le mur d'enceinte suivait la direction de la rue des Fossés-Saint-Victor, traversait l'enclos de l'école Polytechnique, et s'étendait jusqu'à la rue Saint-Victor, où était un ouvrage appelé Saint-Victor. De là, le mur traversait l'emplacement du séminaire des Bons-Enfants, ceux de divers collèges, et s'étendait en droite ligne jusqu'au bord de la Seine, dans une direction parallèle à celle de la rue des Fossés-Saint-Bernard. A l'endroit où le mur aboutissait à la rive de la Seine, était une porte et fortification appelée Tournelle ; là se terminait l'enceinte de la partie méridionale de Paris.

Pendant le règne de Philippe-Auguste, les institutions se multiplient ; les événements se succèdent avec rapidité ; la population parisienne s'accroît et déborde.

Philippe-Auguste songea à poursuivre activement les constructions commencées à Paris, pour donner à sa résidence favorite un brillant aspect. Comme les ressources d'argent lui manquaient, il employa des expédients indignes, mais efficaces : il se proposa de persécuter les juifs. Ces odieux moyens avaient déjà été souvent employés arbitrairement par les grands vassaux, avant que Philippe-Auguste s'en servît. Le roi ne voulut pas agir par autorité ; il préféra prendre des formes qui ressemblaient à celles de la justice. On répandit d'atroces calomnies contre les juifs ; on les accusa de crimes épouvantables ; on accueillit les bruits sans fondement, et l'on expulsa tous les Israélites sans distinction.

Il y avait alors dans les bois de Saint-Mandé un ermite en qui le roi avait la plus grande confiance. Philippe-Auguste le consulta dans cette circonstance grave. L'ermite conseilla de chasser tous les juifs du sol français, de relâcher tous les chrétiens de France des dettes contractées envers ces mécréants, et de retenir la cinquième partie de leur fortune. C'était un conseil de spoliation complète. Justinien, l'empereur-jurisconsulte, eût dit à Philippe-Auguste : « Oblige d'abord tes sujets à rendre aux Hébreux l'argent qu'ils leur doivent, moins l'intérêt usuraire que les derniers ont perçu, et ne les dépouille d'aucune partie de leurs biens, car en agissant de la sorte tu serais plus criminel qu'eux. »

Mais personne ne prononça des paroles de vérité et de justice devant le jeune monarque : une ordonnance, suscitée par les hauts barons qui se voyaient près de ressaisir les obligations qu'ils avaient remises aux juifs, força les sectateurs de Moïse à quitter la France avant la Saint-Jean-Baptiste (juin 1181).

A l'aide de ces moyens, réprouvés également par l'honneur strict et par la morale évangélique, Philippe-Auguste put travailler à l'embellissement de sa capitale. Le mal avait engendré le bien.

Les rues de Paris, très-sales, très-bourbeuses, exhalaient des miasmes putrides, dangereux pour la santé des habitants. Philippe-Auguste remédia à cet inconvénient en les faisant paver. Il fonda aussi les premières halles. Il donna au quartier Sainte-Geneviève une église nouvelle, Saint-Étienne-du-Mont. Ce qui plut davantage aux habitants que l'assainissement de la ville. En effet, comme le remarque un historien moderne : « le peuple s'inquiétait peu des bouges obscurs et infects où il couchait, pourvu qu'elle fût grande, riche, magnifique, cette église où il passait la moitié de ses jours, où tous les actes de sa vie étaient consacrés, où il trouvait l'égalité bannie de partout ailleurs, où il repaissait son cœur et ses yeux du plus grand des spectacles. La cathédrale et sa flèche pyramidale, et sa forêt de colonnes, et ses balustres ciselés, et sa foule de statues, et sa musique majestueuse, et ses pompeuses cérémonies, et ses cierges, ses tentures, ses prêtres, c'était là sa gloire et sa jouissance de tous les jours : c'était sa propriété, son œuvre, sa demeure aussi, car c'était la maison de Dieu. »

Philippe-Auguste avait chassé les Juifs pour subvenir à d'énormes dépenses. D'autres projets coûteux, que ce prince avait conçus dès les premières années de son règne, lui firent rappeler les juifs. La spoliation lui sembla alors moins productive que l'exploitation. Les Israélites rentrèrent dans Paris et achetèrent à prix d'argent le droit de se fixer partout où ils voudraient, excepté dans le centre de la capitale.

Rien n'égalait d'ailleurs la sollicitude du roi pour son Paris, et lorsqu'il alla guerroyer en Terre-Sainte, les Parisiens reçurent une grande marque de confiance de sa part. « Nous voulons, dit-il dans un acte solennel qui régla les mesures à prendre pour l'administration du pays, nous voulons que tous nos revenus en rentes soient apportés à Paris et qu'ils soient remis aux six bourgeois que nous désignerons, etc., etc. » On voit par là que Philippe-Auguste s'appuyait sur le peuple et qu'il cherchait à battre en brèche le pouvoir des seigneurs féodaux. Aussi jugeons-nous convenable de faire remarquer ici que les corporations ouvrières et marchandes de Paris jouissaient de certaines prérogatives ; qu'elles assistaient aux processions, qu'elles y portaient leurs bannières, ornées d'allégories caractéristiques, précédées de leur roi d'armes, c'est-à-dire de leur chef.

Malgré ses embarras de famille et d'argent, malgré les soucis de la glorieuse et longue guerre qu'il soutint contre Jean-Sans-Terre, Philippe-Auguste n'en poursuivit pas moins avec persévérance l'exécution des mesures qu'il avait arrêtées pour les progrès matériels, intellectuels et moraux de Paris. Cette sollicitude lui valut l'affection des Parisiens. En effet, en 1214, après la bataille de Bouvines, il rentra triomphant dans Paris, ayant à sa suite cinq comtes, entre autres Ferrand, comte de Flandre. Le peuple manifesta un enthousiasme sans égal. Faisant allusion au nom du prisonnier et à la couleur des chevaux qui traînaient la litière des captifs chargés de fers, il chantait :

Quatre *ferrans* bien *ferrés*
Traînent Ferrand bien ferré.

Les Parisiens firent une pompeuse réception au roi, ils célébrèrent sa victoire par des réjouissances qui durèrent huit jours. L'allégresse populaire ne tiédit pas pendant sept nuits consécutives passées au milieu des illuminations : la nuit paraissait aussi brillante que le jour. Les écoliers surtout ne cessèrent de fêter cette victoire par des chants, par des festins et des danses. Or, les écoliers une fois en *liesse*, Dieu sait ce qu'il en résultait de bruit et de mouvement. Depuis que les écoles de Paris avaient été réunies en *université* par Philippe-Auguste, vingt mille jeunes gens, qui composaient cette université, jouissaient de franchises sans nombre, frappaient çà et là impunément, formaient une ville dans la ville, et n'obéissaient pas à la juridiction municipale. Aussi les enfants de la *fille aînée des rois de France* ne manquèrent pas de célébrer le triomphe de Bouvines avec force débauches, lutineries, tumultes, rixes et querelles. Les écoliers s'attaquaient de préférence aux bourgeois, race peu maligne. Les bourgeois se firent justice eux-mêmes en 1223 : ils tuèrent, dit-on, trois cent vingt écoliers pendant une seule lutte, et ils jetèrent leurs cadavres à la rivière.

V.

L'accroissement constant de la jeunesse studieuse nécessita, sous Philippe-Auguste, la fondation de plusieurs colléges nouveaux : le collége des Bons-Enfants-Saint-Honoré, celui de Constantinople, etc. Paris s'enrichit encore d'un établissement utile dont nous avons déjà parlé, des *halles*, qui, originairement, furent entourées de murs et eurent des portes. Le cimetière des Innocents, l'ossuaire le plus considérable de la capitale, fut aussi environné d'une clôture, parce que certaines gens y commettaient des indécences et des profanations.

Hors des murs de Paris on fonda, en 1202, un hôpital pour les pèlerins et les voyageurs attardés, car on fermait les portes de la ville après le coucher du soleil. Les habitants devaient rentrer dans leurs maisons; ils ne pouvaient plus aller au milieu des campagnes. A cette même époque, l'évêque Maurice de Sully, roturier de naissance, se plaça au nombre des bienfaiteurs de Paris. Maurice de Sully, fils de parents très-pauvres, avait d'abord été réduit à mendier. Il s'était distingué par son talent pour la prédication, et était parvenu au siège épiscopal. Il prit une grande part à la construction de l'église Notre-Dame, que Philippe-Auguste fit achever; Maurice avait trépassé pendant les travaux, et Notre-Dame fut terminée sous son successeur Eudes, ou Odon de Sully, qui, malgré cette ressemblance de nom, n'avait rien de commun avec sa famille.

Quant à la construction du Louvre, on n'a que des données incertaines : il fut probablement fondé dans le temps où les exactions exercées contre les juifs permettaient au roi de France de suffire aux dépenses qu'exigeaient des travaux immenses.

Vers 1184, des brigands connus sous le nom de Pastoureaux, Routiers, Brabançons, s'introduisirent jusque dans l'enceinte de Paris. Cette audace méritait un châtiment exemplaire. Philippe-Auguste marcha contre les hordes qui dévastaient les campagnes; il détruisit leurs troupes et délivra la capitale de ces pillards, qui voulaient imiter leurs maîtres et seigneurs. Aussitôt que Philippe eut quelque repos d'esprit, il améliora les juridictions locales, pour saper indirectement le système féodal. Il accorda des chartes aux communes, etc. Indépendamment des organisations communales, il constitua définitivement la *hanse parisienne*, corporation formée de membres qu'on appelait aussi les *marchands de l'eau*. Elle tirait son origine des *nautes parisiens*, célèbres sous la domination romaine, et qui, après avoir résisté à de nombreuses révolutions, devinrent, au douzième siècle, la plus puissante association de toutes celles qui exerçaient le commerce dans la capitale. En vertu de privilèges obtenus pendant les deux règnes précédents, le corps des marchands de l'eau disposait exclusivement de la navigation de la Seine. Sous Philippe-Auguste, qui confirma leurs prérogatives, aucun marchand étranger ne pouvait expédier par eau des denrées dans certaines limites, sans être tenu de prendre pour associé un membre de la *hanse parisienne*, avec lequel il devait partager la marchandise ou le bénéfice de la vente. Philippe-Auguste céda à cette hanse, en 1220, les *criages de Paris* ou les criées des marchandises à vendre dans la ville, avec le droit d'établir et de révoquer à volonté, en vertu de leur propre autorité, les jurés-crieurs. Le commerce n'avait alors que les rivières qui pussent servir de routes naturelles; les chemins étaient impraticables et périlleux. On comprend, dès lors, pourquoi les marchands de l'eau se trouvaient à la tête du commerce parisien, et comment on arriva, insensiblement, à considérer les chefs de cette corporation qui s'élevait au-dessus de la bourgeoisie et des métiers, comme les chefs de la commune.

En réalité, la *hanse parisienne* fut formée pour s'opposer, autant que possible, aux brigandages des seigneurs riverains de la Seine; elle se ligua successivement avec les négociants des provinces, particulièrement avec les Bourguignons qui faisaient descendre à Paris leurs vins déjà fort recherchés. Les étrangers partageaient tous les avantages assurés à l'association parisienne; cependant il ne leur était permis de faire le commerce qu'en dehors de la capitale.

Malgré la protection que Philippe-Auguste accorda aux institutions d'enseignement, principalement à l'Université, l'émulation studieuse qui avait existé du temps d'Abailard s'était visiblement attiédie depuis. Cependant, si les études fortes se ralentirent, les lumières, une fois acquises, ne s'affaiblirent pas; chaque époque ne voit-elle pas naître des conservateurs zélés de la science et de la pensée?

A en juger par quelques-uns de ses actes, Philippe-Auguste ne posséda peut-être pas une idée précise des améliorations qu'il médita. Il ne sut pas les exécuter toutes avec un égal bonheur, avec une égale persévérance; pourtant il a laissé dans la mémoire des Parisiens des souvenirs ineffaçables. Aucun roi ne s'occupa plus que lui de l'agrandissement de la capitale.

Une troupe de jeunes gens avait été élevée par Richard, roi d'Angleterre, rival du roi de France, pour braver la mort, en assassinant tous ceux que le souverain anglais leur désignait. Philippe-Auguste, pour la sûreté de sa vie menacée par ces jeunes gens, s'entoura d'hommes courageux capables de défendre sa personne : on les nomma les *ribauds*. Leur chef portait le titre de *roi des ribauds*; il avait divers emplois et prérogatives; il conduisait à la guerre ses soldats armés de massues, lorsque le roi allait combattre les ennemis. A Paris, il se tenait à la porte du palais, et n'y laissait entrer que ceux qui en avaient le droit; il jugeait les crimes commis dans l'enceinte du séjour du roi, et il mettait ses propres jugements à exécution. Dans la suite, il exécuta les sentences du prévôt du palais. A ces prérogatives déjà énormes, il faut ajouter un privilége singulier qui fait voir comment, à cette époque, la cour des rois de France était composée. *Les filles publiques qui suivaient la cour*, qualifiées de *prostituées royales*, se trouvaient sous la dépendance du *roi des ribauds*; elles étaient tenues de faire, pendant tout le mois de mai, ordinairement nommé le *mois des fous*, le lit du *roi des ribauds*. Outre l'inspection des maisons de prostitution, le roi des ribauds avait la police des jeux de hasard, etc.; outre les dépouilles des condamnés partagées avec le prévôt, le roi des ribauds avait un traitement fixé à six deniers de gages, une provende, quarante sous pour robe, et un valet à gages. Il percevait une contribution de cinq sous sur chaque femme adultère.

Cette royauté s'est maintenue pendant trois siècles.

L'an 645 de Rome un petit peuple s'établit sur les bords de la Seine.

VI.

Paris sous Louis VIII et Louis IX. — La Sorbonne. — La Sainte-Chapelle. — Le guet des bourgeois.

Pendant le court règne de Louis VIII, dit le Lion, de 1223 à 1226, aucune institution n'a été établie, aucun changement n'a eu lieu à Paris. Les reines Ysemburge, Blanche et Marguerite y firent exécuter une procession où les figurants marchaient nu-pieds et en chemise, plusieurs entièrement nus. Louis VIII s'occupait alors à chasser les Anglais du continent. En l'absence de Louis, les reines assistèrent à cette fête, dont quelques vers d'un poëte contemporain ont laissé un témoignage certain :

Des gens privés et d'étranger
Par Paris nu-pieds et en langes.

Ici se place encore une curiosité historique à laquelle nous devons nous arrêter. Ce fut sous le règne de Louis VIII qu'on régla pour la première fois la police concernant les filles dites *amoureuses ou folles de leur corps*. Eloignées du cimetière des Innocents, les femmes débauchées se retirèrent dans les ruines du palais des Thermes. On ne pouvait se dispenser de les astreindre à des règlements sévères, et de leur désigner des rues particulières, pour qu'elles exerçassent leur commerce infâme avec le moins de scandale possible. Reléguées comme peste dans des lieux spéciaux, elles formaient pour ainsi dire

une classe à part. Les filles *amoureuses* constituaient une sorte de corporation avec ses statuts et sa juridiction propres. Tous les ans, le jour de la Madeleine, patronne des amoureuses pénitentes, les filles folles d'amour faisaient une procession.

On ne s'arrêta pas sur ce point délicat, et l'on fonda, sur la fin de la vie de Louis VIII, prince brave, mais surtout religieux, un monastère, ou plutôt un hôpital, auquel s'attacha un nom étrange, celui des *Filles-Dieu*. Là se retiraient les prostituées vieilles qui étaient tombées dans la mendicité. Le poëte des « Ordres de Paris » se moque ainsi de cette fondation et de sa singulière appellation :

Je dis que ordres n'est-ce mie,
Ains est haras et tricherie
Par la gent folle à devenir.
Etc., etc.

Si aucun établissement important n'a fait vivre, dans Paris, le souvenir de Louis VIII, le règne de Louis IX, dit Saint-Louis (1226-1270), offre, au contraire, une foule de créations variées, la plupart dignes d'attention. Ce prince, dont les institutions frayèrent une voie nouvelle, introduisit des transformations d'une haute portée, opéra des améliorations notables dans la magistrature et dans la police parisienne, et enrichit de nombreux monuments sa ville aimée. D'abord, pour premier bienfait, il publia un code sous le titre d'*Etablissements*, un code où toutes les branches de la législation sont traitées avec autant de sincérité que de bon sens et de vigueur. Les historiens ont principalement remarqué dans cette œuvre hors de ligne la disposition qui abolit les duels judiciaires dans le domaine royal et qui les remplace par la preuve par témoins. Ce législateur adoucissait ainsi les mœurs générales et substituait la justice à la force.

Grâce à Louis IX encore, le chef de la corporation des *marchands de l'eau* de Paris reçut le titre de *prévôt des marchands*, ce qui acheva de constituer la municipalité parisienne. Jean Augier fut le premier prévôt des marchands (1268). Cette magistrature commerciale et communale, il la réforma. La prévôté de Paris avait été vénale jusqu'alors. Il assigna des émoluments fixes à cette charge et la confia à Etienne Boyleaux. Etienne Boyleaux était né à Angers. Cet homme supérieur apporta d'excellentes modifications à la prévôté, et dans l'exercice de ses fonctions il se montra habile administrateur. Etienne Boyleaux divisa les marchands et les artisans en différentes *confréries*, et dressa des règlements indispensables à toutes ces associations. Ces règlements, qu'on appela le *livre des métiers*, sont d'un grand intérêt pour tracer le tableau de l'industrie parisienne au douzième siècle. On les a réimprimés dans les Documents inédits pour servir à l'histoire de France. Le Paris commercial de ce temps s'y reproduit tout entier avec ses détails de métiers, de mœurs, d'habitudes, de lois marchandes. La statue du premier prévôt est une de celles qui décorent la façade de l'Hôtel-de-Ville.

L'austérité et la dévotion exaltée de Saint-Louis inspirèrent la fondation d'une foule de monastères, d'églises ou d'établissements religieux dans l'enceinte même de Paris. Qu'il nous suffise d'en mentionner quelques-unes. L'église des *Cordeliers* (ainsi nommés parce que ces religieux ceignaient leurs corps d'une corde à l'exemple de leur patron, saint François) fut placée (1260) sous l'invocation de sainte Madeleine. Louis IX protégeait activement les jacobins qui étaient établis à Paris et qui, profitant des troubles survenus au sein de l'Université, avaient institué deux chaires de théologie. Il agrandit leur institution et y joignit un hôpital voisin. Ce prince, qui venait de faire pendre un seigneur accusé du meurtre de trois étudiants qui avaient chassé librement dans ses domaines, employa l'argent des biens confisqués du coupable à bâtir les écoles nouvelles des Jacobins. Enfin le *collège des Bernardins* dut sa fondation à la honte d'un Anglais. Etienne Lexington, abbé de Clairvaux, rougissant de l'ignorance des moines qu'il dirigeait, lui, successeur de saint Bernard, obtint une autorisation royale pour établir un collége à Paris et instruire les religieux bernardins.

En y regardant de près, le nom d'*Université* ne pourrait être appliqué à la réunion de toutes les écoles de Paris que sous Louis IX. Philippe-Auguste avait accordé aux étudiants des droits excessifs; saint Louis leur confirma les privilèges obtenus : mais la licence des étudiants, leurs luttes contre le prévôt de Paris obligèrent le roi à sévir contre eux. Un auteur du treizième siècle parlant des passions diverses auxquelles se livraient les écoliers, selon les mauvaises qualités de leurs nations, s'exprime ainsi : « Les Anglais sont gourmands, les Romains emportés, les Allemands irascibles, les Normands fiers, les Bourguignons grossiers, les Bretons légers, les Brabançons pillards, les Flamands dissipateurs, les Français hautains et efféminés. » Tant de vices, loin d'être réprimés par l'exemple et par les efforts des maîtres qui dirigeaient alors l'Université, puisaient plutôt un accroissement d'audace dans la corruption des ecclésiastiques, corruption qui surpassait celle du peuple.

Comme exception au dérèglement des abbés, il nous faut cependant citer une louable action des chanoines de Saint-Marcel. Ils affranchirent cent cinquante de leurs vassaux, leurs femmes, leurs enfants et leur postérité, à peu près dans le même temps que les chanoines de Notre-Dame faisaient mourir leurs serfs.

L'Eglise et l'Université, corps puissants, devaient être rivales. De grandes querelles s'élevèrent entre celle-ci et les ordres religieux. Saint Louis, fidèle à ses instincts, se montra favorable à l'Eglise; il obligea le corps de l'Université à admettre les ordres religieux dans son sein, pour participer à l'enseignement de la jeunesse. D'un autre côté, les réformes de ce prince dans la législation, ayant rendu indispensable la science du droit, avaient donné une nouvelle impulsion aux études. On vit s'illustrer dans l'Université de Paris Albert le Grand, dont la réputation de savoir était si grande qu'il passait pour magicien, quoique cette opinion n'eût aucun fondement; Alexandre de Halles, qui mit à profit le premier les traductions d'Aristote faites par les Arabes; saint Bonaventure, à qui ses ouvrages mystiques valurent le surnom de *docteur séraphique*; Guillaume de Saint-Amour, qui combattit l'institution des frères mendiants, et saint Thomas d'Aquin, célèbre théologien et prédicateur, qui s'attira

Le mal des ardents, maladie d'enfer.

l'estime de saint Louis et qui mangea souvent à la table de ce roi. On vit fonder la Sorbonne (1253) par Robert Sorbon, chapelain et confesseur de saint Louis, qui avait destiné cet établissement à recevoir et entretenir de pauvres écoliers. La Sorbonne fut dès l'abord « une société d'ecclésiastiques séculiers, qui, vivant en commun et pourvus des choses nécessaires à la vie, devaient ne plus être occupés que de l'étude et enseigner gratuitement. »

L'historien Joinville raconte sur le fondateur de la Sorbonne l'anecdote suivante. La cour de saint Louis étant à Corbeil, Robert Sorbon dit à Joinville : « Si le roi était assis en ce jardin, et que vous alliez vous asseoir sur un banc plus élevé que le sien, ne seriez-vous pas blâmable? — Oui, lui dit Joinville, je le serais. — Vous êtes donc blâmable de vous vêtir plus *noblement* que le roi; car vous portez des habits de diverses couleurs, et le roi n'en porte pas. — Maître Robert, répliqua Joinville, je ne suis point à blâmer, car cet habit, je le tiens de mon père et de ma mère; c'est vous qui êtes blâmable, vous fils de *vilain* et de *vilaine*, qui avez laissé l'habit de votre père et de votre mère pour vous vêtir d'un *camelin* plus fin que celui que porte le roi? » Alors, dit Joinville, je pris la fin de son surcol et de celui du roi et je lui dis : « Regardez si je dis vrai. » Le roi prit la défense de maître Robert, mais il avoua ensuite à Joinville qu'il n'était pas fâché de la leçon qu'il lui avait donnée.

La plus célèbre des fondations religieuses de saint Louis est la *Sainte-Chapelle*, qu'il commença de faire bâtir en 1242, pour y déposer la couronne d'épines et les autres reliques qu'il avait rachetées de Baudoin II, empereur de Constantinople, pour une somme équivalant à trois ou quatre millions. La construction de ce chef-d'œuvre de Pierre de Montereau, ce monument dont le goût est si pur, dont les détails si gracieux, dont l'ensemble est si harmonieux, ne dura que trois ans, et ne coûta qu'une somme équivalant à douze cent mille francs. La Sainte-Chapelle se compose de deux églises, l'une

basse, l'autre haute, toutes deux également légères, élégantes et ornées des plus riches vitraux. Une flèche élevée de soixante-quinze pieds complétait cet édifice, l'un des modèles les plus précieux de l'architecture du moyen âge : brûlée en 1630, reconstruite sous Louis XIV, elle a été de nouveau brûlée en 1787. A l'époque de la révolution, la Sainte-Chapelle devint un magasin de farine. On la dépouilla alors de son trésor si riche en antiquités, en bijoux religieux, en manuscrits d'église couverts de pierreries, de ses châsses d'or, de ses objets d'art, de ses statues, qui furent transportées au musée des Augustins. On la transforma, sous le Consulat, en dépôt d'archives judiciaires, et elle subit les mutilations les plus barbares : vitraux, décorations murales, colonnettes, détails de sculpture, tout disparut. Depuis quelques années, une restauration complète de ce monument, honneur du vieux Paris, a été entreprise avec une grande fidélité historique et la plus élégante intelligence, par l'architecte Lassus. Boileau, qui a chanté la Sainte-Chapelle, naquit près de cet édifice; il y a été enterré en 1711, sous la place même du fameux lutrin.

La restauration de la Sainte-Chapelle a été achevée en 1850, et le président de la République y a installé solennellement la magistrature. Cette église a été rendue au culte catholique.

Après son retour d'Orient, saint Louis s'occupa beaucoup de la législation du royaume et, en particulier, de l'administration de la capitale. Les Parisiens aimaient leur roi, et ils le lui prouvèrent en maintes circonstances.

La police des rues de Paris avait été jusqu'alors confiée à soixante sergents, moitié à pied, moitié à cheval, commandés par le chevalier du *guet du roi*. Mais la surveillance devint insuffisante. Toutes les intrigues et tous les vices se concentraient dans cette ville déjà populeuse. Pour réprimer les vols et les brigandages qui se commettaient dans les rues peu fréquentées, les Parisiens demandèrent l'autorisation de faire eux-mêmes le guet pendant la nuit. Saint Louis la leur accorda en 1254, et cette garde communale, choisie parmi les bourgeois et les marchands, prit le nom de *guet des métiers* ou *des bourgeois*. C'est là l'origine véritable de notre garde nationale actuelle.

Les Normands.

Le guet des bourgeois restait sédentaire dans les postes ou corps de garde, où il ne fonctionnait que pendant la nuit. Il y avait ordinairement cinq de ces postes dans l'intérieur, outre ceux des portes : au Palais, au Châtelet, sur la place de Grève, au cimetière des Innocents, près de l'église Sainte-Madeleine (dans la Cité). Chacun d'eux était de six hommes. Cette milice se divisait en dizaines, quarantaines et cinquantaines d'hommes qui avaient pour chefs des officiers appelés dizainiers, quarantainiers et cinquantainiers; elle était sous les ordres du prévôt des marchands. Le *chevalier du guet du roi*, au contraire, celui qui avait le commandement de tous les postes bourgeois, relevait du prévôt de Paris.

Quelle que fût l'affection du peuple pour saint Louis, elle n'engageait pas ce prince à se montrer complaisant pour les défauts des Parisiens. Loin de là, il était parfois inexorable dans sa sévérité. Mais un jour qu'il présidait à l'exécution d'un *jureur* (un juron tel que *Sang-Dieu* suffisait pour encourir la mutilation ou même la mort), des murmures de désapprobation éclatèrent dans la foule. Le roi entendit bien distinctement proférer des malédictions contre lui; il se ravisa, et réduisit les peines portées contre les jureurs et blasphémateurs aux condamnations pécuniaires.

Les juifs furent rigoureusement traités par saint Louis, qui autorisa leurs débiteurs à n'acquitter qu'une partie (un tiers) des sommes dues, qui défendit aux Israélites de faire citer les chrétiens devant les tribunaux et de vendre les biens engagés pour le gage de leurs créances. Il fit brûler leurs livres de religion, en s'autorisant de leur conversion. Enfin, il imposa à ses sujets restés fidèles à la croyance juive l'obligation de porter sur leurs habits une marque infamante.

VII.

Paris sous Philippe le Hardi et sous Philippe le Bel. — Confrérie des chirurgiens. — La Basoche. — L'Empire de Galilée. — Une montre du guet.

Peu de faits remarquables concernant Paris recommandent le règne de Philippe III, dit le Hardi, règne troublé par le supplice du favori Pierre de Labrosse, arrêté et pendu en 1276. La capitale, cependant, s'enrichit de quelques institutions utiles.

Vers 1278 la confrérie des chirurgiens fut fondée par les soins de Jean Pitard. En sa qualité de chirurgien du prince, Jean Pitard avait déjà proposé à saint Louis de former cette institution. Il alléguait de nombreux abus, notamment ceux que causait l'impéritie des hommes qui exerçaient l'art de guérir et qui compromettaient journellement la vie des citoyens. Rien ne pouvait être plus propre à prévenir les conséquences désastreuses que la subordination des chirurgiens à des règlements spéciaux et fixes. Mais, soit qu'il ne crût pas à l'utilité de ce moyen, soit qu'il se laissât guider par des raisons personnelles, Louis IX refusa son autorisation au projet de Pitard. Plus heureux sous Philippe III, le chirurgien parvint à atteindre le but qu'il se proposait. La *confrérie des chirurgiens* reçut l'existence.

Voici quelles étaient les principales dispositions réglementaires de cette importante confrérie: « Le premier lundi de chaque mois, les confrères devaient se rendre à la maison de Saint-Côme, sous l'invocation duquel l'association fut placée, afin de visiter les pauvres malades qui s'y rendaient pour recevoir des consultations ou pour se faire opérer. » Une saine philanthropie avait inspiré cet article. Le second, au contraire, n'était pas également sage; il constituait un privilége déplorable. Il portait: « Les chirurgiens agrégés sont tenus de s'astreindre à la théorie, à la manière d'opérer, en un mot au système établi par le fondateur. » Les chirurgiens qui ne purent ou ne voulurent pas s'assujettir à cette tyrannie quittèrent Paris, et l'institution de *Saint-Côme* languit longtemps sans porter aucun fruit. La maison où se trouvait autrefois l'institution de la *confrérie des chirurgiens* sert aujourd'hui de local à une école gratuite de dessin pour les enfants pauvres qui se destinent aux arts industriels.

Les fondations de tous les colléges de l'époque qui nous occupe sont dues à des particuliers. Le collége d'Harcourt eut pour créateur (1280) Raoul d'Harcourt, docteur en droit et chanoine de Paris, archidiacre de Rouen et de Coutances. On y entretint vingt-huit étudiants en philosophie. Le collége d'Harcourt a été remplacé par le lycée Saint-Louis.

Certes, les lieux d'enseignement ne manquaient pas au treizième siècle; mais, il faut le reconnaître, le plus actif, le plus salutaire élément, l'émulation, manquait aux élèves. Ils n'avaient guère l'espérance de parvenir. Toutes les charges s'obtenaient par protection. Si quelque étudiant de l'Université, après avoir achevé ses humanités, venait se présenter devant l'évêque, le prélat lui demandait: « Qui es-tu? je ne te connais pas! » Et l'impétrant était repoussé. Aussi, les collisions d'étudiants et de bourgeois se renouvelaient-elles souvent; elles étaient alors la conséquence inévitable de la triste situation où on laissait les clercs qui étudiaient à Paris pendant les commencements de l'Université. Un poète de l'époque dit dans une satire: « Si la capitale perd (si la population diminue, la faute en est aux hauts dignitaires des églises de Paris; car on n'obtient aucune protection d'eux à moins qu'on ne soit de leur famille ou un grand hypocrite. »

Par dérogation aux coutumes et priviléges exclusivement attachés aux nobles de naissance, une loi de Philippe le Hardi accorda la noblesse à ceux qui s'étaient distingués dans les arts. Grande innovation que celle-là. Jusqu'alors les roturiers n'avaient pu s'affranchir de la servitude que par l'acquisition d'un fonds seigneurial, et l'anoblissement n'était accordé qu'à la troisième génération de leur famille. Raoul, célèbre orfévre de son temps, Parisien, obtint l'anoblissement pour récompense de son talent.

À Philippe le Hardi succéda Philippe le Bel, quatrième du nom. Dans les commencements du règne de ce dernier, quelques désordres eurent lieu à Paris à cause de l'altération des monnaies. Le roi avait suivi l'exemple de ses aïeux. Il avait exercé la fraude sur une plus

grande échelle encore, et il avait multiplié les impôts. Les riches bourgeois de la capitale ne voulurent pas reconnaître des pièces d'or et d'argent affaiblies, mêlées de tant d'alliage qu'elles ne représentaient plus que le septième de leur valeur nominale. Les propriétaires les reçurent que pour les loyers de leurs maisons. Le peuple se plaignit et s'irrita de l'altération des monnaies, qui l'atteignait principalement dans sa misère. Partout, dans les intérieurs, dans les maisons, dans les places publiques, jusque sous les fenêtres du palais de la Cité, le nom de Philippe le *Faux Monnayeur* retentit. Exaspéré, le peuple s'attaqua d'abord aux financiers, les insulta, les lapida; il pilla et démolit la maison d'Etienne Barbette, qui a laissé son nom à une rue du quartier du Temple. Cet Etienne Barbette était voyer de Paris, maître de la monnaie et prévôt des marchands. Le roi, ne se sentant pas tout à fait en sûreté, se réfugia avec ses barons dans l'enceinte du Temple. Le peuple l'y vint assiéger. C'était la première émeute parisienne. Une fois le calme rétabli, Philippe le Bel, cause principale de cette insurrection, se vengea cruellement sur les révoltés; il usa largement de son droit de victoire en faisant pendre vingt-huit hommes aux quatre entrées de Paris, aux portes Saint-Antoine, Saint-Denis, Saint-Honoré, Saint-Jacques.

L'avidité régnait avec ce prince. De là le procès des templiers, qui appartient plutôt à l'histoire de France qu'à celle de Paris. Le Temple servait de demeure au grand prieur des templiers; son enclos était vaste et s'agrandit par des acquisitions considérables de terrains. Le prieur jouissait d'une juridiction indépendante. Philippe le Bel fit presque détruire cet établissement. Il est vrai que les templiers possédaient cumulativement les vices des moines et des militaires de leur époque; mais ce n'était pas pour corriger les mœurs de ces chevaliers que Philippe le Bel les poursuivit. Leurs richesses motivèrent les persécutions qu'ils éprouvèrent sous son règne. On les accusa de tous les crimes que l'on pouvait alors soulever contre l'opinion publique. On les appela sacriléges, blasphémateurs, profanateurs, etc., etc. Après avoir fait torturer, parjurer et brûler le plus grand nombre des templiers, Philippe le Bel s'empara de leur trésor et de leur mobilier. Cinquante-neuf d'entre eux furent brûlés vifs dans un champ voisin de l'abbaye de Saint-Antoine (1310); Jacques Molay, grand maître de l'ordre, et le commandeur de Normandie, Guy, subirent le même supplice en 1314, à l'extrémité occidentale d'un îlot de la Seine, situé entre le palais et le couvent des Augustins.

Si l'histoire reproche justement à Philippe le Bel l'insatiable avidité qui le porta à opprimer les templiers et les juifs pour s'emparer de leurs biens, à altérer effrontément les monnaies et à écraser le peuple sous le poids des impôts, il n'en faut pas moins reconnaître que ce monarque a posé véritablement les bases définitives de l'ancien gouvernement de la France. Les orages qui menaçaient d'éclater à la suite des exactions, des iniquités et des oppressions royales, ne laissèrent pas de faire une profonde impression sur l'esprit de Philippe IV. Il sentit que le gouvernement d'un grand pays exige des soins multipliés, que l'œil du prince ne découvre pas tous les abus, qu'il y a imprudence à assumer sur sa tête toutes les responsabilités, qu'il peut être utile d'établir entre le peuple et son chef un intermédiaire qui partage le poids des charges gouvernementales.

On aurait tort de croire que Philippe le Bel ait le premier rendu les séances de la haute cour de Paris régulières, ni qu'il les y ait fixées, quoiqu'un tableau du Musée de Versailles semble lui décerner cet honneur. Longtemps avant son avénement au trône, de deux importantes réformes étaient accomplies; mais Philippe le Bel peut revendiquer la gloire d'avoir, par son ordonnance du 23 mars 1302, établi la prééminence des parlements, d'avoir assis leur organisation. Le conseil de justice *ambulatoire*, institué autrefois, ne pouvait plus suffire aux besoins du gouvernement. En 1304, Philippe le Bel ordonna que le parlement serait sédentaire à Paris, et il fixa les règles pour sa composition. D'après cette institution le roi nomma, à chaque session, les membres du parlement, qui comprenait un évêque ou un archevêque, treize clercs et treize laïques, chevaliers ou gentilshommes. Les jurisconsultes n'étaient admis qu'au titre de *conseillers* sans voix délibérative. La capacité judiciaire et administrative était donc, au commencement des assemblées parlementaires, pour ainsi dire exclue; mais les hommes versés dans la connaissance des lois devinrent indispensables, ils s'y introduisirent, prirent part active aux délibérations et finirent par être tolérés.

À dater de ce temps encore, l'on vit s'élever, à côté du parlement, une autre institution nommée le *grand conseil*, qui représentait le roi comme administrateur des intérêts généraux de la société publique, et non comme souverain dispensateur de la justice. Il existait déjà plus particulièrement pour la vérification des comptes de l'Etat, pour le rapprochement des lois, édits, ordonnances qui déterminaient l'emploi des deniers du peuple; Philippe le Bel le réorganisa. Enfin, la convocation de l'assemblée des états généraux, où le tiers état apparaît, est l'acte que l'on peut regarder comme le plus important de ce règne. Philippe comprit sans doute qu'appeler le peuple à délibérer sur les matières d'Etat, c'était jeter un poids prépondérant dans la balance politique.

L'établissement des parlements stables perpétuait presque cet ordre de choses, et rendait durable le frein imposé à la féodalité. La bourgeoisie exerça dès lors une influence politique qui n'a fait que s'accroître, et qui a renouvelé la face de la société.

Rappelons encore que c'est au règne de Philippe le Bel (1202) que se rapporte la création de la *Basoche*, juridiction étrange, composée de clercs de procureurs. Pour être reçu procureur au parlement, il fallait avoir été au moins dix ans inscrit sur les contrôles de la basoche. Cette juridiction jugeait en dernier ressort tant en matière civile qu'en matière criminelle, tous les différends des clercs entre eux, et toutes les actions intentées contre eux. Les arrêts commençaient par cette formule : *La Basoche régnante et triomphante, salut !* Des institutions *basochiennes*, existant dans les villes de la vicomté de Paris, étaient obligées de rendre hommage au *roi de la basoche parisienne*. Il y avait chaque année à Paris une cérémonie appelée *Montre*, où tous les membres de l'institution se trouvaient revêtus de leurs plus éclatants habits, où ils paraissaient quelquefois sous des déguisements bizarres et bariolés. Quelques-uns s'armaient de toutes pièces comme des chevaliers. Une année, la fantaisie prit au roi de voir la mascarade basochienne à la *Montre*. Habillés en demoiselles, les membres désignés de la basoche formèrent une cavalcade de huit cents femmes.

Plus tard, lorsque les drames appelés *mystères* commencèrent à devenir de mode, les basochiens se mirent à donner d'autres représentations théâtrales, nommées *farces, soties, moralités*, Chaque année, pendant le carnaval, les clercs, descendus de la fameuse table de marbre, jouaient dans leur tribunal, au Palais, une farce appelée la *Cause grasse*, dont le sujet scabreux divertissait souverainement la *vénérable confrérie de la basoche*. Le roi de la basoche a été destitué par Henri II, mais le *royaume* de la basoche s'est maintenu jusqu'en 1790.

L'histoire fait remonter aussi à l'an 1302 l'origine d'une autre juridiction du même genre établie pour les clercs de la chambre des comptes, sous le titre pompeux d'*Empire de Galilée*. Cette *haute* et *souveraine* communauté reconnaissait pour chef un clerc décoré du titre d'empereur, lequel trônait ordinairement dans une rue fangeuse, située près du palais. L'empereur galiléen, nonobstant son rang magnifique, n'était pas tellement puissant à Paris qu'il pût se passer de la protection élevée du prévôt. Le doyen-maître des comptes et le procureur général de la chambre accordaient à ce prince les secours nécessaires. Malgré ces précautions, il arriva plus d'une fois qu'on emprisonna le souverain, qu'on le mit au pain et à l'eau. Tous les ans, les grands maréchaux de l'empire de Galilée se rendaient avec leur chef couronné chez leurs patrons, et ils portaient à chacun d'eux, au son d'une musique militaire, un gâteau de forme étrange. L'empereur, remplissant, pour le moment, l'office de garçon pâtissier, entrait chez le président, et lui remettait le présent de la corporation, tandis qu'une aubade retentissait sous les croisées. Bientôt après, le prince et ses hauts officiers étaient régalés partout avec le meilleur vin de la cave ; et la fin de la cérémonie arrivait rarement sans qu'on trouvât le soir dans les ruisseaux, ensevelis dans un profond sommeil, quelques dignitaires de l'empire, sinon l'empereur lui-même !

La sauvage et cruelle justice du champ clos perdait son prestige aux yeux des Français, des Parisiens surtout, qui se civilisaient de jour en jour. Les affranchissements allèrent croissant, augmentèrent le nombre des possesseurs et l'influence des intérêts particuliers. Le bien-être, le luxe de Paris prenaient des proportions gigantesques. Qu'on en juge par les fêtes que la ville donna à Philippe le Bel lorsque ses fils furent armés chevaliers. Ce ne furent que banquets dans les hôtels des princes, et il y eut dans les rues des spectacles et des jeux de tout genre. « Là vit-on, dit un contemporain, des hommes sauvages mener grand rigolas, des ribauds en blanche chemise agacier par leur béauté, liesse et gayeté, les animaux marcher en procession, des enfants jouster en un tournoi, des dames carioler de biaux tours, des fontaines de vin couler, le grand guet faire la garde en habits uniformes, toute la ville baller, danser et se déguiser. » Dans les carrefours, on avait dressé des tréteaux ornés de courtines ; là , « Dieu mangeait des pommes, riait avec sa mère, disait ses patenôtres avec ses apôtres, suscitait et jugeait les morts ; les bienheureux chantaient en paradis, les damnés pleuraient dans un enfer noir et infect, etc. » Enfin, on assista, dans Notre-Dame (Saint-Louis), jointe à la Cité par un pont de bateaux, à une *montre du grand guet*, où toute la population virile de Paris se montra en beaux habits et en armes. Immense fut le succès de cette fête ; il fallut la répéter quelques jours après pour le roi d'Angleterre dans le Pré-aux-Clercs. Voici ce qu'en dit la chronique de Jean de Saint-Victor :

> . . . . Esbahi s grandement
> Furent Anglois plus qu'onques mès ;
> Car ils ne cuidassent jamès
> Que tant de gent riche et nobile
> Povist saillir de une ville.
> A cheval bien furent *vingt mille*,
> Et à pié furent *trente mille ;*
> Tant ou plus ainsi les trouvèrent
> Cils qui de là les extimèrent.

Sans admettre avec le chroniqueur qu'il y eût cinquante mille hommes de guet, reconnaissons que la population parisienne, à cette époque, avait pris un grand accroissement. Le rôle de la taille levée en 1292 donna 15,200 contribuables et une somme de 12,218 l. 14 sous, L'aide levée en 1313 donna 5,955 contribuables et une somme de 13,021 l. 19 sous. Dans le rôle du subside levé pour « *l'ost de Flandres,* » en 1328, les villes de Paris et de Saint-Marcel figurèrent pour 34 paroisses et 61,091 feux, Paris avait alors en superficie à peu près le dixième de sa superficie actuelle, Il est probable que sa population était de cent mille habitants,

Les fêtes de la Pentecôte, en 1313, laissèrent d'amers souvenirs dans l'esprit du peuple, et elles peuvent donner une idée du luxe déployé au quatorzième siècle. Pendant les trois jours de fêtes, les façades des maisons de Paris étaient tendues de rideaux, de tapis ou d'étoffes aux plus vives couleurs. Les bourgeois, vêtus de leurs plus beaux habits, parcouraient les rues au son de la trompe. Il y eut un tournoi magnifique, et, pour ce tournoi, tous les corps de métiers firent cortège. Des théâtres furent dressés en différents endroits, dans les lieux les plus ouverts et les plus fréquentés : on y joua quelques-uns de ces drames connus sous le nom de *soties, moralités*, qui commençaient à être en vogue, et dont les sujets formaient un bizarre assemblage du sacré et du profane. On y voyait, par exemple, Adam et Ève, dans leur innocence primitive, fidèlement et naïvement représentés par la nature ; mais peu innocemment goûtés par les spectateurs qui se réjouissaient de trouver là matière à scandale.

Des cérémonies brillantes suivirent ces amusements populaires. A la cour, on vit les seigneurs et les dames étaler un luxe tel qu'il ne laissait pas croire que la loi somptuaire, instituée par le roi lui-même, fût déjà mise en vigueur. Dans les festins, les mets les plus recherchés couvraient la table de marbre du Palais. Les seigneurs et les dames portaient les morceaux à la bouche avec les doigts, selon les habitudes du temps. Ces repas flattaient plus les yeux par la beauté et la quantité des plats que par l'ordonnance des mets ou le goût des convives. Lorsque les fêtes furent terminées, les Parisiens, rentrés dans leurs habitations généralement assez pauvres, ne conservèrent, comme nous l'avons dit, que des souvenirs amers. Ces solennités somptueuses leur avaient coûté cher; selon l'usage, elles avaient été acquittées sur la taille moyennant une somme considérable d'espèces (aides). Ainsi les magnificences et les plaisirs des princes demeuraient à la charge du peuple, toujours si misérable et si grevé d'impôts !

Par les ordres de Philippe-le-Bel, le Palais-de-Justice fut agrandi, la grande salle embellie et la *table de marbre* posée. Ce monarque établit quelques juridictions secondaires telles que la cour des aides et celle des monnaies ; il régularisa par deux ordonnances la juridiction de la prévôté et de la vicomté de Paris, qui siégeaient au Châtelet ; il réduisit à soixante le nombre des notaires de cette ville. Il recruta la police judiciaire et administrative dans un corps de quatre-vingts sergents à cheval et de quatre-vingts sergents à pied.

Six collèges fondés à Paris attestent le progrès des études pendant son règne. Parmi ces collèges, il faut principalement distinguer celui des Cholets, ouvert en 1295, et celui de Navarre, situé sur la montagne Sainte-Geneviève. Le collège de Navarre a été fondé et bâti (en 1309) par les ordres et avec les libéralités de Jeanne de Navarre, comtesse de Champagne, épouse de Philippe IV. Le roi s'était réservé le titre de premier boursier de ce collège, et un étrange exercice des droits que lui constituait sa bourse : elle servait à acheter des verges pour la correction des écoliers. Cet établissement, d'abord appelé collège de Champagne, était le seul de Paris où l'on enseignât le complément des humanités. Le bâtiment et toutes ses dépendances ont été donnés, sous la Convention nationale, à l'École Polytechnique.

VIII.

Passons rapidement sur les événements qui eurent lieu à Paris pendant le règne des trois fils de Philippe le Bel.

A propos du premier, qu'il nous suffise d'indiquer le supplice d'Enguerrand de Marigny, ministre de Philippe IV (1315). Enguerrand de Marigny, né en Normandie, avait joui d'un immense crédit à la cour ; il tenait la clef des coffres du feu roi, en qualité de surintendant des finances ; il était châtelain du Louvre, comte de Longueville, etc., etc. Cette élévation peu commune avait suscité beaucoup d'envieux à Marigny : Charles de Valois surtout, oncle du roi, lui avait voué une haine implacable. Un jour, dans un conseil convoqué pour remédier à une disette financière, Louis X, dit le Hutin (Mutin), s'écria : « Que sont devenues les richesses produites par l'altération des monnaies, les subsides dont on a surchargé le peuple ? — Le surintendant répondit précipitamment le comte de Valois, en le maniement de ces trésors, il doit en rendre compte. — Ainsi ferai-je, répondit tranquillement le ministre, quand le roi me l'ordonnera. — Que ce soit tout à l'heure, repartit Charles furieusement. — J'y consens, fit Marigny. Le roi saura donc que vous, monsieur, en avez touché une partie, et que le reste a été employé aux charges de l'Etat. — Vous en avez menti, monsieur le surintendant. — C'est vous-même, parbleu, sire. »

Le comte de Valois, transporté de colère, se leva et courut, l'épée haute, vers Enguerrand de Marigny, qui se mit en défense; un combat acharné s'engagea dans les appartements du roi, en sa présence. Les assistants se jetèrent entre les deux adversaires. Comme l'un était le parent du roi, l'autre devait avoir nécessairement tort. On le fit bien voir à Enguerrand de Marigny. Le surintendant des finances fut arrêté, enfermé dans la tour du Louvre, puis transféré dans un cachot du Temple.

Loin de nous la pensée d'énumérer toutes les menées du comte de Valois contre Enguerrand de Marigny. Le comte de Valois était un ambitieux désespéré, assis sur les degrés du trône, sans pouvoir porter le sceptre. On a dit de lui qu'*il fut fils de roi, frère de roi, père de roi, jamais roi*. Son fils, plus heureux, régna sous le nom de Philippe VI.

Les ennemis d'Enguerrand ne visaient à rien moins qu'à séduire le peuple. On accusait Marigny d'avoir dilapidé les finances de l'Etat. Les preuves des crimes imputés au surintendant ne se trouvant pas, on fit publier une proclamation qui invitait tous ceux qui se sentaient offensés par Marigny à porter leurs plaintes à la cour. Le bon sens et la loyauté du peuple ne se prêtèrent pas à cette infamie. Nul ne se *sentit offensé*, nul ne *porta ses plaintes à la cour*. Mais Charles de Valois, qui aspirait à voir Enguerrand condamné, se servit d'autres moyens pour arriver à ses fins. Sur une accusation qui présumait la culpabilité du surintendant, celui-ci fut cité, jugé (*pro forma*, pour la forme), et condamné à être pendu au gibet de Montfaucon, gibet qu'il venait de faire construire lui-même.

Cependant tout se réduisait à des questions de finances dans le gouvernement. L'argent avait fait condamner Marigny, l'argent empêcha de persécuter les juifs, qui obtinrent l'autorisation, moyennant grosse finance payée à Louis X, de demeurer treize ans dans l'enceinte de Paris. Ils y avaient deux synagogues, deux cimetières, dont un rue Galande, près de la place Maubert. Non loin de là, sur le bord de la Seine, était un moulin réservé exclusivement pour les besoins des israélites.

Des querelles de famille, des hostilités commencées contre Philippe V, successeur de son frère aîné Louis X, avaient amené sous les murs de Paris les troupes des insurgés, à la tête desquelles paraissait le comte de Valois. Mais les Parisiens s'armèrent en faveur du roi reconnu, et les rebelles, qui voulaient contester la succession royale, furent repoussés.

Aussitôt qu'il put rester tranquillement assis sur son trône, Philippe V prit l'initiative de quelques mesures sages et nécessaires. Mais ces mesures n'eurent pas de suite. Le roi, par exemple, avait voulu établir l'unité des monnaies dans toute la France : idée juste, idée féconde. Par malheur, le projet ne s'accordait pas avec les intérêts des seigneurs, dont la cupidité avait des limites; il ne reçut pas d'exécution. Philippe V, auquel l'argent manquait toujours, imagina un moyen de fabriquer de l'argent. Il fit afficher un beau matin qu'il voulait vendre des affranchissements sous *bonnes conditions*. Cette indigne spéculation échoua complètement contre le discernement du peuple français, comme autrefois avait échoué l'appel fait aux ennemis d'Enguerrand de Marigny.

A côté des faits odieux, les étrangetés les plus incroyables se produisaient. En 1320, il se forma à Paris une association évidemment folle qui, malgré son ridicule, ou plutôt à cause de son ridicule, rencontra de nombreux adhérents. Une compagnie d'hommes et de femmes se proposa de braver toutes les intempéries des saisons, en promettant en même temps de se prêter des secours réciproques et mutuels lorsque leurs souffrances deviendraient excessives. On l'appela la *confrérie des Gallois*. Les statuts portaient que les chevaliers et les dames s'habilleraient très-légèrement, même au cœur de l'hiver, et qu'ils se couvriraient de fourrures pendant la canicule. Plusieurs d'entre les membres de la confrérie des Gallois expirèrent glacés, transis, roidis par le froid, en se moquant des personnes chaudement vêtues; d'autres se desséchèrent à la suite de transpirations excessives, en se moquant des gens qui évitaient de se trop vêtir. Ces passions pour le chaud et le froid parmi les *Gallois* et les *Galloises* ne tardèrent pas cependant à se ralentir; les membres de la confrérie se donnèrent des preuves de leur amour mutuel d'une manière moins excentrique et plus convenable.

A l'avènement de Philippe V le Long au trône de France, les Parisiens s'étaient empressés de saisir leurs armes pour défendre sa cause. On va voir quelle fut, vers la fin de son règne, la reconnaissance de Philippe. Il prit une mesure, dictée selon toute apparence par des circonstances rigoureuses ou par les exigences de la noblesse : il désarma la bourgeoisie de Paris, qui naguère lui avait été si bravement dévouée. Les motifs allégués par le roi n'avaient que peu ou point de valeur. Il prétendait que plusieurs bourgeois pauvres vendaient leurs armes. Donc, une ordonnance parut et porta : que les Parisiens devaient déposer leurs armes dans les arsenaux pour ne les reprendre qu'en cas d'urgence. Cela équivalait à dire que la royauté armerait la bourgeoisie quand elle en aurait besoin, puis que, le danger passé, la royauté désarmerait à son aise ses défenseurs. Déjà les

rois cherchaient à se dispenser de la reconnaissance, ce fardeau si lourd pour les égoïstes et les ambitieux!

En général, quelques actes du gouvernement de Philippe le Bel ont préparé les voies aux grandes améliorations dans la monarchie; mais Paris vit s'élever peu de monuments nouveaux sous ce règne assez agité. Trois colléges seulement furent fondés : le collége de Narbonne, dans lequel l'évêque entretenait neuf élèves pauvres de son diocèse, et d'où sortit le pape Clément VI; le collége du Plessis, créé en 1322 par Geoffroi du Plessis, qualifié notaire du pape, mais en réalité secrétaire du roi Philippe le Long : les bâtiments de ce collége ont été cédés en partie à l'École de Droit, en partie au Louis-le-Grand. Le troisième enfin a une origine curieuse. La femme de Philippe le Long, Jeanne de Bourgogne, voulut, par testament, que son hôtel de Nesle fût vendu, et que du produit de cette vente on fondât un collége pour vingt pauvres élèves séculiers du comté de Bourgogne. Les exécuteurs du testament de la reine achetèrent, des deniers de la vente de l'hôtel de Nesle, une maison située rue des Cordeliers, auprès du couvent des religieux de l'ordre, et la nommèrent *maison des écoliers de madame Jeanne de Bourgogne, reine de France*. Le nom de collége de Bourgogne lui resta. Il y avait aussi une porte nommée la *Porte de Nesle*, située sur l'emplacement qu'occupe aujourd'hui la cour des Quatre-Nations.

L'hôtel de Nesle couvrait avec ses jardins une partie des dépendances de ce collége, les maisons environnantes, la place Conti, la rue Guénégaud, en suivant la rivière jusqu'au Pont-Neuf. La reine Jeanne, princesse très-flagellée pour ses mœurs, y demeura après la mort de Philippe le Long. On croit généralement que c'est de cette reine que Brantôme, discours deuxième de son ouvrage : *Vie des dames galantes*, et Villon, le poète enfant du peuple, dans sa ballade des *Dames du temps jadis*, veulent parler, quand ils rapportent qu'une princesse habitait l'hôtel de Nesle, faisant le guet aux passants; qu'après avoir mandé auprès d'elle ceux qui lui agréaient le plus, elle ordonnait qu'on les jetât dans la Seine au bas de la tour. Un bel écolier de l'Université, Jean Buridan, fut précipité de la sorte, mais il ne se noya pas, car il vivait encore en 1348, et jouissait d'une grande réputation de savoir. De là le passage de Villon dans la ballade :

> Semblablement où est la reine
> Qui commanda que Buridan
> Fût jeté en un sac en Seine.

Selon Gaguin, ce Buridan, né à Béthune vers 1300, enseigna la philosophie à Paris, et fut plusieurs fois recteur de l'Université de cette ville. Persécuté par ses rivaux en science, il se retira en Allemagne, où il fonda l'université de Vienne. Buridan est surtout connu par un singulier argument dont il se servait, assure-t-on, pour prouver la liberté d'indifférence, haut problème de philosophie. Il supposait un âne pressé également par la faim et par la soif, et placé entre une mesure d'avoine et un seau d'eau, qui font sur lui une égale impression. Il demandait si l'animal resterait immobile au risque de mourir de faim; et si on lui répondait que l'âne prendrait un parti, il en concluait qu'il se décidait par sa seule volonté. De là le proverbe : « Il fait comme l'âne de Buridan. »

Pour d'autres institutions, notamment monastiques, il ne paraît pas que, durant le court règne de Philippe le Long, Paris en ait vu naître. Ce monarque s'occupait plutôt d'institutions utiles aux mœurs des habitants de l'État que d'établissements religieux. C'est à l'époque des successeurs immédiats de Philippe le Long qu'appartiennent les fondations des colléges des Prémontrés, au coin des rues Hautefeuille et Pierre-Sarrazin; de Sainte-Barbe (1430), qui est encore aujourd'hui une des meilleures institutions de Paris. Ce collége, œuvre de Jean Hubert, était autrefois dirigé par un communauté religieuse; enfin le collége de Reims (1412), situé dans la rue de ce nom, et formant aujourd'hui une dépendance de Sainte-Barbe.

IX.

Charles IV dit le Bel, qui succéda, en 1322, à Philippe V le Long, débuta par des mesures sévères prises contre les exacteurs et les *nobles explorateurs des grands chemins*. Il fit peu de chose pour l'agrandissement de la capitale. Cependant l'établissement de Saint-Jacques de l'Hôpital, que des bourgeois de Paris, revenus d'un pèlerinage de Saint-Jacques de Compostelle, élevèrent et destinèrent aux voyageurs pauvres des deux sexes, appartient à ce règne, ainsi que la *Chambre des Comptes* et le *Bailliage du palais*. C'est à partir de cette époque que le palais de la Cité, devenu Palais de Justice, réunit toutes ces diverses juridictions.

Charles IV fut le dernier descendant direct de la branche aînée de Hugues Capet. L'avénement de Philippe VI de Valois (1328) ne marqua pas seulement l'extinction de la race capétienne; mais aussi le commencement de cette première maison de Valois, dont le rôle consista à poursuivre l'abaissement de la féodalité et à délivrer la France de l'invasion anglaise. Nous passerons rapidement sur les événements de ce règne, lorsque Paris n'en sera pas le théâtre.

Edouard III, roi d'Angleterre, conduit par le traître Godefroi d'Harcourt, envahit notre pays, après y être entré par la Normandie; il s'avança dans l'île de France, en ravageant tout sur son passage. Les Parisiens pouvaient, du haut des tours de Notre-Dame, voir briller la flamme et la fumée des villages et des bourgs incendiés : c'était la première fois, depuis les invasions des Normands, qu'une armée étrangère s'approchait des murs de la capitale. L'impétuosité guerrière des Anglais révéla aussitôt la détresse de Paris, sa position difficile et le peu de résistance que les habitants de la capitale, malgré leur valeur personnelle, pouvaient opposer aux assaillants. On eut peur. La faiblesse des murailles de la ville et la crainte du danger qui menaçait, crainte trop justifiée d'ailleurs par les événements postérieurs de cette période malheureuse, semblent avoir inspiré aux Valois la pensée d'établir le siége de la monarchie sur les bords de la Seine, où on les voit résider presque constamment depuis Charles VII jusqu'à l'avénement de François Ier.

L'attaque de la capitale par Edouard III n'eût pas atteint sensiblement les Parisiens si elle n'avait pas été suivie de la défaite de l'armée française à Crécy (1346), défaite essuyée par Philippe VI. Là Godefroi d'Harcourt commandait une partie de l'armée anglaise.

Une ennemie plus cruelle et plus irrésistible encore que les étrangers, la peste noire, fit invasion à Paris en 1346, affligea et décima tellement la population, qu'on pouvait à peine suffire à l'ensevelissement des morts.

Aussi ne s'opéra-t-il rien de remarquable pour l'embellissement de Paris sous le règne malheureux de Philippe VI. Si de nouveaux colléges se fondèrent, on n'en doit faire honneur ni au roi ni à son prédécesseur, mais aux libéralités des particuliers. Seule, la fondation de l'église de Saint-Julien-des-Ménestriers mérite de nous occuper, et nous permet de donner quelques détails intéressants sur la corporation des jongleurs et jongleresses, logée dans une rue spéciale qui porte aujourd'hui le nom de la rue des Ménestriers.

La confrérie de jongleurs et de jongleresses possédait ses statuts, ses priviléges scellés à la prévôté de Paris, en vertu desquels les confrères seuls habitant la capitale avaient l'exploitation musicale des fêtes, noces et autres joyeusetés qui se célébraient dans l'enceinte de Paris. Si quelques autres ménestriers s'y présentaient, ils devenaient passibles d'une amende. Les jongleurs obéissaient à leur roi comme les basochiens; ils obéissaient de plus à un prévôt de Saint-Julien. La police que ces dignitaires exerçaient sur les ménestriers non agrégés à l'association était rigoureuse. Les confrères pouvaient les bannir de Paris pour un an et un jour; s'ils y rentraient au bout de l'année, ils devaient faire formellement acte de soumission pour être reçus dans la confrérie; sinon on les chassait de nouveau. Les jongleurs en conservé longtemps les dehors de la décence; mais peu à peu ils changèrent de conduite; il ne fit tant de bruit dans la ville que de leurs désordres, qui amenèrent plus tard leur expulsion, réclamée avec instance par l'archevêque de Paris. Au reste, presque toutes les corporations priviligiées dégénérèrent. Leurs abus les perdaient et motivaient leur ruine.

Le roi Jean (1350-1364), salué à son couronnement par les acclamations des Parisiens, inaugura son règne par une sage ordonnance qui assura la tranquillité des bourgeois : il chassa les truands et améliora essentiellement la police intérieure de sa capitale. En même temps, la justice royale, continuant l'œuvre de Philippe de Valois, sévit contre les félons qui méditaient, qui essayaient de vendre la patrie aux Anglais. Raoul, comte d'Eu, arrêté à l'hôtel de Nesle par le prévôt de Paris, fut décapité dans sa prison sans autre forme de procès; Charles-le-Mauvais, roi de Navarre, fut enfermé dans la tour du Louvre. Ce prince élevait des prétentions sur plusieurs provinces de France, et s'alliait aux Anglais pour les obtenir.

Cependant, malgré ces deux punitions exemplaires, le feu couvait sous la cendre. L'incendie éclata bientôt. Le prince de Galles s'avança vers la capitale à la tête d'une nombreuse armée de soldats d'élite. L'Anglais se montrait menaçant. Le roi Jean, ne pouvant plus éviter des hostilités que l'épuisement de ses finances rendent funestes pour son trône, se décida à convoquer à Paris les états généraux. Il sollicita des secours qu'il n'eût pas peut-être osé demander directement au peuple; il obtint des subsides pour les frais de la guerre.

Alors se réunit une des plus mémorables assemblées nationales. « Les communes s'assirent au niveau des classes priviligiées, du clergé et de la noblesse; les orateurs appartenant à cette bourgeoisie si longtemps méprisée firent constituer, par cette sage délibération, que les propositions n'auraient de validité qu'autant que les trois ordres réunis y auraient concouru; et que le vote unanime des deux autres ne pourrait ni lier, ni obliger le troisième si celui-ci refusait son adhésion. » Ainsi les nécessités pécuniaires des princes les obligeaient à recourir au peuple et à reconnaître sa puissance suprême, cette puissance que l'autorité, une fois constituée, a toujours voulu nier, par fierté ou par ingratitude. Les états généraux décidé-

rent pour la première fois que l'impôt, réparti sur tous les habitants du royaume, serait perçu et employé, non plus par les agents du roi, mais par des commissaires que déléguerait la réunion des états généraux. L'armement de tous les citoyens fut ordonné, l'altération des monnaies interdite; enfin le roi infirma l'abolition du droit de gîte ou de prise, brigandage commis sur le peuple et longtemps maintenu dans Paris au nom des rois eux-mêmes.

Voici ce qui constituait le droit de gîte ou de prise. Chaque fois que le roi, les princes ou les membres de la famille royale entraient dans la capitale, les preneurs ou chevaucheurs (sorte d'officiers) prenaient chez les closiers ou fermiers des environs de Paris des voitures, des chevaux, de la volaille et des grains; chez les habitants de la ville, ils enlevaient des meubles, des matelas, des coussins, des provisions, des denrées qu'ils trouvaient. Qu'on se figure l'effet que l'arrivée et l'entrée royales devaient produire sur la population environnant Paris et sur les Parisiens eux-mêmes! L'abrogation de cette loi inique, abus flagrant, avait été ordonnée sincèrement et sévèrement par saint Louis; mais ni lui ni quelques-uns de ses successeurs n'avaient pu l'exécuter avec succès. Aussi lit-on dans les chroniques de l'histoire de France concernant Paris, que plusieurs maisons de la capitale tombaient en ruines, que ses habitations étaient désertes. Quelques historiens vont plus loin et assurent que les Parisiens furent obligés, par suite de ces vexations autorisées, d'abandonner leur pays, leur patrie : Nos patriam fugimus, comme dit Virgile.

Après la tenue des états généraux, Jean le Bon tempéra graduellement les violences des chevaucheurs. Il y parvint en prononçant des peines rigoureuses contre le droit de prise; et un édit porta qu'on ne pourrait jamais revenir contre cette extinction. Le prévôt de Paris, le chevalier du guet, les sergents à pied et à cheval, etc., reçurent l'autorisation d'arrêter tout individu coupable d'infraction aux ordonnances, et d'emprisonner aussi quiconque oserait exercer le droit de gîte.

La hanse parisienne, dont nous avons déjà parlé, était faible dans son origine; elle obtint, sous le règne de Jean le Bon, un accroissement notable d'attributions; ses membres se recrutèrent parmi les marchands les plus renommés; elle devint le corps municipal de la ville, et elle figura avec distinction dans toutes les circonstances graves.

QUATRIÈME PÉRIODE.

I.

Insurrection de 1356 et 1357. — Étienne Marcel. —
Quatrième enceinte de Paris.

Après la bataille de Poitiers (1356), où le roi, battu par le prince Noir, tomba entre les mains des Anglais, Paris fut le centre des états et des affaires, et conséquemment le théâtre de désordres extraordinaires au moment de l'invasion étrangère. Lorsque vinrent les jours décisifs, la capitale de la France montra une énergie d'attitude qui empêcha peut-être le pays entier de se laisser aller au découragement et de subir les effets désastreux de la mauvaise fortune. Un mois après la funeste journée de Poitiers, quatre cents députés du royaume se trouvèrent assemblés (17 octobre 1356) à Paris, sur la convocation du dauphin Charles, pour aviser aux moyens de négocier avec l'Angleterre l'élargissement de Jean le Bon, ou pour affermir le gouvernement de la France. Tant de seigneurs avaient été faits prisonniers avec le roi, que la noblesse n'était représentée alors aux états que par un très-petit nombre de députés. Toute l'influence resta donc aux délégués des communes, à la tête desquels se trouvait le prévôt des marchands, Etienne Marcel, homme dont l'autorité particulière et publique acquit bientôt une force que jamais un roturier, quel que fût son talent, n'avait obtenue.

Une première délibération n'amena aucune conclusion. Les états, convoqués de nouveau (en février 1357) dans la grande chambre du parlement, accordèrent les fonds nécessaires pour payer trente mille hommes d'avance, en faisant promettre au dauphin que les aides ne seraient ni levées ni employées par ses officiers, mais par bonnes gens loyaux, sages et solvables nommés par les membres des états.

Les états de Paris comprenant les députés des provinces septentrionales, représentant la Langue d'oïl et composé de huit cents membres des trois ordres, annoncèrent, dès le début de leurs délibérations orageuses, souvent hostiles à la couronne, le projet arrêté définitivement d'intervenir dans les affaires du gouvernement. La nation voulait, dans ce moment suprême, revendiquer le droit de s'exprimer ouvertement par l'organe de ses mandataires. L'initiative des remontrances fut prise par Etienne Marcel, chargé aux états de Paris de présider le tiers.

Les députés des provinces méridionales, représentant la Langue d'oc, se réunirent à Toulouse, comme états méridionaux, sous la présidence du comte d'Armagnac.

Dans le préambule de sa harangue aux états septentrionaux, Etienne Marcel, qui tout d'abord rallia une imposante majorité à ses vues, déclara qu'une réforme radicale de l'administration et de la magistrature répondrait à un pressant besoin du peuple auquel l'assemblée était tenue de prêter toute son attention. Il proposa de nommer une commission pour préparer le travail. Après cette proposition, adoptée et sanctionnée par le dauphin en sa qualité de *lieutenant général*, les états généraux instituèrent le *Conseil des trente-six* pour classer les grandes affaires dont on aurait à s'occuper, et pour procéder avec ordre aux délibérations qu'elles nécessiteraient. Etienne Marcel ne s'en tint pas à cette motion; lui et ses amis politiques (s'il est permis d'employer cette expression à cette époque) demandèrent hautement la délivrance du roi de Navarre, incarcéré, ainsi que nous l'avons vu plus haut, pour ses trahisons. Marcel révéla ses intentions secrètes par cette dernière demande; elle n'obtint pas de sanction. Charles le Mauvais, délivré de sa prison par un ami du prévôt, se présenta cependant aux portes de Paris. Marcel l'accueillit et devint l'instrument de ses vengeances.

Les Parisiens avaient froidement reçu le dauphin lors de son entrée à Paris (après la bataille de Poitiers). Son titre était mal choisi : il s'y était presque toujours rattaché le souvenir amer des calamités de la monarchie. Les Parisiens se soulevèrent contre son autorité et acceptèrent des mains du prévôt des marchands un signe de ralliement; un chaperon mi-partie de rouge et de bleu, couleurs de la ville, avec une agrafe d'argent et la devise : *A bonne fin.*

Le 22 février 1358, Etienne Marcel rassembla sur la place Saint-Eloi environ trois mille hommes en armes, marcha sur le palais, l'envahit, et entra dans la chambre du prince. Le dauphin, tout rempli d'épouvante, pria Marcel de le sauver. « Vous ne risquez rien, monseigneur, dit le prévôt, mais pour plus grande sûreté prenez ceci. » Il lui donna son chapeau, prit celui du régent lieutenant général, et se promena pendant le reste du jour dans les rues de Paris. « De par le peuple, s'était écrié Marcel montrant des cadavres, je vous requiers de ratifier la mort de ces traîtres, car c'est par la volonté du peuple que tout ceci s'est fait. »

Le dauphin réussit à s'échapper, et il revint avec une armée imposante investir Paris, offrant une amnistie à la condition qu'on lui livrerait Marcel « pour en faire à sa volonté. »

Dès ce moment la conduite du prévôt devint indécise. Bientôt suspect au peuple, Etienne Marcel fut assassiné par Jean Maillard et Pepin des Essarts, deux bourgeois qui s'étaient mis à la tête des partisans du dauphin. Avec Marcel tombèrent six de ses compagnons. Puis le dauphin, rentré dans la capitale, ordonna de nombreuses exécutions. La plupart des amis du prévôt périrent ou furent exilés.

Etienne Marcel nous semble un personnage trop marquant dans les troubles de cette époque pour ne pas valoir la peine qu'on se demande s'il mérite ou non condamnation? Il serait assez difficile aujourd'hui, d'après l'état incomplet des documents historiques, de le justifier entièrement et de prendre une idée bien nette de son caractère. Tout ce qu'on en sait prouve que ce dut être un homme énergique, d'une grande habileté, jaloux de domination. Il est hors de doute qu'il montra à son début des sentiments populaires, qu'il fut primitivement dirigé par son patriotisme, mais malheureusement l'excès de zèle de tout tribun prend bien vite des allures ambitieuses. Si l'on ne craignait de se livrer aveuglément aux conjectures, on pourrait avancer que Marcel s'est trompé en composant avec Charles le Mauvais pendant qu'il s'alliait à la Jacquerie, aux partisans de Jacques Bonhomme, c'est-à-dire au prolétariat. Il semble qu'avec les ardeurs populaires qui percent dans toutes ses démarches et dans quelques propositions par lui faites au sein des états, il eût pu mieux s'entendre avec les représentants du peuple, et que, s'il se fût appuyé de ce côté, il eût rencontré un état de choses plus conforme à ses intentions libérales, sans aller se heurter contre l'écueil où tant d'autres ont déjà péri, contre les gouvernants. Il n'aurait pas été assassiné au moment où il allait remettre au trésorier du prince régent les clefs des bastilles Saint-Antoine et Saint-Denis.

Aux troubles civils succédèrent des maux plus difficiles à combattre. Edouard III, roi d'Angleterre, repassa en France à la tête d'une armée nombreuse; il débarqua à Calais au commencement de l'hiver 1359, et vers le milieu du printemps de l'année suivante, il menaça Paris après avoir ravagé l'île de France.

Le dauphin, renfermé dans l'enceinte de la capitale, rendue très-forte par les soins d'Etienne Marcel, ne mit aucune troupe en campagne contre les Anglais, qui campaient sans obstacle dans les plaines de Montrouge, d'Issy et de Vaugirard. Vainement même, le paladin couronné envoya-t-il un cartel au dauphin; ce prince, déjà inutilement défié par son beau-frère pendant les troubles de Paris, avait résolu de ne jamais se battre personnellement : il ne répondit pas plus à Edouard III qu'à son beau-frère.

Le roi d'Angleterre se proposa d'affamer Paris; mais la famine sévit bientôt contre les assiégeants eux-mêmes, décimés par les fatigues sous les murs de la capitale.

L'armée ennemie, lassée, épuisée, se retira dans la Beauce. Les Parisiens respirèrent. Enfin, en mai 1360, la paix se conclut entre la France et l'Angleterre. Jean le Bon rentra dans sa capitale après une captivité de quatre ans, qui avait été une longue source de malheurs pour les Français. Au retour du roi Jean, les Parisiens manifestèrent une grande joie, et ils accueillirent leur monarque avec une extrême bienveillance. Toutes les rues, aussi bien que le Grand-Pont, furent *encourtinées*, c'est-à-dire tendues de tapisseries; où fit couler plusieurs fontaines qui ce jour-là jetèrent du vin. Le roi visita d'abord Notre-Dame; puis il se rendit au Palais. Il marchait, pendant tout le chemin qu'il devait parcourir pour y arriver, sous un dais de drap d'or porté par les échevins au bout de quatre lances. Comme il lui restait peu de vaisselle, la ville lui présenta un buffet d'argenterie, dont le poids était d'environ mille marcs. Ces façons de recevoir Jean le Bon honorèrent autant la générosité des habitants de Paris, qu'elles purent sembler agréables au roi. Celui-ci n'ignorait pas que les métaux précieux et les espèces légalement monnayées étaient devenues depuis longtemps bien rares. On avait été forcé, pendant la guerre, de fabriquer des monnaies de cuir, dont la valeur était indiquée par un petit clou d'argent ou d'or placé au centre de chaque pièce.

Au règne de Jean se rapporte l'établissement du siége municipal de Paris ou de l'*Hôtel-de-Ville*, dans la *maison aux piliers*, que le prévôt des marchands acheta, en juillet 1537, pour la somme de deux mille huit cent quatre-vingt-huit livres parisis.

Les temps de guerre favorisent peu l'accroissement des institutions utiles, qui exigent, pour être fondées et pour prospérer, une profonde tranquillité dans le pays. Aussi Paris ne vit augmenter que les fortifications de son enceinte sous le roi Jean.

Il y avait un mois à peine que la bataille de Poitiers avait été perdue, lorsque, sous les ordres d'Etienne Marcel, commencèrent les travaux de la quatrième enceinte de la capitale (18 octobre 1356). Dans la partie méridionale de la ville, le plan de l'enceinte n'éprouva point de changement; mais de grandes réparations s'opérèrent aux murailles qui tombaient en ruines. Les portes, munies de tours et d'autres ouvrages de fortifications, et les fossés, pour la première fois profondément creusés, et dans quelques parties remplis par les eaux de la Seine, mirent de ce côté les Parisiens en sûreté. Dans la partie septentrionale l'enceinte reçut un accroissement considérable. De l'ancienne porte Barbette partait une muraille flanquée de tours carrées, qui remontait sur le bord de la rivière jusqu'au point où le fossé actuel de l'Arsenal y débouche. A l'angle formé par le fossé et par le cours de la Seine fut élevée une tour ronde très-haute, appelée tour de Billy. La muraille suivait la direction du fossé jusqu'à la rue Saint-Antoine, où fut construite une porte fortifiée de tours et nommée bastille Saint-Antoine. De cette porte, le mur laissait le boulevard actuel en dehors et suivait à peu près sa direction jusqu'à la rue du Temple, où fut construite, une porte nommée bastille du Temple. La muraille se dirigeait ensuite parallèlement à la rue Meslay, qui a porté anciennement le nom de rue du Rempart, jusqu'à la rue Saint-Martin, où fut bâtie une porte dite de Saint-Martin. Elle suivait ensuite la ligne de la rue Sainte-Apolline jusqu'à la rue Saint-Denis, où était une porte fortifiée nommée bastille de Saint-Denis. De cette bastille, le mur d'enceinte continuait en suivant la direction de la rue Bourbon-Villeneuve, qui, anciennement se nommait rue Saint-Côme-du-Milieu-des-Fossés, puis celle de la rue Neuve-Saint-Eustache. A l'endroit où cette rue aboutit à la rue Montmartre était une porte nommée de Montmartre. Le mur se prolongeait entre la rue des Fossés-Montmartre et le cul-de-sac Saint-Claude, jusqu'à la place des Victoires, qu'il traversait; puis il coupait l'emplacement de l'hôtel de Penthièvre, aujourd'hui Banque de France, celui de la rue des Bons-Enfants, et pénétrait dans le jardin du Palais-Royal, vers le milieu de sa longueur. La ligne du mur continuait à travers ce jardin et la rue Richelieu, jusqu'à l'endroit où vient aboutir la petite rue de Rempart, suivait sa direction jusqu'au point où cette petite rue aboutit dans celle de Saint-Honoré; là, sur cette dernière rue, se trouvait une autre porte fortifiée nommée porte Saint-Honoré. De la porte Saint-Honoré, le mur, en suivant la direction de la rue Saint-Nicaise, se prolongeait jusqu'au bord de la Seine, où s'élevait une haute tour qui a subsisté jusque sous le règne de Louis XIV; elle était nommée la tour du Bois. En 1368 cette enceinte fut réparée et les fortifications augmentées. Du côté du midi on entoura des anciens murs d'un fossé profond; sur les bords de la Seine étaient quatre tours : la tour du Bois, près du Louvre; la tour de Nesle, vis-à-vis, sur l'emplacement actuel du palais des Beaux-Arts; au levant étaient la Tournelle et la tour Billy, proche des Célestins; un fort en bois défendait la tête de l'île Saint-Louis. L'entrée de Paris par la Seine était en outre défendue, tant du côté d'amont que d'aval, par de fortes chaînes en fer supportées par des bateaux.

On voit que d'importants changements avaient été opérés dans l'enceinte de Paris, depuis la troisième enceinte.

L'origine de la Bastille, flanquée de murs et fortifiée, date du règne de Jean le Bon. On cite encore, parmi le petit nombre des fondations, les colléges de *Justice*, des *Allemands*, etc. Il ne faut pas oublier, surtout, l'établissement le plus remarquable et le plus salutaire, celui des *petites écoles.*

Les *petites écoles* de Paris, base primitive des écoles primaires de la France, instituées dans les différents quartiers de Paris, reçurent leurs statuts en 1357.

La fondation de l'*hôpital du Saint-Esprit* doit aussi être rapportée à cette époque. Après les guerres qui venaient de désoler la France et surtout Paris, on voyait une foule de pauvres enfants, que les combats avaient rendus orphelins, parcourir les rues de la capitale, nus, transis et affamés. Quelques personnes riches, brûlant du désir de secourir ces infortunés, achetèrent une maison, y logèrent un grand nombre de ces enfants délaissés, et invitèrent les habitants de la ville à joindre, pour leur entretien, leurs aumônes à celles qu'elles répandaient elles-mêmes. La masse des Parisiens ne resta pas sourde à cet appel, elle contribua selon ses forces à la bonne œuvre, et l'hôpital fut fondé en 1362.

Étudions maintenant, et disons succinctement de quelle manière Paris s'est organisé depuis Philippe le Bel jusqu'à la mort de Jean le Bon. Pendant cette période, Paris a pris figure, si l'on peut ainsi parler. Dans les siècles suivants, sans doute la capitale augmentera continuellement; mais ces accroissements n'en changeront pas le plan primitif, elle conservera toujours les caractères généraux qu'elle a désormais acquis. L'établissement du parlement et des autres corps judiciaires détermina, avant toutes choses, le mouvement de population, qui donna au progrès de la civilisation une impulsion nouvelle. Bientôt les vieux murs de Philippe-Auguste ne purent contenir Paris, il déborda de tous côtés. Les travaux que le prévôt des marchands, Etienne Marcel, fit exécuter, peuvent être considérés comme la quatrième enceinte de Paris. Nous l'avons indiquée. Etienne Marcel fit aussi fabriquer sept cent cinquante guérites, que des crochets de fer fixaient aux créneaux des murailles; on vit alors, pour la première fois, sur les remparts de Paris, quelques canons d'invention toute récente.

II.

Paris sous Charles V et Charles VI. — Insurrection des *maillotins.* — — Les *cabochiens.* — Guerres civiles.

Charles V, fils de Jean le Bon, monta sur le trône en 1364 et signala son entrée à Paris par la condamnation à mort de plusieurs Parisiens soupçonnés d'avoir partagé les idées d'Etienne Marcel. La capitale doit de grands embellissements à Charles V, qui s'attacha à réparer les maux que la France avait soufferts sous ses deux derniers prédécesseurs. Au milieu des soins qu'il donnait à l'administration de son royaume, il n'oubliait rien de ce qui pouvait contribuer au bien-être de sa bonne ville de Paris, dont il affectionnait le séjour, où il demeurait dans son historique hôtel Saint-Paul (*hostel solennel de grands esbattements*). Ce prince aimait beaucoup les Parisiens... Sa tendresse pour eux, malgré les exécutions dont nous avons parlé plus haut et dont la place de Grève fut le théâtre, éclata dans l'anoblissement en masse de toute la bourgeoisie de la capitale (1371). Charles feignit de compléter cette innovation en accordant aux bourgeois de Paris la possibilité d'acheter des fiefs (1377). Ces honneurs, ces bienfaits étaient, ne nous y trompons pas, d'adroits calculs de la part du roi. En accordant des lettres de noblesse à la bourgeoisie, il avilit par cela même les droits municipaux, prérogatives bourgeoises, si péniblement acquises.

Sur les remarques que les bourgeois de Paris lui firent qu'ils étaient en possession d'avoir la garde et le bail de leurs enfants, d'user de brides à or et autres ornements appartenant à la noblesse, et de prendre armes de chevalier, comme les nobles d'origine, le roi les affermit dans tous ces priviléges, et défendit à ses officiers de les y troubler.

Charles V, ami des sciences et des arts, protégea sérieusement les institutions d'enseignement, et plusieurs nouveaux colléges furent fondés. L'Université de Paris obtint sa bienveillance spéciale, et l'on vit, à l'occasion d'une insulte osée contre quelques écoliers, le prévôt de Paris, obligé de faire amende honorable, prêter serment de maintenir de nouveau les priviléges du corps universitaire. Toutefois, Charles restreignit plutôt les priviléges de *sa très-aimée fille*, comme il appelait l'Université, qu'il ne les favorisa; il surveilla l'accomplissement des devoirs des dignitaires universitaires, créés pour enseigner, non pour empiéter sur la liberté de l'enseignement.

En indiquant les institutions et les soins de Charles V pour faire progresser l'esprit humain, n'omettons pas l'introduction des horloges à sonnerie en France; en 1370, l'Allemand Henri de Wic posa la première horloge sonnante au palais de la Cité de Paris. Sous ce prince encore, l'Allemagne envoyait les horloges à roues; l'Italie, la faïence, le papier, les lunettes, les miroirs, et *autres* objets de luxe. Aimant l'élégance et la splendeur des meubles et des habits, Charles V inspira à ses courtisans le goût futile des superfluités. Les gentilshommes voulurent imiter le roi; les bourgeois riches, à leur tour, s'efforcèrent de singer les grands de la cour, et ils se ruinèrent d'autant plus sûrement que l'instabilité des modes surpassait leurs caprices. Un prince italien,

faisant peindre à cette époque un homme et une femme de chaque peuple avec le costume national, ordonna de représenter le Français et la Française tout nus et tenant sous leurs bras des pièces d'étoffes. Il indiquait, par cette allusion indirecte, qu'en France la forme des habillements était fugitive; que les modes y changeaient à un tel point, qu'on ne pouvait saisir leur inconstance.

Un poëte du quatorzième siècle se récria, lui aussi, contre la *fatuité* et l'*opulence* des vêtements des jeunes seigneurs français :

> Grandcoup (beaucoup) avaient des perleries
> Et de nouvelles broderies.
> Seulement le dercié (le derrière)
> Estoit de perles tout royé (rayé).

Ce qu'il y a d'attristant dans cette folie de magnificence, c'est que les personnes moins aisées qui désirèrent se vêtir de velours, de satin, etc., ne trouvèrent moyen de satisfaire leurs goûts ruineux qu'en se précipitant dans la carrière des crimes.

A ce propos, nous nous adressons une question qui ne manque pas d'intérêt. Le costume du temps était-il vraiment élégant? A en juger par celui que portaient les hommes de cour, il faut répondre par la négative. Ils revêtaient des habits de forme peu grave, des robes moitié d'une couleur, moitié de l'autre. Les extravagances, en ce genre, se montrèrent au jour pendant les cérémonies qui eurent lieu à Paris, lorsque l'empereur allemand Charles IV vint voir la capitale de son neveu.

Aux réjouissances qui marquèrent le séjour de cet empereur succéda le deuil des Parisiens : la reine Jeanne de Bourbon mourut à la suite d'une courte maladie. Elle était aimée, et on la regretta sincèrement. Nous n'avons pas à mentionner ici les événements historiques de la France jusqu'à la mort de Charles V, parce qu'ils ne concernent guère la ville de Paris. Rappelons seulement que ce prince, mort en 1380, et que l'on surnomma le Sage, donna une preuve éclatante de l'intérêt qu'il portait aux lettres, en rassemblant une précieuse collection de livres. Grand fait dans l'histoire de l'intelligence en France ! Cet amas de livres, qui à la mort de Charles V se composait de neuf cents manuscrits, devint la merveilleuse bibliothèque nationale si riche aujourd'hui.

Le règne de Charles VI, fils aîné de Charles V, et qui à l'âge de douze ans succéda à son père, est une des périodes les plus déplorables des annales de Paris. Le roi enfant vit, pendant sa minorité, ses oncles avides et cruels exploiter à leur profit les intérêts de l'Etat; au lieu d'être les tuteurs du prince, ils devinrent les tyrans du peuple.

Alors, par suite des exactions du duc d'Anjou, qui s'était arrogé la principale part du pouvoir, éclata dans Paris la révolte des *maillotins* (ainsi appelés parce qu'ils s'armèrent de maillets de plomb déposés à l'Hôtel-de-Ville).

Dès l'année 1383, un impôt sur les vivres avait excité ce soulèvement : des bandes furieuses et formidables enfoncèrent les prisons, mirent les détenus en liberté, tendirent des chaînes dans les rues, massacrèrent les percepteurs des impôts, pillèrent leurs maisons et les habitations des juifs. Las d'égorger et de détruire, les *maillotins* voulurent organiser : Hugues Aubriot, ancien prévôt de Paris, accusé et détenu longtemps comme mauvais catholique, se vautrait habituellement dans la débauche. Il entretenait des juives : il était lui-même juif hérétique. Les *maillotins* le choisirent pour leur général. On le délivra : on le porta en triomphe depuis son cachot jusqu'à sa maison. Hugues Aubriot ne pouvait tout d'abord repousser l'offre des révoltés. Il se laissa faire : mais n'étant pas capable de s'associer à leurs excès, il se sauva en Bourgogne et disparut de la scène politique. Un autre magistrat, resté à Paris pendant que la cour s'était retirée à Vincennes, l'avocat général Desmarets, sut calmer l'effervescence de la foule et servir d'intermédiaire conciliateur entre le monarque et le peuple.

Desmarets parvint à obtenir la promesse qu'on aurait de l'indulgence pour ceux qui auraient commis des désordres; il obtint aussi l'abolition des impôts rétablis contre la foi jurée. Sur l'assurance que le régent lui donna d'une amnistie générale et d'un rebelles demandaient préalablement pardon, Desmarets retourna de Vincennes à Paris, et chargea une députation de porter au pied du trône les paroles du peuple. Le petit roi, auquel on avait fait d'avance la leçon, pardonna gracieusement à tous les mécontents, et il déclara solennellement qu'il abolissait les impôts.

Desmarets annonça le résultat de ses démarches.

Mais dès que le duc d'Anjou fut rentré dans la capitale avec des troupes considérables, on vit saisir publiquement beaucoup des personnes compromises dans les derniers troubles. Ces actes causent un triste résultat. La sédition recommença à gronder. Quand elle fut devenue menaçante, le duc d'Anjou agit en secret : il fit exécuter mystérieusement. Renfermés dans des sacs, on les attacha étaient précipités, la nuit, du haut des ponts et entraînés par la Seine. Les regards des Parisiens ne percèrent pas les ténèbres dont la cour enveloppait les victimes de sa colère.

Charles VI rentra à Paris, après la victoire de Rosebecq, moins en roi qui veut sévir contre les désordres qu'en chef de parti qui veut en tirer vengeance. Vingt mille bourgeois armés allèrent au-devant de lui dans la plaine de Saint-Denis. « Voyez l'orgueilleuse ribaudaille, disaient les seigneurs ; s'ils fussent venus, ainsi armés, servir le roi en Flandre, ils eussent bien fait ; mais ils s'en seraient gardés ; ils priaient Dieu, au contraire, qu'aucun de nous n'en revînt »

Ordre fut donné aux bourgeois de désarmer immédiatement et de se renfermer dans leurs demeures. Trois cents révoltés avaient été mis à mort avant l'arrivée du roi, par les ordres des ducs de Berry et de Bourgogne. Charles VI fit décapiter les principaux chefs de la sédition : Jean Desmarets et treize autres.

Le lieu des exécutions était ordinairement le carreau des Halles, où s'élevait le pilori. Le maître des *hautes œuvres*, exécuteur de la haute justice, réputé infâme, ne pouvait demeurer dans l'intérieur de

Abailard philosophe du douzième siècle.

la ville, à moins qu'il n'habitât dans le lieu même où était dressé le *pilori*. Comme tous les marchands eussent refusé l'argent de cet homme, on lui avait accordé le droit de *havage*, c'est-à-dire la faculté de prendre, la permission d'exiger, sur toutes les céréales exposées en vente, autant de grains que sa maison en pouvait contenir. Il jouissait aussi de certains droits sur les fruits, les légumes, les poissons, les œufs, la laine des rois ; pour chaque personne qu'il mettait au pilori, il prenait cinq sous ; pour chaque homme justicié à cause de ses méfaits, il prenait ce qui était au-dessous de la ceinture, de quelque prix que ce fût. Plus tard, la dépouille entière du patient devint la propriété de l'exécuteur. La mort par strangulation était ordinairement le châtiment des voleurs, faussaires ou meurtriers. On coupait les oreilles aux individus coupables de vols peu importants : quelquefois on se contentait de les fustiger. Les nobles étaient toujours exempts du fouet, et, s'ils méritaient la mort, on les décapitait ; à moins qu'il ne s'agît de trahison, de parjure ou de corruption de témoins : la gravité de ces crimes faisait perdre aux condamnés le privilège de la noblesse.

Qu'on ne s'étonne pas si nous donnons ici ces détails. Pendant le règne de Charles VI, Paris fut tour à tour le théâtre de scènes sanglantes et de fêtes dispendieuses ; les unes remarquables par leurs atrocités, par leurs résultats ; les autres, funestes à causes des prodigalités que les habitants se permettaient.

Tous les historiens de Paris ont parlé longuement des réjouissances qui eurent lieu dans la capitale à l'occasion du mariage du roi avec Isabeau de Bavière. Jamais la cour de France n'avait paru plus brillante. Les rois de Bohême et de Naples venaient y augmenter la foule des seigneurs ; le luxe était alors aussi grossier qu'excessif, comme les mœurs des grands étaient à la fois dissolues et cruelles.

Le connétable Olivier de Clisson, en sortant de son hôtel, fut percé de plusieurs coups, et laissé pour mort sur la place par les spadassins de Pierre de Craon, seigneur de Sablé, favori de Louis frère de Charles VI. Le roi, pour faire justice du meurtrier, s'avançait vers la Bretagne, à la tête d'une armée, lorsqu'il fut tout à coup atteint de folie (1392) en traversant la forêt de Rennes. Un accident arrivé à la fête qu'on lui donnait pendant la fatale journée du 29 janvier

1393, pour le distraire, acheva de rendre sa démence incurable. Voici ce qui se passa : Le roi Charles VI, déguisé en sauvage, pensa périr de la manière la plus affreuse. Brûlé dans son costume formé de lin et d'étoupes, il perdit connaissance ; et sa raison, déjà ébranlée, s'égara entièrement. Trente ans durant, la France eut un roi fou. Ce malheur était arrivé, disait-on, par l'imprudence du duc d'Orléans. Les moines célestins de Paris, dans lesquels le duc avait beaucoup de confiance, lui persuadèrent de bâtir une chapelle qui porterait son nom. Ainsi, ajoutaient-ils, il expierait sa faute. Le duc d'Orléans s'y prêta ; il voulait arriver au pouvoir, qui fut d'abord disputé par lui et par le duc de Bourgogne. Le premier n'évita pas le sort qu'il avait destiné à Clisson. Un soir, comme il sortait de l'hôtel Barbette, au coin de la rue du même nom (Vieille-rue-du-Temple), il tomba sous le poignard d'assassins apostés par Jean-sans-Peur (1407). Ce meurtre livra la France au parti bourguignon, qui agit au nom du roi et d'Isabeau de Bavière. Jean-sans-Peur attaqua Paris, et affecta de rechercher l'appui du peuple. Il possédait alors un grand crédit sur les bouchers, qui formaient une corporation puissante. Leurs chefs, Simon Caboche, qui a donné son nom à la faction, Legoix, les Saint-Yon, les Thibert, furent investis par le duc de Bourgogne de l'autorité municipale, de la police. On vit dans maintes circonstances le roi Jean toucher publiquement la main de Caboche, syndic des bouchers. Les *cabochiens*, bourreaux organisés en corps, se baignèrent à plaisir dans le sang humain ; presque tous les conseillers du roi furent égorgés, leurs hôtels pillés, rasés. La fureur de la faction allait peut-être s'apaiser, mais les agents du duc de Bourgogne, qui entretenaient la révolte, soufflèrent de nouveau le feu de la discorde civile. Chaque confrère cabochien devait porter, pour signe distinctif de ralliement, indépendamment de la croix de saint André, une couronne de roses... Des roses et du sang ! En quelques heures un millier de couronnes se flétrirent sous les voûtes de l'église Saint-Eustache ; la nef et le chœur étaient imprégnés de leurs exhalaisons.

Jean Pitard organise la confrérie des chirurgiens.

Reconnaissons-le, l'intérêt du duc de Bourgogne n'était pas le seul ferment de discorde qui excitât ces forcenés. Isabeau de Bavière, alliée de Jean-sans-Peur, avait écrit de Tours, où elle s'était retirée, qu'elle ne rentrerait pas à Paris tant que cette capitale ne serait pas purgée des Armagnacs. Alors les massacres recommencèrent. Le sang une fois étanché, on en cacha les taches sous un tapis de fleurs dont on couvrit les rues de la capitale pour recevoir Isabeau de Bavière et Jean-sans-Peur. Chose difficile à concevoir, leur entrée excita un simulacre de joie, des fêtes publiques régnèrent plusieurs jours à Paris, et cependant les environs de la ville retentissaient des hurlements des basochiens.

Aux massacres, qui se renouvelaient sans cesse, se joignit une maladie contagieuse qui fit mourir 50,000 habitants en un mois. Le Bourguignon avait lancé ses créatures sur les campagnes, qu'ils affamèrent. Les Parisiens, privés d'approvisionnements, se ressentirent bientôt du fléau. Jean-sans-Peur résolut alors de briser tous les instruments de meurtre dont il s'était servi : il donna aux généraux commandant des troupes régulières des instructions secrètes pour poursuivre et abattre au dehors de la ville les cabochiens. Quand ceux-ci se présentèrent aux portes de Paris, on les tua dans une chasse générale, absolument comme des bêtes féroces...

Jean-sans-Peur se réserva le triste privilége de faire exécuter en sa présence un nommé Capeluche, bourreau de Paris, investi du commandement des basochiens. A cette exécution, il se passa une scène qui exciterait le rire, si l'on n'était pas attristé par le récit des massacres qui la précédèrent. Lorsque Capeluche monta sur l'échafaud, il s'aperçut que son successeur s'acquittait mal des préparatifs du supplice. Il s'avança, monta à son tour, et s'approchant du patient, il lui dit : « Pardonnez les peines que ce jeune homme, — il désignait le nouveau bourreau, — vous fait subir inutilement, c'est la première fois qu'il fait son métier. Hélas ! ajouta Capeluche, c'est aussi la première fois qu'on m'exécute. »

L'ancien bourreau s'adressant ensuite à l'exécuteur installé : « Approche, lui dit-il, que je te donne une leçon et que je t'apprenne à trancher un chef proprement. » L'apprenti écouta attentivement son maître, et la tête de l'ex-lieutenant de Jean tomba sans que Capeluche eût montré la moindre émotion.

La faction de Jean de Bourgogne et d'Isabeau de Bavière, sa complice, se lassa de massacres. Les deux misérables princes essayèrent de rappeler le dauphin ; ils sentaient qu'un autre nom leur devenait nécessaire pour réorganiser le gouvernement, et pour faire oublier leurs crimes. Mais les cabochiens reparurent ; ils adoptèrent le chaperon rouge et bleu du prévôt des marchands d'autrefois, d'Etienne Marcel, et leur alliance avec la Sorbonne accrut encore leur insolence. Jean de Troyes, l'orateur du parti ; chirurgien ou barbier (les barbiers faisaient alors les saignées) envahit un jour à la tête d'une populace audacieuse le palais du dauphin et arrêta ses conseillers. Les états généraux, convoqués au milieu d'une épouvantable anarchie, virent tous les jours, leurs efforts paralysés par les *bouchers*. Le roi, depuis sa maladie, toujours esclave du parti qui dominait, fut censé approuver tous les crimes qui se commettaient en son nom. Enfin, le peuple prit les armes et secoua le joug de la foule organisée ou non organisée. Jean-sans-Peur quitta Paris la rage au cœur, mais il se promit d'y rentrer bientôt.

Dans ce but, il appela les Anglais qui venaient de gagner la bataille d'Azincourt (1415) ; peu de temps après, un bourgeois, Perrinet Leclerc, lui livra Paris.

III.

Paris sous Bedford et sous Charles VII.

Henri V, roi anglais, régnant dans notre pays, profita des troubles de la France et de la guerre civile qui désolait la capitale. Il essaya de détruire l'esprit national. Pour comble de malheur et de perfidie, l'indigne Isabeau de Bavière lui offrit sa fille Catherine et lui donna la couronne de France par un traité honteux conclu en 1420.

Paris et tout le royaume obéissaient depuis deux ans au duc de Bedford, régent de France pour le roi d'Angleterre, lorsque Charles VI mourut. Nous ne dirons rien des établissements fondés sous le règne de Charles VI, du collège de Thou (1393), du collège de Coquerel (vers 1400), de l'hôpital des orfévres, de l'hôtel des Tournelles,

devenu demeure royale en 1404, et qui par la beauté ne le cédait pas à l'hôtel de Saint-Paul. Remarquons seulement l'organisation des institutions des archers, des arquebusiers et des arbalétriers ; l'apparition de la confrérie de la Passion, dont les membres, établis à l'hôpital de la Trinité (1402), jouaient des *mystères*, quelques scènes de la Passion de Jésus-Christ, et quelques jeux de personnages qui ont été l'origine du théâtre en France.

La passion des spectacles se manifesta au milieu des calamités de la patrie. Le théâtre français, dont les acteurs sont devenus, de nos jours, des notabilités, n'avait vu jusqu'alors que des réunions nomades de jongleurs, de baladins, de sauteurs et de funambules, sur le talent desquels on s'extasiait parce que rien de mieux n'avait captivé l'attention. Du reste, des funambules signalèrent leur légèreté durant les noces de Charles VI. On raconte qu'un jour un funambule, surnommé le *voleur*, descendit des tours de Notre-Dame sur le toit du Palais, et qu'il *vola*, qu'il exécuta ses gambades et qu'il malheureusement, qu'il se brisa le cou en tombant de sa corde.

Dans l'intérieur des colléges ou des monastères, on jouait des tragédies en mauvais latin, dont les sujets étaient la Bible, les miracles ou le martyre de quelque saint. Quelquefois des pièces étranges en langue française du temps étaient représentées dans la grande salle du Palais par l'une ou l'autre basoche (royale ou impériale) ; mais avant la confrérie de la Passion, personne n'avait donné à Paris des représentations suivies.

On assure que les confrères de la Passion, gênés par le prévôt de Paris (1398), se plaignirent à Charles VI ; que celui-ci assista à leur spectacle, en fut charmé ; que, par lettres patentes du 4 novembre 1402, il leur permit de se fixer à Paris, et d'y continuer leurs représentations.

Les habitants de Paris secourent de pauvres enfants que les combats avaient rendus orphelins.

IV.

Paris sous Charles VII et sous Louis XI. — Danse Macabre. — Ligue du bien public. — Commencements de l'imprimerie et des postes.

La mort de Charles VI ne mit pas, comme on le sait, Charles VII en possession du trône ; le jeune prince combattait avec quelques soldats au delà de la Loire, et l'étranger maintenait dans Paris le parti bourguignon. La domination anglaise pesa pendant quinze ans sur la capitale ; le duc de Bedford dirigeait l'administration de la ville, fortement agitée par la tyrannie des bouchers ; il cherchait à gagner l'esprit des habitants par toutes sortes de fêtes et de jeux.

En 1424, on représenta, pendant plusieurs mois, au cimetière des Innocents, le singulier spectacle connu sous le nom de *Danse macabre*, et très-souvent la ville et la duchesse de Bedford donnèrent au Parlement et à l'Université de splendides festins à l'hôtel des Tournelles qu'ils habitaient. Quelques mots sur la danse macabre. C'était, primitivement, une allégorie en peinture ; plus tard, on la produisit en Allemagne, en Suisse, en Italie, sous la forme dramatique. L'action est partout la même : des rois, des reines, des papes, des princes, des cardinaux, des évêques, des dames illustres, des chanoines luxurieux et gourmands, arrachés par la mort aux douceurs d'une vie opulente et semée de délices, se plaignent amèrement d'une si rude destinée et crient merci, d'une voix dolente. Mais la Mort se montre impitoyable ; elle dit aux prêtres de tous les rangs, avides de richesses enlevées aux labeurs du pauvre peuple :

Le vif et le mort souliez (aviez coutume, vouliez) manger ;
Mais vous serez aux vers donné.

Elle annonce aux beautés coquettes qu'il faut quitter *beaux gorgias*

Paris. Typographie Plon frères, rue de Vaugirard, 36.
2

empesés, esbats, soulas, déduits d'amour; et la nouvelle épousée, femme mignotte, qui dort jusqu'au dîner, doit se préparer au sommeil que ne finira plus moult doux réveil.

La représentation de la Danse macabre commençait au mois d'août et durait ordinairement jusqu'au carême.

Revenons aux premières années du règne de Charles VII. Le peuple parisien murmurait; à l'intérieur, il était écrasé d'impôts, ruiné par la fréquente altération des monnaies, par la famine et par la guerre; à l'extérieur, le brigandage des bandes de malfaiteurs qui infestaient les environs et la banlieue, mettait aux abois les campagnards et les laboureurs.

Après la délivrance d'Orléans et le sacre de Charles VII à Reims, l'armée royale, conduite par l'héroïne Jeanne d'Arc, s'avança dans l'Ile-de-France. Plusieurs villes circonvoisines envoyèrent leur soumission au roi, qui entra dans Saint-Denis le 29 août 1429. Il s'en fallait de beaucoup que les dispositions de Paris fussent aussi favorables à Charles VII que celles des autres villes. Les corps constitués, composés de gens plus ou moins compromis dans la faction bourguignonne, avaient persuadé au peuple que les Armagnacs saccageraient la ville s'ils y étaient reçus; aussi lorsque les seigneurs, et à la tête de l'avant-garde, la Pucelle d'Orléans, vinrent se mettre en bataille au pied de la butte des Moulins, alors couverte de moulins et de cultures (vers la rencontre des rues du Rempart et Saint-Nicaise), les bourgeois de Paris ne s'émurent point en faveur des Français. Jeanne avait emporté le boulevard et sondait le fossé de sa lance. Un coup d'arbalète la blessa à la cuisse: on avait fait une vaine tentative. Jeanne, malgré sa blessure, refusa de se retirer; elle s'obstina, l'héroïque fille, à mourir sous les murs de Paris. Couchée sur le rempart, elle continuait d'exciter les assaillants à combler les fossés pour arriver jusqu'à l'enceinte de la capitale. « Rendez-vous à nous tost, de par Jésus! » s'écriait-elle.

Après cet échec, le roi Charles VII, manquant de ressources pour continuer la guerre autour de Paris (1429), n'y rentra que huit ans plus tard; il repassa la Loire après avoir laissé des garnisons dans les villes de l'Ile-de-France, dans quelques provinces limitrophes.

Cependant, le joug des Anglais commençait à peser sur Parisiens de tous les partis. On conspira en faveur de Charles VII, surnommé dérisoirement par les Anglais le roi de Bourges. Malgré la dépossession dont ce prince était frappé, une intronisation eut lieu à Poitiers. Charles se fit couronner; les seigneurs qui l'environnaient revêtirent leurs habits de tournois, conduisirent leur souverain à la chapelle, agitèrent, pendant l'office, une bannière aux armes de France au dessus de sa tête, et crièrent: « Vive le roi! »

Le 13 avril 1436, après un combat acharné dans les rues de Paris, les comtes de Dunois et de Richemont, introduits secrètement dans la ville par un marchand nommé Michel Lallier, chassèrent enfin les Anglais et arborèrent sur les remparts la bannière de France aux cris naïfs de: Ville gagnée! « Bonnes gens, disait le connétable de Richemont en leur serrant la main, le roi vous remercie cent mille fois de ce que si doucement vous l'avez rendu la maîtresse cité de son royaume: tout est pardonné. »

Mais Charles VII n'aimait pas Paris, la maîtresse cité; il ne se pressa pas de se rendre aux vœux des Parisiens qui demandaient avec instances son retour. Il opéra donc son entrée dans la capitale pour peu de jours seulement, et il quitta Paris, « sans lui avoir fait nul bien. » Quant aux Armagnacs, ils renversèrent une statue élevée par les Bourguignons au traître Perrinet Leclerc, auprès de sa maison. Cette statue mutilée devint une borne qui existait encore au siècle dernier dans la rue de la Boucherie.

Vers la fin de son règne, Charles VII ne retourna à Paris qu'à regret. Pendant ce court séjour, Charles entreprit, autant que son indolence le lui permettait, de faire disparaître les calamités du pays. La justice et l'administration furent, sinon réformées, du moins améliorées notablement. Le roi rendit des ordonnances pour réprimer les brigandages des troupes dans les campagnes. A cette même époque, la prostitution publique, tolérée à Paris, fut soumise à une nouvelle forme: la compagnie de filles amoureuses de leur corps (filles de Dieu) reçut de nouveaux statuts.

Plus tard, Charles VII s'occupa de l'Université, dont il modifia l'organisation pour remédier aux désordres que ses privilèges excessifs causaient très-souvent; elle cessa d'être soumise à la discipline du pape. L'ordre judiciaire reçut aussi des améliorations importantes; un édit spécial du roi ordonna l'abréviation des procédures; la rédaction des Coutumes fut commencée, conformément à une ordonnance royale qui portait que tous les coutumiers et les praticiens du royaume rédigeraient par écrit les usages, styles, etc., de chaque province. Excellents projets! réformes parfaites! Mais il leur manqua l'exécution. Le roi, ainsi que plusieurs de ses prédécesseurs et successeurs, laissait tomber tous ces édits, ordonnances, etc., du haut de son trône, comme des acquits de conscience envers le peuple longtemps opprimé; mais celui-ci n'en pouvait tirer aucun avantage, faute d'exécution. D'ailleurs, Charles VII ne voulait plus séjourner dans la capitale; il n'y venait que pour la voir, et lui préférait les bords de la Loire, les châteaux de Chinon, de Plessis-lez-Tours, d'Amboise, de Chambord. Paris, pour ce prince et pour ses succes-

seurs, était infecté de l'esprit démocratique, Paris était encore trop attristé par les souvenirs de la guerre civile.

La capitale dut se régénérer toute seule, reprendre vigueur et consolation, malgré l'absence prolongée de ses rois.

Nous ne trouvons à signaler, pour le règne de Charles VII, que deux établissements fondés à Paris: l'hôpital des Veuves, rue Saint-Sauveur (1525), et le collège de Séez (1528).

Charles ne mourut pas dans la bonne ville de Paris, mais à Meung-sur-Yèvre, en Berry (22 juillet 1461). Sa mort n'aurait inspiré que de la joie à son mauvais fils, si Louis XI n'avait pas craint d'être mal accueilli par un peuple qui ne l'aimait pas.

Malgré cette répulsion des Parisiens pour leur nouveau roi, l'entrée de Louis XI à Paris fut une des plus solennelles qui aient eu lieu (1461). Louis XI s'arrêta devant la porte Saint-Denis, par laquelle il devait faire son entrée, accompagné des comtes de Dunois, d'Angoulême, des ducs de Bourbon, de Clèves, etc. Au-devant de lui se portèrent l'évêque de Paris, l'Université, le Parlement, le prévôt des marchands et les échevins, le prévôt de Paris, la chambre des comptes, tous, pour la plus grande gloire de l'étiquette, vêtus de robes de damas fourrées de martre. Et pourtant, il faisait une chaleur excessive!

Les magistrats offrirent à Louis XI les clefs de la ville. Arrivé devant l'église Saint-Lazare, le roi trouva un héraut couvert d'habits aux armes de la ville, et qui s'intitulait Loyal-Cœur. Le héraut s'avança vers le roi et lui présenta cinq dames richement habillées et montées sur de beaux chevaux caparaçonnés aux armes de la ville. On récita des vers au prince; chacune des cinq dames avait pour signe et pour nom une des cinq lettres qui composent le mot Paris. Louis XI ne devina pas d'abord ou feignit de ne pas comprendre ce que signifiait une lettre majuscule brodée en diamants que les dames portaient; elles se rangèrent les unes à côté des autres, et le roi lut distinctement le nom de sa capitale. « Si l'on veut m'apprendre à lire avec ce gentil alphabet, dit galamment le prince, je deviendrai tôt un savant. » Sous la voûte de Saint-Denis Louis aperçut un grand navire argenté, emblème de la ville de Paris; la Justice et l'Equité, représentées par deux femmes fort jeunes, le montaient.

Devant l'hôpital de la Trinité, les confrères de la Passion avaient préparé une scène-pantomime. A la boucherie du Châtelet, s'offrit à la vue du monarque le simulacre de l'assaut qu'il avait donné, dans sa jeunesse, à l'une des portes de Dieppe. Sur le Pont-au-Change, les oiseleurs de Paris donnèrent l'essor à plusieurs milliers d'oiseaux pour indiquer que le peuple, esclave sous les règnes précédents, espérait recouvrer son indépendance, sa liberté sous le règne qui commençait. Pendant un mois, on ne vit dans la capitale que fêtes et jeux, principalement les joutes, qui se firent près de l'hôtel des Tournelles, et qui furent, disent les chroniques du temps, merveilleuses.

Toutes ces démonstrations d'allégresse durent plaire singulièrement à Louis XI, et le réconcilier avec la bonne ville.

La période de guerres civiles que la France venait de traverser avait relevé les grands vassaux des graves atteintes que la royauté leur avait portées, et dans la lutte qu'ils engagèrent contre le nouveau roi, sous la Ligue ou guerre dite du bien public, Louis XI eut besoin d'opposer les villes et surtout Paris à cette coalition presque universelle de la noblesse. Ce fut donc à ce monarque que le peuple dut le premier abaissement des grands. Louis XI ne négligea pas d'attacher les Parisiens. Jamais prince ne se montra aussi populaire que Louis XI pendant ce danger pressant. Il entrait familièrement chez les bourgeois, les invitait à sa table, s'initiait avec intérêt à leurs affaires domestiques, il donnait à tous le titre amical de compère. Il abolit une partie des impôts, seulement à Paris, rétablit les privilèges municipaux, appela au conseil d'Etat six bourgeois, etc. Il exigea que la reine, qui était grosse, accouchât à Paris, ville bien-aimée. Il organisa la milice bourgeoise, dont il fit faire le dénombrement: elle s'élevait à cette époque à quatre-vingt mille hommes de seize à soixante ans, partagés sous soixante bannières, ce qui nous porte à conjecturer avec vraisemblance que la population totale de Paris ne pouvait guère être au-dessous de deux cent cinquante mille habitants.

L'île de France devint le centre de la guerre qui éclata. La bataille de Montlhéry, gagnée par le roi contre Charles le Téméraire (1465), n'était pas décisive; quelques jours après, l'armée du comte de Charolais investit la capitale, et chercha à entrer en négociations avec le Parlement, le corps municipal et l'Université. Mais les habitants restèrent fidèles à la cause royale, leur résistance donna à Louis le temps d'arriver avec des forces; et bientôt, les traités de Conflans et de Saint-Maur amenèrent la dissolution de la Ligue du bien public.

Telle était son yeux du roi l'importance de la possession de la capitale qu'il dit souvent: « Si j'eusse trouvé Paris révolté, le meilleur qui me pouvait advenir, c'était de fuir hors de mon royaume. »

Louis XI continua à flatter les Parisiens; il participa à toutes les fêtes qu'ils donnèrent pour célébrer la paix; il parut recevoir avec une expansive cordialité un repas qui lui fut offert à la maison de ville par le corps des échevins. Le rusé monarque loua beaucoup la fidélité, l'attachement, l'empressement des bourgeois de sa bonne ville de Paris. En conséquence, leurs privilèges reçurent un nouvel accroissement par l'exemption du logement des gens de guerre, par l'affranchissement du ban et de l'arrière-ban. A ces grâces, Louis joignit des témoignages d'une popularité toute patriarcale: il accepta d'être le parrain d'une foule d'enfants, il voulut même que la ville de Paris tînt son fils sur les fonts de baptême : il s'associa aux confréries parisiennes, et mangea souvent à la table du plus humble bourgeois.

Quoiqu'il rendît pleine justice à la prééminence de Paris, ce prince n'y séjourna que très-rarement, et, à l'exemple de son père, il fixa sa résidence près des bords de la Loire. Il mourut au château de Plessis-lez-Tours, en 1483.

On sait par quels moyens Louis XI acheva de triompher de la féodalité : nous n'avons qu'à rappeler la condamnation à mort du duc d'Alençon par le parlement de Paris, l'assassinat du comte d'Armagnac, l'exécution du connétable de Saint-Pol, décapité sur la place de Grève (1475), et l'horrible supplice du duc de Nemours, qui, de la Bastille où il avait été renfermé dans une cage de fer, fut conduit aux Halles sur un cheval drapé de noir. Ses enfants, traînés et placés sous l'échafaud, furent arrosés du sang de leur malheureux père!.. Par un raffinement de cruauté, Louis XI avait ordonné que ces enfants seraient vêtus de robes blanches. Le supplice terminé, on les enferma eux-mêmes dans une étroite prison, construite en forme de boîte.

Et ce roi prit le premier le titre de roi très-chrétien! Ce titre, croyait-il le mériter par ses pratiques bizarres et outrées? Il poussa si loin la bigoterie qu'il demanda au pape le corporal sur quoi chantait monseigneur saint Pierre; qu'il sollicita de l'Eglise le droit de se faire frotter périodiquement le corps avec la sainte ampoule.

Mais, abstraction faite des ruses et des manéges de Louis XI, il faut dire que son règne est une des plus remarquables époques de l'histoire de France, à cause des utiles inventions qu'il a vues naître et dont la plus importante est devenue une source abondante de richesses pour l'industrie parisienne. Louis XI mérite tous nos éloges comme protecteur de l'imprimerie. Etrange rapprochement! Le plus absolu du moyen âge fut le propagateur d'un art qui devait saper la royauté!

Trente ans après l'invention de l'imprimerie par le Mayençais Jean Gutenberg, en 1470, cet art immense s'introduisit en France. Paris fut la première ville qui posséda une imprimerie. Il existait bien des libraires à Paris dès l'année 1421, mais leur nombre ne s'élevait pas au delà de quatre, et le mieux achalandé d'entre eux, Jean de Ourtillier, ne possédait pas au delà de vingt-cinq à trente volumes. Pierre Scheffer et Conrad Hanequis avaient établi une imprimerie régulière à Mayence; ils envoyèrent à Paris un de leurs agents, nommé Herman de Stuthoen : celui-ci ne pouvait manquer de débiter à Paris et ailleurs les livres sortis de cette imprimerie. La Bible obtint surtout un grand succès de vente. Tout à coup le libraire fut atteint de maladie et succomba; alors les officiers du roi, en vertu du droit d'aubaine (qui rendait l'Etat héritier de tout habitant passager, de tout voyageur étranger décédé dans le royaume), s'emparèrent des livres qu'ils trouvèrent au domicile de Stuthoen. Les imprimeurs d'Allemagne, alarmés de cette capture, et appuyés par l'empereur et par l'archevêque de Mayence, réclamèrent auprès de Louis XI. La restitution des livres saisis ne s'opéra pas immédiatement. Conrad Hanequis se plaignait encore une fois; enfin, par une ordonnance royale, une somme de 2,425 écus et 3 sous fut promise au réclamant, et payée aux imprimeurs mayençais, pendant trois années successives, sur le taux de 800 écus d'or par an.

Avant que cette affaire fût terminée, Guillaume Fichet, recteur de l'Université, son ami Jean Heynlin dit la Pierre, et Jean Gaisser, attirèrent à Paris quatre imprimeurs allemands : Ulrich Gering de Constance, Martin Krantz, Michel Friburger de Colmar et Berthold de Rembolt, qui établirent leurs presses au collége de la Sorbonne, et donnèrent au public des éditions de Salluste et Florus, historiens latins, un ouvrage de théologie de Barthélemy de Pise, les lettres de Gasparin Barzizius de Bergame, les lettres de Fichet et sa Rhétorique latine.

En 1473, environ une année après la première introduction d'une imprimerie à Paris, Ulrich Gering transporta ses presses rue Saint-Jacques, au Soleil d'Or, et imprima une magnifique édition de la Bible. Cette même année, on vit s'établir dans la capitale une seconde imprimerie, fondée par Pierre Cesaris, maître ès arts, et Jean Stolt, tous deux Allemands, associés de Gering et compagnie. Marc Renhardi, venu de Strasbourg, fonda un troisième établissement en 1482. L'art typographique se perfectionna rapidement, et les imprimeurs parisiens acquirent une réputation méritée; des premiers successeurs de Gering, les plus connus sont Pascal et Jean Bonhomme, Denis Janot et Holfgang Hopyl.

La civilisation doit aussi à Louis XI le germe de l'institution des postes : une ordonnance de 1464 les organisa, mais seulement pour le service particulier de ce prince, et non pour celui de la nation, qui devait aussi prendre sa part de ce bienfait. Les postes, sous la direction du conseiller grand maistre des coureurs de France, n'étaient primitivement destinées qu'au transport des dépêches royales et papales. Pour subvenir aux frais de cette fondation, le peuple dut toutefois supporter un nouvel impôt de trois millions.

La première idée de l'établissement des postes aux lettres, et celle des messageries, appartiennent à l'Université, qui en conserva longtemps le privilége.

Sous Louis XI, encore, en 1469, se fonda le premier établissement spécial consacré à l'enseignement de la médecine. L'Université ellemême sentait qu'une science aussi importante devait être professée et pratiquée séparément. En 1477, les écoles furent définitivement constituées, et l'enseignement spécial commença. A cette époque, on ne reconnaissait, soit comme professeurs, soit comme élèves en médecine, que les ecclésiastiques; ils portaient les noms de physiciens, de mires. Les lecteurs se rappellent que déjà, en 1278, une confrérie des chirurgiens avait été établie par Jean Pitard. Vers 1474, le corps enseignant des médecins voulut introduire en France l'opération de la pierre, pratiquée avec succès en Allemagne. Olivier le Daim, barbier, ministre et favori de Louis XI, demanda l'autorisation royale, et en outre la permission d'opérer un archer affecté de la pierre, lequel était d'ailleurs condamné à mort. Le roi consentit, et promit au patient de lui accorder sa grâce s'il voulait supporter l'expérience qu'on irait tenter sur lui.

Le pauvre soldat, préférant courir les chances du succès à une mort décrétée, subit patiemment l'opération. L'expérience réussit. La science venait de faire un grand pas, une nouvelle conquête. L'heureux archer, gracié et pourvu d'une pension, fut parfaitement guéri en peu de temps.

La réorganisation de la cour des aides (1464), et la création de la prévôté de l'hôtel sous le règne de Louis XI; la dernière charge remplaça celle du roi des ribauds. Paris, désolé en 1466 par une contagion désastreuse, se repeupla par les soins de Louis XI; une police sévère s'exerça dans la capitale, et les moyens possibles de propreté y furent exigés.

Le roi encouragea le commerce en projetant l'établissement d'un système uniforme de poids et de mesures pour toute la France. Il fit venir de l'Italie et de la Grèce un grand nombre d'ouvriers pour fabriquer des étoffes précieuses; il exempta de tout impôt ces artisans et les Français qui établirent des manufactures non-seulement à Paris, mais dans tout le pays. Par lettres patentes du mois de mars 1482, il conféra aux religieuses et aux abbés de Saint-Germain-des-Prés le droit d'instituer dans le faubourg Saint-Germain une foire franche, où quelques années plus tard 140 loges furent bâties. Le clergé et la noblesse même purent, sans être censés déroger à leur profession, se livrer à des opérations commerciales. Louis XI, pour imprimer au commerce un rapide élan, pour rehausser son côté honnête, invitait quelquefois à manger avec lui des négociants distingués et des industriels remarquables par leur intelligence et par les résultats qu'ils avaient obtenus.

Un jour un certain marchand, enhardi par un tel honneur, demanda au roi des lettres de noblesse. Ce prince les lui accorda sur-le-champ, mais dès ce moment il ne daigna plus le regarder. Le marchand anobli en témoigna son chagrin à Louis. « Allons, monsieur le gentilhomme, lui répondit Louis XI, quand je vous faisais asseoir à ma table, je vous regardais comme le premier de votre condition; aujourd'hui que vous êtes le dernier de celle où vous êtes monté, je ferais injure aux autres si je vous estimais autant qu'eux. »

Bien que personnellement Louis XI exerçât la justice avec peu de scrupules, il n'épargnait rien pour qu'on la rendît régulièrement, et il manifesta, comme Charles VII, l'intention de réunir toutes les lois en un code fixe. Il mit à la tête du parlement Jacques de la Vacquerie, homme intègre, et dont il ne pouvait attendre aucune complaisance pour enregistrer des édits arbitraires et froissant les droits du peuple. Il lui avait ordonné de faire porter au parlement des actes illégaux en demandant leur enregistrement. A cette nouvelle, la Vacquerie organisa une opposition, et s'achemina vers le palais avec une députation de son corps. Le roi, les voyant entrer dans sa chambre, leur demanda ce qu'ils voulaient : « La perte de nos charges, et même la mort, plutôt que de trahir nos consciences et la cause du peuple, » répondit le président. Le roi Louis XI, frappé de cette hardiesse, de cette éloquence, retira les édits injustes.

Certes, Louis XI ne péchait point par l'intelligence, et pourtant son esprit s'obscurcissait parfois. A presque tous ses éclairs de bon sens se mêlait une superstition étonnante et pleine de puérilités. Irrité un jour contre un astrologue qui avait prédit la mort de sa maîtresse, il le fit venir devant lui. Louis avait les intentions les plus effroyables. « Toi qui prévois tout, lui dit-il, quand mourras-tu ? — Trois jours avant vous, » répondit l'habile homme. On pense bien que la superstitieux monarque perdit l'envie de faire tuer l'imposteur. Louis XI était perfide, vindicatif, cruel, défiant, et surtout dissimulé. Il avait pour maxime : « Qui ne sait pas dissimuler ne sait pas régner. » Il eut le tort d'abolir la Pragmatique sanction, ce boulevard des libertés de l'Eglise gallicane. Ce prince, qui releva la royauté opprimée par les grands vassaux, qui mit les rois hors de page, ainsi qu'on l'a dit justement, est peut-être l'auteur des Cent nouvelles nouvelles, imitées de Boccace, et du Rosier des guerres.

Point de nouveaux édifices, point d'établissements de bienfaisance sous Louis XI, qui n'habitait ordinairement que l'hôtel des Tournelles. Le Louvre lui déplaisait; le palais de la Cité avait été : bau-

2.

donné entièrement au parlement, et l'hôtel Saint-Paul n'offrait pas à l'ombrageux monarque une résidence assez sûre : il lui arriva bien souvent de se renfermer dans la Bastille, où l'on avait construit un appartement destiné au roi. C'était son *retrait*.

Quelque temps après la réparation de l'église des Grands-Augustins (1440), sur laquelle le tonnerre était tombé, en occasionnant de grands dégâts, un maître en théologie, accusé d'hérésie, y chercha un refuge. Déjà l'on ne respectait plus guère les asiles. Des huissiers du parlement pénétrèrent dans le couvent pour s'emparer du prévenu. Les Augustins, forts de leurs richesses et prenant une attitude guerrière, essayèrent de repousser la force par la force : un frère fut tué dans la mêlée. Bientôt l'Université se réunit aux religieux, fit valoir ses priviléges, dressa des mémoires fulminants, et menaça de se porter à des extrémités qui ne manquèrent pas de répandre l'effroi sur la rive gauche de la Seine : elle annonça qu'elle fermerait les écoles. Le prévôt de Paris, terrifié, condamna les huissiers assiégeants à faire trois amendes honorables au Châtelet, au lieu du délit, et sur la place Maubert, ayant les pieds nus, une torche de poix ardente au poing, et demandant à tous les moines augustins miséricorde. Ainsi finit la grave querelle.

La reconstruction de l'édifice auquel on travaillait dès longtemps, *l'église* et *cimetière des Innocents*, église dont Denis Dumoulin, évêque de Paris, fit la dédicace, eut lieu en 1445. On y joignit une chambre étroite, où des femmes pénitentes, connues sous le nom de *recluses*, s'enfermaient pour le reste de leurs jours. On ne laissait à cette chambre qu'une petite fenêtre grillée, ouvrant sur l'église, et au travers de laquelle la solitaire volontaire entendait l'office divin. Ordinairement le repentir d'une vie dissolue déterminait les esprits superstitieux à prendre cette vocation; mais souvent tout cela ne constituait qu'un changement de dévergondage; des femmes usées par l'exaltation de l'amour devinrent dévotes à l'excès.... Le diable, lui aussi, quand il fut vieux, se fit ermite : c'est le proverbe.

Le bâtiment des sœurs religieuses nommées béguines, qui, notons-le en passant, ne menaient pas une vie fort exemplaire, fut destiné, sous le règne de Louis XI, à un autre établissement religieux. La commode réclusion des sœurs béguines non cloîtrées avait fort augmenté leur nombre : on en compta jusqu'à quatre cents pendant les premiers temps de l'institution dans le quartier de Paris; mais les faciles communications qu'elles entretinrent avec le monde dépeuplèrent bientôt leur retraite. En 1471, le monastère des béguines ne renfermait que trois religieuses. Villon, dans son testament poétique, leur fait un legs curieux :

> Item, aux frères mendiants,
> Aux dévotes et aux vaguins,
> Tant de Paris que d'Orléans,
> Tant turlupins que turlupines,
> De grasses soupes jacobines,
> Et flans leur fais oblation,
> Et puis après soubz les courtines
> Parler de contemplation.

Un autre poëte, antérieur à Villon, en parlant des béguines s'écrie : Il suffit d'avoir le visage baissé et de porter de très-larges robes pour être béguine.

> Béguines a au mont (au mond)
> Qui larges robes ont,
> Dessoubz leurs robes font
> Ce que pas ne vous dis :
> Papelard et béguin
> Ont le siècle honni.
>
> (RUTEBEUF.)

L'église Saint-Severin, terminée en 1489, mérite une mention particulière, à cause de certaines singularités qui s'y rattachent. En effet, on voyait un des battants de la porte principale presque couvert de fers à cheval qu'on y avait cloués par suite d'un usage ancien. Saint Martin, qu'on honorait dans l'église Saint-Severin, était généralement invoqué par les personnes qui allaient entreprendre un lointain voyage. Or, dans ce moment décisif, et assurément aussi avec l'espoir de se rendre le bienheureux patron favorable, les voyageurs ne négligeaient pas d'attacher l'un des fers de leur cheval sur la porte de Saint-Severin; puis ayant fait rougir la clef de la chapelle du saint, ils en appliquaient l'empreinte sur l'animal qui devait les traîner en route.

A ce détail, il faut en ajouter un autre non moins curieux. Les femmes relevant de couches aimaient à faire leurs dévotions à Saint-Severin; le sacristain avait coutume de poser un manteau sur les épaules des jeunes mères pour préserver ces dames du froid. Bien des deniers le payèrent de ses précautions.

Enfin, le jour de la Pentecôte, on lançait dans l'église de Saint-Severin, à travers les ouvertures pratiquées à la voûte, un certain nombre de pigeons, en commémoration de la descente du Saint-Esprit parmi les apôtres. Sur l'une des portes de l'église on lisait ces vers, formant un jeu de mots très en vogue alors :

> Passant, penses-tu passer par ce passage
> Où pensant j'ai passé?
> Si tu n'y penses pas, passant, tu n'es pas sage,
> Car, en n'y pensant pas, tu te verras passé.

Au reste, l'usage de lancer des pigeons dans l'église n'était pas seulement propre à Saint-Severin, il s'employait aussi à Notre-Dame de Paris et à Saint-Jacques-la-Boucherie.

En terminant le règne de Louis XI, touchons quelques mots sur un autre usage très-mondain, et qui n'en n'est pas moins digne de notre attention. On se servait de bains plus fréquemment au quinzième siècle que pendant les périodes précédentes; on les appelait *estuves*, et les personnes qui faisaient état de les administrer s'appelaient *barbiers estuvistes*, parce qu'elles se chargeaient en même temps de faire la barbe. On criait les bains par les rues comme une marchandise, comme une denrée. Les étuves étaient si répandues à Paris qu'on ne pouvait faire un pas sans en rencontrer, et les habitants aisés de la capitale qui en avaient chez eux invitaient non-seulement à dîner, mais aussi à se baigner.

V.

Paris sous Charles VIII et sous Louis XII. — Détails de mœurs. — Le Paris physique au quinzième siècle.

L'avénement de Charles VIII au trône fut salué par les Parisiens avec une joie excessive; ils regardaient le commencement de ce règne comme le signal d'une délivrance longtemps attendue par la nation entière. Louis XI avait lourdement pesé sur le peuple tout en préparant son avenir politique, et il n'en était pas aimé. Son successeur, à peine âgé de treize ans, était d'une ignorance extrême. Cette ignorance plaisait à son père, qui l'entretînt pour que ce jeune prince, faible de corps et d'esprit, ne pût jamais porter ombrage à son despotisme organisé. Louis XI, agonisant, avait confié les rênes du gouvernement à Anne de France, sœur du prince mineur. De là une foule de mécontents. Le duc d'Orléans, qui avait obtenu les gouvernements de Paris, de l'Ile-de-France, de la Champagne et de la Brie, et le comte de Dunois, nommé gouverneur du Dauphiné, furent les membres les plus hostiles à la régence d'Anne de Beaujeu (Anne de France). Pendant que l'on convoquait les états généraux à Tours, Anne s'appliquait à faire aimer son autorité, dans la capitale surtout; non-seulement elle s'efforça de gagner l'estime générale par son amour pour la justice, mais elle diminua les impôts, congédia un corps auxiliaire de six mille Suisses, retrancha d'autres dépenses inutiles. En même temps elle rappela de l'exil et réhabilita dans leur honneur un grand nombre de gens que Louis XI avait proscrits sous le règne précédent. Ce qui surtout lui concilia l'affection du peuple et de la cour, ce fut le châtiment de quelques grands coupables protégés par Louis XI. Olivier le Daim, barbier, favori, élevé au ministère, avait fait assassiner un noble pour jouir paisiblement des faveurs de sa femme : il fut pendu. Un exacteur audacieux qui jouit longtemps de la protection du barbier-ministre, fut promené au milieu de Paris et fustigé à chaque carrefour; il eut ensuite la langue percée d'un fer rouge pour délation calomnieuse. Jean Cotier, médecin de Louis XI, qui lui mesurait les secondes d'existence au poids de l'or, pour ainsi dire, fut contraint de restituer ses richesses. Il s'exécuta avec grâce en payant une amende considérable.

Malgré ces actes de justice, Louis, duc d'Orléans, chercha, par tous les moyens possibles, à soulever Paris contre Anne de France, sa belle-sœur; il fit des efforts pour se populariser en secourant les pauvres, en déplorant la misère du peuple accablé d'impôts, et qu'on avait promis d'alléger, disait-il; enfin, il déclama contre le gouvernement légal en prétendant que madame Anne de Beaujeu ne se soumettait à aucun des règlements arrêtés par les états; en accumulant contre elle toutes sortes de griefs généralement peu fondés. L'intrépide la Vacquerie, qui autrefois n'avait pas redouté la tyrannie de Louis XI, pria le duc de ne point troubler le repos du pays et de donner l'exemple de la concorde et de la soumission aux lois. Louis d'Orléans, mécontent du résultat de cette première démarche, tourna ses vues vers l'Université, dont les milliers de bras pouvaient prêter un mouvement à Paris. Là encore il éprouva un échec. Le peuple, dont Louis invoquait les bonnes grâces, ne se laissa pas exploiter comme un instrument d'hostilité personnelle; il repoussa toute proposition illégale.

Anne opposa la ruse aux menées de Louis. Le duc avait voulu faire enlever Charles VIII, Anne tenta d'enlever le premier prince du sang au milieu de Paris; elle réussit, ramena ensuite le roi dans la capitale, du même coup ôta le gouvernement de cette ville à son adversaire, et celui du Dauphiné au comte de Dunois, partisan zélé du duc d'Orléans.

En vain les désastres de la guerre civile, les maladies contagieuses et plusieurs autres causes de dépopulation avaient désolé Paris; la capitale renfermait, sous le règne de Charles VIII, plus de cent cinquante mille habitants.

Louis XII, duc d'Orléans, premier prince de sa maison, successeur de Charles VIII, et honoré par le député parisien Picot du surnom de *père du peuple* (1408), s'occupa peu de l'embellissement de Paris. Loin de là, ce monarque fit transporter au château de Blois la bibliothèque du Louvre. Néanmoins son règne se recommande par la diminution des impôts dans la capitale, dans tout le royaume, et par un grand nombre de sages réformes longtemps désirées.

N'oublions pas que ce prince, en 1510, ordonna de revoir et rédiger les *coutumes de la prévôté et vicomté de Paris*, travail confié à une commission de gens des trois états, et que, grâce aux bienfaits de son gouvernement, un acrostiche composé à cette époque pour le blason de la ville de Paris put dire avec quelque vérité :

> Paisible domaine,
> Amoureux vergier,
> Repos sans dangier,
> Justice certaine,
> Science haultaine :
> C'est Paris entier.

Voilà un bel éloge pour Louis XII ! Citons quelques traits d'esprit de ce prince : « Le menu peuple et les paysans, disait-il, sont la proie des traitants, et ceux-ci sont la proie du diable. » — « Les procureurs et les avocats, ainsi que les cordonniers, ont coutume d'allonger le cuir avec les dents, en expliquant les lois à leur façon. » Son axiome favori était : « Un bon pasteur ne saurait trop engraisser son troupeau. »

Un officier de Louis XII avait maltraité un laboureur. Le roi en ayant eu connaissance invita ce gentilhomme à sa table, et ne lui fit servir que du vin et de la viande. Le lendemain, le souverain demanda avec malice à son convive s'il avait fait bonne chère la veille. — Sire, répondit-il, elle eût été meilleure avec du pain. — Bon, est-ce qu'on ne peut se passer de pain ? — Non certes, répondit l'officier. — Vous vous moquez, le pain n'est pas nécessaire à la vie. — Votre Majesté m'excusera si je soutiens que les Français ne peuvent se passer de pain. — Pourquoi donc, reprit le roi, avez-vous battu ce pauvre laboureur qui vous met le pain à la main ? »

Sous l'influence d'un prince si humain, Paris ne pouvait manquer de s'accroître ; les institutions utiles s'y développaient. L'établissement de la foire Saint-Germain, où fut fondée, un siècle plus tard, un théâtre célèbre dans les annales dramatiques, eut lieu pendant le règne de Louis XII. Les égouts de Paris avaient été longtemps négligés. Hugues Aubriot donna le premier des soins à cette partie essentielle de la salubrité publique ; il s'occupa aussi de plusieurs autres travaux de voirie. La police des rues de Paris était confiée à un magistrat appelé le *voyer*, dont les fonctions consistaient à fixer les alignements, à autoriser l'ouverture des rues nouvelles, à prendre toutes les mesures propres à prévenir les accidents sur la voie publique et à faciliter la circulation dans les divers quartiers de la capitale.

Seize fontaines publiques alimentaient alors la capitale et l'assainissaient. Les théâtres se multipliaient. Outre la *Confrérie de la Passion*, les *Clercs de la basoche*, les *Enfants sans souci* jouaient des farces, des soties, des comédies et des mystères. Le bon roi Louis XII leur accorda toute liberté. En 1504, il fit construire dans la cour du Palais de Justice, et en face de la Sainte-Chapelle, un grand bâtiment destiné à la chambre des comptes, et il réforma la pratique du parlement. Lui-même, traversant Paris sur sa mule, il venait rendre exacte justice à ses sujets.

Il diminua d'un dixième, et ensuite d'un tiers, les impôts de sa *bonne ville*. Mais les rois aimés de leurs peuples vivent peu. Louis XII avait épousé en troisièmes noces Marie d'Angleterre ; il oublia trop son âge et la faiblesse de sa santé auprès de sa jeune épouse, et il mourut à Paris en 1515. Les crieurs disaient dans les rues, en sonnant leurs clochés : « *Notre bon roi Louis XII, le père du peuple, est mort !* »

Les améliorations s'étaient succédé ; quelques beaux édifices existaient dans Paris, pourvu d'une enceinte imposante, et cependant l'intérieur de la ville offrait un aspect encore disgracieux au commencement du seizième siècle : pour être satisfait de la vue d'ensemble de la capitale, il fallait la voir de loin ou de haut. Le charme cessait dès qu'on y circulait dans ses rues étroites, tortueuses, mal pavées et infectes. Un de nos plus célèbres écrivains a tracé de Paris, pendant le seizième siècle, un tableau saisissant, que nous ne pouvons nous empêcher de reproduire.

« Le Paris d'il y a trois cent cinquante ans, dit-il, le Paris du quinzième siècle, était déjà une ville géante. Nous nous trompons, en général, nous autres Parisiens, sur le terrain que nous croyons avoir gagné depuis. Paris, depuis Louis XI, ne s'est pas accru de beaucoup plus d'un tiers. Il a certes bien plus perdu en beauté qu'il n'a gagné en grandeur.

« Paris est né, comme l'on sait, dans cette vieille île de la Cité, qui a la forme d'un berceau. La grève de cette île fut sa première enceinte, la Seine son premier fossé ! Paris demeura plusieurs siècles à l'état d'île, avec deux ponts qui étaient à la fois ses portes et ses forteresses : le grand Châtelet sur la rive droite, le petit Châtelet sur la rive gauche. Puis, dès les rois de la première race, trop à l'étroit dans son île, et ne pouvant plus s'y retourner, Paris passa l'eau. Alors au delà du grand, au delà du petit Châtelet, une première enceinte de muraille commença à entamer la campagne des deux côtés de la Seine. De cette ancienne clôture, il restait encore au siècle dernier quelques vestiges ; aujourd'hui il n'en reste que le souvenir, et çà et là, une tradition, la porte Baudets ou Baudoyer (porta Bagauda). Peu à peu, le flot des maisons, toujours poussé du cœur de la ville au dehors, déborde, ronge, use et efface cette enceinte. Philippe-Auguste lui fait une nouvelle digue. Il emprisonna Paris dans une chaîne circulaire de grosses tours, hautes et solides. Pendant plus d'un siècle, les maisons se pressent, s'accumulent et haussent leur niveau dans ce bassin, comme l'eau dans un réservoir. Elles commencent à devenir profondes ; elles mettent étages sur étages ; elles montent les unes sur les autres ; elles jaillissent en hauteur comme toute sève comprimée, et c'est à qui passera la tête par dessus ses voisines pour avoir un peu d'air. La rue de plus en plus se creuse et se rétrécit, toute place se comble et disparaît. Les maisons enfin sautent par-dessus le mur de Philippe-Auguste et s'éparpillent joyeusement dans la plaine, sans ordre et tout de travers comme des échappées. Là, elles se carrent, se taillent des jardins dans les champs, prennent leurs aises. Dès 1367, la ville se répand tellement dans le faubourg qu'il faut une nouvelle clôture, surtout sur la rive droite. Charles V la bâtit. Mais une ville comme Paris est dans une crue perpétuelle. Il n'y a que ces villes-là qui deviennent capitales. Ce sont des entonnoirs où viennent aboutir tous les versants géographiques, politiques, moraux, intellectuels d'un pays, toutes les pentes naturelles d'un peuple ; des puits de civilisation, et aussi des égouts, où commerce, industrie, intelligence, population, tout ce qui est sève, tout ce qui est vie, tout ce qui est âme dans une nation, filtre et s'amasse sans cesse, goutte à goutte, siècle à siècle. L'enceinte de Charles V a donc le sort de l'enceinte de Philippe-Auguste. Dès la fin du quinzième siècle elle est enjambée, dépassée, et le faubourg court plus loin. Au seizième, il semble qu'elle recule à vue d'œil et s'enfonce de plus en plus dans la vieille ville, tant une ville neuve s'épaissit déjà au dehors. Ainsi, dès le quinzième siècle, Paris avait déjà usé les trois cercles concentriques de murailles qui, du temps de Julien l'Apostat, étaient pour ainsi dire en germe dans le grand Châtelet et le petit Châtelet. La puissante ville avait fait craquer successivement ses quatre ceintures de murailles comme un enfant qui grandit et qui crève ses vêtements de l'an passé. Sous Louis XI, on voyait, par places, percer dans cette mer de maisons, quelques groupes de tours en ruines des anciennes enceintes, comme des pitons de collines dans une inondation, comme des archipels du vieux Paris submergé sous le nouveau. »

La cinquième période, à la fin de laquelle nous sommes parvenus, termine l'histoire de Paris au moyen âge. Arrêtons-nous un instant sur les progrès intellectuels et industriels de la capitale antérieurement au seizième siècle ; ils trouveront ici leur place et compléteront le tableau physique tracé plus haut.

Jusqu'au règne de Philippe le Bel, l'histoire des sciences et des lettres, à Paris, se résume tout entière dans celle de ses écoles fameuses, où se produisirent, on s'en souvient, tant de brillants professeurs. Et, d'abord, les noms des savants et des littérateurs nés dans la capitale pendant le quatorzième siècle et la première moitié du quinzième siècle, ne nous sont connus qu'en petit nombre.

Toutefois, nous avons à distinguer parmi les poëtes :

Godefroy de Paris, auteur d'une précieuse chronique métrique ;

Guillot, fameux par son *Dit des rues de Paris* ;

Le trouvère Rutebeuf, dont les œuvres offrent tant d'intérêt pour l'histoire de Paris ;

Guillaume de Guilleville, célèbre par son roman des *Trois pèlerinages*.

Parmi les théologiens, il faut citer : Jean de Paris, Raoul de Presles, traducteur de la *Cité de Dieu* de saint Augustin, l'avocat Pierre de Cuguières, etc.

Raoul de Presles, fils naturel d'un secrétaire de Philippe le Bel, était à la fois littérateur, canoniste et avocat.

Déjà les progrès intellectuels étaient sensibles, mais ceux de l'industrie peu apparents.

L'administration paternelle de Louis XII imprima une forte impulsion aux intérêts matériels de la société française, en assurant le bien-être des masses, et en garantissant la liberté des transactions. Les corporations acquièrent, grâce à l'accroissement de la population et à l'émancipation des classes bourgeoises, une force imposante. Tout le commerce parisien se bornait en quelque sorte aux six corps marchands, qu'on classait ainsi dans l'ordre hiérarchique : les drapiers, les épiciers et apothicaires, les merciers, les pelletiers, les bonnetiers et enfin les orfévres. Chacun de ces corps avait pour chefs six maîtres et six gardes, élus pour deux années. Les assemblées générales étaient convoquées par les drapiers. C'était exclusivement dans ces compagnies que se choisissaient les juges consuls et les échevins. Les six corps marchands prenaient leur rang distinct dans les cérémonies publiques, où ils portaient une robe de drap noir bordée de velours de couleurs différentes pour chaque industrie.

CINQUIÈME PÉRIODE.

I.

François Iᵉʳ, duc d'Angoulême, succéda à son beau-père Louis XII. Il avait épousé Claude, qui lui avait apporté en dot le duché de Bretagne, les comtés de Blois, de Coucy, de Montfort, d'Étampes, d'Ast, et des droits sur le Milanais, droits fatals, causes éternelles de guerre. Il atteignait l'âge de vingt et un ans. Son entrée à Paris offrit un caractère de solennité et d'élégance qu'on n'avait point encore remarqué jusque-là. François Iᵉʳ fit tout d'abord reconduire honorablement en Angleterre la reine Marie, fille de Henri VII et veuve de Louis XII, après avoir déclaré qu'elle n'était point enceinte. Puis il centralisa définitivement le pouvoir à Paris, et y marqua une ère d'immenses progrès. Il ordonna enfin au parlement de Paris de rendre la justice en français. On la rendait en latin depuis la fondation de la monarchie. Cette innovation influa considérablement sur nos mœurs en général.

La capitale devint le théâtre de nombreuses exécutions lorsque la Sorbonne eut condamné Luther (1521). Mais malgré les fautes politiques du roi et la suppression des imprimeries qui florissaient en France, on ne saurait nier les grands résultats de ce règne sur la marche de la civilisation. On l'a appelé *l'époque de la Renaissance* des arts, des sciences et des lettres.

François Iᵉʳ, aidé des conseils de Guillaume Budé et de son confesseur Guillaume Parvi, attira un grand nombre de savants et d'artistes dont il s'entoura ; il commença la riche bibliothèque de Fontainebleau, ainsi que la première collection de médailles antiques, et fonda en 1529 le *Collége de France* (à Paris). Quatre ans après, il fonda l'*Hôtel-de-Ville* (1533). Guillaume Budé, Parisien de naissance, acquit une si vaste science qu'Érasme l'appelait le *prodige de la France*.

Une maison avec un jardin, située hors des murs dans un lieu voisin d'une fabrique de tuiles, appartenait à Nicolas de Neuville, secrétaire des finances et audiencier de France. La duchesse d'Angoulême, Louise de Savoie, mère de François Iᵉʳ, se trouvant incommodée au palais des Tournelles, vint habiter la maison de M. de Neuville, et y recouvra la santé. Le roi acquit cette propriété en 1525 et la donna à sa mère. Le propriétaire reçut en échange le château et parc de Chanteloup, près d'Arpajon. De là l'origine du château des Tuileries, construit plus tard sur cet emplacement de la maison de Neuville par Catherine de Médicis.

Le vieux Louvre, qui avait été réparé lorsque l'empereur Charles-Quint visita Paris, fut reconstruit sur un nouveau plan. Les tableaux des meilleurs maîtres de l'Italie décorèrent le palais, que bâtit Philibert de l'Orme ; et que Jean Goujon orna de ses magnifiques sculptures. Enfin, sous la protection de François Iᵉʳ, Bernard de Palissy préluda à la confection des chefs-d'œuvre qui accomplirent tant de progrès dans l'art de la poterie et de la peinture sur émail. Bernard de Palissy était né dans l'Agénois vers 1500. Il s'appliqua dans sa jeunesse à l'arpentage et à la peinture, puis entreprit (1539) de découvrir le secret de l'émail dont on se servait en Italie pour confectionner de magnifiques ouvrages de faïence. Il lutta seize ans pour parvenir à son but, ne recula pas devant les dépenses ruineuses, en arriva au point de brûler ses meubles, et réussit (1555). Bientôt il fabriqua de belles poteries, que les seigneurs français et étrangers recherchèrent avec un empressement égal. Bernard de Palissy étudia avec un savant les monuments de l'antiquité, fit sur les pierres, les terres et les métaux, des observations pleines de justesse. Ce fut le sujet de cours qu'il professa plus tard à Paris, en 1575. Son mérite ne le préserva pas des persécutions, comme il avait embrassé la réforme, il fut pendant sa vieillesse jeté dans une prison, où il mourut (1589).

Quant à la peinture sur verre, commencée sous Louis XI, elle se perfectionna aussi au commencement du seizième siècle. Suivant le mouvement général de l'art, les monuments publics acquirent une véritable magnificence, les demeures des particuliers devinrent plus agréables et plus commodes. D'un autre côté, les lettres s'illustrèrent par les œuvres de Clément Marot, de Ronsard, de Rabelais.

Clément Marot, natif de Cahors, était fils d'un valet de chambre de François Iᵉʳ. On le plaça lui-même, en qualité de valet de chambre, auprès de Marguerite de Valois. Il avait un esprit enjoué et plein de saillies ; son style avait une individualité très-remarquable. On dit le *style marotique*

Ronsard, né près de Vendôme, en 1524, fut page du duc d'Orléans,

puis du prince écossais Jacques Stuart. Son style a de l'éclat, de la richesse, de la variété ; mais une affectation pédantesque et un néologisme perpétuel qui ont fait dire à Boileau :

> Que sa muse en français parla grec et latin.

Ronsard a habité rue des Fossés-Saint-Victor, près du collége Boncourt, dans une maison qui touchait au mur d'enceinte.

François Rabelais naquit à Chinon, d'un apothicaire, fut quelque temps moine, jeta le froc aux orties, mit à courir le monde, se fit recevoir docteur à Montpellier, et exerça la médecine dans cette ville. La faculté l'ayant chargé de solliciter auprès de Duprat le rétablissement de quelques-uns de ses priviléges, il eut le bonheur de réussir dans cette délicate négociation. La faculté reconnaissante décida qu'en mémoire de ce service, tout médecin qui prendrait ses degrés se revêtirait, en passant sa thèse, de la *robe de Rabelais*. On a de l'esprit encyclopédique un admirable ouvrage : *Gargantua et Pantagruel*. Gargantua est François Iᵉʳ ; *Grandgousier*, Louis XII ; *Pantagruel*, Henri II ; *Picrochole*, Maximilien Sforze ; *Gargamelle*, Anne de Bretagne ; *la grande Jument*, Diane de Poitiers ; *Panurge*, le cardinal de Lorraine. Rabelais est mort en 1553, rue des Jardins. On l'a enterré dans le cimetière de l'église Saint-Paul.

Le théâtre se ressentit de l'influence exercée par le développement des arts et des lettres. Aux mystères, aux moralités, succédèrent quelques essais de tragédie et de comédie.

Une ordonnance de François Iᵉʳ prescrivit des mesures pour l'assainissement et le pavage des rues de la capitale. A la nouvelle de la captivité du roi, pris à la bataille de Pavie (1525), le cardinal du Bellay, gouverneur de Paris et qui eut Rabelais pour secrétaire, fit mettre la ville à l'abri d'une surprise. Il s'occupa avec activité de fortifier l'ancienne enceinte construite par Charles V. Plusieurs centaines d'ouvriers enlevèrent les monticules qui infectaient les rues et qui gênaient les passants. Plus tard, lorsque l'armée de Charles-Quint s'avança vers Paris (1544), on entoura de remparts les faubourgs du Temple, Montmartre, Saint-Antoine, etc., etc.

Ces innovations composent la partie glorieuse du règne de François Iᵉʳ, dont la partie honteuse se rattache aux malheurs de ce prince. L'établissement des loteries, impôt séducteur pour le peuple, amorce par laquelle on attisait ses désirs cupides ; la vénalité des charges ; le luxe excessif du monarque-chevalier ; la persécution des protestants, dont il faisait brûler les sectaires à Paris, tandis qu'il s'alliait secrètement avec les luthériens ; la suppression entière des imprimeries du royaume, harcelant et injuriant la censure théâtrale : tels sont les actes les plus odieux de ce règne. Si François Iᵉʳ n'avait pas racheté un peu ces fautes, il n'aurait aucun droit à la reconnaissance de la postérité.

Pour redoubler le feu de la persécution contre les luthériens, les enfants de Sans-Souci firent une mascarade où figurait une femme montée à cheval, accompagnée de personnages représentant des docteurs en théologie qui portaient par devant et par derrière une inscription contenant le nom de Luther ; ils étaient suivis de masques vêtus en diables, harcelant et injuriant la précédait. Cette femme devait *figurer la religion tourmentée* par des savants et des démons. Le roi défendit la mascarade, qui allait plus loin que ses désirs.

Empressé de cacher une blessure qu'il avait reçue en jouant avec de jeunes seigneurs de la cour, François Iᵉʳ introduisit la mode de porter les cheveux courts et la barbe longue. Libertin à l'excès, ce monarque mourut des suites de ses débauches ; et les Parisiens, après lui, répétèrent les rimes suivantes :

> L'an mil cinq cent quarante-sept,
> François mourut, à Rambouillet,
> De la ...... qu'il avoit.

Du règne de François Iᵉʳ datent les premières rentes sur l'Hôtel-de-Ville, noyau de cette dette de l'État, qui, de 16,000 livres dont elle se composait en 1522, s'éleva en 1789 à 5 milliards. La ville fut aussi à cette époque divisée régulièrement en seize quartiers. L'administration et la garde de Paris se composèrent ainsi :

1o Le prévôt de Paris, magistrat commandant pour le roi, ayant sous lui deux lieutenants, l'un civil, l'autre criminel, qui présidaient le tribunal ou *présidial* du Châtelet, formé de vingt-quatre conseillers ; ces lieutenants, hommes de robe, et le prévôt, homme d'épée, ne jugeant plus, ses attributions se trouvèrent bornées à la police ; on lui enleva même le commandement militaire de la ville, qui fut donné au gouverneur de l'Ile-de-France ;

2o Le prévôt des marchands, magistrat populaire et élu, chargé du commerce, des approvisionnements, de la voirie, assisté d'un bureau composé de quatre échevins, d'un greffier, d'un receveur, et de vingt-six conseillers ;

3o La garde bourgeoise, ayant pour chefs seize commandants de quartiers, quarante cinquanteniers et deux cent cinquante-six dizainiers ;

4o Le guet royal, formé de cinq cents hommes de pied et de trois compagnies soldées d'archers, d'arbalétriers et d'arquebusiers, sous les ordres du chevalier du guet. Le parlement avait la surintendance de la police, des approvisionnements et de l'administration ; souvent il déléguait deux de ses membres par quartier pour y mettre l'ordre, et, dans les circonstances graves, il tenait de grandes assemblées de police, où assistaient l'évêque, le chapitre, les deux prévôts, les échevins, les quarteniers, etc.

II.

Paris sous Henri II, François II et Charles IX. — Le chancelier de l'Hospital. — Massacres de la Saint-Barthélemy.

À la mort de François Ier, les disputes et controverses théologiques excitèrent la raillerie et l'ironie de la foule. L'évêque de Mâcon, dans l'oraison funèbre du feu roi, dit « que l'âme de ce prince était allée droit au ciel. » La faculté de théologie sorbonnienne déclara ces paroles attentatoires à la foi du purgatoire ; elle envoya des docteurs faire des remontrances sévères au prélat. Un plaisant de la cour trouva le moyen de retenir la députation. Après avoir engagé les casuistes à dîner chez lui, il leur dit au dessert ; quand l'esprit fin des théologiens commençait à se ressentir des fumées du vin : « Maîtres, j'ai bien connu le feu roi ; il n'aimait guère s'arrêter en un lieu, même lorsqu'il était bien ; supposez donc qu'il soit allé au feu du purgatoire, je parie qu'il n'a fait qu'y passer pour goûter le vin du cru. » Les députés, hommes pleins de prudence et exempts de pédanterie, sentirent le ridicule de leurs scrupules ; ils abandonnèrent la partie. En réalité, que son âme allât ou non *droit au ciel*, François Ier ne laissa pas de vifs regrets ; sa mémoire sera toujours entachée ; on ne lui pardonnera pas d'avoir fondé le tribunal de l'Inquisition en France.

Les fêtes qui accompagnèrent l'entrée du nouveau roi Henri II à Paris furent *sanctifiées* par le supplice d'un nombre considérable de religionnaires : toute la cour y assista, le roi lui-même, avec Diane de Poitiers, sa maîtresse, « friand morceau, selon une bouche méchante d'alors, digne d'être présenté aux plus grands monarques. » A cette époque, le scandale avait des accommodements avec le fanatisme.

Henri II, comme son père, sévit contre les imprimeurs parisiens. Il espérait ainsi mettre un frein à la propagande calviniste. Ce moyen odieux demeura inutile. Le calvinisme se propagea dans Paris malgré les arrêts du parlement, les bûchers de l'inquisition diocésaine, et l'opposition du petit peuple, non moins acharné que le roi et ses conseillers contre les novateurs.

Une maison, située rue Saint-Jacques, en face de l'ancien collège du Plessis, servit pour le premier prêche des réformés. En 1557, trois ou quatre cents d'entre eux, assemblés dans ce local, se virent assaillir par la foule et les écoliers de la Sorbonne ; quelques-uns furent tués, d'autres conduits dans la prison du Châtelet, sept brûlés vifs. Les réformés, loin de se laisser intimider, choisirent le Pré-aux-Clercs pour y chanter les psaumes de David en vers français. Là, leurs persécuteurs les entourèrent et entonnèrent les mêmes chants qu'eux. Ce concert passa en mode ; il se renouvela chaque jour.

L'établissement définitif de la première église réformée à Paris date de 1555. L'histoire ne pardonne pas à Henri II d'avoir violé le sanctuaire de la justice séculière (1550) en faisant saisir dans leurs sièges, conduire et mettre en prison Anne Dubourg, Paul de Foix et trois autres conseillers au parlement, accusés d'hérésie pour avoir pris publiquement la défense de la nouvelle religion.

Anne Dubourg, né en Auvergne l'an 1521, membre du parlement, fut conduit à la Bastille, puis pendu et brûlé en place de Grève (1559). Sa mort amena la conjuration d'Amboise.

Au reste, Henri II continua l'œuvre politique de son père. L'importance de Paris augmenta de plus en plus. La tendance des populations à se déplacer, pour se centraliser dans la capitale, fut tellement évidente sous ce règne, qu'elle préoccupa le gouvernement. L'autorité prit des mesures pour l'arrêter. De nombreux emplacements vides, renfermés dans l'enceinte de la ville, avaient été abandonnés par le roi à ceux qui voulaient les remplir avec des constructions ; on signala à Henri II les dangers de cet accroissement de la population, et bientôt une ordonnance interdit les constructions nouvelles dans les faubourgs de Paris.

Une lutte terrible s'était élevée entre la France et l'Espagne. Lorsque la guerre cessa, terminée par la paix de Cateau-Cambrésis (1559), plusieurs fêtes splendides eurent lieu dans la capitale. Cette paix n'en fut pas moins appelée *paix malheureuse*, parce qu'elle faisait perdre au royaume de France une grande partie de ses conquêtes (Thionville, Marienbourg, Montmédy, Hesdin ; Thérouenne, Yvoi, Bouillon, la Corse, le Montferrat, la plus belle portion de la Savoie, de la Bresse et du Piémont).

Ces fêtes amenèrent une terrible catastrophe.

Dans un tournoi qui eut lieu devant l'hôtel des Tournelles, Henri II fut mortellement blessé par Montgommery, capitaine de ses gardes, qu'il avait invité à rompre une lance avec lui. Henri II avait la tête traversée du tronçon de la lance de Montgommery, qui se retira de la cour après cet événement ; et se réfugia en Angleterre, emportant la haine de Catherine de Médicis.

Comme François Ier son père, Henri II se distingua par son amour pour les belles-lettres et pour les arts, par les libéralités qu'il répandit sur les savants et les artistes. Diane de Poitiers, sa maîtresse favorite, entretenait ces dispositions en attirant à Paris les hommes les plus habiles, en protégeant les beaux esprits de son temps. Henri II érigea la chambre des monnaies en cour souveraine, et cette institution reçut une organisation complète (1551). Il ordonna que l'effigie du roi serait désormais placée sur les monnaies, au lieu d'une croix qui s'y trouvait dans les anciennes pièces. Le vieux Louvre s'acheva (1548). Du règne de Henri II date aussi la fondation de l'église Notre-Dame-de-Bonne-Nouvelle et l'établissement définitif de la communauté ou collège de Sainte-Barbe (1556). En l'année 1420, Jean Hubert, docteur en droit canon, construisit une maison d'enseignement sur le terrain alors planté de vignes et maintenant occupé par cette institution. Les chanoines de Sainte-Geneviève, sur la seigneurie desquels se trouvait ce local, avaient permis la fondation projetée par Jean Hubert. Mais ce ne fut qu'en 1556 que ce collège s'organisa.

François II, fils aîné et successeur de Henri II, ne régna que dix-sept mois (1559-60).

Pendant un règne si court, Paris ne put guère s'accroître. Toutefois, on s'étonne qu'en si peu de temps une foule de maux soient survenus et aient désolé la France. L'histoire de Paris, sous François II, est marquée par le supplice de l'infortuné Anne Dubourg, condamné par ses lâches collègues (23 décembre 1559). Si la persécution se ralentit, grâce à la modération de l'intègre chancelier Michel de l'Hospital, en revanche la conjuration d'Amboise prépara la guerre civile.

François II mourut à Paris de phthisie (1584).

Sous ce règne fut fondé l'hôpital de Lourcine ou de la Charité chrétienne, destiné aux pauvres affectés de la maladie vénérienne, qu'on appelait alors indifféremment le *mal de Naples* ou le *mal français*.

A la même époque, Nicolas Houel, épicier, qui doit figurer parmi les illustres Parisiens, imagina un établissement où des orphelins seraient élevés et instruits dans l'art de préparer des médicaments et de soigner les malades. Comme l'hôpital de Lourcine languissait, Houel obtint la permission d'y transférer son établissement, qui reçut le nom d'Hôpital de la Charité chrétienne. Houel établit cette maison jusqu'à la rue de l'Arbalète, et il y fonda un jardin botanique.

Charles IX, âgé de dix ans, succéda à François II, son frère (1560). Les commencements de son règne semblèrent présager une amélioration dans les destinées de la France : Catherine de Médicis gouverna de droit pendant la minorité du roi, et le fait pendant les quatorze ans de son règne. Ce fut pour Paris une époque de fanatisme et de dissolution jusque-là sans exemple. Nous ne raconterons pas comment le gouvernement en arriva à cette effroyable situation, où il n'y eut de salut pour le pays que dans l'anéantissement du parti protestant.

Néanmoins, par la fermeté de caractère, par la droiture d'intentions du chancelier de l'Hospital, on vit publier plusieurs ordonnances salutaires.

Un jour qu'il s'agissait d'un édit rendu en faveur des protestants, l'Hospital s'adressa ainsi au cardinal de Lorraine : « Vous vouliez faire recevoir en France les décrets du concile de Trente : « Monsieur, vous êtes déjà venu nous troubler. »

A cette apostrophe, le cardinal répliqua : « Je ne suis pas venu vous troubler, mais empêcher que vous ne troubliez, comme vous avez fait par le passé, reître que vous êtes. »

Alors le chancelier reprit : « Voudriez-vous empêcher que ces pauvres gens, auxquels le roi a permis de vivre en liberté de conscience, ne fussent aucunement consolés ? »

— Oui, je le veux empêcher ! répondit le cardinal.

On a remarqué avec beaucoup de justesse que, pendant les horreurs des guerres de religion, le chancelier de l'Hospital ressemblait au génie du bien au milieu d'un enfer. Paris doit à ce grand homme l'institution des tribunaux de commerce sous le titre de *juridiction consulaire*.

Par ses discours, l'illustre chancelier ramena souvent aux mesures plus humaines le parlement entraîné dans des fautes politiques. La persécution contre les protestants s'était ralentie par suite de l'édit d'Amboise, qui leur accordait la permission de s'assembler ; mais l'instinct cruel de la populace s'opposa aux velléités conciliantes du gouvernement. Les hésitations et les violences alternèrent. La foule s'autorisa à piller les maisons des protestants, qui ne pouvaient plus se montrer dans Paris sans être injuriés et insultés. En décembre 1568, arrêt du parlement qui leur ordonna, *pour prévenir deux meurtres qui pourroient survenir*, de rester dans leurs maisons. Ces mesures n'empêchèrent pas les fanatiques de troubler, d'ensanglanter Paris jusqu'à l'année 1570 ; alors un édit de pacification, plus favorable qu'aucun de ceux qui l'avaient précédé, rendit aux réformés une liberté perfide. La cour, pour mieux les tromper, invita leurs chefs à assister, dans la capitale, au mariage de Marguerite de Valois, sœur de Charles IX, avec Henri de Béarn (20 août 1572). Donc, le 24 août 1572, jour de saint Barthélemy, le bourdon de Saint-Germain-l'Auxerrois, auquel répondit la cloche du Palais, donna le signal du massacre des Huguenots. Des environs du Louvre, le carnage s'étendit bientôt dans le reste de la ville. Les maisons des protestants, marquées, pendant la nuit du 23 au 24 août, à la craie, furent envahies. Des hérétiques, les uns furent tués sur place, les autres atteints dans la rue au moment où ils cherchaient à se soustraire aux coups des assassins.

« Le bruit continuel des arquebuses et des pistolets, dit un témoin, les cris lamentables de ceux qu'on massacrait, les hurlements des meurtriers, les corps détranchés tombant des fenêtres ou traînés à la rivière, le pillage de plus de six cents maisons, faisaient ressembler Paris à une ville prise d'assaut. Les rues regorgeaient tellement de sang qu'il s'en formait des torrents surtout dans la cour et le voisinage du Louvre. La rivière était toute rouge et couverte de cadavres... »

Charles V, fondateur de la grande bibliothèque.

C'est de la tour de Saint-Germain-l'Auxerrois que partit le signal du massacre. L'amiral de Coligny fut tué dans la maison numéro 14 de la rue des Fossés-Saint-Germain, alors appelée rue Béthisy; Ramus, dans le collège de Presles, où il demeurait; Jean Goujon, sur l'échafaud où il sculptait les bas-reliefs du vieux Louvre. Le roi alla voir le cadavre de Coligny, qu'on avait pendu à Montfaucon; il alla voir aussi à la Grève le supplice de deux seigneurs protestants échappés au massacre.

A quoi nous servirait-il d'entrer ici plus longuement dans les effroyables détails de cette hideuse exécution et de tracer le tableau repoussant des horreurs de cette journée? En cette circonstance, le petit peuple, et surtout les bourgeois de Paris, si paisibles quand on les gouvernait rudement, montrèrent un odieux caractère. Tous les membres des corporations ouvrières, presque tous les hommes de robe ou d'épée étaient catholiques. Catherine de Médicis le savait bien. Elle exploita le fanatisme religieux d'hommes qui, politiquement, eussent partagé les opinions des huguenots.

III.

Paris sous Henri IV. — Siége. — La Ligue. — Jean Châtel. — Assassinat de Henri IV par Ravaillac. — Savants, littérateurs, artistes.

Charles IX, ce roi sanguinaire par faiblesse plus que par caractère, cet élève du célèbre Amyot, n'était pas l'ennemi des lettres; il écrivait à Ronsard :

L'art de faire des vers, dût-on s'en indigner,
Doit être à plus haut prix que celui de régner.

Il voulut établir à Paris une académie de poésie et de musique. Sous son règne, Pierre Lescot poursuivit la construction du Louvre; le pilori des halles fut remis à neuf; les jésuites ouvrirent (1564) le collège de Clermont dans les bâtiments où se trouve aujourd'hui le lycée Louis le Grand.

Henri III, qui succéda (1574) à son frère Charles IX, avait été l'un des principaux auteurs de la Saint-Barthélemy, et cependant, il devait, pendant toute sa vie, être en butte aux coups du fanatisme. Paris voyait alors les scènes les plus ridicules et les plus tragiques. Henri s'aliénait les habitants de la capitale par ses débauches et ses superstitions, en parcourant les rues affublé du sac des pénitents blancs et accompagné de ses petits et mignons chéris. Peu de temps après son avénement au trône, la Ligue avait fait d'inquiétants progrès. Elle se forma en société politique, s'empara de l'administration de la ville, organisa la faction des Seize connue sous le nom de Conseil des Seize, appelé ainsi à cause des seize quartiers de Paris dont il s'arrogea la direction.

Le 9 mai 1588, le duc de Guise, chef de la Ligue, entra dans la capitale malgré la défense expresse du roi, et son arrivée devint le signal de la révolte; le 12, le peuple, animé par les prédications furibondes des moines, tendit des chaînes dans les rues et éleva des barricades avec des tonneaux remplis de terre. Attaquées de tous les côtés, les troupes royales se replièrent en désordre sur le Louvre. Heureusement Henri parvint à s'échapper, s'enfuit à Chartres, rejoignit ensuite ses soldats qui venaient d'opérer leur retraite loin de la ville, les armes baissées et la tête découverte, et mit résolument le siége devant Paris pour y rentrer de vive force et y exercer de cruelles représailles. Mais Jacques Clément, moine dominicain, encouragé par les ligueurs, sortit de la ville muni de passe-ports surpris à deux prisonniers de la Ligue et se rendit à Saint-Cloud où il poignarda le dernier des Valois (1589).

Certes, Henri III prêtait plus d'un côté aux traits lancés contre lui; il avait commis bien des fautes.

En février 1579, les ligueurs, informés que le roi devait aller à la foire de Saint-Germain, y envoyèrent des écoliers pour le tourner en ridicule. Ceux-ci avaient autour de leur cou de grandes fraises de papier semblables à celles que portaient Henri III et ses courtisans. Ils se promenèrent en criant : « A la fraise on reconnaît le veau. » Les sarcasmes ne l'épargnèrent pas davantage lorsque le roi institua la confrérie des pénitents et lorsqu'il assista à leur procession. On a conservé cette pièce curieuse : « Henri III, par la grâce de sa mère, inerte roy de France, concierge du Louvre, mercier du Palais, marguillier de Saint-Germain-l'Auxerrois, batelier des églises de Paris, visiteur des étuves, friseur de ses cheveux et goudronneur du collet de sa femme, protecteur des capucins, etc., etc. »

Les Parisiens méprisaient tellement Henri III, que la nouvelle de sa mort fut reçue par eux avec des transports de joie féroce.

Pendant ce temps, Henri IV prenait dans son camp le titre de roi et se hâtait de bloquer Paris. Les ligueurs prêtèrent serment de mourir plutôt que de se rendre; ils proclamèrent, sous le nom de Charles X, le vieux cardinal de Bourbon, qui mourut au bout de quelques mois. Henri IV, abandonné par une partie des catholiques de son armée, se vit réduit à un effectif de six mille hommes. Aussi le premier siége de Paris par ce prince n'eut-il qu'une courte durée. Quelques vaillants soldats, forçant la porte de Nesle, s'élancèrent dans Paris; mais comme ils n'étaient point soutenus, comme Henri IV ne se fiait guère à ses partisans, ils se dirigèrent vers la Normandie en organisant une retraite habile. L'année suivante, Henri IV, vainqueur, marcha sur la capitale. L'armée royale, accrue par des renforts puissants, reparut sous les murs de Paris, qu'elle assiégea une seconde fois. On bloqua étroitement la ville, et, en deux heures, on brûla tous les moulins des environs. La place était dépourvue d'artillerie et de munitions, mais la garnison s'élevait à plus de huit mille soldats espagnols, à cinquante mille hommes de milice bourgeoise. Le roi, qui n'avait guère que douze mille hommes de pied et trois mille chevaux, comptait s'emparer de la capitale plutôt par surprise que par force.

Le duc de Mayenne guerroyait au dehors; les Parisiens et le duc de Montpensier, gouverneur de la ville, déployèrent pour la cause de la Ligue la plus grande énergie. Chaque jour, le légat du pape et les curés des paroisses faisaient des processions pour entretenir le zèle du peuple, déjà excité par le décret de la Sorbonne qui venait de déclarer Henri le Béarnais déchu de ses droits à la couronne (7 mai).

Le 3 juin, on passa en revue toutes les troupes, recrutées de prêtres, de moines et d'écoliers de la Sorbonne; on tenta plusieurs sorties qui réussirent. Mais la disette survint; elle ne tarda pas à faire d'effrayants progrès. Le peuple parcourait les rues en criant : La pain ou du pain! Les ligueurs prodiguaient l'or que personne ne ramassait; car il y avait plus de douze mille familles qui possédaient de l'argent et ne trouvaient rien à manger. On fit du pain de son, de foin, de paille hachée; on mangea des chats, des chiens, du cuir; des habitants furent réduits à déterrer dans les cimetières les os des morts; ces ossements, réduits en poussière, s'appelaient le pain de madame de Montpensier, parce que cette princesse avait inventé cette nourriture. La mortalité suivit la famine. Une mère, ayant vu mouir ses deux enfants, les dépeça, aidée de sa servante, les sala, et en fit un horrible festin auquel ni l'une ni l'autre ne purent survivre. Cette famille était riche: qu'on juge du dénûment des pauvres!

L'impossibilité d'approvisionner la garnison et la crainte d'une révolte, engagèrent le chef de la Ligue, pressé d'ailleurs par la bourgeoisie et le parlement, à entamer une négociation avec le roi, ce qui leur procura une trêve de huit jours. Si Henri eût voulu presser le siége, la ville se serait livrée; il ménagea Paris. Pendant les lenteurs, Henri apprit qu'une armée espagnole, sous les ordres d'Alexandre Farnèse, duc de Parme, s'avançait au secours de Paris. Le Béarnais quitta précipitamment la ville et leva le siége.

Jeanne d'Arc devant Paris, couchée sur les remparts.

Dans son triomphe, le roi d'Espagne, Philippe II, ne disait plus que *ma ville de Paris*; il avait dans ses intérêts le conseil des Seize et le parti fanatique de la Ligue. Les choses ne restèrent pas dans cette situation. La convocation des états généraux (1593) à Paris fut bien favorable à Henri; elle démontra l'impuissance et les divisions de ses ennemis; le parti espagnol et le parti français se trouvèrent en présence.

Quand les députés hésitaient encore, le parlement rendit un arrêt pour empêcher que la couronne de France n'échût à un étranger. Ce fut le commencement de la transaction entre Paris et le camp du roi. Le 21 mars Henri IV abjura le protestantisme dans la basilique de Saint-Denis. Le lendemain, à la pointe du jour, la capitale ouvrit ses portes au *Béarnais*. Brissac, récemment nommé gouverneur de la ville, la lui vendit un million sept cent mille livres. Brissac ne conclut pas seul ce genre de marché; plusieurs seigneurs vendirent leur soumission. Aussi, Henri disait-il : « *On ne m'a pas rendu, mais vendu Paris.* » Le gouverneur avait été secondé par le prévôt Lhuillier, et par les échevins Mérat et Langlois. Quelques troupes précédèrent Henri. Elles attaquèrent un poste d'Allemands sur le quai de l'École, en tuèrent plusieurs, et jetèrent le reste à la Seine.

Là se termina l'effusion du sang; le roi s'écriait sur son passage : « Il ne faut point que Paris soit un cimetière, je ne veux pas régner sur les morts. Je ressemble, ajouta-t-il, à la vraie mère de Salomou, j'aimerais mieux n'avoir point de Paris que de l'avoir déchiré en lambeaux. » L'armée espagnole sortit de Paris avec tous les honneurs de la guerre. Henri IV, roi par droit de conquête et par droit de naissance, donna tous ses soins à la guérison des plaies de la France, épuisée par plus de trente années de guerres civiles; il le fit avec un tel succès, qu'en 1598, l'ambassadeur d'Espagne ne pouvait plus reconnaître Paris : « C'est qu'alors le père de famille n'y était pas, » lui dit Henri.

Une fois maître de la capitale, Henri IV osa un grand acte politique, en déclarant nul tout ce qu'avaient fait les états de la Ligue; il se nomma lui-même gouverneur de la ville, et la plaça sous sa sauve-

garde. Il rétablit sur de nouvelles bases la garde des bourgeois, et ses ordonnances de police détruisirent une foule d'abus que les troubles de la Ligue avaient fait naître. Il pensait aussi à assurer au dehors la prépondérance de son royaume; mais d'odieux attentats traversèrent ses projets.

Peu de mois après l'entrée d'Henri IV à Paris, Jean Châtel, élève des jésuites, s'introduisit dans la chambre du roi, et pendant que celui-ci se baissait pour relever deux officiers qui étaient à ses genoux, le frappa d'un coup de couteau qui ne l'atteignit qu'à la lèvre. On ne compte pas moins de seize autres tentatives de meurtre commises sur la personne de Henri IV, qui succomba à la dix-huitième.

Le 14 mai 1610, le roi se rendait du Louvre à l'Arsenal, lorsque son carrosse fut arrêté par un embarras de charrettes. Cet incident sépara un moment Henri IV de sa suite. François Ravaillac frappa le monarque. On voit encore, rue de la Ferronerie, vis-à-vis celle de la Lingerie, et près de la halle, une inscription qui indique le lieu où Henri IV fut frappé. Ravaillac, né à Angoulême vers 1579, avait été successivement clerc, valet de chambre, maître d'école et solliciteur dans sa ville natale. Il portait l'habit de frère convers pendant un voyage qu'il fit à Paris, peu de temps avant son crime.

Lorsqu'on eut arrêté Ravaillac on le conduisit d'abord à l'hôtel de Retz, rue des Poulies, près du Louvre. Il y resta deux jours, enchaîné et gardé par les archers; il soutint, malgré la plus dure question, qu'il n'avait point de complices. Nicolas Pasquier raconte qu'un diable apparut à Ravaillac et lui dit : *Va, frappe hardiment, tu les trouveras tous* (ceux qui étaient à côté du roi) *aveugles*. Ce diable était très-probablement le duc d'Épernon, l'un des sept hommes qui vinrent l'épée à la main, après qu'on eut arrêté Ravaillac et qui voulurent le tuer. Dans un écrit intitulé : *Rencontre de Monsieur le duc d'Épernon et de François Ravaillac*, on lit que le P. Cotton (jésuite, confesseur et prédicateur de Henri IV) promit à trois assassins parmi lesquels était Ravaillac, de leur faire obtenir une absolution complète

Les voyageurs ne négligeaient pas d'attacher un des fers de leur cheval sur la porte de Saint-Séverin.

et de célébrer des messes pour eux s'ils succombaient dans leur pieuse entreprise. La popularité de Henri IV avait été contestée pendant sa vie, mais elle se révéla immédiatement après sa fin tragique. Lorsque le bruit de sa mort se répandit dans Paris, il y eut partout une vive consternation que suivit une immense explosion d'imprécations contre les auteurs du meurtre.

Henri IV, dont les intentions louables pour l'embellissement de la capitale étaient secondées par François Miron, prévôt des marchands et lieutenant civil, arracha Paris à l'état de ruine dans lequel les désordres antérieurs l'avaient précipité. Le Louvre et les Tuileries s'agrandirent, le palais du Luxembourg, dont on ne connut que le plan, fut construit par ses soins; l'Hôtel-de-Ville, laissé imparfait par François Ier, fut également terminé. Henri fit relever les quais, élargir les rues, reculer les limites de Paris, achever le Pont-Neuf par Androuet du Cerceau, architecte, ainsi que la place et la rue Dauphine dont la construction avait été entreprise sous le règne précédent. Sur le Pont-Neuf s'éleva la Samaritaine, machine hydraulique longtemps admirée des Parisiens, qui distribua l'eau de la Seine sur la rive droite de ce fleuve, dans les bassins et fontaines du palais des Tuileries. Ce bâtiment avait trois étages. On l'appelait la Samaritaine, parce qu'on y voyait le Christ assis près du bassin d'une fontaine, demandant à boire à la Samaritaine. Le comble de l'édifice était surmonté par un campanile renfermant un carillon qui exécutait différents airs au moment où chaque heure était près de sonner. On l'a abattu en 1813.

Henri IV protégea et encouragea les artistes. Par lettres patentes, ce prince accorda aux peintres, aux sculpteurs, aux horlogers, aux orfèvres et graveurs en pierres fines qui se distinguèrent de son temps, des récompenses honorables, et des logements gratuits dans une partie de la galerie du Louvre, celle qu'il avait construite. « Je tiens à honneur, disait-il dans le préambule d'une ordonnance de 1608, de m'entourer des hommes qui se rendent utiles à leur pays par l'industrie, » etc.

Aussi, un grand nombre de Parisiens s'illustrèrent pendant cette période de la renaissance des lettres et des arts. Le nom des poëtes les plus connus qui ont vécu alors à Paris sont : Jean Passerat, Mathurin Régnier ; Roger de Colerye.

Ami de Ronsard, de Muret et de Baïf, savant en grec et en latin, Jean Passerat fut le premier poëte qui, après la réforme de 1549, revint à la jovialité et à la plaisanterie du temps de Rabelais. Il avait succédé à Ramus dans sa chaire du collége de France. Il contribua pour beaucoup à la composition de la *Satire Ménippée*, ce chef-d'œuvre dirigé contre la Ligue. Il y mit ce quatrain :

> Dites-moi donc que signifie
> Que les ligueurs ont double croix ?
> C'est qu'en la Ligue on crucifie
> Jésus-Christ encore une fois.

Né en 1534, en Champagne, Jean Passerat mourut en 1602. Il recommanda très-expressément à ses amis de jeter des fleurs sur sa tombe ; mais de n'y placer aucun mauvais vers, lourde charge s'il en fut. Il dit :

> S'il faut que maintenant en la fosse je tombe,
> Qui ay toujours aimé la paix et le repos,
> Afin que rien ne poyse (pèse) à ma cendre et mes ôs,
> Amis, de mauvais vers ne chargez pas ma tombe.

Mathurin Régnier, regardé avec raison comme le fondateur de la satire régulière en France, naquit à Chartres en 1573 et mourut en 1613. C'était un bohémien, ou plutôt un *viveur* du seizième siècle, hantant les jeux de paume et les tripots : toujours fort jeune, engagé dans les ordres, Mathurin Régnier obtint un petit bénéfice qui ne l'empêcha pas de vivre pauvre, d'avoir toujours sur lui un vieux *manteau*, un habit partout cicatrisé.

Roger de Colerye, dit *Roger Bontemps*, prêtre, était né à Paris vers 1470. Il devint secrétaire de l'évêque d'Auxerre, et manifesta toujours l'humeur la plus joviale, inspirée sans doute par Rabelais. Roger présida à Auxerre une société facétieuse, dont le chef prenait le titre d'*abbé des fous*. Il mourut en 1540, laissant quelques écrits qui appartiennent au genre grotesque. Grande fut la réputation de cet aimable abbé à l'époque où il vécut. Il a passé en proverbe. C'est d'après lui qu'on a nommé depuis un *Roger Bontemps* tout homme qui n'a pas de souci. Notre Béranger a célébré sa mémoire :

> Eh ! gai ! c'est la devise
> Du vrai Roger Bontemps !

Parmi les historiens inédits, ne passons pas sous silence Charles Dumoulin, Etienne Pasquier, de Thou, de l'Estoile, Gilles Corrozet, auteur du plus ancien livre imprimé sur l'histoire de Paris ; Henri et Robert Estienne, etc., etc.

Charles Dumoulin, célèbre jurisconsulte, né à Paris en 1500, mort en 1566, descendant d'une famille noble alliée à Anne de Boulen, mère de la reine Elisabeth d'Angleterre. Il fut reçu avocat au parlement de Paris en 1522 ; mais n'ayant pu vaincre un bégaiement auquel il était sujet, il se retira peu après du barreau et se consacra désormais aux seules études de cabinet et à la composition des ouvrages qui l'ont rendu célèbre. Un ouvrage intitulé *Observations sur l'édit de Henri II relatif aux petites dates*, qu'il publia en 1551 et dans lequel il démontrait que le roi avait le droit de réprimer les abus et les fraudes qui se commettaient à Rome dans la distribution des bénéfices, lui valut les bonnes grâces de Henri II, mais l'exposa en même temps à toute la colère de la cour de Rome. Quelque temps auparavant il avait embrassé le calvinisme et l'avait abandonné ensuite pour le luthéranisme de la confession d'Augsbourg. Persécuté pour ses opinions, il se réfugia en Allemagne, où il fut reçu avec la plus grande distinction. Il revint à Paris en 1557, mais ce fut pour y subir de

nouvelles persécutions. Ayant publié en 1564 un ouvrage intitulé *Conseil sur le concile de Trente*, dans lequel il voulait prouver que ce concile était nul, il fut jeté en prison et ne recouvra sa liberté qu'à condition qu'il ne publierait plus rien sans la permission du roi. Si nous en croyons le président de Thou, il serait devenu catholique avant sa mort. Quoi qu'il en soit, Dumoulin était un des plus grands jurisconsultes de son siècle. Il trouva le premier les véritables sources et les règles fondamentales du droit français, et les deux ouvrages déjà cités montrent qu'il possédait les Pères, le droit canonique, etc. Outre ces écrits ; il a publié plusieurs commentaires sur les principales coutumes de France ; sa *Révision de la coutume de Paris* passe surtout pour un chef-d'œuvre. La meilleure édition de ses œuvres est celle de Paris, 1681, 5 vol. in-folio, donnée par les soins de François Penson.

Etienne Pasquier, Parisien comme Charles Dumoulin, naquit en 1529, étudia sous Cujas à Toulouse, sous Marianus Socin à Bologne, et fut reçu avocat en 1549. Il resta obscur pendant plusieurs années. Mais une bonne occasion se présenta pour lui. Il se fit tout à coup une réputation immense en plaidant pour l'Université contre les jésuites. Etienne Pasquier écrasa ces derniers sous sa puissante, son éloquente dialectique. Et cependant il ne parvint pas à faire prononcer contre eux l'arrêt qu'il provoquait. Il suivit à Poitiers, en 1579, la commission du parlement qui alla y tenir les grands jours, fut nommé par Henri III avocat général à la chambre des comptes, fut député aux états généraux de Blois, en 1588, et eut encore, l'année 1595, après l'abjuration de Henri IV, de violents démêlés avec les jésuites, dont il combattit toujours les prétentions. Il mourut en 1615. Etienne Pasquier est une des illustrations parisiennes les plus incontestées.

L'époque fourmillait en natures fermes, savantes et probes. Jacques-Auguste de Thou, historien, né à Paris en 1553, se destina d'abord à l'Église ; et se livra ensuite à l'étude du droit sous Cujas et Hotman. Il suivit plus tard, dans différentes positions politiques, la fortune de Henri IV, devint l'un des rédacteurs de l'édit de Nantes, accordait aux protestants la liberté de conscience ; et s'opposa toujours vigoureusement, avec d'autres magistrats, à l'introduction du concile de Trente en France. Jacques-Auguste de Thou mourut en 1617, laissant un fils, François-Auguste de Thou, dont nous parlerons sous le règne de Louis XIII.

Pierre de l'Estoile, historien moins profond que Jacques de Thou, mais fécond en renseignements précieux pour l'histoire de Henri III et de Henri IV, vit le jour dans la capitale en 1540. Il fut grand audiencier de la chancellerie de France.

Gilles Corrozet, enfin, obtint une grande renommée d'imprimeur-libraire. Son érudition éclate dans ses *Antiquités de Paris* et dans son *Catalogue des villes de Gaule*. Né à Paris en 1510, il mourut en 1568.

Dans les arts se distinguèrent Jean Goujon, Pierre Lescot, Briard, Bontemps, etc.

Jean Goujon, le restaurateur de la sculpture en France, est un enfant de Paris. Il se forma en prenant les anciens pour modèles. Il mérita d'être appelé le *Phidias français* et le Corrège de la sculpture. Le jour de la Saint-Barthélemy, il fut atteint d'un coup d'arquebuse, ainsi que nous l'avons vu, pendant qu'il travaillait, sur un échafaudage, aux décorations du vieux Louvre. Jean Goujon est né vers 1520.

Pierre Lescot, son ami, son compatriote, de dix années plus jeune que lui, fut aussi l'un des restaurateurs de l'architecture en France. Il donna, en 1541, les dessins du Louvre, la façade de l'horloge, seule partie de son travail qui subsiste encore, est un chef-d'œuvre. On lui doit la fontaine des Innocents. Pierre Lescot est mort en 1571, un an avant Jean Goujon.

P. Biard, sculpteur, a fait le *Henri IV à cheval*, bas-relief de l'Hôtel-de-Ville, détruit lors de la révolution. Il naquit à Paris en 1559, et mourut en 1609. Bontemps est l'auteur des bas-reliefs du *tombeau de François Ier*.

L'industrie se signala par trois inventions : l'usage des fourchettes, celui des montres et celui des lucarnes (1609). Les arts utiles prirent également de l'extension ; outre la manufacture de tapis de la Savonnerie (1604), on vit se former des fabriques de soieries et de nombreuses verreries. Le goût pour la musique se développa par les représentations successives que les comédiens italiens donnèrent à Paris. En 1581, Catherine de Médicis fit représenter au Louvre le premier drame lyrique qu'on ait joué en France. Cette fête, qui coûta plus d'un million d'écus, fut un avant-goût des divertissements grandioses de Louis XIII.

IV.

Lorsque le poignard de Ravaillac rendit le trône vacant, Louis XIII avait neuf ans. Marie de Médicis fut déclarée régente, et l'on convoqua les états généraux en 1416. Une foule d'événements remarquables suivirent l'avénement du petit roi. Il y eut d'abord l'éclatante fortune, puis le terrible châtiment de Concini, favori de Marie de Médicis, fauteur de la régence, maréchal d'Ancre, que Vitry assassina par ordre du roi à la porte du Louvre, et dont le cadavre fut déterré par la populace au milieu de clameurs féroces (1617). Bientôt après une autre scène sanglante se passa à Paris : le supplice d'Eléonore Galigaï, femme de Concini, décapitée en Grève et brûlée comme sorcière. De nombreuses caricatures célébrèrent le supplice de ces deux personnages, qui avaient soulevé contre eux des haines effroyables, principalement parce qu'ils étaient des étrangers, parvenus par la cabale italienne.

A la mort du connétable de Luynes, qui avait succédé à Concini dans la faveur du roi, le cardinal de Richelieu, arrivé au pouvoir, fonda sa domination presque illimitée sur des rigueurs sans pareilles, dont il nous faut parler, puisqu'elles ont eu Paris pour théâtre. Tantôt ce fut le colonel Ornano, confident de Gaston d'Orléans, et qui prit part aux intrigues de la cour, que l'on jeta à la Bastille, où il mourut; tantôt, en vertu d'un édit sur le duel dont l'application ressembla fort à un prétexte pour atteindre plus sûrement la noblesse, le comte de Bouteville fut décapité sur la place de Grève. Le maréchal de Marillac, Cinq-Mars et François-Auguste de Thou furent également exécutés.

Le maréchal de Marillac avait dirigé les travaux de la digue au siège de La Rochelle (1628); nommé commandant de l'armée de Champagne, il entra dans le complot formé contre Richelieu pour ramener Marie de Médicis. Le cardinal le fit arrêter à la tête de son armée, juger comme coupable de concussion et condamner à mort.

Favori de Louis XIII, H. Coiffier de Buzé, marquis de Cinq-Mars, s'irrita contre Richelieu, qui s'opposait à son mariage avec Marie de Gonzague. Il complota avec Gaston d'Orléans et l'Espagne contre le cardinal, fut découvert, condamné à mort et exécuté à Lyon. François-Auguste de Thou était l'ami, le confident de Cinq-Mars. Il favorisa le complot de celui-ci par sa non-révélation, et partagea le sort du principal conspirateur.

Une main de fer tint les rênes du gouvernement. L'autorité devint implacable, mais féconde, sous le règne de Louis XIII, ou plutôt sous le règne du cardinal de Richelieu; le développement moral de Paris et des institutions prit d'immenses proportions. La grande cité mérita plus que jamais d'être considérée comme le centre du mouvement intellectuel de la France. Tout y contribua; et l'on ne doit point omettre un événement qui accrut notablement son importance, l'érection de Paris en archevêché, ayant pour suffragants les évêchés de Chartres, de Meaux et d'Orléans.

Parmi les institutions de l'époque se présente en première ligne l'Académie française (1635).

L'Académie française avait pris naissance d'abord chez Conrart, rue Saint-Denis. Là, sept ou huit beaux esprits, dit Pélisson, s'entretenaient familièrement, comme ils eussent fait en une visite ordinaire, et de toute sorte de choses, d'affaires, de nouvelles, de belles-lettres... Ils parlent encore de ce temps-là comme d'un âge d'or, durant lequel, avec toute l'innocence et toute la liberté des premiers siècles, mais sans bruit et sans pompe, et sans autres lois que celles de l'amitié, ils goûtaient ensemble tout ce que la société des esprits et la vie raisonnable ont de plus doux et de plus charmant.... « Dans cette école d'honneur, de politesse et de savoir, dit l'abbé de la Chambre, l'on ne s'en faisait point accroire; l'on ne s'entêtait point de son prétendu mérite; l'on n'y opiniait point tumultueusement et en discorde; personne n'y disputait avec altercation et aigreur; les défauts étaient repris avec douceur et modestie, les avis reçus avec docilité et soumission... »

En 1635, Richelieu se fit le protecteur de cette réunion et l'érigea en Académie française; « le chargeant, pour que rien ne manquât à la félicité du royaume, de tirer du nombre des langues barbares la langue française, que tous nos voisins parleront bientôt si nos conquêtes continuent comme elles ont commencé. » Les lettres patentes de fondation dataient du mois de janvier; elles ne furent enregistrées que le 10 juillet 1637. L'Académie eut pour premiers officiers M. de Serizai, directeur, M. Desmarets, chancelier, et M. Conrart, secrétaire.

Au même temps se rapporte l'établissement du Jardin des plantes ainsi que la fondation de l'imprimerie royale. Marie de Médicis fit bâtir le palais du Luxembourg et Richelieu le Palais-Cardinal, National ou Royal : ce palais a si souvent changé de noms! Les quais de l'île Saint-Louis, le pont Marie, le pont de la Tournelle et le pont Rouge se couvrirent de maisons. Sous Louis XIII comme sous Henri IV, de riches particuliers contribuèrent personnellement à embellir Paris. Grâce à eux, grand nombre d'hôtels s'élevèrent dans le Marais. On a remarqué que la première maison bâtie en l'île Saint-Louis le fut par Nicolas le Jeune, maître couvreur, qui y possédait des ateliers; il y construisit aussi une chapelle qui, en 1623, fut érigée en paroisse par l'archevêque Jean-François de Gondy. Ecoutez Corneille dans le Menteur; il donne en quelques vers une idée du Paris d'alors :

DORANTE. Paris semble à mes yeux un pays de romans;
J'y croyais ce matin voir une île enchantée (l'île Saint-Louis) :
Je la laissai déserte et la trouve habitée.

Quelque Amphion nouveau, sans l'aide des maçons,
En superbes palais a changé ces buissons.

GÉRONTE. Paris voit tous les jours de ces métamorphoses :
Dans tout le Pré-aux-Clercs tu verras mêmes choses,
Et l'univers entier ne peut rien voir d'égal
Aux superbes dehors du Palais-Cardinal;
Toute une ville entière avec pompe bâtie
Semble d'un vieux fossé par miracle sortie.

Voici comment Scarron parle de Paris. Il le voit à sa manière :

Un amas confus de maisons,
Des crottes dans toutes les rues;
Ponts, églises, palais, prisons,
Boutiques bien ou mal pourvues,

Force gens noirs, roux et grisons,
Des prudes, des filles perdues,
Des meurtres et des trahisons,
Des gens de plume aux mains crochues;

Maint poudré qui n'a pas d'argent;
Maint homme qui craint le sergent;
Maint faufaron qui toujours tremble;

Pages, laquais, voleurs de nuit,
Carrosses, chevaux et grand bruit,
C'est là Paris : que vous en semble?

Enfin Bertrand pourtraicte ainsi le pont Neuf dans sa Ville de Paris.

Pont-Neuf, ordinaire théâtre
Des vendeurs d'onguent et d'emplâtre;
Séjour des arracheurs de dents,
Des fripiers, libraires, pédants,
Des chanteurs de chansons nouvelles,
D'entremetteurs de demoiselles,
Dé coupe-bourses, d'argotiers, etc.

On était toujours fort dévot. A Paris surgirent un grand nombre de communautés religieuses; il ne s'en établit pas moins de cinquante-cinq dont voici les plus célèbres : les pères de l'Oratoire (1627), les Augustins déchaussés ou Petits-Pères, dont l'église est aujourd'hui la paroisse Notre-Dame-des-Victoires (1629), l'abbaye de Port-Royal (1625), etc., etc. D'autres établissements à la fois pieux et philanthropiques, tels que les hôpitaux de la Pitié (1612) et des Incurables, datent de Louis XIII. Pour la première fois, les places publiques furent décorées de statues; on vit la statue de Henri IV orner le terre-plein du pont Neuf, et celle de Louis XIII orner la place Royale (aujourd'hui place des Vosges).

L'accroissement de la population et des constructions de toute sorte rendirent insuffisante l'ancienne enceinte de Paris; des rues nombreuses s'ouvrirent. La fraîche maîtrise dont jouissaient les ouvriers établis dans la censive de l'abbaye Saint-Antoine porta à construire la grande rue de ce faubourg. A côté des bâtiments nouveaux qui s'élevaient de toutes parts, on voyait encore le Louvre conserver ses fossés alimentés par les eaux de la Seine. La tour de Nesle; le grand et le petit Châtelet, le Temple, la Bastille, les tours et les portes de l'enceinte méridionale présentaient encore le caractère de l'architecture féodale. La Seine, ici bordée de quais, s'en allait là battre la Grève sans défense; et les hautes eaux baignaient le pied des maisons en envahissant les rues voisines.

Les encouragements que Richelieu accorda aux lettrés sont un de ses meilleurs titres à la reconnaissance publique. Il favorisa le développement de l'art dramatique; cinq théâtres s'établirent à Paris. Toutefois, jaloux de Corneille, il voulut faire condamner le Cid par l'Académie.

Un grand nombre de Parisiens cultivèrent, pendant ce règne, les diverses branches de la littérature. Jean Chapelain, Guillaume Colletet, Alexandre Hardy, Philippe et Germain Hubert, Desmarets, se distinguèrent comme poètes.

Jean Chapelain, natif de Paris (1595), était fils d'un notaire. Il avait de bonne heure acquis de la réputation par quelques poésies et par de profondes connaissances. Il mit trente ans à composer le poème épique la Pucelle, qui eut d'abord un grand succès, mais qui bientôt s'évanouit sous les critiques de Boileau. Malgré cet échec véritable, Chapelain n'en eut pas moins crédit à la cour. Richelieu le nomma un des premiers membres de l'Académie française; et lui donna une pension de mille écus. Chapelain, avare à l'excès, gagna la maladie dont il mourut (1674) pour s'être mouillé les jambes un jour d'orage, plutôt que de payer une modique rétribution pour traverser sur une planche un large ruisseau.

Guillaume Colletet, aussi natif de Paris (1598), eut de la réputation dans son temps, obtint la protection de nobles personnages, notamment celle de Richelieu, qui lui donna une fois 600 livres pour six mauvais vers. Il fut un des premiers membres de l'Académie. Il épousa successivement trois de ses servantes, et mourut misérable en 1659.

Alexandre Hardy obtint le titre de *poëte du roi* sous Henri IV. Il était né à Paris vers 1560, et mourut en 1631 ou 1632. Hardy travaillait à l'année pour des troupes de comédiens; il est le premier qui reçut la rétribution qu'on appelle *part d'auteur*.

Philippe et Germain Habert étaient frères, tous deux Parisiens, membres de l'Académie. Le premier, qui occupa la charge de commissaire d'artillerie, était né en 1605 et mourut en 1637; le second, littérateur et abbé, était né en 1610 et mourut en 1655.

Desmarets de Saint-Sorlin, né à Paris en 1596, appartint à l'Académie française. Il travailla d'abord pour le théâtre, fit représenter, entre autres pièces, les *Visionnaires*, qui obtinrent du succès, grâce à Richelieu. Tout à coup, Desmarets passa d'un relâchement extrême à une dévotion outrée, et il tomba dans une folie fanatique telle, qu'il proposa au roi de lever une armée pour exterminer les hérétiques. Il mourut en 1676.

Parmi les savants, s'illustrèrent Jérôme Bignon, François de la Mothe le Vayer, Gabriel Naudé.

Jérôme Bignon fut d'abord avocat. Après avoir exercé longtemps sa profession, il obtint successivement les fonctions d'avocat général au grand conseil, de conseiller d'État, et d'avocat général au parlement de Paris. Ayant résigné sa charge, il devint bibliothécaire du roi. (Né à Paris en 1589, mort en 1656).

François de la Mothe le Vayer, né à Paris en 1588, fut reçu à l'Académie en 1639. Dix ans après, on le nomma précepteur du duc d'Orléans, frère de Louis XIV; puis, en 1651, on le chargea de terminer l'éducation de Louis XIV lui-même. On l'appelait le *Plutarque de la France*. Il mourut en 1672.

Gabriel Naudé avait été médecin de Louis XIII; il devint bibliothécaire de Mazarin. Né à Paris en 1600, mort à Abbeville en 1653.

Parmi les peintres, on remarque Lesueur, Simon Vouet, etc., etc.

Eustache Lesueur, surnommé le *Raphaël français*, naquit à Paris en 1617, étudia très-jeune avec ardeur, et se fit de bonne heure remarquer du Poussin. Contrairement à la mode d'alors, il ne chercha point à s'introduire à la cour; il ne peignait que pour des particuliers et des couvents. Persécuté par des envieux, que leur médiocrité reconnue excitait contre sa haute supériorité, et d'ailleurs dégoûté du monde par la perte de sa femme, Eustache Lesueur se retira dans un cloître de chartreux, pour lesquels il peignit vingt-deux tableaux représentant la *Vie de saint Bruno*, qui se trouvent aujourd'hui dans le musée du Louvre. Il est mort dans ce couvent en 1655.

Simon Vouet, de Paris (1582), mena une existence diamétralement opposée à celle d'Eustache Lesueur. Renommé pour peindre les portraits, il peignit le sultan Achmet Ier à Constantinople, travailla pour le pape Urbain VIII à l'embellissement des églises Saint-Pierre et Saint-Laurent, puis revint en France par l'ordre de Louis XIII, qui prit de lui des leçons de pastel, le nomma son premier peintre et le logea au Louvre. Quoique artiste, Simon Vouet était fort avide d'argent. Pour suffire aux nombreuses commandes qu'il recevait, il ne se fit pas scrupule d'adopter une manière de peindre très-expéditive, mais aussi très-inférieure à celle qu'il avait adoptée d'abord. A son école, se formèrent Lebrun, Lesueur, Mignard et Dufrénoy. Le Musée du Louvre possède une admirable *Présentation au Temple*, de Simon Vouet.

Et puisque nous en sommes sur le mouvement intellectuel de la France, rappelons que l'Académie avait une sœur aînée dans l'hôtel de Rambouillet.

L'influence que l'hôtel de Rambouillet a exercée sur la littérature au dix-septième siècle est trop grande pour que nous n'en tracions pas l'histoire.

Ce salon de beaux esprits qui régenta la littérature pendant la première moitié du dix-septième siècle, et qui fut l'arbitre du goût, le sanctuaire de la morale, l'académie du beau langage, après avoir joui longtemps d'une gloire incontestée, a vu décliner son autorité sous le règne de Louis XIV, et le dix-huitième siècle n'a plus eu pour lui que le sarcasme ou le dédain. On l'a vu à travers les *Précieuses ridicules* de Molière, et l'on a détourné contre lui des traits que le grand comique n'avait dirigés que contre les maladroits imitateurs de son langage, de ses manières, de ses coteries qui prétendaient au monopole de l'esprit, et auxquelles peut s'appliquer ce vers de Boileau:

Nul n'aura de l'esprit hors nous et nos amis.

L'ouverture du salon de madame de Rambouillet remonte à l'année 1600, sous le règne de Henri IV. L'esprit de cette société à son origine fut politique et moral. Le marquis de Rambouillet, ami du duc d'Épernon, était hostile à Sully, alors au comble de la faveur. Catherine de Vivonne, sa chaste et noble femme, voyait avec mépris les dérèglements de la cour. Ces rancunes politiques et ces scrupules de pudeur les déterminèrent à se tenir sur la réserve et à faire de leur hôtel un centre d'opposition modérée, où on combattrait indirectement les barbarismes et les orgies de la cour par la pureté du langage et des mœurs. L'hôtel de Rambouillet ne tarda pas à devenir le rendez-vous des beaux esprits et des femmes les plus distinguées. On briguait ardemment l'honneur d'y être admis, car l'admission était un double brevet de culture intellectuelle et de vertu. Une pa-

reille réunion, que Bayle appelait un palais d'honneur, ne pouvait manquer d'exercer une grande influence.

L'indifférence littéraire de Louis XIII et des divers ministres qui se succédèrent jusqu'à Richelieu fut cause que l'hôtel de Rambouillet obtint bientôt le patronage et la direction des lettres. Cette espèce de dictature eut ses avantages et ses inconvénients. L'hôtel de Rambouillet continua le travail de Malherbe sur la langue française; celui-ci avait donné à notre idiome la force et la noblesse; ses continuateurs l'assouplirent, l'affinèrent, et ajoutèrent aux qualités qu'il possédait déjà, la finesse et la délicatesse. Il faut encore rapporter à ce cercle ingénieux l'art de converser, qui fut une des principales gloires de la France et d'où découlèrent la politesse, l'urbanité et le savoir-vivre, dont le nom n'existait même pas avant cette époque. On ne saurait plus nier sans injustice les services rendus à la morale par cette société d'élite: elle rendit chastes au moins en paroles les auteurs qu'elle admettait et plus retenus ceux qu'elle n'avait pas enrôlés. Son influence se fit sentir sur le théâtre, d'où furent bannies les obscénités qui le déshonoraient: l'accueil que l'hôtel de Rambouillet fit à l'*Astrée* de d'Urfé contribua beaucoup à cette réaction, et mit en honneur les bons sentiments dans le commerce de la vie.

Malgré l'excellence de ses intentions, le cercle de la marquise de Rambouillet ne put échapper à la loi qui domine les coteries littéraires, celle de se distinguer, besoin qui engendre la manière et l'affectation.

Les femmes qui fréquentaient l'hôtel de Rambouillet prirent le nom de précieuses; c'était un titre d'honneur et comme un diplôme de bel esprit et de pureté morale. Les précieuses se divisaient suivant l'âge en jeunes et anciennes; le nom de vieilles aurait été trop dur pour leur délicatesse, et dans l'ordre moral, elles se classaient en *galantes* ou *spirituelles*, selon leur vocation pour les délicatesses du sentiment ou les finesses de l'esprit.

Les précieuses s'étaient fait une langue pour dépayser les profanes: Paris n'était plus Paris, mais Athènes; l'île Notre-Dame rappelait Délos, la place Royale était place Dorique; Poitiers, Argos; Tours, Césarée; Lyon, Milet et Corinthe: la France avait fait place à la Grèce. Non-seulement les villes mais les hommes étaient débaptisés. Louis XIV avait échangé son nom contre celui d'Alexandre, le grand Condé devait répondre au nom de Scipion; Richelieu était devenu Sénèque, et Louis XIII, Tous les beaux esprits avaient subi la même métamorphose. Ne parlez plus de Chapelain, c'est Chrysanthe qu'il faut dire; Voiture, c'est Valère; Sarrasin, Sésostris; la Calprenède, le Calpurnien; Scudéry, Sarraïdès devaient être deux fois plus fiers avec ces mots sonores et pompeux; enfin la marquise de Rambouillet elle-même avait le nom précieux d'Arthénice (Malherbe et Racan avaient trouvé en commun cet élégant anagramme du prénom de Catherine). L'hôtel de Rambouillet, qui était, avant tout, un sanctuaire de pureté morale et une académie de beau langage, laissait cependant passer la médisance et la chronique scandaleuse. Cette partie secrète des entretiens du salon d'Arthénice nous a été transmise par le caustique et spirituel Tallemant des Réaux.

Les témoignages de l'admiration contemporaine ne manquent pas à l'hôtel de Rambouillet, et la réputation dont il jouissait ne fut pas détruite pendant la durée du dix-septième siècle.

« C'était, dit Saint-Simon, le rendez-vous de tout ce qui était le plus distingué en condition et en mérite, un tribunal avec qui il fallait compter, et dont la décision avait un grand poids dans le monde et sur la conduite et sur la réputation des personnes de la cour et du grand monde. »

Ces hommes illustres éclairaient la France. La civilisation marchait à pas pressés. Le génie du cardinal-ministre vivifiait toutes les innovations. On doit aux encouragements de Richelieu l'établissement régulier du premier journal périodique qu'on ait publié à Paris, et qui devint plus tard quotidien sous le nom de *Gazette de France*.

V.

En Richelieu existait la prospérité matérielle du pays; Richelieu mort, elle s'arrêta. La première partie du règne suivant fut marquée par les troubles de la Fronde. Quatre jours après l'inhumation de Louis XIII, le parlement, dans un lit de justice tenu par Louis XIV âgé de cinq ans, cassa le testament du monarque défunt et déféra à la reine mère, Anne d'Autriche, une régence sans restriction. La situation était difficile, partout des désordres éclataient. La veuve de Louis XIII abandonna le pouvoir à un jeune prélat, insinuant, souple, persévérant et rusé, au cardinal Jules Mazarin. Ce ministre, sans véritable grandeur, sans noblesse de caractère, n'exerça pas une influence aussi énergique que celle de Richelieu. Bien que le nouveau dominateur de la France sourît à tout venant, bien que ses manœuvres adroites cherchassent à assoupir l'esprit de sédition, une augmentation énorme d'impôts, la création grotesque des *contrôleurs de fagots*, *des jurés vendeurs de foin*, des *conseillers crieurs de vin*, et des *conseillers langueyeurs de porcs*, les fiscalités redoublées n'arrachèrent pas seulement aux Parisiens des écrits satiriques, mais elles soulevèrent à la fois et la résistance du parlement et celle du peuple.

Le parlement de Paris, sentant que par sa position il ne pourrait tenir contre le ministre, s'allia avec les autres parlements du royaume, et ameuta les habitants de la capitale.

Depuis longtemps déjà on se mettait en hostilités avec cet Italien, on lui déclarait une guerre de *ponts-neufs* ; tels ces vers :

Un vent de Fronde
A soufflé ce matin;
Je crois qu'il gronde
Contre le Mazarin.

Chacun décochait mille traits acérés contre cet étranger, qui était aux yeux de la France appauvrie une immense fortune dérobée à la nation. Deux magistrats, Pierre Broussel et René de Blancménil, se montraient dans le parlement les champions ardents de la cause populaire. Broussel était l'idole du peuple : on l'appelait le père du peuple, et, plus tard, il reçut le titre de patriarche de la Fronde. Il signalait avec sagacité tous les excès, toutes les exactions du cardinal. On arrêta les deux conseillers. Aussitôt, la guerre civile ensanglanta la capitale. Une seconde journée des Barricades eut lieu (27 août 1648).

Pendant le mouvement des troupes régulières, Jean-François-Paul de Gondy, coadjuteur de l'archevêque de Paris, prêtre dont la jeunesse avait été celle d'un bretteur et d'un libertin, se présenta pour la première fois sur la scène politique. Il devint plus tard fameux sous le titre de cardinal de Retz.

Gondy arriva en habits pontificaux sur le Pont-Neuf, et exhorta le peuple à se calmer. On lui répondit qu'il n'y avait aucun moyen de transiger avant l'élargissement des conseillers Broussel et Blancménil. Gondy courut au Palais-Royal, pour exposer les conséquences dangereuses de cette émente ; mais, là aussi, son éloquence resta sans effet. Mécontent de la réception et des paroles de la fière Castillane, il arrêta le plan de sa conduite ultérieure. Le parlement, à son tour, se rendit en corps au Palais-Royal, et, après une séance que le duc d'Orléans et Mazarin eurent ensemble, il obtint enfin la mise en liberté de Broussel et de Blancménil. Ce résultat de la démarche du parlement rallia plusieurs princes et seigneurs à la cause des frondeurs, le duc de Longueville, le prince de Conti, le duc de Beaufort (*le roi des halles*), petit-fils de Henri IV ; le duc d'Elbeuf, de la maison de Lorraine ; le coadjuteur Gondy, le vicomte de Turenne, etc., etc. L'amour-propre armait les mécontents. Quelques dames illustres prirent aussi parti dans la sédition ce : furent les duchesses de Montbazon et de Longueville, etc., etc.

Le titre de *frondeur* fit bientôt fortune, et l'on ne tarda pas à porter des habits, des rubans, des épées *à la Fronde*; des cuisiniers s'ingénièrent de confectionner des sauces *à la Fronde*; il n'y eut de maîtresses spirituelles et dévouées que pour les amants *frondeurs*, on ne trouva rien de parfait qui ne fût *à la Fronde*. Instruite des progrès de l'opposition et ne se croyant pas en sûreté à Paris, la régente résolut de se réfugier, avec Louis XIV et son ministre Mazarin, au château de Ruel; en même temps, elle fit arriver divers corps de troupes dans les environs de la capitale.

Triste moyen de rétablir la tranquillité publique. Le parlement envoya une députation à la régente pour l'engager à revenir à Paris avec le roi,

Après maintes et maintes négociations et conférences, la cour reparut dans la capitale le 6 janvier 1649. Mais Anne d'Autriche, accompagnée de ses fils, du roi et du duc d'Anjou, du cardinal Mazarin, ressortit secrètement à deux heures après minuit de la grande ville si pleine d'agitations, pour se rendre à Saint-Germain-en-Laye. Là on résolut de faire la Fronde à outrance. Avant de partir, la cour laissa une *lettre* du roi qui ne *savait pas encore à écrire*. Elle s'adressait au prévôt des marchands. Chaque jour, la querelle s'envenimait davantage. Personne ne voulait céder en rien. Le 7 janvier, une lettre de cachet arriva, qui intimait au parlement l'ordre de se transférer à Montargis. C'était un exil. Molé, président du parlement, déclara qu'il était président de Paris, et non de Montargis. L'ordre ne reçut donc aucune exécution, et l'armée royale s'avança vers Paris. De leur côté les frondeurs levèrent des troupes ; le coadjuteur Gondy équipa à ses frais un régiment de cavalerie, et se montra armé, à cheval, sous le costume militaire. On pourvut avec soin à la défense et aux subsistances de Paris; on confia la Bastille à Broussel. Tous les postes furent garnis de bourgeois.

La guerre commença. Après mille tentatives de corruption, beaucoup de destruction et de pillage, une amnistie générale effaça toutes les fautes, et la paix fut conclue.

Les échevins s'assemblèrent, firent leur soumission au roi, et lui envoyèrent une députation solennelle pour le supplier de rentrer dans la capitale. « Le peuple, dit un historien, était dans des tressaillements de joie inconcevables sur l'espérance de revoir le roi à Paris; et, sur cela, on peut dire qu'il n'y a que les François qui aillent si vite d'une extrémité à l'autre, car on vit presque en même temps la passion que le peuple avoit de servir les princes se convertir en une aversion mortelle pour eux. Le lendemain, le roi fit son entrée par la porte Saint-Honoré, aux flambeaux, à cheval, à la tête de son armée, et Paris le reçut avec les plus éclatantes démonstrations de joie qu'on pouvoit désirer pour un conquérant et pour un libérateur de sa patrie. »

Il descendit au Louvre, y réunit le parlement, et lui défendit de prendre à l'avenir connaissance des affaires de l'Etat.

Qui pourrait voir dans la guerre de la Fronde une lutte du peuple contre la royauté? Elle n'excède pas les proportions d'une querelle de partis, d'un tournoi d'ambitieux. La Fronde, pendant laquelle Mathieu Molé et Gondy jouèrent des rôles si divers, fut absolument sans résultat pour la cause du peuple, trop faiblement débattue. Mazarin, deux fois obligé de fuir, rentra deux fois au pouvoir. Le sang avait inutilement coulé.

VI.

Louis XIV était âgé de vingt-trois ans lorsque, Mazarin venant de mourir (1661), il commença à gouverner par lui-même. Dès les premiers temps il agit avec fermeté, et Paris, malgré le séjour presque continuel du roi à Versailles, prit un accroissement très-considérable. C'était le résultat d'une puissante unité qui tendait constamment à la centralisation. Le nom de Colbert, aussi bien que celui de Louis XIV, restera attaché à tout ce qui se fit de grand pendant ce règne.

Mazarin avait présenté au roi peu de temps avant sa mort un simple commis des finances, en disant : « Je vous dois tout, sire ; mais je crois m'acquitter envers Votre Majesté en lui donnant Colbert. » Colbert, homme austère, insensible aux séductions de la vie, laborieux, infatigable, travaillait jour et nuit dans les cabinets du roi. Personne ne le voyait ; il n'avait point de protégés, ne se prévalait de rien, vivait obscur et utile. Une foule d'édits, sollicités par ce ministre, méritèrent bientôt à Louis XIV le titre de monarque législateur.

En l'année 1662, Colbert proposa et fit accepter au roi quelques projets d'embellissement pour la ville de Paris. Il y avait beaucoup à réformer. Les rues étaient toujours infectes, éclairées seulement par des lanternes allumées devant les boutiques ; quelques-unes restaient à paver. Les hommes ne pouvaient sortir qu'en bottes. On respirait à Paris un air si malsain, si humide, que chaque matin les ustensiles de cuivre étaient couverts d'une couche de vert-de-gris. Sur la voie publique, surtout pendant la nuit, on se trouvait souvent exposé aux attaques d'aventuriers, spadassins et brigands.

Les *cours des Miracles* vomissaient chaque jour une armée de trente mille mendiants qui s'étaient organisés en *royaume*, « et vivoient, dit un écrit du temps, comme païens dans le christianisme, en adultère, en concubinage, en mélange et communauté de sexes ; puisant l'abomination avec le lait, ayant le larcin par habitude et l'impiété par nature, faisant commerce des pauvres enfants, enfin étant tels que parmi eux il n'y a plus d'intégrité du sexe après l'âge de cinq à six ans. » Aussi Boileau écrivait-il ces vers :

Sitôt que de la nuit les ombres pacifiques
D'un double cadenas font fermer les boutiques...
Les voleurs à l'instant s'emparent de la ville;
Le bois le plus funeste et le moins fréquenté
Est auprès de Paris un lieu de sûreté...

Pendant la minorité de Louis XIV, il n'y avait d'aisance et de splendeur qu'à la cour et dans les hôtels de la noblesse; le bourgeois était mal vêtu. Chaque profession, selon l'ancien usage, se révélait par un costume particulier; les marchands, par exemple, s'affublaient toujours d'une sorte de jaquette, semblable à un jupon court; la bourgeoisie, en général, se distinguait par les hauts-de-chausses, les trousses et pourpoints, etc. Colbert comprit que de telles distinctions ne pouvaient se tolérer chez un peuple fort et uni. Or, quand les seigneurs et courtisans luttaient de luxe et d'éclat, quand le nombre des carrosses augmentait considérablement à Paris, le ministre songeait à faire passer le luxe dans toutes les classes de la nation.

Pour y parvenir, il travailla à l'amélioration industrielle et commerciale du peuple en embellissant Paris; il attira les étrangers, et ceux-ci imprimèrent un grand mouvement aux entreprises de toutes sortes. Ce fut lui qui fit agréer au roi la création de l'Académie des *inscriptions et belles-lettres* (1663), qui, en 1666, conseilla la création de l'*Académie des sciences*, celle de *peinture* et de *sculpture* en 1668, et enfin (1671) celle d'*architecture*.

La Bibliothèque Nationale reçut son organisation.

Les deux principales scènes dramatiques, la Comédie-Française et l'Académie de musique, s'ouvrirent aussi sous le ministère Colbert. D'autres établissements datèrent de cette époque féconde : le palais des Quatre-Nations, l'Observatoire, destiné à favoriser l'étude de l'astronomie; la colonnade du Louvre, la manufacture des glaces et celle des Gobelins. Le commerce extérieur sembla prendre une nouvelle existence par la fondation de la compagnie des *Indes Occidentales*.

Toutes ces institutions à la fois utiles et brillantes n'empêchèrent pas de construire des monuments magnifiques, parmi lesquels l'hôtel des Invalides (1673), vaste édifice à l'aspect guerrier, paisible asile des soldats blessés. Pour récompenser les serviteurs du pays, Louis XIV institua plus tard l'ordre militaire de Saint-Louis. Que citer encore? Au nombre des fondations utiles se placent l'hospice général dit de la Salpêtrière pour la vieillesse (femmes), celui des Enfants-Trouvés, et enfin l'institution de Sainte-Perrine.

Il nous faut renoncer à énumérer toutes les communautés religieuses créées jusqu'à Louis XIV. Mentionnons pourtant les séminaires de Saint-Sulpice, du Saint-Esprit et des Missions étrangères.

Çà et là des travaux importants contribuaient puissamment à embellir Paris ; le jardin des Tuileries fut tracé, la plantation des Champs-Elysées donna aux Parisiens leur plus vaste promenade ; aux portes Saint-Denis, Saint-Martin, Saint-Antoine, s'élevèrent des arcs de triomphe ; Paris monumental se décora des places du Carrousel, Vendôme, des Victoires. Les remparts du nord furent abattus et remplacés par des cours plantés d'arbres. Des fontaines nouvelles fournirent aux habitants l'eau nécessaire aux usages de la vie. L'enceinte de Paris alla jusqu'à trois mille deux cent cinquante arpents, et le village de Chaillot se transforma en faubourg. La ville fut divisée en vingt quartiers. La suppression de la plupart des justices féodales et la création d'un lieutenant de police rendirent de grands services à l'administration. L'*ordonnance civile*, publiée dans les places et carrefours de Paris, assura l'empire de la loi. Louis XIV décida aussi par une ordonnance qu'on ne dérogerait point à la noblesse en chantant à l'Opéra ; Colbert, encore mieux inspiré, fit déclarer par une commission choisie au sein du parlement que les nobles pouvaient, sans faillir à leur blason, se livrer au commerce maritime.

La Reynie, qui, le premier, remplit les fonctions de lieutenant civil de police, s'occupa de remédier en partie aux désordres quotidiens de la capitale; il exerça sur tout et partout une active surveillance. Ce fut sous son administration qu'on commença à placer des lanternes au milieu des rues de Paris : chacune de ces lanternes renfermait une grosse chandelle, qui ne répandait qu'une clarté douteuse, mais propice, mais souveraine contre les entreprises nocturnes. Louis XIV créa, en réalité, la police parisienne. Chaque soir la capitale était envahie par les filous et les galants : le satirique Boileau n'y a-t-il pas fait allusion dans la satire : *Les embarras de Paris?* Il fallait pourvoir au nettoiement, à l'illumination, faire veiller une garde continuelle à pied et à cheval pour la sûreté des citoyens. Le second lieutenant de police fut le marquis d'Argenson, homme dont la figure grave convenait parfaitement à la sévérité de ses fonctions : aussi les Parisiens lui donnèrent-ils le nom de *Juge des enfers*. D'Argenson organisa la police sur une plus vaste échelle, en multipliant le nombre des espions. Aux abus succédèrent d'autres abus. On vola moins, on espionna plus; les habitants de Paris, au lieu d'être inquiétés par des troupes de laquais, par des vagabonds effrénés, par des pages sans vergogne, le furent par des mouchards. Quelques autres améliorations signalèrent néanmoins ce lieutenant de police à la reconnaissance publique. On n'oubliera jamais que sous l'administration de d'Argenson les premières pompes à incendie parurent en France. Elles se fabriquèrent sur les modèles qu'on avait vus en Hollande et en Allemagne. C'était une métamorphose générale, un mélange complet de bien et de mal. « Le roi a dit, raconte Guy Patin, qu'il veut faire de Paris ce qu'Auguste fit de Rome : *lateritiam reperi, marmoream relinquo*.. Aussi on travaille diligemment à nettoyer les rues, qui ne furent jamais si belles; on exécute la police sur les revendeuses, ravaudeuses et savetiers qui occupent des lieux qui incommodent le passage public; on visite les maisons, et l'on en chasse les vagabonds et gens inutiles; on établit un grand ordre contre les filous et les voleurs de nuit. » Enfin, dit le journal de Louis XIV, « il y avait plusieurs soldats et même des gardes du corps qui, dans Paris et sur les chemins voisins, prenaient par force des gens qu'ils croyaient être en état de servir et les emmenaient dans les maisons qu'ils avaient pour cela dans Paris, où ils les enfermaient, et ensuite les vendaient malgré eux aux officiers qui faisaient des recrues. Ces maisons s'appelaient des *fours*. Le roi, averti de ces violences, commanda qu'on arrêtât tous ces gens-là et qu'on leur fît leur procès... Il ne voulut point qu'on enrôlât personne par force. On prétend qu'il y avait vingt-huit de ces *fours* dans Paris, lesquels ne servaient pas seulement à retenir les hommes à vendre comme recrues, ils servaient encore à renfermer des femmes et des enfants que l'on enlevait pour les vendre et les envoyer en Amérique. »

La population de Paris s'éleva, sous le règne de Louis XIV, à plus de 500,000 habitants : on comptait dans cette ville 700 grandes rues, 9 faubourgs, 100 places, 9 ponts, 22,000 maisons, dont 4,000 à porte cochère. Vauban put dire d'elle : « Cette ville est à la France ce que la tête est au corps humain. C'est le vrai cœur du royaume, la mère commune de la France, par qui tous les peuples de ce grand Etat subsistent, et dont le royaume ne saurait se passer sans déchoir considérablement. »

SIXIÈME PÉRIODE.

I.

Paris sous la régence du duc d'Orléans. — M. et madame du Maine. — Conspiration de Cellamare. — La Banque de Law.

Aucune époque de l'histoire de France ne se peut comparer au siècle de Louis XIV sous le rapport des arts et des lettres; aucune ne vit resplendir autant d'intelligences supérieures. Aussi les poètes, les savants, les hommes d'État de cette époque, furent principalement rejaillir leur éclat sur Paris, où se trouvaient rassemblées les productions de presque tous les talents supérieurs. La liste de ces célébrités comprend une véritable foule. Contentons-nous de citer Jacques Abbadie, Amelot de la Houssaye, le P. Anselme, Antoine Arnauld, Arnauld d'Andilly, Etienne Baluze, Michel Baron, Pierre Bayle, Isaac de Benserade, Boileau-Despréaux, du Bos, Bossuet, Bourdaloue, Charles Lebrun, Bussi-Rabutin, Ch. du Cange, Cassini, Pierre et Thomas Corneille, Coysevox, René Descartes, Domat, Fénelon, Esprit Fléchier, le cardinal de Fleury, Jean de la Fontaine, Gassendi, Girardon, Jean Bart, Duguay-Trouin, Antoine de l'Hôpital, Jean Jouvenet, Michel Lambert, Spinosa, Michel Letellier, Guy Patin, Charles et Claude Perrault, Nicolas Poussin, Jean Racine, Poquelin de Molière, Paul Scarron, madame de Sévigné, Adrien de Valois, Vaugelas, Voiture, etc.

De nouvelles intrigues politiques arrêtèrent un peu cet admirable mouvement intellectuel. Sous la magnificence de la royauté apparaissaient déjà les germes de décomposition.

Louis XIV, sentant sa fin très-prochaine, avait dicté un testament que le chancelier Voisin avait écrit : « Un bon voisin fait toujours ce qui plaît, » avait remarqué avec raison la duchesse d'Orléans.

La reine d'Angleterre félicita le monarque sur son attention à pourvoir, par un testament, au gouvernement du royaume. Louis XIV repartit : « J'ai dicté un testament, mais je crains bien qu'il n'en soit de celui-ci comme de celui de mon père. »

Evidemment le grand roi ne se payait pas d'illusions; il prévoyait des difficultés immenses pour l'exécution de ses dernières volontés ou plutôt de ses dernières faiblesses. La politique se rit des actes qu'un homme ne peut plus défendre par lui-même : un défunt a toujours tort.

On eût dit que Louis obéissait, en testant, à une force supérieure à la sienne. Il accomplissait de très-mauvais gré l'action suprême de son règne. Le premier président du parlement et le procureur général furent mandés au lever du roi. Ils suivirent ce prince, seul, dans son cabinet. Là, remettant en leurs mains un paquet cacheté : « Messieurs, dit Louis XIV, voici mon testament; qui que ce soit que moi ne sait ce qu'il contient. Je vous le confie pour le déposer au parlement, à qui je ne puis donner une plus grande preuve de mon estime et de ma confiance. L'exemple du testament du roi mon père ne me laisse pas ignorer ce que celui-ci peut devenir...»

Le testament fut mis dans un trou creusé dans l'épaisseur du mur d'une tour du Palais, défendu par une grille de fer et par une porte munie de trois serrures.

Tout Paris, apprenant que le roi avait testé, se perdit en conjectures. Les épigrammes, les vaudevilles, les placards, les plaisanteries les plus amères, résultèrent de cette nouvelle. Chacun proclama un légataire universel de son choix. Le nom de M. du Maine sortait de presque toutes les bouches.

Louis XIV dépérissait à vue d'œil. Comme pour tromper la mort, le vendredi 9 août 1715, il courut encore le cerf dans sa calèche, qu'il mena lui-même ; le dimanche, 11, il tint conseil et se promena dans les jardins de Trianon. Ce fut sa dernière sortie. Il continua à travailler avec ses ministres jusqu'au 23, et mangea en présence des courtisans qui *avaient les entrées*. Peu d'inquiétude jusqu'au 25 parmi mesdames d'O, de Caylus, de Lévi et les *légitimes*, qui se tenaient toujours aux côtés du vieillard. Ce jour-là, le roi avait fait venir la gendarmerie, qu'il se flattait de passer personnellement en revue. Sa faiblesse l'en empêcha. M. du Maine remplaça Louis; seulement, le dauphin, enfant de cinq ans, qui depuis une semaine avait quitté la robe, endossa un petit uniforme de capitaine de gendarmerie, assista à la revue, où parut aussi le duc d'Orléans à la tête des compagnies de son nom.

Le jour de la Saint-Louis, 25 août 1715, sur les sept heures du soir, les musiciens se préparaient pour le concert accoutumé, lorsque Louis XIV se trouva mal. Le concert fut remis au lendemain. On appela les médecins. Ceux-ci jugèrent et déclarèrent qu'il convenait de faire recevoir les sacrements au roi, que le père le Tellier vînt aussitôt confesser.

A partir de ce moment, la cour s'attendit à une catastrophe inévitable. Sur les onze heures, le cardinal de Rohan et le curé de la paroisse Notre-Dame de Versailles arrivèrent; on administra au roi le viatique et l'extrême-onction. Après la cérémonie, le moribond parla bas durant un quart d'heure environ, et d'une manière très-affectueuse, au duc d'Orléans. Le 26, Louis, de plus en plus faible, prononça un adieu solennel devant ses courtisans. Le mardi, 27, étant seul avec madame de Maintenon et le chancelier Voisin, il se fit apporter deux cassettes, en tira beaucoup de papiers qu'il brûla; puis il appela M. de Pontchartrain, ex-chancelier, lui ordonna d'expédier l'ordre de porter son cœur aux jésuites, pour qu'on le plaçât vis-à-vis celui de Louis XIII; et s'adressant à madame de Maintenon: « J'avais toujours ouï dire, murmura-t-il, qu'il était difficile de mourir; je touche à ce dernier moment, et je ne trouve pas que ce soit si pénible. »

Le 31 commença l'agonie royale. Le 31, le monarque n'eut plus que de courts instants de connaissance. Le 1er septembre, un dimanche, à huit heures du matin, le roi *immortel* expira. Celui qui, pendant sa vie, avait connu la flatterie sous toutes ses formes, avec tous ses masques, reçut, étant mort, les plus sanglantes insultes; et d'ignobles détracteurs, non contents de dire les vérités que l'on doit aux hommes qui ont vécu, déversèrent sur Louis XIV un torrent d'injures en écrits et en paroles. Parmi les épitaphes composées pour ce prince, on en remarquait une, traduite de l'anglais, et que nous citerons seule:

> Louis le Grand n'est plus, il est réduit en poudre.
> O Français! répandez l'encens de toutes parts.
> Il imita trois dieux, par l'adultère, Mars,
> Mercure par le vol, Jupiter par la foudre.

A peine Louis XIV eut fermé les yeux, qu'une intrigue des plus compliquées commença entre les enfants *légitimes* et les *légitimés*. Les deux rivaux pour la régence, le duc d'Orléans et M. du Maine, se tinrent sur la défensive. De la mort du roi à la lecture du testament, il y avait un instant critique qui pouvait être fatal à l'un des concurrents. Le duc d'Orléans, se regardant déjà comme régent, prenait des mesures gouvernementales, dressait des plans d'administration. Il eut toutefois assez de prudence pour ne pas écouter le président de Maisons qui lui conseillait tout simplement de venir au parlement à main armée, après la mort de Louis XIV, de forcer le dépôt et d'enlever ce testament objet de toutes les brigues. « Monsieur le président, répondit le régent intérimaire, ce conseil est d'un fou ou d'un traître; j'aime mieux vous croire l'un que l'autre: si je suivais votre avis, j'indignerais la France entière, et ce n'est pas mon intention. »

M. du Maine, soutenu par Voisin, attendait les événements; il continuait à parler latin et à traduire l'*Anti-Lucrèce*. Sa femme avait déserté Sceaux pour quelque temps, afin de travailler au triomphe de son mari. A elle l'énergie virile, le mouvement, l'adresse pour profiter des moindres avantages offerts par les circonstances. Devenir quasi-régente, cela valait la peine qu'on y songeât.

Le lendemain de la mort du roi, le parlement s'assembla pour décider la grave question. Aussi, à Paris, le 2 septembre, d'après les ordres du colonel des gardes-françaises, soutien du duc d'Orléans, ce régiment occupa sournoisement les avenues du palais; les officiers, avec des soldats d'élite, se répandirent dans les salles en habit bourgeois. L'abbé Dubois, de scandaleuse mémoire, pensa à prouver son zèle en mettant dans une voiture dite *lanterne* l'ambassadeur d'Angleterre. Cela devait insinuer au parlement et au public que la cour de Londres appuyait le duc d'Orléans.

Le parlement donna la régence au duc d'Orléans. Quel coup de foudre pour madame du Maine!

Toutefois, madame du Maine ne perdit pas courage. Elle protesta contre l'arrêt du parlement de toutes les manières possibles, revint *tenir sa cour* à Sceaux, se consola avec ses *bêtes*, inculqua à ses amis une sainte haine contre le duc d'Orléans, rédigea avec madame de Staal un mémoire pour réclamer les droits qu'on lui avait enlevés, et montra qu'elle était capable de lutter avec le régent, les princes *légitimes* et le parlement.

Ce mémoire tomba comme une bombe dans le public, et, dès l'abord, il éclata assez fortement pour mettre en désarroi les ennemis du *légitimé*. C'en était fait des princes du sang! Le jour de la vengeance approchait pour la petite-fille du grand Condé, molestée jusque-là par la race dégénérée de Henri IV. Certains chauds amis du *légitimé* ne craignaient pas d'avancer que M. du Maine serait — un excellent roi. A quoi des chansons, payées ou tout au moins suggérées par les *légitimes*, répondaient ironiquement:

> Français, reconnaissez-moi
> Pour être un jour votre roi:
> Car rien ne trouble un empire
> Autant que le droit d'élire.
>   Lampons, lampons,
>   Camarades, lampons.
>
> On est plus sollicité,
> Persécuté, tourmenté;

> Pour un seul que l'on contente,
> On en mécontente trente,
>   Lampons, lampons, etc.
>
> . . . .
>
> N'ayons-nous pas un Guillaume
> Conquérant d'un grand royaume?
>   Lampons, lampons, etc.
>
> Si je n'étais pas content,
> J'en pourrais bien faire autant;
> Mais épargnez-m'en la peine,
> Essayez d'un duc du Maine.
>   Lampons, lampons, etc.
>
> Informez-vous à Trévoux
> Combien mon empire est doux,
> On vous dira qu'on m'estime
> Plus qu'un prince légitime.
>   Lampons, lampons, etc.

Les princes du sang avaient poussé avec une vigueur inimaginable la guerre qu'ils avaient déclarée aux *légitimés*. De nouveaux mémoires, produits par les princes rivaux, instruisirent encore une fois le public des haines qui s'agitaient autour du trône. Pour ne pas offenser la duchesse d'Orléans, sa femme, sœur de M. du Maine, pour ne pas paraître juge et partie dans une affaire qui devait être portée au tribunal de régence, le duc d'Orléans ne prit pas visiblement parti avec les princes du sang qui attaquèrent le rang du *légitimé* et de ses enfants.

Les ducs et pairs prétendaient faire perdre à M. du Maine la position que lui avait accordée l'édit de 1694. La petite-fille du grand Condé imagina de susciter aux *légitimés* les ennemis capables de la venger, qui les attaquassent eux-mêmes. Elle persuada à un grand nombre de gentilshommes que les ducs affichaient des prétentions injurieuses à la noblesse, dont ils voulaient se séparer en faisant entre eux un corps particulier. Ces gentilshommes sonnèrent aussitôt l'alarme; leur nombre s'accrut, chacun s'empressa de s'y joindre. Les uns agissaient par jalousie contre les ducs, les autres pour se conduire en véritables nobles; d'autres, que la bourgeoisie eût pu revendiquer, aimaient à susciter ainsi des obstacles au travail des gouvernants. Six des plus considérables chevaliers de Malte, dévoués aux *légitimés*, présentèrent requête au duc d'Orléans. Ils s'appelaient Châtillon, de Rieux, de Laval, de Pons, de Beaufremont, de Clermont-Tonnerre. Le régent, malgré son urbanité ordinaire pour tous les porteurs de noms illustres, reçut très-sèchement les requérants, blâma leur coalition, refusa leur *mémoire*, défendit aux chevaliers de Malte de s'assembler autrement que pour les affaires de leur ordre. Le conseil de régence interdit toute association de gentilshommes, toute signature de requête en commun, sous peine de désobéissance.

Un arrêt, en forme d'édit, rendu par le conseil de régence, déclara le duc du Maine et le comte de Toulouse inhabiles à succéder à la couronne, les priva de la qualité de princes du sang, et leur en conserva seulement les honneurs leur vie durant, attendu la longue possession.

On chanta à Paris:

> Du Maine icy, que par édit
> La naissance l'on a flétri,
>   Lan, lan, laderirette,
> Roi sera à Mississipi,
>   Lan, lan, laderiri.

Trompée dans ses espérances, forcée dans ses derniers retranchements, madame du Maine ne s'épouvanta pas à l'idée de conspirer, de demander aide et succès aux étrangers, puisque les Français ne réussissaient pas.

Antonio del Giudice, prince de Cellamare, Napolitain, devenu grand d'Espagne, était ambassadeur de la cour de Madrid en France. Cellamare atteignait à sa soixante et unième année, en 1718. Cellamare parut aux côtés de madame du Maine, il devint son hôte d'abord, et bientôt son complice.

Depuis longtemps, le cabinet de Madrid se montrait hostile au régent: Philippe V n'oubliait pas que ce prince avait tout essayé pour obtenir la couronne d'Espagne. Un traité, dit de la quadruple alliance, excluait la branche espagnole des Bourbons de l'hérédité éventuelle au trône de France. Philippe V était parvenu au comble du ressentiment. Des hommes habiles se chargeaient d'obtenir le concours du roi d'Espagne; d'autres, plus habiles encore, décidaient de faire illusion aux masses et d'intéresser le peuple à une révolution de cour dont il ne profiterait pas. On avait résolu d'enlever de France le régent, de le mettre en sûreté dans une place forte de l'Espagne. Cet enlèvement accompli, on devait convoquer les états généraux, pour fixer les bases d'un gouvernement pendant la minorité de Louis XV, et élire un nouveau régent. Tel était le lot de M. et de madame du

Maine, tel était l'appât offert à leurs nobles amis. Quant au peuple, on le contentait en lui promettant de réformer les abus, d'éteindre la dette nationale. Par provision, le *légitimé* obtenait le titre et l'autorité de lieutenant général du royaume.

Tout alla vite, mais étourdiment; tout sembla réussir. Cellamare avait été chargé par sa cour de se mettre en rapport avec la duchesse du Maine et son conseil, d'informer exactement le cabinet de Madrid de l'état des affaires.

Pour envelopper d'un mystère absolu ses entrevues avec madame du Maine, l'ambassadeur espagnol, bravant les nécessités de son excessif embonpoint, ne se rendait chez la duchesse que la nuit, dans un carrosse particulier. Par crainte d'indiscrétion, il prenait pour cocher le jeune comte de Laval. Les entrevues avaient lieu soit à l'Arsenal, soit à Sceaux.

Louis XI entrant familièrement chez un bourgeois.

La conjuration eut son poëte. Lagrange-Chancel, dans un beau moment d'inspiration, arracha à sa muse des accents d'une énergie fébrile; sous forme de poëme, il publia une satire que la France entière lut avec avidité. Le titre seul de cette pièce de vers piquait la curiosité. C'étaient des *Philippiques*. On y lisait :

> Peuple, arme-toi! défends ton maître!
> Sache que la main de ce traître
> Cherche à lui ravir ses Etats...
>
> O roi, depuis si longtemps ivre
> D'encens et de prospérité,
> Tu ne te verras pas revivre
> Dans ta triple postérité.
> Tu sais d'où part le coup sinistre,
> Tu tiens ton infâme ministre,
> Monstre vomi par les enfers;
> Son déguisement sacrilége
> N'usurpe point le privilége
> De le garantir de tes fers.
>
> Venge ton trône et ta famille!
> Arme-toi d'un noble courroux!
> Prends moins garde aux pleurs de la fille
> Qu'aux attentats de son époux...

Plus loin, l'auteur, faisant allusion aux bruits répandus sur les intentions du régent à l'égard de la noblesse française, s'écriait :

> Où va ce monstre fanatique
> De qui l'orgueil s'est emparé?
> Pourquoi, contre l'usage antique,
> Veut-il faire un corps séparé?...

> Ombres, dont par toute la terre
> On connaît les illustres noms :
> Polignac, Beaufremont, Tonnerre,
> Et vous, mânes des Châtillons,
> Je vous vois, au même rivage,
> Frémir de l'indigne esclavage
> Où vos neveux sont retenus
> Par des noms égaux à tant d'autres,
> Des noms obscurcis par les vôtres,
> Ou qui ne vous sont pas connus.

Chacun devine, ou à peu près, la péroraison de ce morceau fulminant. La dernière strophe s'adressait à M. du Maine :

> Vous, dont par un arrêt injuste,
> Le grand cœur n'est point abattu,
> Prince, qui d'une race auguste
> Emportez toute la vertu,
> Tout le reste la déshonore,
> La France contre eux vous implore;
> Par ses cris laissez-vous gagner,
> Et forcez sa reconnaissance
> D'ajouter à votre naissance
> Ce qu'il y manque pour régner.

Lagrange-Chancel fut envoyé aux îles Sainte-Marguerite comme un homme dangereux.

Cependant la conjuration avait étendu ses ramifications partout. Vingt-deux colonels avaient été initiés au complot par le comte de Laval. Une imprimerie, organisée dans des caves, inaccessible au jour, et d'où les ouvriers ne sortaient jamais qu'après y avoir été conduits les yeux bandés, multipliait les pamphlets et les mémoires

Louis XI et l'astrologue.

contre le régent. A la tête des conjurés on remarquait le marquis de Pompadour, autrefois attaché au grand dauphin; l'abbé Brigaud, partisan fanatique de l'ancienne administration, et le chevalier Dumesnil, son ami; Malézieu, chancelier de Dombes; Davisard, l'avocat général; le père Tournemine, jésuite breton, et le cardinal de Polignac. Ces chefs divers composaient un *comité directeur* dont l'abbé Brigaud était le secrétaire et l'archiviste.

Les *Philippiques* avaient éveillé les soupçons du régent; Cellamare, qui ne prenait nul souci de cacher ses relations avec les mécontents, donnait de la consistance aux appréhensions de ceux qui prévoyaient un complot. L'exécution des desseins de madame du Maine était confiée à de simples aventuriers que l'argent faisait seul mouvoir, qui venaient d'Espagne, et se répandaient dans Paris. Leur chef correspondait avec Alberoni, se concertait avec Cellamare, et avait pour mission d'enlever le régent, selon le plan conçu dès l'abord. Cellamare indiqua à l'aventurier le lieu où le duc d'Orléans se promenait d'ordinaire avec la duchesse de Berry, sa fille. Des hommes d'action s'embusquèrent au bois de Boulogne : tous ignoraient quel personnage ils allaient arrêter; ils ne possédaient qu'un signalement. Le chef de la bande aperçut, un jour, au bois de Boulogne, le régent. Il fit un signe du doigt à ses gens; mais ceux-ci s'élancèrent sur un seigneur qui se trouvait à cinquante pas plus loin, et, dans leur erreur, ils l'arrêtèrent. Honteux de cette déplorable méprise, le chef s'excusa de son mieux, assura qu'il s'était permis une plaisanterie, et demanda très-humblement pardon. L'expédition malencontreuse eut de l'éclat, et fixa l'attention du conseil de régence. Prudemment, le chef de la bande remercia ses assesseurs et gagna les Pays-Bas.

Des délais exigés par le cardinal de Polignac sauvèrent le régent, et bientôt une imprudence de Cellamare produisit la révélation complète et tout à fait imprévue de la conjuration. Il serait superflu de raconter ici toutes les circonstances qui accompagnèrent la découverte du complot. On sait qu'un employé de la bibliothèque du roi, appelé Buvat, qu'une femme, la Fillon, qu'un abbé, Porto-Carrero, neveu du cardinal de ce nom, jouèrent des rôles importants dans l'intrigue habilement dirigée par Dubois. Les papiers de Cellamare avaient été saisis, et les moindres détails de la conjuration étaient connus. Dubois, dès le lendemain, envoya dans toutes les parties de la France, aux archevêques, aux évêques, aux présidents des cours de justice et aux gouverneurs des provinces, une circulaire qui se terminait ainsi : « Si, contre toute vraisemblance, quelques-uns des sujets de Sa Majesté avaient été capables d'écouter des propositions séditieuses, vous n'oublierez rien pour maintenir, en tout ce qui dépend de l'autorité qui vous a été confiée, le bon ordre et la tranquillité publique. »

Des révélations faites et des pièces saisies, il résultait que les *légitimés* s'étaient mis à l'entière disposition du roi d'Espagne. Le nombre des conspirateurs s'élevait à soixante, non compris les vingt-deux colonels chargés d'arrêter le régent et de le conduire à Tolède. Tous les coupables étaient connus. Ordre donné à deux compagnies de mousquetaires d'être prêts à monter à cheval; ordre aux gouverneurs de la Bastille et de Vincennes — *de préparer tous les logements disponibles.*

On arrête Cellamare le 9 décembre 1718; le lendemain, on conduit à la Bastille le marquis de Pompadour, de Saint-Genest et de Courcillon; le surlendemain, l'abbé Brigaud, secrétaire et archiviste de la conjuration, ainsi que nous l'avons dit, est traduit à Nemours malgré les habits de vieille femme qu'il porte, et il est dirigé sur la Bastille. C'est un sauve-qui-peut général parmi les conspirateurs. Embastillé, le chevalier Dumesnil! Arrêté, le brigadier de cavalerie Sandraski! Arrêté, le colonel des hussards Serret! Enfin, le jeudi 29 décembre de la même année, la Billarderie, lieutenant des gardes du corps, entre dans le château de Sceaux, et prie M. du Maine de rendre son épée. M. du Maine est conduit à la citadelle de Doullens. La *Bergère de Sceaux*, elle aussi, reçoit la visite importune de Dancenis, capitaine des gardes du corps, chargé de la conduire d'abord à Essonne, puis à Dijon. Elle monte dans un carrosse de-louage. On la mène par le rempart pour éviter la plus grande partie des rues de Paris; et du rempart on la fait sortir par la porte Saint-Bernard, en traversant la rue Saint-Antoine et l'île de Notre-Dame. Ainsi se dénoua le complot tramé par Cellamare.

Pendant la minorité de Louis XV, petit-fils de Louis XIV, la cour, qui depuis 1680 résidait à Versailles, revint à Paris et y établit le siège du gouvernement jusqu'à la mort du régent, Philippe, duc

d'Orléans, premier prince du sang. Ce dernier, après avoir fait casser par le parlement le testament de son oncle, rendit à ce corps le droit de remontrances que Louis XIV, appliquant sa maxime si connue, lui avait retiré; de plus, Philippe invita les particuliers à donner leurs avis sur les affaires de l'État. Les traitants qui, sous le dernier règne, s'étaient enrichis aux dépens de la France furent jugés par une chambre ardente et condamnés à restituer leurs fortunes volées. Quelque argent reparut dans le trésor. Cependant cela ne suffit pas pour faire face à la dette publique de trois milliards laissée par le magnifique Louis XIV. Cherchant un moyen de salut, Philippe d'Orléans perdit la tête dans cet embarras, et il s'abandonna au système de l'Écossais Law, qui proposa l'établissement d'une banque générale, où l'on pourrait échanger son argent contre des billets payables à vue, dont le montant serait hypothéqué sur le commerce déjà prospère du Mississipi, du Sénégal et des Indes-Orientales. L'engouement des Parisiens pour adopter les conseils de Law nous semble l'un des événements les plus caractéristiques de ce temps.

Chacun porta son argent à la banque royale, chacun espéra réaliser de grands bénéfices avec l'exploitation des mines d'or de la Louisiane. L'appât jeté à la spéculation mit les Parisiens dans un état frénétique pour ainsi dire. Des fortunes énormes nées en quelques semaines allumèrent dans tous les rangs de la population une ardente soif du gain.

Ce fut dans la rue Quincampoix que se transporta tout le mouvement du système établi par Law. On ouvrit des bureaux dans toutes les maisons; une chambre s'y louait jusqu'à dix louis par jour; des maisons de sept à huit cents livres de loyer avaient été divisées en une centaine de bureaux et pouvaient rapporter de cinquante à soixante mille livres; les boutiques avaient été changées en cafés et restaurants; une partie des habitants de Paris y avaient transporté leur vie : ils y venaient le matin, ils y déjeunaient, ils y dînaient, et lorsque l'ardeur des négociations était calmée, ils passaient l'après-midi à jouer aux quadrilles. Des femmes, des gens de la noblesse ne craignirent pas d'ouvrir un bureau pour la vente des actions. Le jeu des primes, qui dans notre génération voit en ce moment les tristes effets, attirait une foule telle dans cette rue, que chaque jour deux ou trois personnes y étaient écrasées. De nombreux équipages attendaient à la file et obstruaient les rues Saint-Denis, Saint-Martin, Aubry-le-Boucher et autres rues adjacentes. Dès la pointe du jour le passage de la rue Quincampoix était engorgé de joueurs dont la fureur ne faisait que s'accroître durant la journée; le soir, on sonnait une cloche qui donnait le signal de la retraite; mais le plus souvent on était obligé de disperser les gens de force. On cita dans le temps une certaine veuve, nommée la Caumont, qui, par des revirements heureux, avait réalisé soixante-dix millions en billets de banque. On fait mention d'un bossu qui gagna en peu de jours cent cinquante mille livres, pour avoir prêté sa bosse en forme de pupitre aux spéculateurs.

Dès l'origine, il y eut partage chez les agioteurs : les uns jouaient sur la hausse et étaient pour le système; les autres jouaient sur la baisse et lui étaient contraires. Le prince de Conti, qui avait été favorisé par les souscripteurs qui avaient été plus exigeants que Law, et qu'il avait été obligé d'éconduire, se joignit aux adversaires de ce financier; ils se procurèrent une grande quantité de billets, et vinrent tous à la fois en demander la conversion en espèces. Law, averti à temps, pourvut aux premières demandes et eut recours sur-le-champ à des mesures violentes, mais excusables, à l'égard d'ennemis indignes. Il fit rendre un certain jour un édit ordonnant une réduction dans la

Une rue de Paris au quinzième siècle.

valeur des espèces à partir d'une époque fixée. Les accapareurs s'empressèrent alors de rapporter les espèces à la banque; le public se prononça pour Law, et le prince de Conti encourut l'indignation publique.

Le duc de Bourbon fut un de ceux qui profitèrent le plus heureusement de l'achat des actions de la banque de Law. Ce prince acheta tout ce qu'il trouva à sa bienséance en terre; il fit rebâtir Chantilly avec une magnificence royale, et forma une ménagerie mieux fournie que celle du roi; il fit venir d'Angleterre en une seule fois cent cinquante chevaux de course d'un haut prix; enfin, pour faire sa cour au régent, il donna à la duchesse de Berry une fête superbe qui dura quatre ou cinq jours et coûta immensément.

Aux habitants de Paris s'étaient joints beaucoup de provinciaux et d'étrangers, notamment des Gascons, des Provençaux, des Vénitiens, des juifs allemands, etc. Les fripons s'étaient organisés; ils spéculaient sur la hausse constante, mais plus souvent sur les variations qu'ils avaient l'art de produire; ils faisaient alors ce que l'on fit en 1840 pour les actions des chemins de fer. Lorsque le mot était donné, ils offraient tous à la fois des actions, vendaient et amenaient la baisse; puis, une indication nouvelle, ils rachetaient au prix le plus bas ce qu'ils avaient vendu en hausse. Les variations étaient si rapides que les agioteurs, recevant des actions pour les revendre en les gardant un jour seulement, avaient le temps de faire des profits énormes. L'un d'eux, chargé d'aller vendre des actions, resta deux jours sans paraître. On crut les actions volées; il n'en était rien. Le commissionnaire rendit seulement la valeur le lendemain; mais il s'était donné le temps d'empocher un million.

Ces temps de vertige ne pouvaient être de longue durée. L'inquiétude commença à gagner les spéculateurs bien informés. La valeur totale de l'emprunt se montait à la somme effroyable de seize cent soixante-quinze millions. Rappelons que le prince de Conti, qui, pour prix de la protection qu'il avait accordée à Law, avait reçu de lui des sommes énormes en billets, exigea le remboursement du papier, et ramena la Banque trois ou quatre fourgons chargés de numéraire. Pour comble, des spéculateurs anglais et hollandais demandèrent et reçurent le montant d'une prodigieuse quantité de papier-monnaie qu'ils avaient achetée à bas prix.

Dès lors, les exigences de remboursement se multiplièrent au point qu'il devint impossible d'y satisfaire. Le trésor public s'épuisa; le crédit de Law demeura nul désormais.

Une révolte est près d'éclater à Paris; on cherche le financier écossais pour le mettre en pièces. Law se réfugie au Palais-Royal, puis dans un château situé aux environs de Paris; enfin il quitte la France, chargé de la malédiction de plusieurs millions de citoyens ruinés par sa déplorable innovation. Il emporte à peine avec lui quelques louis d'or.

Un édit du 21 mai 1720, qui ordonnait la réduction graduelle des billets de la Banque et de la compagnie d'Occident, révéla toute la gravité de la crise financière qui frappait la population parisienne plus généralement que celle des provinces. En vain le régent essaya de calmer l'indignation publique; le peuple de Paris, les mains pleines de symboles trompeurs, d'une richesse de chiffon, ne pouvait avoir du pain. On ouvrit pour lui une caisse où se payèrent en argent les billets de peu de valeur. Trois hommes y furent étouffés dans la presse en voulant changer leurs billets. Bien peu de gens recouvrèrent leurs moyens d'existence.

La partie anecdotique, dans l'histoire du système de Law, est trop considérable pour que nous nous dispensions d'en citer quelques traits. Ils révèlent le caractère distinctif des Français, qui se consolent par des bons mots de leur propre malheur, qui par des satires exhalent leur mécontentement contre le gouvernement.

Law avait abjuré. Voici un couplet à propos de son abjuration, et un quatrain sur son convertisseur, l'abbé Tencin, surnommé l'apôtre Tencin :

LA CONVERSION DE LAW.

Ce parpaillot, pour attirer
Tout l'argent de la France,
Songea d'abord à s'assurer
De notre confiance;
Il fit son abjuration,
La faridondaine, la faridondon;
Mais le fourbe s'est converti, biribi,
À la façon de Barbari, mon ami.

L'APÔTRE TENCIN.

Foin de ton zèle séraphique,
Malheureux abbé de Tencin;
Depuis que Law est catholique,
Tout le royaume est capucin.

Hâtons-nous de le dire, tous les actes de la régence n'ont pas été aussi malheureux que l'entreprise de Law pour combler l'abîme financier avec un papier enchanté. La découverte de la conspiration de Cellamare, l'arrestation du duc et de la duchesse du Maine prouvent la perspicacité du régent.

II.

Paris sous Louis XV. — Les convulsionnaires et le diacre Pâris. — Mœurs de la régence et du règne de Louis XIV.

Louis, déclaré majeur dans un lit de justice tenu dans la capitale le 22 février 1723, transporta de nouveau le siège du gouvernement à Versailles; il n'aima jamais Paris; son aversion pour cette ville devint même si grande, que pour éviter de traverser ses rues populeuses, il fit ouvrir une route nouvelle à laquelle on donna le nom de Chemin de la Révolte, nom qui lui est resté. Sous Louis XV, l'histoire de la capitale n'offre plus d'intérêt que par quelques événements dont l'indication sommaire suffit.

Le parlement se querella avec l'autorité royale, à dater de 1720, à l'occasion du refus d'enregistrement de la bulle Unigenitus, qui condamnait des propositions hérétiques. Cette querelle se termina par l'exil de la magistrature et par l'installation du parlement Maupeou (1770), parlement corrompu, composé des membres du conseil du roi, et qui éprouva une très-vive opposition de la part de la nation tout entière.

Les scènes étranges des convulsionnaires, au tombeau du diacre Pâris, dans le cimetière de Saint-Médard, méritent une mention particulière : elles montrent jusqu'où peut aller l'aberration de l'esprit humain. François Pâris, fils d'un conseiller au parlement, abandonna à son frère tout ce qu'il peut prétendre dans la succession de son père; il s'engage dans les ordres mineurs, et, par humilité, il ne veut jamais arriver jusqu'à la prêtrise. Retiré dans une maison du faubourg Saint-Marcel, il vit en anachorète, soulage les pauvres, les instruit, travaille pour eux (il leur tricote des bas), et meurt vénéré.

Sa célébrité n'aurait pas franchi le quartier où il demeura ni le temps où il vécut, si le cardinal de Fleury n'eût pas exercé à cette époque de continuelles persécutions contre les appelants de la bulle Unigenitus, contre les jansénistes. Or, le solitaire de Saint-Marcel était janséniste, c'est-à-dire, ennemi de la doctrine de la compagnie de Jésus. Les pauvres qui avaient connu le diacre Pâris allèrent prier sur sa tombe, placée dans le cimetière de l'église Saint-Médard. Mais bientôt des jeunes filles, réputées dévotes par excellence, poussèrent trop loin l'œuvre sainte. Les inspirés s'organisèrent en secte : ils eurent leurs statuts particuliers et leurs agents. Les convulsionnaires se répandirent çà et là, figurèrent sous différents noms (les miauleuses, les aboyeuses, etc., etc.), et le parlement se vit obligé d'interdire cette manie ridicule jusque dans ses cruautés. Un beau matin, les adorateurs de Pâris trouvèrent cette épigramme écrite à l'entrée du cimetière Saint-Médard.

De par le roi, défense à Dieu
De faire miracle en ce lieu.

Sur les prétendus miracles qui s'opéraient par les prières faites au cimetière, on cite un quatrain attribué à la duchesse du Maine, femme d'un enfant légitimé de Louis XIV :

Un décrotteur à la royale,
Du talon gauche estropié,
Obtint, par grâce spéciale,
D'être boiteux de l'autre pied.

Le théâtre public des convulsions se ferma, mais il s'en établit plusieurs autres à Paris dans des maisons privées.

À l'affaire des convulsions s'en joignit une autre, qui eut les mêmes causes et les mêmes chefs : celle des billets de confession. L'archevêque de Paris, Bellefond, dans le but d'anéantir entièrement l'influence des jansénistes, publia en 1745 une lettre pastorale par laquelle il était enjoint aux curés de refuser la communion et le viatique à qui ne serait pas muni d'un billet de confession signé par un prêtre adhérent à la bulle Unigenitus. Cette prétention à diriger souverainement les consciences révolta tous les esprits, même les moins tolérants, et le prélat parisien n'osa pas maintenir l'exécution de sa lettre pastorale. Plus hardi que celui-ci, ou mieux servi par les circonstances, son successeur, Beaumont, prescrivit la stricte exécution de cette mesure sévère. Le clergé refusa donc les sacrements à tout individu (fidèle même) qui ne produisait pas un billet de confession selon les formes prescrites. L'un des premiers fidèles atteints par cette interdiction fut le conseiller Coffin; le curé de Saint-Étienne-du-Mont n'accorda pas les secours de l'Église à ce magistrat malade. Le parlement, ému par ce fait, rendit un arrêt qui défendait aux ecclésiastiques de refuser les sacrements pour les motifs que monseigneur l'archevêque de Paris alléguait constamment. Néanmoins, les refus des sacrements continuèrent, et la guerre religieuse se poursuivit avec acharnement. Le roi, qui ne songeait qu'à ses plaisirs, redouta pourtant les remontrances du parlement. « Ces grandes robes, disait-il un jour à la marquise de Pompadour, sont toujours à couteaux tirés avec le clergé; ils me désolent pas leurs querelles; mais j'abhorre bien plus les grandes robes..... Ils voudraient me mettre en tutelle... *C'est une assemblée de républicains!* »

En 1753, les troubles se compliquèrent. Messieurs du parlement agirent sévèrement contre les prêtres qui refusaient les sacrements. Le roi, par lettres patentes du 22 février, ordonna au parlement de surseoir à toute procédure commencée contre les ecclésiastiques. En cette circonstance grave, la cour suprême ne se regarda pas comme vaincue. Loin de là, elle repoussa les lettres royales, sans les avoir enregistrées, et fit savoir qu'elle adresserait ses remontrances. Louis XV s'obstina; il déclara qu'il ne les entendrait pas, et il envoya des lettres expresses au parlement. Nouveau refus de ce corps. Le 9 mai, le parlement fut exilé; plusieurs de ses membres furent jetés à la Bastille, et l'on créa une *chambre royale de justice* pour le remplacer.

Il y avait dans tout ceci plus qu'une simple querelle d'ordres. En effet, le seul pouvoir dont le peuple vît distinctement les rouages dans la machine gouvernementale, était mis en question. Un mécontentement populaire s'ensuivit, pour aller toujours grandissant, pour ne finir qu'avec le renversement de la monarchie absolue. Les gens sensés prévoyaient déjà d'imminentes catastrophes. Avec un roi corrompu, la royauté se perdait. Les vices de l'homme nuisaient fatalement au principe.

Lamoignon, de Blancménil et d'Argenson déterminèrent pourtant Louis XV à rappeler le parlement exilé. Vainement les jésuites s'y opposèrent en faisant tous les efforts imaginables pour empêcher de paraître l'ordre de rappel. La magistrature suprême reprit ses fonctions (en 1754). On annula toutes les procédures commencées; mais la paix n'avait aucune base solide. En 1756, l'archevêque Beaumont, exilé à Champeaux, près de Melun, lança un mandement qui défendait aux fidèles de se pourvoir devant les juges séculiers, relativement à l'administration des sacrements. Les querelles religieuses sont d'ordinaire les plus longues, parce qu'elles sont les moins franches; elles laissent dans les esprits des traces indélébiles. Les combattants sommeillent, puis s'éveillent au moindre bruit.

A ces événements succédèrent la tentative du meurtre sur la personne de Louis XV et le supplice de l'assassin Damiens, la mort du jeune dauphin, l'assassinat juridique du malheureux comte Thomas-Arthur de Lally-Tolendal, gouverneur des possessions françaises dans l'Inde, faussement accusé de trahison, enfermé à la Bastille, condamné à mort sans qu'on lui eût permis de se justifier, et conduit bâillonné à l'échafaud (1766).

L'époque de la régence et le règne de Louis XV ont laissé des souvenirs de scandales. Jamais les mœurs n'avaient été si dissolues, jamais la corruption n'avait atteint un tel degré d'impunité. Le régent et sa famille ne craignaient guère les sarcasmes, les quolibets débités contre eux. Dubois, ministre heureusement sans pareil, donnait à toutes les intrigues de cour un caractère dégoûtant. « Tous les vices, dit Saint-Simon, combattaient en lui à qui demeurerait le maître de la place. Ils y faisaient entre eux un bruit et un combat continuels. L'avarice, l'ambition et la débauche étaient ses dieux. — La flatterie, la perfidie, le servage, les moyens. — L'impiété parfaite, l'opinion que la probité et l'honnêteté sont des chimères. — Ses qualités: — Il excellait en basses intrigues et en vivait, mais toujours avec un but où toutes ses démarches tendaient avec une patience qui n'avait de terme que le succès, ou la démonstration réitérée et positive de n'y pouvoir arriver, à moins que cheminant aussi dans la profondeur et les ténèbres, il ne vît jour à mieux en ouvrant un autre boyau. Il passait ainsi dans les sapes les trois quarts de sa vie. Le mensonge le plus hardi était le plus tourné chez lui en nature, avec un air droit, sincère, souvent honteux... Il avait de l'esprit, assez de lettres, d'histoire et de lecture; beaucoup d'habitude du monde; force envie de plaire et de s'insinuer. Mais tout cela était gâté par une fausseté qui sortait de tous ses pores, et même de sa gaieté qui attristait par là. Méchant d'ailleurs avec réflexion; par nature et par raisonnement, traître et ingrat, maître expert aux compositions des plus grandes noirceurs; effronté à faire peur, étant pris sur le fait; enviant tout, voulant toutes les dépouilles; d'ailleurs débauché, inconséquent, ignorant dans toute affaire, passionné, toujours emporté; blasphémateur et fou jusqu'à mépriser publiquement son maître, prenant les affaires enfin pour les sacrifier à son crédit, à sa puissance, à son autorité absolue, à sa grandeur, à son avarice, à sa tyrannie, à ses vengeances. »

Voilà le patron *sérieux* des *roués* qui pullulèrent dans Paris. Le duc de Richelieu fut le chef des roués aimables, des roués amoureux.

Au Palais-Royal ou au Luxembourg, le duc d'Orléans avait amené la mode des *petits soupers*. Là se rencontraient les Canillac, les Brancas, les de Broglie, les Nocé, les Ravannes, tous gens de haute noblesse, tous joueurs, libertins, criblés de dettes. Les vins ruisselaient, les femmes s'enivraient avec leurs amants: c'étaient de longues orgies, où tous les raffinements de la débauche étaient admis, honorés, fêtés. Aucun respect pour les choses les plus sacrées ne retenait les convives. Souvent ils sortaient du souper ivres-morts, souvent ils pouvaient à peine regagner leurs carrosses.

Vainement les médecins avaient averti le régent que ces saturnales détruiraient sa santé: il s'étourdissait et se plongeait de plus en plus

dans le vice. Des couplets virulents l'attaquèrent. On publia, entre autres pièces satiriques, les *Noëls de la régence*, à propos de la duchesse de Berry. Nous en extrayons trois couplets:

> Toute la cour de France,
> Les grands et les petits,
> Pour fêter la naissance
> Du Dieu du paradis,
> S'en vont à Bethléem, le régent à leur tête,
> Qui, voyant le poupon,
> Don, don,
> Dit: Quoi! c'est pour cela,
> La, la,
> Qu'on fait si grande fête!

> S'adressant à Marie,
> Si gracieuse à voir,
> Il lui dit: Je vous prie
> A souper pour ce soir;
> La Berry s'y rendra, nous ferons grande chère,
> Nous nous enivrerons,
> Don, don,
> Nocé s'y trouvera,
> La, la,
> Mais sans la Parabère.

> Plein d'audace et de zèle,
> L'ambassadeur Dubois,
> En vrai polichinelle,
> Aperçut les trois rois:
> Le bœuf est effrayé, l'âne de peur recule,
> Et quand il dit son nom,
> Don, don,
> Un chacun s'écria,
> La, la,
> C'est Dubois... qu'on le brûle.

On traça dans une chanson le portrait fidèle du duc d'Orléans pendant un petit souper. Il s'écriait:

> Ne parlons plus de politique,
> Qu'importe à moi
> Qui gouverne la république,
> Lorsque je boi:
> A-t-on la paix, a-t-on la guerre,
> Je n'en sais rien;
> Mais j'ai ma bouteille et mon verre,
> Tout irà bien.

> Que l'on confère la régence,
> L'autorité,
> Ou que le parlement de France
> Soit consulté,
> Que l'on élève les indignes
> Dans tous états,
> Que m'importe dès que les vignes
> Ne gèlent pas!

> Que la hauteur et l'ignorance
> Donnant la loi,
> Prétendent régir la finance
> Du jeune roi;
> Que notre chambre de justice
> Soit juste ou non,
> Chacun adore son caprice,
> Moi mon flacon.

> Que les avares mains d'Ignace
> Aiment le dol,
> Qu'il ose parler de la grâce
> Contre saint Paul,
> Et qu'il fronde sur l'efficace
> Saint Augustin;
> Tout cela ne vaut pas ma tasse
> Pleine de vin.

> Que l'infâme maltôtier crève
> Dans la prison,
> Que Bourvalais franchisse en Grève
> Maint échelon,
> Qu'une corde au gibet élève
> Son compagnon;
> Que m'importe qu'on les achève
> Quand j'ai du bon!!

Tout allait au caprice de la luxure et de la gourmandise. Les places s'obtenaient par des moyens infâmes. On n'entendait parler que de rapts, que de séparations, que de séductions indignes.

3.

Voltaire publia plus tard les *J'ai vu* :

<blockquote>
Tristes et lugubres objets,
J'ai vu la Bastille et Vincennes,
Le Châtelet, Bicêtre , et mille prisons pleines
De braves citoyens, de fidèles sujets;
J'ai vu la liberté ravie,
De la docte raison la règle peu suivie;
J'ai vu le peuple gémissant
Dans un rigoureux esclavage;
J'ai vu le soldat rugissant
Crever de faim, de soif, de dépit et de rage;
J'ai vu les sages contredits,
Leurs remontrances inutiles.
J'ai vu les magistrats vexer toutes les villes
Par des criants abus et d'injustes édits;
J'ai vu sous l'habit d'une femme
Un démon nous faire la loi;
Elle sacrifia son Dieu, sa foi, son âme,
Pour séduire l'esprit d'un trop crédule roi;
J'ai vu cet homme épouvantable,
Ce barbare ennemi de tout le genre humain,
Exercer dans Paris, les armes à la main,
Une police abominable;
J'ai vu les traitants impunis,
J'ai vu les gens d'honneur persécutés, bannis,
J'ai vu l'erreur en tous lieux triomphante,
La vérité trahie et la foi chancelante;
J'ai vu le lieu saint avili,
J'ai vu Port-Royal démoli;
J'ai vu l'action la plus noire
Qui puisse jamais arriver :
Tout l'eau de l'Océan ne pourrait la laver,
Et nos derniers neveux auraient peine à le croire;
J'ai vu dans ce séjour par la Grâce habité
Des sacriléges, des profanes,
Remuer, tourmenter les mânes
Des corps marqués du sceau de l'immortalité.
Ce n'est pas tout encor : *j'ai vu* la prélature
Se vendre et devenir le prix de l'imposture;
J'ai vu les dignités en proie aux ignorants,
J'ai vu des gens de rien tenir les premiers rangs;
J'ai vu de saints prélats devenir la victime
Du feu divin qui les anime.
O temps ! ô mœurs ! *J'ai vu* dans ce siècle maudit
Noailles, ce cardinal ornement de la France,
Plus grand encor, plus saint qu'on ne le dit,
Ressentir les effets d'une horrible vengeance.
J'ai vu l'hypocrite honoré,
J'ai vu, c'est dire tout, le jésuite adoré,
J'ai vu ces maux sous le règne funeste
D'un prince que jadis la colère céleste
Accorda pour vengeance à nos désirs ardents;
J'ai vu ces maux, et je n'ai pas vingt ans!
</blockquote>

Voltaire avait frappé juste. Non content d'*avoir vu*, il avait *révélé* les turpitudes de la régence. Comme il avait raison, et la fois à la Bastille. La Bastille ! Là gémissaient les pères et les frères mécontents des maîtresses princières, les hommes indignés de ce qui se passait à Paris, les maris dont tel ou tel séducteur voulait se débarrasser. *A la Bastille!* mots terribles qui venaient à l'aide de la débauche, du vol, du crime, quand c'était un courtisan qui les prononçait.

Ce qui constitue l'importance de l'histoire de Paris pendant cette époque, sous le rapport intellectuel, c'est le progrès de l'esprit public, ce sont les symptômes de révolution sociale qui s'annoncent. A Paris s'opéra le mouvement des idées nouvelles qui devaient à la fois remuer et ranimer l'univers. On compte, sous le règne de Louis XV, une foule de Parisiens célèbres, soit comme littérateurs, soit comme artistes , soit comme savants. Des monuments nombreux s'élevèrent sur divers points de la capitale, tels que la nouvelle église de Sainte-Geneviève, aujourd'hui le Panthéon, dont la première pierre fut posée en 1764; l'Ecole de droit (1760), l'Ecole royale militaire (1751), la Halle au blé (1763), l'hôtel des Monnaies (1771). Plusieurs théâtres nouveaux s'ouvrirent : l'Opéra-Comique (1762), l'Ambigu-Comique (1764), et le théâtre de Nicolet, aujourd'hui la Gaîté.

La première exposition publique de tableaux d'artistes vivants au musée du Louvre eut lieu le 22 août 1740. L'hôtel d'Armenonville, réparé, reçut l'administration des postes.

De tous les édifices modernes, le Panthéon est certainement le plus magnifique. Le plan est une croix grecque, formant quatre nefs qui se réunissent à un centre commun où est placé le dôme. En y comprenant le péristyle, ce plan a cent dix mètres dix centimètres de longueur sur quatre-vingt-deux mètres trente-sept centimètres de largeur hors d'œuvre. La façade principale, où l'on a prodigué les richesses de l'architecture, se compose d'un perron élevé sur onze marches, et d'un porche en péristyle, imité du Panthéon de Rome. Elle présente six colonnes de face, et en a vingt-deux dans son ensemble, dont dix-huit sont isolées et les autres engagées; toutes ces

colonnes sont cannelées et de l'ordre corinthien. Chacune d'elles a dix-huit mètres quatre-vingt-un centimètres de hauteur, y compris base et chapiteau, et un mètre soixante-dix-huit centimètres de diamètre. Les feuilles d'acanthe des chapiteaux sont d'un travail très-précieux; mais les profils sont loin de la pureté des beaux modèles de l'antiquité. Ces colonnes supportent un fronton dont le tympan, dans l'origine, représentait en bas-relief une croix entourée de rayons divergents et d'anges adorateurs, sculptés par Coustou.

Traçons ici l'historique de ce monument. Après la mort de Mirabeau, l'Assemblée nationale changea la destination de cet édifice, et le consacra à la sépulture des Français illustres par leurs talents, leurs vertus et leurs services rendus à la patrie. Les administrateurs du département de Paris chargèrent M. A. Quatremère de la direction des changements à opérer pour transformer ce temple en Panthéon français. Ce savant, distingué par ses talents, son goût et son zèle patriotique, remplit dignement les espérances de l'administration. Tous les signes qui caractérisaient une basilique de chrétiens furent remplacés par les symboles de la liberté et de la morale publique. Sa façade et son intérieur éprouvèrent plusieurs changements. La frise porta en grands caractères de bronze l'inscription suivante, composée par M. Pastoret :

AUX GRANDS HOMMES LA PATRIE RECONNAISSANTE.

En 1822, cette inscription disparut et fit place à une inscription mystique; la première inscription a été replacée après la révolution de juillet.

L'intérieur du Panthéon se compose de quatre nefs qui aboutissent au dôme. Chacune de ces nefs est bornée de bas côtés; un rang de colonnes en marque la séparation : ces colonnes, d'ordre corinthien, cannelées, de douze mètres vingt-trois centimètres de hauteur, de un mètre seize centimètres de diamètre, sont au nombre de cent trente. Ces péristyles supportent un entablement dont la frise est enrichie de festons formés par des rinceaux et des enroulements découpés en feuilles d'ornement. Au-dessus de l'entablement est une balustrade. Les plafonds des nefs et de leurs bas côtés se font remarquer par le goût et l'élégante simplicité de leur dessin.

Tous les bas-reliefs et ornements qui se rapportaient à la primitive destination de l'édifice ont été supprimés dans ces nefs; et on leur a substitué des sujets analogues à la destination que lui avait donnée l'Assemblée nationale.

La longueur totale de l'intérieur du temple, depuis le dedans du mur de la porte d'entrée jusqu'au fond de la niche qui termine la nef orientale, est de quatre-vingt-onze mètres soixante-cinq centimètres; la largeur ou la dimension prise intérieurement de l'extrémité d'une nef latérale à l'extrémité de l'autre est de soixante-dix-sept mètres trente-trois centimètres. La largeur de chacune des nefs, prise entre les deux murs qui forment le fond des péristyles, est de trente-deux mètres cinquante-neuf centimètres.

Le dôme intérieur s'élève au point de réunion des quatre nefs; il y occuperait un espace carré de vingt mètres quatre-vingts sur chaque face, si les angles n'étaient pas coupés par de lourds piliers remplaçant chacun trois colonnes trop légères pour soutenir l'énorme poids de ce dôme : ainsi l'on voit dans son intérieur de simples colonnes engagées remplacer des colonnes isolées. Ces piliers, réunis entre eux par quatre arcades de treize mètres soixante-neuf centimètres de largeur, le sont aussi sur quatre pendentifs élevés au dessus des faces intérieures, ce qui rachète par le haut les formes circulaires du dôme. Ces arcades et ces pendentifs sont couronnés par un entablement circulaire orné de festons de chêne dont la corniche est chargée de modillons. Le diamètre intérieur du dôme, pris à l'endroit de la frise, est de vingt mètres quatorze centimètres. Au-dessus de l'entablement s'élève, pour sol, un stylobate intérieur, un péristyle composé de seize colonnes corinthiennes de un mètre seize centimètres de diamètre et de dix mètres soixante-douze centimètres de hauteur. Dans ces entre-colonnements s'ouvrent seize croisées, dont les vitraux sont maintenus par des châssis de fer. Au bas de ces croisées sont des tribunes auxquelles on parvient par une galerie circulaire. Le dôme est composé de trois coupoles, dont la première prend naissance au dessus de l'entablement de la colonnade; elle est décorée de six rangs de caissons octogones et de rosaces. Dans son milieu est une ouverture circulaire de neuf mètres soixante-trois centimètres de diamètre, par laquelle on aperçoit la seconde coupole fort éclairée, sur laquelle M. Gros a peint à fresque l'apothéose de sainte Geneviève.

Le dôme extérieur présente d'abord, au-dessus des combles de trois nefs, un vaste soubassement carré, à pans coupés, d'où viennent aboutir quatre forts arcs-boutants, sur lesquels sont pratiqués des escaliers découverts, qui servent à monter au dôme. Sur ce soubassement, dont la partie supérieure est élevée de trente-trois mètres treize centimètres au dessus du grand perron du porche, est un second soubassement circulaire, orné de trois mètres vingt-cinq centimètres et dont le diamètre a trente-trois mètres soixante-quinze centimètres. Au dessus s'élève une colonnade dont le plan est pareillement circulaire. Cette colonnade, composée de trente-deux colonnes corinthiennes de un mètre onze centimètres de diamètre et de onze mètres neuf centimètres de hauteur, compris bases et chapiteaux, supporte un entablement couronné par une galerie découverte et pavée en dalles. Ce péristyle de trente-deux colonnes est divisé en quatre parties par des massifs en avant-corps, correspondant aux quatre piliers du dôme, et dans lesquels on a pratiqué un escalier à vis. Ces massifs, plus utiles que beaux, sont en partie cachés par les colonnes. Derrière ce péristyle, le mur de la tour du dôme est percé par douze grandes croisées, qui correspondent aux entre-colonnements de l'intérieur. Au-dessus de ce péristyle, de l'entablement et de la balustrade qui le couronnent, est un attique formé par l'exhaussement du mur circulaire de la tour du dôme: sa hauteur est de six mètres, en y comprenant sa corniche; il est percé de seize croisées en arcades garnies de vitraux en fer, ornées d'archivoltes et d'impostes, et placées dans des renfoncements carrés. Sur le socle de corniche de cet attique, s'appuie la grande voûte formant la troisième coupole du dôme. Son diamètre, à la naissance de cette voûte, est de vingt-trois mètres soixante-seize centimètres. Sa hauteur, depuis le dessus de l'attique jusqu'à son amortissement, est de treize mètres quatre-vingt-dix-sept centimètres; son galbe est divisé en seize côtes saillantes, dont la largeur est égale à la moitié des intervalles; elle est couverte en lames de plomb.

Derrière le temple est un étroit portique fermé de grilles, sous lequel deux escaliers conduisent à l'entrée d'une église souterraine, qui règne sous toute l'étendue de l'édifice. Vingt piliers d'ordre pœstum la soutiennent. La coupe des pierres, le caractère mâle et l'harmonie des parties de cette construction souterraine ne doivent pas échapper à l'attention des curieux. Le sol de cette chapelle est de six mètres au-dessous de celui de la nef supérieure, dont elle a l'étendue.

Le 4 avril 1791 l'Assemblée nationale ayant décrété que le Panthéon français serait affecté à la sépulture des grands hommes, on y transporta le même jour, en grande cérémonie, le corps de Mirabeau.

Le 11 juillet 1791, les restes de Voltaire, après une cérémonie funèbre des plus imposantes, y furent placés à dix heures du soir. On lit sur son cercueil cette inscription:

POÈTE, HISTORIEN, PHILOSOPHE, IL AGRANDIT L'ESPRIT HUMAIN;
IL LUI APPRIT QU'IL DEVAIT ÊTRE LIBRE;
IL DÉFENDIT CALAS, SIRVEN, DE LA BARRE ET MONTBAILLY;
COMBATTIT LES ATHÉES ET LES FANATIQUES; IL INSPIRA LA TOLÉRANCE;
IL RÉCLAMA LES DROITS DE L'HOMME CONTRE LA SERVITUDE DE LA FÉODALITÉ.

Le 24 janvier 1793, le corps de Michel Lepelletier, assassiné par le garde du corps De Pâris, fut déposé au Panthéon. La Convention tout entière assista à la cérémonie funèbre, où Félix Lepelletier, frère de la victime, prononça un discours très-animé qu'il termina par ces paroles: « Je vote, comme mon frère, la mort de tous les tyrans. »

Le 12 septembre 1792, les honneurs du Panthéon furent décernés au général Beaurepaire.

Le 8 nivôse an II (28 décembre 1793), les honneurs du Panthéon furent décernés au jeune tambour Barra, tué dans la Vendée pour avoir refusé de crier: « Vive Louis XVII ! »

Le cinquième jour complémentaire an II (21 septembre 1794), on y déposa les restes de Marat, et le même jour on en retira ceux de Mirabeau.

Le 20 vendémiaire an III (11 octobre 1794), les restes de Jean-Jacques Rousseau furent transportés en grande cérémonie au Panthéon. Le tombeau qui contient ses dépouilles mortelles a le mérite de rappeler les mœurs et le caractère de Rousseau: la chaumière sous laquelle il trouva ses plus nobles inspirations; la mère allaitant ses enfants; cette main armée d'un flambeau, qui sort d'une porte entr'ouverte, comme pour éclairer le monde dans les âges futurs, sont des allusions aussi ingénieuses que significatives, dont toutes les personnes qui connaissent les œuvres de Rousseau apprécieront la justesse. On y lit cette simple inscription:

ICI REPOSE L'HOMME DE LA NATURE ET DE LA VÉRITÉ.

Après la révolution du 9 thermidor, une multitude d'hommes du peuple alla enlever du Panthéon les restes de Marat et les jeta dans l'égout de la rue Montmartre. Plus tard, les restes de Barra, de Lepelletier et du général Beaurepaire, furent également retirés de leur glorieuse tombe. Le 8 février 1795, la Convention nationale rendit un décret portant que les honneurs du Panthéon ne pourraient être décernés à un citoyen que dix ans après sa mort.

Dans la suite, Napoléon, par décret du 20 février 1806, rendit au culte l'édifice du Panthéon et lui conserva néanmoins la destination que lui avait donnée l'Assemblée constituante; mais l'honneur que cette assemblée avait réservé au génie et au mérite éminent, il l'accorda aux titres et dignités: il suffisait d'être grand dignitaire, grand officier de l'empire et sénateur, pour usurper la sépulture d'un grand homme. Par suite de ce décret impérial, la chapelle sépulcrale s'est agrandie de tous les autres souterrains de l'édifice. Dans un compartiment particulier de ces vastes souterrains, on voit la tombe du maréchal Lannes, duc de Montebello, mort le 31 mai 1809: des inscrip-

tions rappellent les exploits de ce guerrier et ses titres et illustrations. Plus loin, dans d'obscurs caveaux et dans des tombeaux en pierre, sont déposés les corps, et, dans des urnes, les cœurs de plusieurs grands dignitaires de l'empire, parmi lesquels on remarque ceux du célèbre navigateur Bougainville et du grand géomètre Lagrange.

Les cendres de Voltaire et de Rousseau et les tombeaux qui les renfermaient, furent relégués, le 29 décembre 1821, dans un caveau privé d'air, dont l'entrée fut murée. Cette précaution infernale donna une action telle à l'humidité, que le 20 août 1830, lorsqu'on voulut remettre les sarcophages à leur place d'honneur dans l'église souterraine du Panthéon, les plus grandes précautions purent à peine les préserver d'une ruine totale.

Depuis la révolution de juillet, le Panthéon a repris la destination que lui avait assignée l'Assemblée nationale. L'inscription mystique a été remplacée par celle de M. Pastoret, et le bas-relief du fronton représentant le signe de la rédemption a fait place à un magnifique bas-relief que l'on doit au sculpteur David.

Les autres monuments de l'époque de Louis XV sont : l'*École militaire*, transformée aujourd'hui en caserne; la *Halle aux blés*, construite sur l'emplacement de l'hôtel de Soissons, l'*Hôtel des monnaies*, construit sur l'emplacement de l'hôtel de Nevers; la *fontaine de la rue de Grenelle;* enfin la *place Louis XV*.

Sans doute Paris, sous la régence et le règne de Louis XV, étalait une magnificence que ses rues et ses monuments contribuaient à lui donner; mais le luxe, le confort, les détails charmants de la vie se rencontraient principalement dans les maisons particulières. Aussi Mercier, auteur du *Tableau de Paris* s'exprime de la sorte, lorsqu'il peint la capitale au dix-huitième siècle. « On a bâti six cents hôtels dont le dedans semble l'ouvrage des fées... Aurait-on imaginé il y a deux cents ans des cheminées tournantes qui échauffent deux chambres séparées, des escaliers dérobés et invisibles, les petits cabinets qu'on ne soupçonne pas, les fausses entrées qui masquent les sorties vraies, les planchers qui montent et qui descendent, et ces labyrinthes où l'on se cache pour se livrer à ses goûts? » Il ne reste plus guère aujourd'hui qu'un très-petit nombre de ces six cents hôtels. Les uns ont été démolis, les autres se sont transformés en manufactures, en magasins, en casernes.

La petite poste fut fondée en 1768. Ce fut encore sous le règne de Louis XV que les noms des rues furent inscrits en caractères noirs sur des plaques de fer-blanc, et que les réverbères remplacèrent les lanternes.

III.

*Paris sous le règne de Louis XVI, jusqu'à l'année 1792. —
Premiers événements de la révolution.*

Tout, dans le cours des trois siècles précédents, avait grossi le nuage orageux qui allait éclater sous le règne de Louis XVI, petit-fils de Louis XV.

Louis XVI, parvenu au trône (1774), signala son avénement par des libéralités en faveur de la classe pauvre; il rappela le parlement, supprima l'usage de la question, soit avant, soit après le jugement et la condamnation; et institua le Mont-de-Piété, qui, dans les premiers temps de son existence offrit de faciles secours aux familles malaisées, parce que l'intérêt de ses prêts était modéré. Louis XVI, enfin, mit un frein salutaire à l'abus des lettres de cachet. Cependant, la seconde année de son règne se troubla : une révolte, causée par la cherté des blés, éclata, et commença l'ère des agitations. Des hommes armés, entrés à Paris par différentes portes, pillèrent les boutiques des boulangers; plusieurs furent pris, et deux pendus en place de Grève.

Fatalement, des malheurs annihilèrent les grands et constants efforts de Louis pour alléger la misère du peuple de Paris. Pendant le rigoureux hiver de 1783-1784, le roi autorisa le contrôleur général à donner tous les secours possibles aux nécessiteux. Les Parisiens manifestèrent leur reconnaissance, en élevant à Louis XVI un monument de neige élevé au coin de la rue Saint-Honoré et du Coq. Le bon accord existait entre le monarque et ses sujets. On s'en apercevait déjà, en 1782, lorsque, à la naissance du dauphin, premier-né de Louis XVI, la ville de Paris célébra cet heureux événement par des fêtes et des réjouissances publiques, et par un bal que le roi ouvrit, et où il se concilia la bienveillance de la bourgeoisie parisienne en dansant un menuet avec la femme du premier échevin de la capitale. La bourgeoisie parisienne occupait alors une place très-importante dans la population. Elle remplissait avec orgueil la plupart des charges municipales, et s'accoutumait volontiers à administrer Paris. Mais ses qualités morales n'étaient pas à la hauteur de ses prétentions. Prudhomme, dans les *Révolutions de Paris*, trace le portrait suivant de la bourgeoisie : « Les grandes passions, les sentiments élevés, tout ce qui suppose de l'énergie, de la force et une certaine fierté d'âme, lui est complétement étranger. On la voit hausser les épaules, ou vous regarder stupidement au récit de quelque sacrifice patriotique; on dirait qu'on ne parle pas sa langue... Une place et quartier à l'Hôtel de Ville était pour elle le pinacle et l'échevinage l'apogée de sa gloire.

Un bourgeois qui était venu à bout, à force d'argent et d'intrigues, de franchir le seuil de la grande salle et de s'asseoir à une longue table fleurdelisée, tout à côté de M. le prévôt des marchands, était l'animal le plus vain de la terre. »

En succédant à la noblesse, en accaparant l'influence sur les affaires de la cité, les bourgeois, comme on le voit, agirent avec autant de vanité, avec autant de dédain pour le peuple que leurs prédécesseurs. Ajoutons qu'ils n'avaient aucun prestige d'action d'éclat, qu'ils ne se recommandaient point par d'héroïques aïeux.

Quant aux classes pauvres, elles souffraient toujours, et elles ne comptaient pour rien dans le gouvernement. Elles allaient succomber sous le fardeau trop lourd. Privées d'instruction, étiolées par les privations de toutes sortes, elles n'osaient lever la tête, et attendaient en silence le jour de la délivrance.

Cependant, Louis XVI devait porter la peine des fautes commises par ses ancêtres, des prodigalités de Louis XIV et des débauches de Louis XV. Toute sa sollicitude ne put remédier au défaut des finances. Il fut forcé de convoquer les notables (12 février 1787). Cette assemblée n'amena aucun résultat. Brienne, promu au ministère des finances, à la place de Calonne, eut recours à l'impôt du timbre et à la subvention territoriale. Le parlement de Paris refusa d'enregistrer ces deux impôts.

Louis XVI tint à Versailles un lit de justice. Là, on exigea l'enregistrement. L'opposition à la royauté se formait. Les parlementaires ne cessèrent de tenir des assemblées tumultueuses. Une lettre de cachet exila le parlement à Troyes. Il ne restait plus à Paris que la cour des comptes et celle des aides, qui protestèrent aussi contre l'enregistrement qu'on exigeait d'elles.

Comment cela finirait-il ? Les comtes de Provence et d'Artois (plus tard Louis XVIII et Charles X) furent hués par le peuple, dont la position inspira chaque jour plus d'inquiétude. Dans cette lutte, la royauté dut céder. Louis XVI retira les impôts et rappela le parlement par sa déclaration du 20 septembre. A cette nouvelle, le peuple de Paris exprima bruyamment sa joie; la rentrée des parlementaires ressembla presque à un triomphe.

Alors les événements se pressèrent rapides, irrésistibles, effrayants, pour les défenseurs de la vieille société. Le 5 mai 1789 s'assemblèrent les états généraux, Paris avait élu pour représentants :

Dans l'ordre du clergé : MM. Barmond (Perrotin de), abbé, conseiller-clerc au parlement de Paris; Beauvais (de), ancien évêque de Senez : Bonneval, chanoine de l'église de Paris ; Chevreuil, chancelier de l'église de Paris ; Decoulmier, abbé régulier de Notre-Dame d'Abbecourt, ordre des Prémontrés: Dumouchel, recteur de l'Université de Paris ; Juigné (Leclerc de), archevêque de Paris, duc de Saint-Cloud, pair de France ; Le Gros, prévôt de Saint-Louis-du-Louvre; Leguin, curé d'Argenteuil ; Montesquiou (l'abbé de), agent général du clergé de France, abbé de Beaulieu, diocèse du Mans ; Papin, prieur-curé de Marly-la-Ville; Veytard, curé de Saint-Germain.

Dans l'ordre de la noblesse : MM. Castries (le duc de); Clermont-Tonnerre (le comte de), pair de France; Crussol (le bailli de), capitaine des gardes de M. le comte d'Artois ; Duonis Duséjour, conseiller au parlement; Duport, conseiller au parlement; Duval d'Esprémenil, conseiller au parlement ; Lally-Tollendal (le comte de); La Rochefoucauld (le duc de), pair de France; Mirepoix (le comte de); Montesquiou Fezenzac (le marquis de), premier écuyer de Monsieur; Ormesson (le président d'),

Dans l'ordre du tiers état: MM. Afforty, cultivateur à Villepinte ; Anson, receveur général des finances; Bailly, des académies françaises, des belles-lettres et des sciences: Berthereau, procureur au Châtelet; Bévière, notaire; Boislandry, négociant à Versailles; Camus, avocat, de l'académie des inscriptions et belles-lettres ; Chevalier, cultivateur ; Debourge, négociant; Dosfand, notaire ; Ducellier, avocat; Garnier, conseiller au Châtelet; Germain, négociant ; Guillaume, avocat au conseil ; Hutteau, avocat; Leclerc, libraire, ancien juge consul; Lemoine, orfèvre; Lenoir de la Roche, avocat; Martineau, avocat; Poignot, négociant ; Sieyès, chanoine et grand vicaire de Chartres; Target, avocat au parlement, de l'Académie française; Treilhard, avocat; Tronchet, avocat.

Cette liste comprend aussi les suppléants.

Le 17 juin 1789, le tiers état se constitua en assemblée nationale.

Enfin, la révolution éclata à Paris, le 14 juillet, avec la prise de la Bastille. Cette prison d'état fut attaquée par la population parisienne organisée en milice bourgeoise, ayant Hullin pour chef. Les gardes françaises, commandées par le sergent-major Wargnier, s'étaient jointes à la milice bourgeoise. Après quelques heures d'un combat acharné, dans lequel le peuple de Paris déploya un prodigieux courage, le gouverneur de la Bastille, M. de Launay, fut obligé de capituler. Hullin pénétra le premier dans la forteresse, que les lettres de cachet avaient peuplée de prisonniers.

Après la prise de la Bastille, la révolution acheva de se concentrer à Paris par les tumultueuses journées des 5 et 6 octobre, pendant lesquelles le peuple se porta à Versailles, fit irruption dans le château, ramena aux Tuileries le roi et sa famille, et détermina l'Assemblée nationale à tenir ses séances dans la capitale. « A deux heures, l'avant-garde arriva, composée d'un gros détachement de troupes et d'artil-

lerie, suivi d'un grand nombre de femmes et d'hommes du peuple montés dans des fiacres, sur des chariots, sur des trains de canons, ils portaient les trophées de leur conquête : des bandoulières, des chapeaux, des pommes d'épée des gardes du corps ; les femmes étaient couvertes de rubans tricolores des pieds à la tête; ensuite venaient cinquante ou soixante voitures de grains et de farines. Enfin, le gros du cortège entra vers six heures : d'abord, c'étaient des femmes portant de hautes branches de peuplier, puis de la garde nationale à cheval, des grenadiers, des fusiliers, avec des canons. Dans leurs rangs marchaient pêle-mêle des gardes du corps et des soldats du régiment de Flandre; les cent-suisses suivaient en bon ordre ; puis une garde d'honneur à cheval, les députations de la municipalité et de l'Assemblée nationale, enfin la voiture de la famille royale, auprès de laquelle était La Fayette ; la marche était fermée par des voitures de grain, et une foule portant encore des branches de peuplier et des piques. Tout le cortège tirait continuellement des coups de fusil en signe de joie et faisait retentir l'air de chants allégoriques, dont les femmes appliquaient du geste les allusions piquantes à la reine. L'ensemble de ce cortège offrait à la fois le tableau touchant d'une fête civique et l'effet grotesque d'une saturnale. Le monarque pouvait être pris pour un père au milieu de ses enfants, ou pour un prince détrôné promené en triomphe par ses sujets rebelles. »

A dater de ces événements révolutionnaires, l'histoire de Paris comprend, dans l'acception la plus large du mot, l'histoire intérieure de la France. Un drame plein de péripéties intéressantes se déroule devant nos yeux. Les fêtes, les insurrections, les massacres se succèdent dans la capitale. Le 14 juillet 1790 a lieu au Champ-de-Mars la fête de la Fédération, où, en présence des députations venues de tous les points du royaume, le roi jure, sur l'autel de la patrie, de maintenir la Constitution qui sera décrétée par l'Assemblée nationale.

Dans la nuit du 20 au 21 juin 1791, Louis XVI, accompagné de la reine, de ses enfants, de ses serviteurs les plus dévoués, s'échappe de Paris, est arrêté à Varennes le 22, et ramené aux Tuileries le 25. La Constitution de 1791, terminée le 3 septembre, est acceptée par le roi le 13 du même mois. Le 1er octobre, l'Assemblée nationale est remplacée par l'Assemblée législative. Le 20 juin, les Tuileries sont envahies par les Parisiens, ayant à leur tête Santerre, Saint-Huruges et Legendre, qui font connaître au roi la volonté populaire.

Le 10 août 1792, le peuple insurgé, conduit par Danton et Santerre, s'empare des Tuileries et massacre les Suisses qui défendent le château; la déchéance de Louis XVI est prononcée on, l'enferme au Temple avec sa famille. La commune de Paris, dirigée par Robespierre et Marat, saisit le pouvoir. Aux 2 et 3 septembre 1792, mille quatre-vingt-sept personnes sont massacrées dans les prisons de Paris. Le 21 septembre de la même année, la Convention nationale succède à l'Assemblée législative. Elle abolit la royauté, décrète le gouvernement républicain, et met en accusation Louis XVI, condamné à mort le 17 janvier 1793, et décapité le 21 du même mois sur la place de la Révolution [1].

IV.

De cet immense mouvement, et antérieurement à la mort de Louis XVI, naquirent des institutions nouvelles dont Paris fut le berceau. En première ligne se place l'organisation municipale, qui remplaça le corps du prévôt des marchands et des échevins.

En 1789, le ministre Necker divisa la ville en soixante districts, pour procéder à la nomination des électeurs qui devaient choisir les quarante députés de Paris aux états généraux. Le jour de la prise de la Bastille, ces électeurs, au nombre de quatre cents, se réunirent spontanément à l'Hôtel-de-Ville, et après le meurtre de Flesselles, soupçonné d'intelligence avec la cour, de Flesselles, frappé d'un coup de pistolet en sortant du conseil de la commune, ils administrèrent Paris au milieu du désordre. Le 25 juillet de la même année, l'assemblée des électeurs fut remplacée par une municipalité provisoire composée de cent vingt députés des districts sous le titre de représentants des communes. Enfin, aux termes de la loi du 21 mai 1790, la municipalité de Paris se forma d'un maire, de seize administrateurs, de trente-deux conseillers, de quatre-vingt-seize notables et d'un procureur de la commune. Le maire, les administrateurs et les conseillers constituaient le conseil municipal. On donna la dénomination de conseil général à la réunion du conseil municipal et des notables. Le travail du bureau se divisait en cinq départements : subsistances, police, finances, établissements et travaux publics. La loi accordait au conseil municipal la direction et le commandement de la garde nationale, qui s'était organisée après la prise de la Bastille. Cette administration, vraiment municipale, puisqu'elle était sortie

_____
[1] Nous passons très-rapidement sur les événements de cette époque; ils rentrent dans le domaine de l'Histoire de la Révolution, à laquelle nous renvoyons les lecteurs.

tout entière de l'élection, eut d'abord pour chef Bailly, et, après lui, Pétion; elle finit le 10 août 1792. Les quarante-huit sections qui composaient Paris nommèrent alors chacune un membre pour remplacer la charge d'administrateur du département.

De cette révolution municipale naquit la redoutable *commune de Paris*, qui domina la capitale et toute la France.

Elle eut tantôt pour auxiliaires, tantôt pour adversaires, les divers clubs politiques qui exercèrent une puissante influence sur la marche des événements. Le *club des Jacobins*, ainsi nommé parce qu'il tenait ses séances dans l'ancien couvent des Jacobins de la rue Saint-Honoré, fut l'un des plus célèbres; il avait pour véritable nom celui de *Société des Amis de la Constitution*. Le *club des Cordeliers* s'établit dans le couvent des Cordeliers, rue de l'École-de-Médecine. Deux autres sociétés politiques soutinrent les opinions monarchiques : le *club des Feuillants*, installé d'abord au Palais-Royal, puis transféré dans le couvent des Feuillants, et le *club Monarchique*.

Il y eut de grands changements dans le Paris religieux.

La capitale avait eu soixante églises paroissiales, vingt chapitres ou églises collégiales, quatre-vingts autres églises ou chapelles; trois abbayes d'hommes, huit de filles, cinquante-trois couvents d'hommes, cent quarante-six de filles. Un premier décret plaça les biens du clergé, devenus biens de la nation, sous la sauvegarde des municipalités et de La Fayette firent mettre le scellé sur les titres des biens ecclésiastiques et inventorier les mobiliers, bibliothèques, objets d'art, qui s'y trouvaient. Un deuxième décret supprima les ordres et congrégations de l'un et de l'autre sexe, excepté ceux qui étaient chargés de l'éducation publique et du soulagement des malades; la municipalité fit ouvrir les portes de tous les couvents, inscrivit sur un contrôle les religieux ou religieuses qui en sortirent et auxquels des pensions étaient allouées, et indiqua pour chaque ordre une maison conservée où se retireraient ceux qui ne voulaient pas rentrer dans le monde. Un troisième décret ordonna la vente d'une partie des biens du clergé pour une valeur de 400 millions. Bientôt, la commune devint propriétaire de vingt-sept maisons religieuses, parmi lesquelles le prieuré Saint-Martin-des-Champs, les couvents des Jacobins de la rue Saint-Jacques et de la rue Saint-Honoré, les Grands-Augustins, les Carmes des Billettes et de la place Maubert, les Capucins de la rue Saint-Honoré et du Marais, les Minimes de la place Royale, l'abbaye Saint-Germain-des-Prés, les Feuillants de la rue Saint-Honoré, les Chartreux, les Théatins, etc.

Parmi les établissements de la première période du règne de Louis XVI, on remarque : l'école des Mines (1783), située aujourd'hui rue d'Enfer : elle est composée d'un *conseil des mines*, qui donne des avis au ministère de l'intérieur sur les mines, usines, salines, et carrières; l'école des Ponts-et-Chaussées, érigée en institution nationale le 19 janvier 1791; l'école des Sourds-Muets, dirigée dès l'abord par l'abbé de l'Épée, inconnu des Parisiens jusqu'à ce que l'empereur Joseph II, lors de sa visite à Paris, le recommanda à la reine de France : un arrêt du conseil autorisa son école : l'abbé de l'Épée mourut à Paris (1790); il fut remplacé par l'abbé Sicard, qui perfectionna les études de l'institution. On remarque encore : l'école des Jeunes-Aveugles (1785). Un homme de talent, Haüy, fit pour les aveugles de naissance, avec le sens du toucher, ce que l'abbé de l'Épée avait fait pour les sourds-muets avec le sens de la vue. Le procédé de Haüy n'était pas nouveau, mais on le mettait pour la première fois en usage à Paris. Enfin, d'autres fondations signalèrent cette période de l'histoire de Paris : l'hôpital Necker, fondé par madame Necker, femme du ministre; l'hôpital des Capucins, aujourd'hui Hospice du Midi, celui de Beaujon, etc., la Maison de Santé, aujourd'hui Maison de Retraite, et le Bureau des Nourrices.

L'art dramatique et l'art musical s'enrichirent par la création du *Conservatoire de musique et de déclamation*. Un grand nombre de théâtres s'élevèrent : l'*Odéon* (second théâtre français depuis 1814), le théâtre *Feydeau*, le théâtre *Favart*, le *Vaudeville*, le *Cirque Olympique*, le théâtre de la *Montansier* (1784), etc., etc. Deux salles de spectacles furent construites : celle de la rue Richelieu, pour la Comédie-Française, et celle de la porte Saint-Martin, pour l'Académie de Musique.

Les établissements scientifiques fondés à cette époque sont : la Société d'Agriculture dont les séances se tenaient habituellement dans une des salles de l'Hôtel-de-Ville; elle s'occupait de tout ce qui peut produire le perfectionnement de l'agriculture; la Société libre d'Émulation *pour l'encouragement des métiers et inventions utiles*; elle ne se maintint que jusqu'en 1789; la *Société philanthropique*, qui répandit ses secours sur un grand nombre de familles malheureuses et surtout sur les ouvriers invalides, sur les veuves trop chargées d'enfants, ainsi que sur les *enfants nés aveugles*.

Des travaux considérables, dignes de remarque, furent entrepris ou terminés; mentionnons le pont Louis XVI, les halles aux draps, aux cuirs, etc., etc., le marché des Innocents, la rotonde du Temple. Le Palais-de-Justice fut restauré. Les galeries du Palais-Royal et leurs élégantes boutiques formèrent au milieu de la capitale l'un des plus beaux bazars du monde.

Nous nous garderons bien de ranger dans la classe des institutions utiles le rétablissement de la *loterie royale*, qui fut, prétendit-on, régularisée pour remplacer la loterie particulière. Nous y classerons encore moins les *maisons de jeu publiques*. Si la loterie était qualifiée d'*impôt mis sur les mauvaises têtes*, on pouvait nommer la passion du jeu le passe-port pour l'hôpital. Les quatre vers suivants donnent le portrait exact des maisons de jeu :

> Il est trois portes à cet antre :
> L'espoir, l'infamie ou la mort,
> C'est par la première qu'on entre,
> Et par les deux autres qu'on sort.

On construisit un mur d'octroi autour de Paris de 1784 à 1786, et l'on réunit à la ville les villages de Chaillot, du Roule et de Monceau; enfin on pratiqua cinquante-cinq barrières. Les Parisiens s'aperçurent qu'on les emprisonnait, firent éclater leur mécontentement par des vers et des jeux de mots, tels que ceux-ci :

> Pour augmenter son numéraire
> Et raccourcir son horizon,
> La ferme a jugé nécessaire
> De mettre Paris en prison,

Le jeu de mots suivant obtint quelque succès :

> Le mur murant Paris rend Paris murmurant.

N'oublions pas, en terminant cette période, que Benjamin Franklin, ambassadeur des États-Unis de l'Amérique à Paris, fit adopter les paratonnerres, et que Montgolfier imagina les aérostats qui se perfectionnèrent plus tard d'une manière si remarquable.

Le rendez-vous des nouvellistes, des hommes politiques, des clubistes ardents, pendant l'époque révolutionnaire, fut le Palais-Royal, qui était devenu le *Palais-Égalité*. L'histoire de ce monument unique en Europe offre des particularités si curieuses, que nous aurions tort de ne pas l'écrire.

Voilà, selon toute probabilité, quelle fut l'origine de la construction des galeries du Palais-Royal. Le duc d'Orléans, quoique possesseur d'une fortune immense, ayant contracté des dettes, des engagements onéreux le jetèrent dans des spéculations qui faillirent lui enlever l'affection publique, à laquelle il attachait le plus grand prix. La nécessité de se créer des ressources nouvelles et d'augmenter son revenu lui fit faire autour du jardin du Palais-Royal des constructions élégantes destinées à être louées. Il ouvrit ensuite ce vaste bazar à tout le monde, et on vit bientôt la populace envahir les belles allées que remplissait naguère un monde élégant et une société d'élite. Les maisons voisines perdirent ainsi une partie de leur valeur, ce qui exaspéra quelques propriétaires, dont la colère se trahit par des satires assez piquantes contre le duc, qu'une caricature du temps représente dans le costume d'un chiffonnier ramassant des loques à terre (locataires). Le duc d'Orléans rit du jeu de mots qu'il trouva excellent, et n'en persista pas moins dans l'exécution de son plan.

L'ancien jardin du Palais-Royal, plus vaste que celui d'aujourd'hui, comprenait, outre le jardin actuel, tout l'emplacement qu'occupent les rues de Valois, de Montpensier et de Beaujolais, et l'emplacement des bâtiments qui entourent les trois côtés du jardin qu'on voit aujourd'hui. Son plus bel ornement était une large allée de marronniers plantés par le cardinal de Richelieu, d'une grosseur et d'une hauteur extraordinaire, vieux, touffus, toujours peuplée d'oisifs, de nouvellistes et de filles publiques. Le fils du régent fit replanter le jardin sur un dessin nouveau. Deux belles allées bordées d'ormes en boules accompagnaient de chaque côté un grand bassin placé dans une demi-lune ornée de treillages et de statues en stuc. Au-dessus de cette demi-lune régnait un quinconce de tilleuls offrant de charmants ombrages; la grande allée surtout formait un couvert délicieux et impénétrable au soleil; toutes les charmilles étaient taillées en portique. Parmi les beaux marronniers plantés par le cardinal de Richelieu, il en restait un fort remarquable par l'étendue de son feuillage : on l'avait surnommé l'arbre de Cracovie, parce que, lors des premières tentatives de la Russie pour subjuguer la Pologne, on prenait à Paris un grand intérêt aux efforts que faisaient les Polonais pour défendre leurs droits politiques et leur indépendance nationale. On se réunissait autour de cet arbre pour entendre la lecture du *Courrier de l'Europe* et de la *Gazette de Leyde*, qui étaient les journaux les plus répandus en ce temps-là.

Le jardin du Palais-Royal n'était public que pour les habitués du palais du duc d'Orléans; mais on y entrait par les diverses maisons donnant sur la rue Richelieu, en payant une rétribution aux propriétaires de ces maisons, qui n'admettaient que ce qu'on considérait alors comme l'élite de la société. Ce jardin était principalement fréquenté après la sortie de l'Opéra, qui finissait à neuf heures du soir, par la noblesse, les abbés, les hommes de lettres, les femmes entretenues ou qui désiraient de l'être. Le dimanche l'affluence était surtout considérable. De même que dans tous les palais royaux, il n'était pas permis à la police d'y entrer; aussi les bosquets ombragés de ce jardin étaient souvent le théâtre du libertinage, un piquet des gardes françaises y faisait de fréquentes rondes pour réprimer ces excès,

Louis-Philippe-Joseph fut arrêté au Palais-Royal, le 4 avril 1793, avec son troisième fils le duc de Beaujolais, âgé seulement de treize ans et demi. Le 20 juillet 1793, les mandataires des créanciers du duc d'Orléans mirent en vente le Palais-Royal, qui fut adjugé pour la somme de huit cent seize mille livres en assignats. Les autres maisons et dépendances furent vendues le 22 octobre 1793; Gaillard et Dorfeuil, directeurs de la salle de spectacle, furent déclarés adjudicataires pour la somme d'un million six cent mille francs en assignats, non-seulement du théâtre dont ils étaient locataires, mais encore de la partie du palais qui s'y trouvait adossée.

Premier prêche des calvinistes.

Lorsque le gouvernement consulaire eut remplacé le Directoire, le premier consul donna le Palais-Royal au tribunat pour en faire le lieu de ses séances. On expulsa des appartements du palais les tripots et les établissements de corruption qui l'avaient envahi, et l'on construisit la salle où siégea le tribunat, depuis 1801 jusqu'à la suppression en 1807. Cette salle fut démolie en 1827 pour la continuation des grands appartements, après avoir servi pendant treize ans de chapelle au palais.

Après la dissolution du tribunat, le Palais-Royal fut réuni au domaine extraordinaire de la couronne, dont il fit partie jusqu'en 1814. — La bourse et le tribunal de commerce y furent installés; ils occupaient le vestibule à colonnes de l'aile du milieu du rez-de-chaussée, sous la salle du tribunat.

En 1814, le duc d'Orléans fut réintégré dans la propriété du Palais-Royal, à l'exception de toutes les parties de ce palais qui avaient été aliénées à des particuliers, parmi lesquelles se trouvait la salle de spectacle. Le prince racheta le théâtre et ses dépendances pour le prix de douze cent mille francs, et s'occupa de la restauration du palais, entièrement achevé aujourd'hui, restauration qui occasionna une dépense de plus de douze millions.

Le 31 mai 1830, le duc d'Orléans donna dans les appartements du Palais-Royal une grande fête au roi de Naples François Ier, frère de la duchesse d'Orléans, qui fut reine des Français, et qui venait de conduire sa fille Christine à Madrid, où elle avait épousé Ferdinand VII. Cette fête fut terminée par un grand bal, où assista le roi Charles X, le dauphin son fils, la dauphine et la duchesse de Berry, et où avaient été invitées toutes les notabilités, sans distinction d'opinion. Le roi de Naples, un peu fatigué, se retira de bonne heure avec la reine son épouse. Charles X ne tarda pas à le suivre; mais la duchesse de Berry, après avoir assisté à un souper de douze cents couverts, se mêla aux danses, qui ne finirent qu'avec le jour. Cette fête fut la plus remarquable qui ait été donnée depuis 1814; mais l'inquiétude occasionnée par les envahissements continuels du pouvoir fermentait alors sourdement dans tous les esprits; aussi, même au milieu de la fête, quelques personnes semblèrent-elles préoccupées de sentiments pénibles; et plusieurs fois on entendit circuler ce mot devenu célèbre :

« C'est bien un bal napolitain, car nous dansons sur un volcan.» Pendant la fête, le peuple rassemblé dans le jardin donna quelques signes des sentiments dont l'explosion eut lieu deux mois après.

Le 30 juillet 1830, le duc d'Orléans arriva à dix heures du soir au Palais-Royal, où il entra par la maison de la rue Saint-Honoré, nº 216. Le 31, le prince, auquel les députés avaient offert la lieutenance générale du royaume, partit du Palais-Royal, et se rendit au milieu d'une foule immense à l'Hôtel-de-Ville; son retour fut, comme son départ, une démarche triomphale, et lorsqu'il arriva sous la voûte du grand escalier, il fut enlevé de son cheval et porté dans ses appartements.

Le Palais-Royal fut pendant dix-huit mois l'hôtel provisoire de la royauté citoyenne, dont le trône s'apercevait facilement de la cour du palais que ferme d'un côté la belle galerie vitrée. Qui ne se rappelle avoir vu, dans les premiers jours d'août 1830, la foule immense des citoyens qui se réunissaient à cinq heures du soir dans cette cour pour y entendre chanter la Marseillaise? Qui n'a pas acheté les pamphlets concernant la naissance du duc de Bordeaux, que l'on vendait publiquement à toutes les issues du palais, et que les crieurs colportaient en disant : Voilà le bâtard! Qui veut le bâtard? Achetez le bâtard !

La façade de ce palais sur la rue Saint-Honoré fut bâtie en 1763 par l'architecte Moreau. Elle présente deux pavillons ornés de colonnes doriques et ioniques, couronnés de frontons, sculptés par Pajon, dans lesquelles les armoiries de la maison d'Orléans sont accompagnées, sur celui de la gauche, de la Prudence et de la Libéralité; sur celui de la droite, de la Justice et de la Force; ils sont unis par un mur formant terrasse, dans lequel sont percées trois portes d'entrée. Les deux ailes des bâtiments de la première cour sont ornées de pilastres doriques et ioniques. Son avant-corps est décoré de colonnes des mêmes ordres, supportant un fronton semi-circulaire, dans lequel est un cadran supporté par deux figures. Au-dessus de

Orphelins soignant des malades.

l'attique sont des trophées d'armes soutenus par deux génies. La façade du palais tournée vers le jardin est beaucoup plus étendue que celle du côté du château d'eau : deux avant-corps s'y présentent; ils sont ornés chacun de huit colonnes supportant huit statues. A droite et à gauche deux ailes s'avancent en retour d'équerre, et joignent la façade de la galerie du fond en formant ainsi une cour carrée. Ces deux ailes présentent en saillie une terrasse supportée par des colonnes doriques de niveau avec le premier étage du château. A l'aplomb des colonnes sont placés des vases de fleurs. Sous la terrasse règne une galerie où le public circule, et dont le fond est occupé par des boutiques : ces ailes se terminent par deux pavillons carrés. La galerie à droite est décorée par des proues de navire, genre d'ornement qui existait sur la façade de l'aile avant la construction de la terrasse, et que l'on n'a pu reproduire dans la galerie de gauche, où tout l'espace a été employé en boutiques. Sous l'ancien régime, le rez-de-chaussée de cette galerie était habité par le comte de Billy, membre de l'Académie française, dont le salon était journellement fréquenté par les grands seigneurs de la cour, qui venaient y apprendre ou y raconter les nouvelles du jour.

Trois corps de bâtiment, élevés de quatre étages, percés de cent quatre-vingts arcades, donnant le jour à une galerie étroite, environnent régulièrement trois côtés du jardin. Des pilastres corinthiens s'élèvent entre chacune de ces arcades. Une balustrade règne sur tout l'édifice; elle est ornée de vases à l'aplomb des pilastres. Des grilles parallèles ferment sur le jardin chacune de ces arcades; entre elles est un banc de pierre. La régularité de cet ordre n'est interrompu extérieurement que par une rotonde semi-circulaire, affectée à un café.

La galerie d'Orléans complète l'ordonnance de la seconde cour du palais : son intérieur est un large promenoir couvert d'une toiture vitrée, qui éclaire deux rangs de boutiques placées sur les côtés : l'ordonnance de ces boutiques séparées par des pilastres, leur décoration extérieure, leur grandeur, sont pareilles; chacune d'elles possède une double façade, l'une sur la galerie, l'autre sur la cour ou sur le jardin. Le vestibule qui sépare les deux cours est décoré de colonnes doriques. A gauche est un vaste corps de garde; à droite se trouve le grand escalier, placé dans une espèce de dôme fort élevé et décoré de peintures.

La galerie d'Orléans remplace ce qu'on appelait autrefois les galeries de bois. Le duc d'Orléans, Louis-Philippe-Joseph, s'étant vu contraint d'ajourner l'achèvement de l'aile en colonnade à jour entre le jardin et la cour d'honneur, avait permis d'élever sur l'emplacement qu'occupe aujourd'hui cette galerie des hangars en planches, qui formaient trois rangées de boutiques séparées les unes des autres par deux promenoirs couverts. Ces hangars, loués à Romain en 1786, furent appelés le camp des Tartares, nom qu'ils durent à une épisode du roman de *Faublas*, alors fort en vogue, et dont l'auteur (Louvet de Couvray) avait ouvert sous ces galeries un magasin de librairie que tenait sa femme, qu'il appelait sa Lodoïska.

Revenons au Paris des commencements de la République. Le Palais-Royal avait changé son nom en Palais-Egalité. Pareille métamorphose s'était opérée partout dans la capitale. Quelques rues s'étaient républicanisées.

ANCIENS NOMS.	NOUVEAUX NOMS.
Rue Neuve-de-Richelieu.	Petite rue Chalier.
Place de la Sorbonne.	Place Chalier.
Rue Neuve-Saint-Roch.	Rue de la Montagne.
Rue Michel-le-Comte.	Rue Michel-Lepelletier.
Rue Notre-Dame-des-Champs.	Rue de Lucrèce-Vengée.
Rue de l'Ecole-de-Médecine.	Rue de Marat.
Rue Montmartre.	Rue Mont-Marat.
Rue du Faubourg-Montmartre.	Rue du Faubourg-Mont-Marat.
Rue des Martyrs.	Rue du Champ du Repos.
Rue de l'Observance.	Rue de l'Ami-du-Peuple.

Paris était divisé en 48 sections : celles

1. Des Tuileries.	25. De Montreuil.	
2. Des Champs-Elysées.	26. Des Quinze-Vingts.	
3. De la République.	27. Des Gravilliers.	
4. De la Montagne.	28. Du Faubourg du Nord.	
5. Des Piques.	29. De la Réunion.	
6. De la Lepelletier.	30. De l'Homme-Armé.	
7. Du Mont-Blanc.	31. Des Droits de l'Homme.	
8. Du Muséum.	32. De la Maison-Commune.	
9. Des Gardes-Françaises.	33. De l'Indivisibilité.	
10. De la Halle au Blé.	34. De l'Arsenal.	
11. Du Contrat-Social.	35. De la Fraternité.	
12. De Guillaume-Tell.	36. De la Cité.	
13. De Brutus.	37. Révolutionnaire.	
14. De Bonne-Nouvelle.	38. Des Invalides.	
15. Des Amis de la Patrie.	39. De la Fontaine de Grenelle.	
16. De Bon-Conseil.	40. De l'Unité.	
17. Des Marchés.	41. De Marat.	
18. Des Lombards.	42. Du Bonnet-Rouge.	
19. Des Arcis.	43. De Mutius-Scévola.	
20. Du Faubourg-Mont-Martre.	44. De Chalier.	
21. Poissonnière.	45. Du Panthéon français.	
22. De Bondy.	46. De l'Observatoire.	
23. Du Temple.	47. Des Sans-Culottes.	
24. De Popincourt.	48. De Lajowski, ou Finistère.	

On put, en général, juger des sentiments de chaque section par le nom qu'elle portait. Ainsi, les plus exaltées étaient celles de Marat, des Sans-Culottes, de Lajowski, de Brutus, etc.

La Vierge de la rue aux Ours avait été remplacée par le buste de Marat, et l'on avait enlevé du portail de Notre-Dame les statues des rois de France.

La substitution des saints républicains aux saints chrétiens était célébrée ainsi :

> Ces édifices gothiques
> Longtemps nommés le saint lieu,
> Ne servent plus de boutiques
> Pour vendre ou pour croquer Dieu.
> Des autels le peuple chasse
> Les héros du saint métier,
> Et son amour y replace
> Marat et Lepelletier.

Un théâtre s'était élevé sur la place de l'Estrapade, à Paris. Il portait le nom de *théâtre de Marat.*

Le tribunal de l'inquisition.

Il y avait quinze prisons:

1° *La Mairie,* qui occupait l'hôtel actuel de la préfecture de police. On y déposait d'abord toutes les personnes arrêtées, soit pour délits politiques, soit pour délits privés. Après l'interrogatoire on les mettait en liberté ou on les transférait dans une des prisons suivantes:

2° *La Force,* où furent enfermés les soixante-treize députés signataires de la protestation contre le 2 juin. Il n'y avait point de femmes dans cette prison.

3° *Les Madelonnettes,* où se trouvaient surtout des artistes, des parlementaires et des généraux. Les prisonniers communiquèrent librement avec toutes les personnes du dehors, jusqu'au milieu d'octobre. A cette époque, la police ayant remarqué que les prisonniers entretenaient des relations immorales avec les visiteuses, se montra plus sévère.

4° *La Bourbe,* que l'on appela dès lors *Port-Libre,* attribuée à tous les fermiers généraux. Les détenus passaient les journées et les soirées ensemble, faisant de la musique ou récitant des madrigaux, des élégies et des romances de leur composition. On remarquait dans cette prison Vigée, Laval-Montmorency, Aymerie, mademoiselle de Sombreuil, Chéron, la comtesse de Beaufort.

5° *Saint-Lazare,* où était le poëte Roucher, journaliste feuillant. Le poëte Trudaine de la Sablière, ami d'André Chénier, avait gravé ces vers sur les murs de sa prison, à Saint-Lazare :

> La fleur laissant tomber sa tête languissante,
> Semble dire au zéphyr : Pourquoi m'éveilles-tu,
> Zéphyr? Ta vapeur bienfaisante
> Ne rendra point la vie à mon front abattu.
> Je languis ; le matin à ma tige épuisée
> Apporte vainement le tribut de ses pleurs,

Et les bienfaits de la rosée
Ne ranimeront point l'éclat de mes couleurs.
Il approche le noir orage !
Sous l'effort ennemi d'un souffle détesté,
Je verrai périr mon feuillage,
Demain le voyageur, témoin de ma beauté,
De ma beauté si tôt flétrie,
Viendra pour me voir ; ô regrets superflus !
Il viendra, mais dans la prairie
Ses yeux ne me trouveront plus.

6° *La Maison de la rue de Sèvres*, ne renfermant que les suspects considérés comme les moins dangereux.

7° *Les Carmes*, presque entièrement occupés par les prêtres réfractaires.

8° *La Maison Talaru*, hôtel de l'ex-marquis de Talaru, rue de Richelieu. On n'y plaçait que des personnes riches. Les hommes et les femmes communiquaient librement entre eux, jouaient, faisaient bonne chère, et recevaient tous les visiteurs.

9° *Picpus*. Cette maison avait aussi un régime très-facile ; mais un détenu s'étant évadé, la police prit des précautions un peu plus sévères.

10° *L'Abbaye* renfermait surtout les prisonniers tenus au secret. Le gouvernement leur accordait, comme à tous les autres, cinquante sous par jour pour leur nourriture, et ils avaient, en outre, la faculté d'acheter du dehors tout ce qu'ils voulaient.

11° *Le Luxembourg*, prison qui renfermait le plus de grands personnages de l'ancien régime. Ils jouissaient d'une parfaite liberté dans l'intérieur. Les nobles faisaient bande à part, et conservaient entre eux l'étiquette la plus rigoureuse, s'appelant *monsieur le prince*, *monsieur le duc*, etc. Cette prison était très-célèbre par les aventures galantes des prisonniers.

12° *Le Temple*, où n'étaient enfermés que les membres de l'ex-famille royale.

13° *L'Archevêché*, où l'on mettait les prisonniers malades, qui y recevaient tous les soins dus au malheur.

14° *La Conciergerie*, où étaient conduits les prisonniers en état d'accusation, en attendant leur comparution devant le tribunal révolutionnaire. Ils jouaient ensemble, fumaient, chantaient, mais ne pouvaient avoir, comme dans les autres prisons, d'instruments de musique.

Ce fut sans doute à la Conciergerie qu'un détenu dont le nom nous échappe, composa, peu de jours avant sa mort, le couplet suivant :

La guillotine est un bijou
Aujourd'hui des plus à la mode ;
J'en veux une en bois d'acajou,
Que je mettrai sur ma commode.
Je l'essairai chaque matin,
Pour ne pas paraître novice,
Si par malheur le lendemain
A mon tour je suis de service.

15° *La Maison d'arrêt Duplessis*, succursale de la Conciergerie. On y renfermait surtout les accusés qui arrivaient des départements.

Par un décret du 11 août 1792, l'Assemblée nationale, sur la motion du député Thuriot de la Rosière, déclara que toutes les statues des rois qui se trouvaient à Paris et en France seraient renversées sous la surveillance des autorités constituées. Obéissant à ce décret, le peuple se transporta sur les places publiques. Les statues d'Henri IV, de Louis XIII, de Louis XIV, de Louis XV, furent abattues. On raconte le fait suivant, qui se passa lors du renversement de la statue de Louis XIV sur la place des Victoires. Elle était plus forte que toutes les autres. Le peuple avait d'abord voulu la renverser avec l'aide ordinaire des cabestans ; mais les cabestans n'ayant pas suffi, on avait attaché des cordes au cou du *grand roi*, et chacun s'était mis à tirer du même côté et en même temps. On obéissait presque au commandement d'une femme qui s'était placée à la tête des travailleurs, et qui, sans doute, avait eu l'idée de se servir des cordes. Les efforts des assistants furent tels que la statue céda enfin, et, écrasant sous ses débris la malheureuse Reine Violet (c'était le nom de cette femme). Cet horrible accident doubla l'ardeur et l'animosité des exécuteurs. Presque à la même heure, une scène sanglante avait lieu sur le sol où se trouvait la statue de Louis XV. Ce chef-d'œuvre de Bouchardon fut bientôt en morceaux. Les travailleurs, munis de marteaux et de haches, le démembraient pièce par pièce. Le commandant en second de la gendarmerie à cheval de Paris, Guinguerlot, passa en ce moment. Guinguerlot manifesta ses regrets de voir mutiler ainsi une œuvre d'art si précieuse. C'était une statue en bronze. Cette imprudence coûta la vie au commandant. Les *briseurs* se précipitèrent sur lui, le percèrent de coups, et il expira près de la statue.

Le bronze des effigies royales était destiné à être fondu pour faire des canons. Le marbre était conservé en morceaux. Le plâtre s'en allait en poussière. La municipalité provisoire, suivant l'impulsion donnée par les masses, décida que les bustes de Louis XVI, de Bailly, de Necker et de Lafayette seraient enlevés de la maison commune.

Une petite pyramide en bois, élevée sur la place des *Victoires nationales*, porta les noms des départements et des citoyens tués à l'attaque des Tuileries.

Peu après le 10 août, la Commune demanda et fit décréter l'inscription sur les portes de chaque maison des noms de ses habitants. Bientôt on plaça çà et là dans la capitale d'énormes écriteaux :

ICI ON S'HONORE
DU TITRE
DE CITOYEN.

Et quelquefois des affiches illustrées, presque grandes comme des devants de cheminée, et coloriées, furent exposées de toutes parts aux regards des passants.

Les églises se changèrent en magasins de farine ou de salpêtre. Dans Saint-Benoît, rue Jean-Jacques, était un grenier à farine ; l'abbaye Saint-Germain-des-Prés était une salpêtrière ; l'église des Capucins servait de local à l'imprimerie ordinaire de la Commune. A l'hôtel des Invalides, on avait couvert de bonnets rouges les têtes des saints ou des empereurs qui décoraient le monument.

Les cartes à jouer devinrent des *cartes de la révolution*. Les *génies* remplacèrent les rois : *génie de cœur* ou de la *guerre*.

Génie de trèfle, ou de la *paix*.
Génie de pique, ou des *arts*.
Génie de carreau, ou du *commerce*,

Les *libertés* remplacèrent les dames : *liberté de cœur*, ou des *cultes*.

Liberté de trèfle, ou du *mariage*,
Liberté de pique, ou de la *presse*,
Liberté de carreau, ou des *professions*,

Les *égalités* remplacèrent les valets : *égalité de cœur*, ou de *devoirs*,

Egalité de trèfle, ou de *droits*,
Egalité de pique, ou de *rangs*,
Egalité de carreau, ou de *couleurs*.

Les *lois* remplacèrent les as. Les points seuls restèrent les mêmes. Paris était sillonné en tous les sens de chanteurs des rues, de crieurs publics, d'afficheurs. Chaque chanteur avait son cercle nombreux, quelquefois une foule autour de lui. Les crieurs publics adoptaient généralement un costume étrange, original, comme on dit. Tantôt ils se distinguaient par un chapeau d'une forme ébouriffante, avec rubans et cocarde ; tantôt ils revêtaient une carmagnole ou veste rouge, qui ne laissait pas de produire beaucoup d'effet. C'étaient des hommes actifs, vigilants, pleins de bonne volonté, de force et de courage, qui, ainsi que les chanteurs des rues, avaient une haute idée de la mission politique qui leur était confiée ; ils avaient l'air joyeux s'ils criaient une victoire, l'air désolé s'ils criaient une défaite ; le public pouvait deviner à leur figure la nature de l'événement qu'ils annonçaient. L'état de crieur était presque toujours embrassé par une famille entière, père, mère et enfants : habitude en partie conservée jusqu'à nos jours. Les afficheurs pullulaient. Sur les murs on ne voyait qu'affiches de toutes sortes.

Les classes infimes ne connaissaient guère les événements politiques de l'extérieur ou de l'intérieur que par le chanteur, le crieur et l'afficheur.

Quels changements dans les rues et dans les maisons ! Quels changements surtout dans les mœurs parisiennes !

La capitale envoya pour représentants à la Convention nationale des hommes qui marquèrent, Robespierre, Danton, Collot-d'Herbois, Manuel, Billaud-Varennes, Camille Desmoulins, Marat, Lavicomterie, Legendre, Raffron, Panis, Sergent, Robert, Dussaulx, Fréron, Beauvais, Fabre d'Eglantine, Osselin, Robespierre jeune, David, Boucher, Laignelot, Thomas, Egalité (duc d'Orléans).

Elle envoya aux armées des frontières un grand nombre de soldats. Les bataillons de volontaires parisiens firent toujours merveille devant l'ennemi. Donnons ici les noms de ces bataillons, avec les dates de leur départ, et en indiquant les lieux où ils se sont le plus particulièrement distingués.

1er bataillon de Paris, 22 juillet 1792, bataille de Jemmapes.

2e bataillon de Paris, 20 juillet, combat de Linselles, prise de Menin, bataille de l'Ourthe.

3e bataillon de Paris, 11 juillet, bataille de Jemmapes,

4e bataillon de Paris ou 1er des sections armées, 3 septembre, bataille de Hondschoote.

5e bataillon de Paris, 5 septembre, bataille de Neerwinden.

6e bataillon de Paris, 7 septembre, bataille de Neerwinden.

6e bataillon de Paris bis ou de Bonconseil, 21 septembre, garnison de Condé.

7e bataillon de Paris ou du Théâtre-Français, 8 septembre, garnison de Quesnoy.

7e bataillon de Paris bis, 2 septembre, garnison de Condé.

8e bataillon de Paris ou de Sainte-Marguerite, 21 septembre, bataille de Hondschoote.

9e bataillon de Paris ou de Saint-Laurent, 16 septembre, bataille de Jemmapes.

9e bataillon de Paris bis ou de l'Arsenal, 11 septembre.

10ᵉ bataillon de Paris ou des Amis de la Patrie, 4 septembre, bataille de Neerwinden.

11ᵉ bataillon de Paris ou 11ᵉ de la République, 4 septembre, garnison de Mayence.

12ᵉ bataillon de Paris ou 12ᵉ de la République, 1ᵉʳ septembre, Vendée. Embarqué pour l'Ile de France en l'an IV.

1ᵉʳ bataillon de la Montagne ou de la Butte-des-Moulins, 5 septembre, bataille de Jemmapes.

14ᵉ bataillon de la République ou des Piques, garnison de Mayence. Bataillon de Molière, 24 septembre, bataille de Neerwinden.

1ᵉʳ bataillon Républicain, 21 septembre, bataille de Menin.

1ᵉʳ bataillon des Gravilliers, 4 septembre, garnison de Valenciennes, prise de Courtray.

1ᵉʳ bataillon des Lombards, 5 septembre.

Bataillon du Pont-Neuf, 2 septembre.

Bataillon de la Commune et des Arcis, 13 septembre, bataille de Fleurus.

Bataillon de Popincourt, 5 septembre, attaque de Pellingen.

Bataillon de la Franciade ou Saint-Denis, 5 septembre, affaire du moulin de Bossut.

1ᵉʳ bataillon des Amis de la République, 27 septembre, garnison de Mayence.

1ᵉʳ bataillon de la République, 15 septembre, guerre de la Vendée.

2ᵉ bataillon de la République, 15 octobre, garnison de Mayence.

3ᵉ bataillon de la République, 17 octobre, guerre de la Vendée.

1ᵉʳ bataillon de la Réunion, aux Antilles.

1ᵉʳ bataillon de grenadiers, 8 septembre, bataille de Jemmapes.

Chasseurs républicains des Quatre-Nations, 4 septembre, garnison de Mayence.

Chasseurs du Louvre et chasseurs francs de l'Egalité, passage de la Sambre.

Paris envoya à l'armée des côtes de La Rochelle, contre la Vendée, douze bataillons de cinq cents hommes chacun, commandés par Santerre. Voici les noms des bataillons et la date du départ :

1ᵉʳ bataillon, 13 mai 1793.

2ᵉ bataillon ou du Panthéon, 14 mai.

3ᵉ bataillon, 10 mai.

4ᵉ bataillon ou 2ᵉ des Gravilliers, 14 mai.

5ᵉ bataillon ou de l'Unité, 16 mai.

6ᵉ bataillon ou du Luxembourg, 16 mai.

7ᵉ bataillon, 28 mai.

7ᵉ bataillon bis ou des Cinq-Sections réunies, 14 juin.

8ᵉ bataillon ou 2ᵉ des Lombards, 1ᵉʳ juin.

8ᵉ bataillon bis ou du Faubourg-Antoine, 14 mai.

9ᵉ bataillon ou de la Réunion, 21 mai.

10ᵉ bataillon ou du Muséum.

Ce ne fut pas tout encore. Lorsque parut une loi (23 août 1793) ordonnant la réquisition permanente de tous les Français pour le service des armées, Paris, au lieu d'envoyer aux frontières les trois bataillons qu'on lui demandait, en envoya vingt-cinq. Voici les noms de ces bataillons avec leur effectif :

1ᵉʳ bataillon, Maison-Commune, 1,020.

2ᵉ bataillon, Réunion, 978.

3ᵉ bataillon, Gravilliers, 1,015.

4ᵉ bataillon, Sans-Culottes, 829.

5ᵉ bataillon, Panthéon-Français, 920.

6ᵉ bataillon, La Montagne, 1,020.

7ᵉ bataillon, Guillaume-Tell, 852.

8ᵉ bataillon, Du Temple, 729.

9ᵉ bataillon, Amis de la Patrie, 733.

10ᵉ bataillon, Halle-aux-Blés, 795.

11ᵉ bataillon, Tuileries, 760.

12ᵉ bataillon, Fraternité, 656.

13ᵉ bataillon, Faubourg-Antoine, 1,094.

14ᵉ bataillon, Contrat-Social, 840.

15ᵉ bataillon, Indivisibilité, 1,042.

16ᵉ bataillon, Bonne-Nouvelle, 745.

17ᵉ bataillon, Bonnet-Rouge, 564.

18ᵉ bataillon, Unité, 864.

19ᵉ bataillon, Théâtre-Français, 600.

20ᵉ bataillon, Piques, 779.

21ᵉ bataillon, L. M. Le Pelletier, 782.

22ᵉ bataillon, Gardes françaises, 694.

23ᵉ bataillon, Lombards, 889.

24ᵉ bataillon, Bataillon de Franciade, 652.

25ᵉ bataillon, Bataillon de Bourg-Egalité, 933.

Et nous ne comptons pas l'effectif des soldats que Paris fournit à l'armée révolutionnaire.

Les Parisiens avaient adopté les idées nouvelles avec enthousiasme. Ils se montraient bons républicains en toute occasion. Vainement les accapareurs, les affameurs, les alarmistes, les agents de l'étranger se donnaient rendez-vous dans la capitale, pour lasser sa persévérance. Paris ne resta jamais en arrière du mouvement. On y commit des excès, mais aussi on s'y montra énergique, rempli de zèle, prêt à accomplir les plus grands sacrifices. Sans doute, le commerce y prospéra peu, pendant l'époque qui vient de s'écouler ; quatorze armées aux frontières, l'état de guerre générale nuisaient à ses expéditions pour l'étranger. Terrible nécessité que celle où se trouvait la capitale de la France. Elle ne confectionnait plus que des objets nécessaires aux soldats. Elle résista néanmoins victorieusement à ses douloureuses épreuves ; sa misère ne diminua en rien son patriotisme. Elle comprenait que faillir à sa tâche de ville centrale dans la crise révolutionnaire, c'était perdre la France. Comment les Girondins ont-ils pu concevoir la pensée d'enlever à Paris sa prépondérance, sauvegarde de l'unité du pays !

SEPTIÈME PÉRIODE.

I.

Paris sous le Directoire et sous le Consulat. — Première exposition des produits de l'industrie française. — Fête de la liberté — Nouvelle organisation de la capitale. — Institutions dues à l'époque révolutionnaire.

Louis XVI avait péri sur l'échafaud ; la révolution marchait.

Le comité de salut public et le tribunal révolutionnaire avaient été créés aux mois de mars et d'avril ; le 31 mai une insurrection avait été organisée par la commune de Paris ; le 23 juin on avait proclamé la Constitution de 1793 ; le 13 juillet Marat succombait sous le couteau de Charlotte Corday. On voit encore la maison longtemps sale et obscure, aujourd'hui badigeonnée, où fut frappé l'*ami du peuple*. Cette maison située rue de l'École-de-Médecine porte le nº 18.

Le 16 octobre, Marie-Antoinette monta sur l'échafaud. Mais la domination de la commune finit le 24 mars 1794 ; plus tard, le 5 octobre (13 vendémiaire), les sections de Paris s'insurgèrent contre la Convention, qui réprima ce mouvement avec l'aide de Bonaparte, dont le nom paraît pour la première fois dans l'histoire de la Révolution. La Convention nationale ayant clos ses séances le 26 octobre 1795, le Directoire s'installa le lendemain 27 (3 brumaire an IV)[1].

Le gouvernement directorial, toujours occupé de guerres extérieures, luttant contre une grande partie de l'Europe, en butte, à l'intérieur, à une infinité de manœuvres de toutes sortes, ne put, pendant les quatre années de son existence, créer dans Paris beaucoup de ces établissements qui prennent naissance que dans les temps de calme. Lorsque le conseil des Cinq-Cents siégea au palais Bourbon, les représentants du peuple, les directeurs s'affublèrent de costumes dont l'éclat insolite amusa le peuple de Paris. Depuis le 13 vendémiaire, l'ardeur des émeutes s'était un peu amortie chez les Parisiens ; la gaieté française reparaissait, elle dégénéra même en folie. La mode avait retrouvé son sceptre ; Barras possédait une véritable cour. Chez lui se réunissaient les plus excentriques parmi les *merveilleuses*, les plus fats parmi les *incroyables*. Il donnait des bals brillants, des fêtes somptueuses. Le luxe reparaissait avec lui. La société riche de Paris ne pensait plus qu'à se divertir. Les commensaux de Barras n'étaient pas tous des républicains ; loin de là, on remarquait parmi eux quelques anciens courtisans de Versailles (entre autres le duc Brancas-Lauraguais). Les salons, qui s'étaient rouverts depuis le 9 thermidor, perdirent insensiblement leur couleur politique. A l'enthousiasme républicain succéda l'amour de la gloire et des triomphes militaires ; on était au plaisir avec une sorte de fureur. Jamais la passion des bals n'avait été plus loin, et c'est à l'époque du Directoire qu'appartient ce fameux *bal des victimes*, où n'étaient admis que ceux qui avaient eu quelque parent atteint par le couteau de la guillotine. Paris ressembla à Athènes. Chacun se vêtit à la grecque. Aussi, selon un journal du temps, « jamais les femmes n'ont été mieux mises ni plus blanchement parées. Elles sont toutes couvertes de ces châles transparents qui voltigent sur leurs épaules et sur leur sein découvert, de ces nuages de gaze qui voilent une moitié du visage pour augmenter la curiosité, de ces robes qui ne les empêchent pas d'être nues. Dans cet attirail de sylphes, elles courent le matin, à midi, le soir : on ne voit qu'ombres blanches qui circulent dans toutes les rues ; c'est l'habillement des anciennes vestales, et les filles publiques sont costumées comme Iphigénie en Aulide sur le point d'être immolée. »

Pour la première fois, en l'an V, 1797, la Porte-Ottomane envoya à Paris un ambassadeur, chargé de résider auprès du Directoire. Sa venue produisit un grand effet.

De nouveaux théâtres s'élevaient, entre autres le théâtre Olympi-

[1] On peut consulter notre *Histoire populaire de la Révolution* pour connaître les détails des événements que nous devons nous contenter d'énumérer dans un travail spécial sur Paris.

que et le théâtre de la Cité, situé sur la place du Palais-de-Justice, sur l'emplacement de l'ancienne église Saint-Barthélemy. Paris comptait dix-sept grands théâtres, outre de très-nombreuses comédies bourgeoises. Il y avait les théâtres des Arts (Opéra), Français, Favart (Italiens), Feydeau (Opéra-Comique), de la République, du Vaudeville, Molière, Montansier, de la Cité, du Marais, de l'Ambigu-Comique, de la Gaîté, des Jeunes-Artistes, des Variétés amusantes, des délassements, des Jeunes-Élèves, Sans-Prétention. On joua, en 1797, sur ces dix-sept théâtres, cent vingt-six pièces nouvelles.

Les autres lieux de plaisir pour les Parisiens étaient le parc de Monceau ou les folies de Chartres, le jardin Biron, le jardin de Paphos, le pavillon de Hanovre et l'hôtel de Richelieu, Idalie, le jardin du parc des Sablons, le bal du parc de Saint-Cloud. Il s'était ouvert un théâtre des *Victoires nationales;* il ne réussit pas. « Après l'argent, dit une brochure de l'époque, la danse est devenue l'idole des Parisiens. Du petit au grand, du riche au pauvre, c'est une fureur, c'est un goût universel.

» On danse aux Carmes où l'on égorgeait, on danse aux Jésuites, au séminaire Saint-Sulpice, aux Filles-Sainte-Marie, dans trois ou quatre églises, chez Ruggieri, chez Lucquet, chez Mauduit, chez Wentzel, à l'hôtel Thélusson, à celui du salon des ci-devant princes, on danse partout. »

De splendides fêtes furent données au peuple, et, à la suite de la fête de la fondation de la République, la première exposition publique des produits de l'industrie française et des manufactures attira l'attention générale et stimula le zèle des commerçants.

François de Neufchâteau, de directeur devenu ministre, mit à exécution une idée fort heureuse et en même temps fort utile à la France. Par ses soins, au Champ-de-Mars, à l'ouest de l'autel de la patrie, fut bâti, d'une façon féerique, une sorte de quartier percé de rues et plein de constructions avec boutiques et magasins. C'était une *exposition des produits de l'industrie française*. On avait fait appel aux principaux manufacturiers du pays, en piquant leur amour-propre, en excitant leur émulation. La veille de la fête, François de Neufchâteau se rendit à *la foire*, — comme on appela d'abord cette exposition, — accompagné du jury des arts, de magistrats et de savants, et prononça un discours commençant en ces termes : « Ils ne sont plus ces temps malheureux où l'industrie, enchaînée, osait à peine produire le fruit de ses méditations et de ses recherches; où des règlements désastreux, des corporations privilégiées, des entraves fiscales, étouffaient les germes précieux du génie; où les arts, devenus en même temps les instruments et les victimes du despotisme, lui aidaient à appesantir son joug sur tous les citoyens, et ne parvenaient au succès que par la flatterie, la corruption et les humiliations d'une honteuse servitude. » Suivait la diatribe obligée contre les factions passées, puis l'énumération des avantages dont la France serait redevable à l'exposition.

Un *temple de l'Industrie* avait été élevé au milieu de ce quartier improvisé. Le 5 et le 10, on y exécuta des symphonies, et une foule le vint visiter chaque jour après avoir parcouru les rues de l'exposition.

Une seconde fête se célébra, celle de *la Liberté*. Les monuments des arts, venus d'Italie, en furent le principal ornement. A neuf heures du matin, tous les citoyens faisant partie du cortège se réunirent sur la rive gauche de la Seine, en face du Jardin des plantes. Les chars destinés à porter les monuments se rangèrent sur le boulevard du Sud; ils étaient ornés de trophées, de guirlandes et d'inscriptions. En trois grandes divisions se forma le cortège; en avant de la première était une bannière sur laquelle on lisait :

HISTOIRE NATURELLE;

suivie des professeurs administrateurs du Muséum, des élèves et des amateurs choisis exprès, marchant des deux côtés des chars de cette division.

Le premier char portait des minéraux, avec cette inscription : *Chaque jour l'art y découvre des propriétés nouvelles.*

Le second, des pétrifications de Vérone, avec cette inscription : *Monuments de l'antiquité du globe.*

Le troisième, des graines de végétaux étrangers vivants, avec cette inscription : *Cocotier, bananier, palmier,* etc.

Le quatrième, des végétaux étrangers vivants, avec cette inscription : *Ils multiplieront nos richesses et nos jouissances.*

Le cinquième, un lion d'Afrique.

Le sixième, une lionne.

Le septième, un lion du désert de Sahara.

Le huitième, un ours de Berne.

(Puis, deux chameaux et deux dromadaires).

Le neuvième, des outils et ustensiles d'agriculture, en usage en Italie, avec cette inscription : *Cérès sourit à nos trophées.*

Le dixième, deux blocs de cristal avec cette inscription : *Don fait par les habitants du Valais à la République française.*

Pour la seconde division, on lisait sur sa bannière :

LIVRES, MANUSCRITS, MÉDAILLES, MUSIQUE, CARACTÈRES D'IMPRIMERIE DE LANGUES ORIENTALES.

Les arts et les sciences soutiennent et embellissent la liberté.

Un chœur de musiciens chantait des hymnes patriotiques, Suivi des députations des sociétés libres des sciences; Des députations d'artistes des principaux théâtres de Paris; Des artistes typographes; — des conservateurs des bibliothèques publiques; — des professeurs de l'École polytechnique; — des professeurs du collége de France portant le buste d'Homère posé sur un trépied antique, devant lequel une bannière :

Sept villes se disputèrent l'honneur de lui avoir donné naissance; au-dessous duquel ces deux vers :

Ce génie a créé son art et ses rivaux,
Il n'eut point de modèle et n'aura point d'égaux [1].

Des professeurs des écoles centrales, des élèves distingués. Cette division comprenait six chars couverts de devises.

1º *Aliment du jeune âge et charme des vieux jours.*

2º *Il ne faut pas loger la science, il la faut épouser.* (Montaigne.)

3º *L'ignorance ne convient qu'au despotisme.*

4º *Laissons dire les sots, le savoir a son prix.* (La Fontaine.)

5º *Donnez des fleurs, donnez; j'en couvrirai ces sages.* (Delille.)

6º *Vivre ignorant, c'est être mort.* (Sénèque.)

Sur la bannière de la troisième division, on lisait cette pensée de Lavallée.

Les arts cherchent la terre où croissent les lauriers.

Suivaient un chœur de jeunes artistes, chantant des couplets analogues à la circonstance; — les élèves ayant remporté le prix de peinture, de sculpture ou d'architecture; — les administrateurs du Musée central des arts, du Musée spécial de l'école française, du Musée des monuments français; — les professeurs des écoles de peinture, sculpture, architecture, et tous leurs élèves, portant cette bannière :

MONUMENTS DE LA SCULPTURE ANTIQUE.

La Grèce les céda; Rome les a perdus :
Leur sort changea deux fois, il ne changera plus [2].

Cette troisième division comprenait vingt-neuf chars, où se trouvaient les chevaux de bronze doré de la place Saint-Marc à Venise; les neuf Muses; l'Amour et Psyché; la Vénus du Capitole; le Mercure du Belvédère; Vénus et Adonis; l'Antinoüs égyptien et celui du Belvédère; le Tireur d'épine; le Discobole; le Gladiateur mourant; le Méléagre et une amazone; Trajan; l'Hercule Commode; Marcus Brutus; Caton et Porcie, Zénon, Démosthène, Posidippe, Ménandre; la Santé; Cérès, le Laocoon; l'Apollon du Belvédère.

Une autre bannière portait le mot TABLEAUX, avec cette inscription :

Artistes, accourez! vos maîtres sont ici.

Et l'on voyait défiler tour à tour la Transfiguration de Raphaël, des toiles du Dominiquin, de Jules Romain, du Titien, de Paul Véronèse, etc.; accompagnées par les commissaires du gouvernement en Italie, ayant à leur chapeau la plume tricolore, et dans la main une couronne de laurier.

Ainsi formé, le cortège se rendit, par les boulevards Neufs et par celui des Invalides, jusqu'au Champ-de-Mars, où le Conservatoire exécuta le *Poëme séculaire* d'Horace, musique de Philidor, puis un chant dithyrambique où l'on remarquait cette strophe :

Beaux arts, rois sans esclaves, honneur de la patrie,
Venez dans leur palais succéder aux tyrans;
Leur trône est abattu, leur mémoire est flétrie:
De l'immortalité, sublimes conquérants,
La vôtre est à jamais chérie.
Venez dans leur palais succéder aux tyrans.

Le soir, il y eut danses et illuminations : de plus, ce fut une fête à lendemain.

L'entrée triomphale des monuments des arts et des sciences inspira aussi la muse des faiseurs de chansons:

En marche triomphale,
Voyez-vous l'APOLLON,
L'HERCULE et la VESTALE,
Et VÉNUS et CATON?
Tout héros vient, tout grand homme
A changé de pays;
Rome n'est plus dans Rome,
Elle est toute à Paris.

Les différentes administrations avaient été organisées avec ordre et modération; mais on doit reprocher au Directoire le rétablissement

[1] Vers du poète Lebrun le pindarique.

[2] Fêtes de la Liberté, et entrée triomphale des objets de sciences et d'arts recueillis en Italie. An VI. Programme.

de la loterie, qui entretient les pauvres dans de folles illusions, qui leur fait rêver la fortune « qui vient en dormant. » Le gouvernement directorial remit aussi en vigueur l'octroi municipal, qui sera toujours une charge trop onéreuse aux yeux des Parisiens. La suppression des deux tiers de la rente (le tiers consolidé), rendit à jamais le Directoire impopulaire parmi la bourgeoisie.

La liberté des cultes exista sous ce gouvernement. Rappelons seulement l'établissement de la secte, du reste fort tolérante, des *théophilanthropes* (amis de Dieu et des hommes), que l'on ne tarda pas à qualifier plus tard de *filous en troupe*, et qui disparut sous le ridicule.

Quelques événements graves survinrent. La découverte d'une conspiration dite du *camp de Grenelle*, fit échouer une dernière tentative du parti jacobin pour ressaisir le pouvoir. Babeuf fut condamné à mort (9 septembre 1796). Deux des cinq directeurs, Carnot et Barthélemy, furent condamnés à la déportation après le coup d'Etat du 4 septembre 1797.

Cependant, Napoléon, le vainqueur de l'Italie, revient à Paris. On lui fait une réception brillante; le peuple mêle aux cris de: *Vive la République!* celui de : *Vive Bonaparte!* La Révolution se livre déjà à l'ambition d'un homme. On procède aux élections de l'an VI; il y a scission entre les électeurs dans Paris, où les républicains et les royalistes sont en présence. Mais il n'éclate pas d'émeute; tout se borne à des discours, à des pamphlets, à des intrigues électorales mises en jeu par le Directoire. Les élections de l'an VII devaient présenter le même caractère.

Le 8 juin 1799, le *Prytanée français* s'installe; le 18, une cérémonie funèbre est célébrée en l'honneur des victimes de Rastadt. Bientôt les sociétés populaires se rétablissent; on forme la *Société du Manège* dans la salle de ce nom; composé d'ardents républicains, ce club effraie le Directoire (24 juin). Les Parisiens célèbrent encore avec entraînement l'anniversaire du 10 août 1792. Le gouvernement, inquiet, ordonne la fermeture du club du *Manège* qui avait été transféré ses réunions dans l'église des Dominicains, rue du Bac. On déclare la patrie en danger (3 septembre), et le ministre de la police, Fouché, fait saisir à Paris les presses de *vingt et un journaux tant royalistes que républicains;* ces journaux sont supprimés.

Napoléon profite des circonstances, exploite la mauvaise position du Directoire; désertant l'armée d'Egypte, il revient à Paris, où la population le reçoit avec un enthousiasme impossible à décrire.

Un repas lui fut offert par les deux conseils dans l'église de Saint-Sulpice (devenue le temple de la Victoire). Napoléon se retira après les premiers toasts; c'était déjà affecter les manières d'un souverain. La révolution du 18 brumaire ne pouvait se faire longtemps attendre. Elle réussit à l'audacieux héros. Un décret illégal transféra hors de Paris les deux conseils, qui allèrent siéger à Saint-Cloud. Un autre décret décerna à Bonaparte le commandement de la force armée dans Paris. Le général Bonaparte, ayant renversé le Directoire, se fit nommer premier consul, en s'adjoignant Cambacérès et Lebrun, assesseurs plutôt que collègues. La Constitution de l'an VIII fut votée et acceptée par le peuple. Paris adopta Napoléon, ne parla plus que de lui. Heureux ou malheureux, tous les événements qui concernaient le premier consul semblaient venir en aide à son ambition.

Le 24 décembre 1800 éclata la machine infernale de la rue Saint-Nicaise, à laquelle échappa le premier consul. Sauvé par l'adresse de son cocher César, Bonaparte tira parti de cet événement pour se populariser en accordant des indemnités et des pensions à ceux des habitants du quartier, qui, par l'effet de l'explosion de la machine, avaient souffert dans leurs personnes ou dans leurs propriétés.

Nommé consul à vie le 2 août 1802, Bonaparte, la même année, ordonna de proclamer le sénatus-consulte de la Constitution de l'an X. Paris vit la conspiration royaliste de Georges Cadoudal, tressaillit à la mort du duc d'Enghien (20 mars 1803) et assista à l'intronisation de Napoléon Bonaparte, proclamé empereur le 18 mai 1804.

Sous le gouvernement républicain, l'administration municipale de Paris avait changé plusieurs fois de forme. Aux quarante-huit sections remplaçant, en 1790, les soixante districts créés en 1789, avaient succédé, en 1795, les douze municipalités dont l'administration avait été confiée au département de la Seine, composé de sept administrateurs. La loi du 28 pluviôse de l'an VIII substitua à ceux-ci deux préfets, le *préfet du département* et le *préfet de police.*

La ville se divisa en même temps en douze arrondissements municipaux ayant chacun un maire et deux adjoints, et se subdivisant en quarante-huit quartiers qui remplacèrent les anciennes sections. Cet ordre de choses subsiste encore aujourd'hui.

1. Quartier du Roule.
2. — des Champs-Élysées.
3. — de la place Vendôme.
4. — des Tuileries.
5. — de la Chaussée d'Antin.
6. — du Palais-Royal.
7. — Feydeau.
8. — du faubourg Montmartre.
9. — du faubourg Poissonnière.
10. — Montmartre.
11. — Saint-Eustache.
12. — du Mail.
13. — Saint-Honoré.
14. — du Louvre.
15. — des Marchés.
16. — de la Banque de France.
17. — du faubourg Saint-Denis.
18. — de la porte Saint-Martin.
19. — Bonne-Nouvelle.
20. — Montorgueil.
21. — de la porte Saint-Denis.
22. — Saint-Martin-des-Champs.
23. — des Lombards.
24. — du Temple.
25. — Sainte-Avoie.
26. — du Mont-de-Piété.
27. — du Marché Saint-Jean.
28. — des Arcis.
29. — du Marais.
30. — de Popincourt.
31. — du faubourg Saint-Antoine.
32. — des Quinze-Vingts.
33. — de l'île Saint-Louis.
34. — de l'Hôtel-de-Ville.
35. — de la Cité.
36. — de l'Arsenal.
37. — de la Monnaie.
38. — Saint-Thomas-d'Aquin.
39. — des Invalides.
40. — du faubourg Saint-Germain.
41. — du Luxembourg.
42. — de l'Ecole de Médecine.
43. — de la Sorbonne.
44. — du Palais-de-Justice.
45. — Saint-Jacques.
46. — Saint-Marcel.
47. — du Jardin-du-Roi.
48. — de l'Observatoire.

Le préfet de la Seine, dont la résidence fut à l'Hôtel-de-Ville, réunit aux attributions ordinaires des préfets presque toutes les fonctions administratives des maires. Frochot, premier préfet de la Seine, eut pour successeurs : Chabrol, Alexandre de Laborde, Odilon Barrot, de Bondy, Rambuteau, etc. Près du préfet de la Seine siège un conseil de préfecture composé de cinq membres. Le conseil général du département et le conseil municipal de Paris s'assemblent aussi à l'Hôtel-de-Ville. Le préfet de police, dont les attributions sont fort étendues, doit pourvoir à la sûreté, à la salubrité, à la suffisance des approvisionnements dans Paris; il assure l'exécution des règlements de police. Sous ses ordres immédiats se placent les commissaires de police, la police centrale, les officiers de paix, les inspecteurs, le corps de la garde municipale (républicaine) de Paris; celui des sapeurs-pompiers, les sergents de ville, etc., etc. Dubois fut le premier préfet de police; ses successeurs ont été : Pasquier, Bourrienne, Réal, Decazes, Anglès, Delavau, de Belleyme, Mangin, Vivien, Gisquet, Delessert, etc., etc.

Paris doit à la première république un très-grand nombre d'institutions, dont voici les plus importantes : l'Institut (1795), l'Ecole polytechnique, l'Ecole normale, les Archives nationales (1795), le musée du Louvre (1793), la galerie des Antiques, (ou de sculptures, (1800), le Musée des monuments français (1795), la bibliothèque de Sainte-Geneviève (1791), celle de l'Arsenal, créée la même année ; le bureau des Longitudes (1795), le Conservatoire des Arts et Métiers, l'administration des hôpitaux et hospices civils de Paris ; les hôpitaux du Val-de-Grâce et de Saint-Antoine, etc. La Clinique interne et celle de l'Ecole de médecine appartiennent aux années 1801 et 1802. Quant aux travaux du canal de l'Ourcq, ils furent commencés en 1802, après avoir été projetés en 1799. On construisit les quais Desaix, des Invalides et de la Cité en 1802 ; le pont de la Cité et le pont des Arts de 1802 à 1804.

On remarque diverses transformations dans le nom des rues et places révolutionnaires ou de l'ancien régime ; par exemple :

Place de l'Indivisibilité	devint la	Place des Vosges.
Rue de la Révolution	—	Rue de la Concorde.
Rue des Piques	—	Rue de la place Vendôme.
Rue des Citoyennes. . . .	—	Rue de Madame.
Carrefour du Bonnet-Rouge .	—	Carrefour de la Croix-Rouge.
Rue Révolutionnaire	—	Rue Saint-Louis.
Rue des Francs-Citoyens. . .	—	Rue des Francs-Bourgeois.
Barrière Renversée.	—	Barrière du Trône.
Place Chalier . . . . . : . .	—	Place de la Sorbonne.
Rue de Marat	—	Rue de l'Ecole-de-Médecine.
Rue de l'Ami-du-Peuple, etc.	—	Rue de l'Observance, etc.

Les rues de l'*Union*, de l'*Egalité*, des *Droits-de-l'Homme*, de la *Fraternité*, furent conservées, etc. On n'avait pas osé s'attaquer à celles qui consacraient les principes républicains dont on faisait toujours parade.

Les nouvelles rues étaient presque toutes percées en mémoire de généraux célèbres, et c'était justice. Quelques statues, quelques fontaines s'élevaient pour honorer les morts glorieuses. On avait retiré le poteau placé en l'an III, sous une des fenêtres du Louvre, et qui portait cette inscription : « C'est de cette fenêtre que l'infâme Charles IX, avec une carabine, tirait sur ses sujets.

Bien des constructions embellissaient et assainissaient Paris. Le pont du *Jardin des plantes*, — plus tard le pont d'*Austerlitz*, — était commencé.

II.

Paris sous l'empereur Napoléon. — Chansons parisiennes. — Capitulation de Paris. — L'Arc-de-Triomphe et la colonne de la place Vendôme, etc.

Sous l'Empire, une partie des grandes choses qui ont été exécutées avaient été conçues et commencées par Bonaparte, premier consul. On ne peut séparer rigoureusement ces deux époques. Au reste, si l'histoire de ces quatorze années est féconde en graves événements, ils ne se rapportent guère à Paris, qui, dans son enceinte, vit se passer peu de faits remarquables. Il est vrai que l'ordre, la confiance, un grand mouvement commercial se manifestèrent pendant le consulat ; mais il est vrai aussi que le règne de la police fut excessif : on craignait de parler politique même en famille. La censure arrêtait tout essor de la presse ; les journaux de Paris, réduits à quatre, n'inséraient que ce qui agréait au gouvernement ; les rédacteurs écrivaient pour ainsi dire sous la dictée de Bonaparte. Les fêtes pompeuses du couronnement de Napoléon et de Joséphine (1804), les splendides solennités du sacre éblouirent les Parisiens.

La préfecture de police fit distribuer le 2 décembre 1804 une pièce intitulée : *La couronne de Napoléon, apportée de l'Olympe, de la part de Jupiter.* C'était un *chant impérial*, sur l'air : *Quels accents! quels transports!* Voici le premier couplet :

> Montant l'un des coursiers de la fière Bellone,
> De l'Olympe Mercure apporte une couronne ;
> Le roi des dieux l'envoie au héros des Français ;
> Elle est le prix de ses succès.
> Vous qu'il guida cent fois dans les champs de la gloire,
> Phalange de guerriers enfants de la victoire !
> En bravant de l'Anglais l'impuissante fureur,
> Chantez Napoléon, chantez votre empereur !

Restaurant les mauvaises coutumes de la monarchie, le nouvel empereur fit jaillir du vin des fontaines de Paris, et le peuple se laissa séduire par ces flatteries grossières. Le cœur des hommes sérieux saigna, quand ils entendirent chanter dans les rues, à propos de la distribution des comestibles faite aux indigents de la ville :

> Vive, vive Napoléon !
> Qui nous baille
> D' la volaille,
> Du pain et du vin à foison,
> Vive, vive Napoléon !
>
> Dès le premier jour l'abondance
> Et le bonheur sont dans la France ;
> Puisque ça commence si bien,
> J' ne manqu'rons jamais de rien.
>
> Vive, vive Napoléon !
> Qui nous baille
> D' la volaille,
> Du pain et du vin à foison,
> Vive, vive Napoléon !
>
> C'te fois-ci c' n'est pas des ment'ries,
> Les poulard' tombent tout' rôties,
> Et tout l' mond' peut , la cruche en main ,
> A la fontain' puiser du vin.
>
> Vive, vive Napoléon !
>
> Tous les députés de la France,
> En nous voyant faire bombance,
> Pourront compter, dans leur pays,
> L' plaisir qu' l'avons dans Paris.
>
> Vive, vive Napoléon ! etc.
>
> Ces lampions et cet artifice,
> Dans un' seul' nuit f'ront leur office ;
> Mais, pour l'auteur de tant d' bienfaits,
> Not' amour n' s'éteindra jamais.
>
> Vive, vive Napoléon !
> Qui nous baille
> D' la volaille,
> Du pain et du vin à foison,
> Vive, vive Napoléon !

Etaient-ce bien les Parisiens qui chantaient de pareils couplets ? Reconnaît-on là cette population républicaine qui avait accompli de si grandes choses pendant la Révolution ?

Ce revirement d'opinions ne pouvait durer longtemps. Quelques années après, cette même population, si enthousiaste pour le nouvel empereur, devait se lasser et l'abandonner.

Le gigantesque festin offert dans les Champs-Elysées à la garde impériale lorsque la paix de Tilsitt eut été conclue (1807) étonna encore Paris, mais ne contenta pas le cœur des habitants ; et quand le moment vint où Napoléon voulut s'allier à la plus orgueilleuse maison de l'Europe, quand le sénat déclara son mariage avec Joséphine dissous, et quand l'empereur épousa dans l'église Notre-Dame l'archiduchesse Marie-Louise, des fêtes somptueuses se renouvelèrent; mais elles furent attristées par la catastrophe du bal donné par le prince Schwartzenberg (1er juillet 1810), et par l'absence de Pie VII. En agissant ainsi, Pie VII rendait hommage à la grandeur et à la majesté de la première union de Napoléon.

L'enthousiasme des Parisiens était passé : le peuple regrettait la bonne Joséphine ; il la regardait comme l'ange tutélaire de l'*homme du destin*. Les cérémonies brillantes qui suivirent, à l'occasion de la naissance du roi de Rome (20 mars 1811), ne ranimèrent pas la joie franche des Parisiens. Malgré tous les efforts des organes publics, vendus ou muselés, l'opinion générale n'avait pas pris le change sur les pertes qu'avaient occasionnées les dernières victoires de Napoléon en Allemagne. La plaie de la guerre d'Espagne devenait chaque jour plus profonde.

Au moment où l'incendie de Moscou et l'hiver rigoureux de 1812 confondaient tous les plans de Napoléon, le calme dont jouissait Paris depuis plusieurs années, fut troublé par la conspiration du général Mallet. Le drame se termina par la mort des conjurés, fusillés dans la plaine de Grenelle le 13 octobre 1812.

L'astre de Napoléon avait pâli. Lorsque, quittant pour la seconde fois son armée épuisée, il revint du milieu des steppes de la Russie à Paris et demanda de nouveaux sacrifices au peuple, le sénat seul, sa créature, obéit; le corps législatif, représentant la nation, fit de l'opposition et recouvra tout à coup la parole. Napoléon, qui avait toujours redouté l'opposition de la tribune, s'empressa de dissoudre ce corps, dont le mauvais vouloir perdait le pays. Paris réorganisait sa garde nationale. La campagne de Saxe et celle de France montrèrent que Napoléon était bien encore l'homme de Marengo et de Lodi ; et, pourtant, elles ne retardèrent que de quelques mois l'entrée de l'Europe en armes dans Paris. Après tant de conquêtes, quel fut l'étonnement des bourgeois parisiens en apprenant que l'invasion du territoire français par les armées ennemies se consommait, que les étrangers se rapprochaient de la capitale ! Quelle fut l'affliction du peuple entier en voyant les quais, les ponts, les boulevards de Paris remplis d'Ecossais, d'Anglais, de Suédois, d'Allemands, de Prussiens, de Baskirs ! de Kalmouks, etc. La consternation et le trouble étaient à leur comble.

Les maréchaux Marmont, Mortier et Moncey, voulurent tenter un effort énergique. La garde nationale parisienne, composée de trente mille hommes et récemment mise en activité, avant le départ de l'empereur (27 janvier 1814) se leva en masse. A elle se joignirent les jeunes élèves de l'Ecole Polytechnique, qui combattirent vaillamment sur les buttes Saint-Chaumont. La barrière de Clichy fut défendue avec héroïsme. Mais on ne put résister au grand nombre des ennemis. Le roi Joseph, frère de Napoléon, abandonna Paris et ordonna aux maréchaux de capituler. Le 30 mars, les autorités signèrent la capitulation ; le lendemain, l'empereur Alexandre et les autres souverains alliés firent leur entrée triomphale au milieu des Parisiens. Le 2 avril, le sénat proclama la déchéance de Napoléon Bonaparte, avec une facilité qui ressemblait à de l'ingratitude.

Le génie organisateur de Napoléon a multiplié à Paris les établissements utiles, et il n'a pas pour cela négligé les édifices somptueux. Le créateur des arcs de triomphe de l'Etoile et du Carrousel, de la colonne triomphale de la place Vendôme, du palais de la Bourse, de la rue de Rivoli, a construit aussi les abattoirs, le grenier de réserve sur le boulevard Bourdon ; les marchés Saint-Germain, Saint-Honoré, Saint-Martin, des Blancs-Manteaux, des Carmes ; le canal Saint-Martin, le bel Entrepôt des vins et la halle à la viande.

L'arc de triomphe de l'Etoile et la colonne de la place Vendôme, furent les deux monuments par excellence de l'époque impériale.

Arrêtons-nous quelque temps sur ces vestiges glorieux, et occupons-nous des détails de leur construction.

Après la campagne d'Austerlitz, Napoléon avait conçu le projet d'élever au milieu du vaste rond-point de la barrière de l'Etoile une colonne triomphale à la mémoire de la grande armée. Mais il parut préférable de construire là un arc de triomphe, parce que dans une position aussi élevée, il était de toute nécessité que le monument eût des proportions colossales. On en décréta l'érection le 18 février 1806. Ce qui semblera étrange, c'est qu'aucune cérémonie de pose de première pierre ne servit à en constater l'origine et la date. Seulement, le 15 août 1806, les ouvriers employés à cette construction s'imaginèrent d'en fixer la date lorsqu'il y avait déjà quatre assises posées en fondations. A cet effet, ils taillèrent une pierre en forme de bouclier hexagone, où ils gravèrent cette inscription :

L'AN 1806,
LE 15 AOUT, JOUR ANNIVERSAIRE
DE LA NAISSANCE DE S. M. NAPOLÉON LE GRAND,
CETTE PIERRE EST LA PREMIÈRE QUI A ÉTÉ POSÉE
DANS LA FONDATION DE CE MONUMENT.
MINISTRE DE L'INTÉRIEUR
M. DE CHAMPAGNY.

En 1814, l'arc de triomphe était élevé jusqu'aux voûtes. Sous la Restauration, on l'abandonna complétement, on enleva jusqu'à l'échafaudage, dont le bois fut employé à l'achèvement du grenier d'abondance. En 1823, le gouvernement royal conçut un instant l'incroyable pensée de faire servir l'arc élevé à la gloire des armées de la République et de l'Empire, pour transmettre à la postérité les faciles succès de l'expédition d'Espagne, les conquêtes du héros du Trocadéro (le duc d'Angoulême). La foi manquait ; les travaux n'eurent jamais une grande activité. Aussi, lorsque la révolution de juillet 1830 éclata, l'arc de triomphe en était à peu près au point où l'avait laissé l'Empire. En 1831, on le reprit avec vigueur ; et en 1833 l'arc de triomphe fut achevé, moins le couronnement.

Plusieurs architectes ont successivement dirigé les constructions. Chalgrin fut le premier : il conduisit les travaux jusqu'en 1811 ; après sa mort, Goust les mena jusqu'en 1814. En 1823, ils furent repris sous la direction de M. Huyot, auquel succéda une commission de quatre membres : MM. de Gisors, Fontaine, Labarre et Debret. Plus tard, M. Huyot reprit la conduite des constructions, et leur achèvement fut confié, en 1832, aux soins de M. Blouet. Celui-ci, qui bâtit les parties supérieures du monument, suivit les plans de son prédécesseur.

L'arc de triomphe surpasse de beaucoup, par la grandeur de ses proportions, toutes les constructions de ce genre. Les frais se sont élevés à près de dix millions de francs. A l'intérieur du monument sont ménagées de grandes salles nécessitées par les combinaisons des voûtes et par la décoration extérieure. Des escaliers donnent accès dans les grandes salles et dans la plate-forme qui les surmonte. Des pilastres ornent l'attique ; sur ces pilastres sont sculptées des palmes avec des épées ; entre ces pilastres, il y a des boucliers sur lesquels sont gravés des noms de batailles. Au-dessus du socle dominant la corniche de l'attique règne une galerie ou ornement en pierre formant appui et couronnement, composé de têtes de Méduse correspondant à chacun des pilastres inférieurs, reliées entre elles par des palmettes et des écussons. La voûte du grand arc et celles des petits arcs sont décorées de caissons avec rosaces, et les arcs-doubleaux sont ornés d'entrelacs. La frise du grand entablement est ornée d'un bas-relief continu.

Le côté de Paris (est), y compris la moitié des deux faces latérales, représente la distribution des drapeaux et le départ des armées ; le côté de Neuilly (Ouest), y compris les deux autres moitiés des faces latérales, représente la distribution des couronnes et le retour des armées. Il existe six bas-reliefs au-dessous du grand entablement : les deux de la face de Paris (est) représentent, à gauche la victoire d'Austerlitz, à droite les funérailles de Marceau ; celui de la face latérale du Nord représente la bataille d'Austerlitz, et celui de la face latérale du sud la bataille de Jemmapes ; ceux de la face de Neuilly (ouest) représentent à gauche la prise d'Alexandrie, à droite le passage du pont d'Arcole.

Les tympans du grand arc renferment quatre immenses Renommées ; les tympans des petits arcs offrent aux regards, — à la face latérale du Roule (nord) l'Infanterie, — à la face latérale du Passy (sud) la Cavalerie, — au sud, sous le grand arc, l'Artillerie, et au nord, aussi sous le grand arc, la Marine.

Sous les petits arcs, on remarque quatre bas-reliefs représentant les Victoires du Sud, celles de l'Ouest, celles de l'Est et celles du Nord. Enfin, quatre trophées gigantesques, ou plutôt quatre groupes allégoriques, représentent, — au côté de Paris (est), à droite le Départ, à gauche le Triomphe, au côté de Neuilly (ouest), à droite la Résistance, à gauche la Paix.

Quant à la colonne de la place Vendôme, elle a un but spécial. Elle retrace les exploits de la grande armée pendant la campagne de 1806.

Le piédestal mutilé de la statue de Louis XIV restait encore au milieu de la place Vendôme lorsque Napoléon eut la pensée d'y ériger un monument triomphal. Le projet adopté fut celui de l'imitation de la colonne Trajane. Seulement, on prit des proportions plus fortes d'un douzième.

Les travaux de la colonne commencèrent le 25 août 1806 ; on l'inaugura le 15 août 1810, jour de la fête de Napoléon. Denon, Goudoin et Lepère dirigèrent les constructions. La colonne de la grande armée a soixante et onze mètres de hauteur, y compris le piédestal, et quatre mètres de diamètre ; le piédestal a sept mètres d'élévation : il est entouré par un pavé et par des gradins en granit de Corse. Le noyau, en pierre de taille, est revêtu de deux cent soixante-seize

plaques de bronze ornées de bas-reliefs et disposées en spirale, représentant par ordre chronologique les principaux exploits qui signalèrent la campagne de 1805, depuis le départ des troupes du camp de Boulogne jusqu'à la conclusion de la paix, après la mémorable bataille d'Austerlitz. Dans l'intérieur, on a pratiqué un escalier à vis de cent soixante-seize marches. On monte ainsi à une galerie qui s'étend sur le chapiteau. Au-dessus de cette galerie s'élevait une espèce de lanterne qui supportait la statue pédestre de Napoléon en empereur romain, exécutée par Chaudet, fondue par Lemot.

Avec le bronze de douze cents canons pris sur l'ennemi furent sculptés, sur les dessins de Bergeret, tous les bas-reliefs de la colonne. Plusieurs figures sont des portraits. Les quatre faces du piédestal offrent des trophées composés d'armes diverses, de drapeaux et de costumes militaires ; aux angles sont placés quatre aigles qui soutiennent des guirlandes de chêne et de laurier.

Au-dessus de la porte, deux Victoires tiennent une tablette sur laquelle on lit :

NEAPOLIO IMP. AUG. MONUMENTUM BELLI GERMANICI
ANNO M. D. CCC. V. TRIMESTRI SPATIO DUCTU SUO PROFLIGATI.
EX ÆRE CAPTO GLORIÆ EXERCITUS MAXIMI DICAVIT.

On peut traduire ainsi cette inscription :

« Avec le bronze pris sur l'ennemi, Napoléon, empereur auguste, a élevé ce monument à la gloire de la grande armée, qui, en trois mois, pendant l'année 1805, et sous ses ordres, a vaincu l'Allemagne. »

Le palais des Tuileries reçut des améliorations notables sous l'empire. Le 19 février 1800, le premier consul Bonaparte quitta le palais du Luxembourg pour venir s'installer dans la résidence des rois. Avec lui devaient habiter ses deux collègues. Le consul Lebrun fut logé au pavillon de Flore, qu'il céda au pape lors du sacre de l'empereur ; il habitait le petit appartement que Marie-Antoinette avait fait disposer pour lui servir de pied-à-terre lorsqu'elle venait sans suite à Paris. Le consul Cambacérès refusa de s'installer aux Tuileries. Il dit à Lebrun : « C'est une faute d'aller nous loger aux Tuileries ; le général voudra bientôt y loger seul, il faudra alors en sortir ; mieux vaut ne pas y entrer. » Cambacérès se fit donner l'hôtel d'Elbeuf, situé place du Carrousel, hôtel aujourd'hui démoli, et qu'il garda aussi longtemps que Napoléon resta empereur. A son arrivée au Carrousel, le premier consul, précédé et suivi d'une nombreuse escorte, fut reçu par la garde consulaire rangée en bataille dans la cour du palais. Cette cour était alors entourée de planches et fort mal disposée ; deux corps de garde, probablement établis là pendant la révolution, existaient encore. Sur celui de droite, on lisait une inscription ainsi conçue :

LE 10 AOUT 1793, LA ROYAUTÉ EN FRANCE EST ABOLIE
ET NE SE RELÈVERA JAMAIS !...

Quelques jours après l'inscription avait disparu, en même temps que deux arbres de la liberté qui avaient été plantés dans la cour. Lors de la construction de l'arc du Carrousel, plusieurs boulets qui étaient restés incrustés dans les murs de la façade du palais, et sur lequels on avait écrit : 10 AOUT disparurent aussi.

Ce fut Napoléon qui rendit la salle de spectacle des Tuileries à sa destination primitive. Sous l'empire, le cercle de la cour se tenait dans la salle du Trône ; les danses et autres divertissements avaient lieu dans la salle de la Paix et dans la salle des Maréchaux. Lorsque l'empereur conçut la malheureuse idée d'improviser des royaumes pour ses frères, on lut un matin, à l'endroit même où avait si longtemps subsisté l'inscription qui consacrait l'abolition de la royauté, ces mots tracés en gros caractères : FABRIQUE DE SIRES.

Mais ces monuments de luxe, construits ou restaurés pendant l'époque impériale, ne sont pas ceux qui recommandent le plus Napoléon au souvenir des Parisiens. Les abattoirs ont la haute aux vins ont un but d'utilité, dont une importance qui nous engage à rechercher leur origine.

Les abattoirs, d'abord, méritent de fixer notre attention. Un décret parut le 9 février 1810. Il portait :

Art. Ier. Il sera établi à Paris cinq tueries ; trois sur la rive droite de la Seine, deux sur la rive gauche.

Art. II. Les trois tueries sur la rive droite seront : deux de vingt-quatre échaudoirs et une de douze.

Art. III. La première pierre des quatre tueries qui sont à construire sera posée le 25 mars par notre ministre de l'intérieur, qui ordonnera les dispositions nécessaires.

Art. IV. La corporation des bouchers de Paris sera maîtresse de faire construire les cinq tueries à ses frais, et elle en aura le privilége exclusif ; sinon, les travaux seront faits sur les fonds de notre domaine extraordinaire et à son profit.

Un autre décret du 19 juillet 1810 ajouta :

Art. Ier. Le plan de l'emplacement des quatre abattoirs dont nous avons ordonné la construction dans notre bonne ville de Paris est approuvé tel qu'il est annexé au présent décret.

Art. II. Notre ministre de l'intérieur est chargé de l'exécution du présent décret, etc.

Enfin, un décret du 24 février 1811 contient, entre autres articles, celui-ci : « L'accroissement de 1,500,000 francs de revenus qui résulte pour la ville de Paris du rétablissement de la caisse de Poissy sera d'abord employé à terminer les abattoirs. La construction du cinquième abattoir sera commencée cette année ; celle des quatre autres sera continuée avec toute l'activité possible, et de manière qu'ils soient terminés en 1812. Après l'achèvement des abattoirs, les produits de la caisse de Poissy augmenteront, dans la caisse de la ville, les fonds destinés à de nouveaux travaux. »

La halle aux vins et aux eaux-de-vie est le digne pendant des cinq abattoirs exécutés selon les trois décrets impériaux que nous avons cités. Sa fondation date de la même époque.

Noble ruiné au jeu détroussant un passant.

Le 30 mars 1808, Napoléon décréta :

Art. Ier. Il sera formé dans notre bonne ville de Paris un marché et un entrepôt francs pour les vins et les eaux-de-vie, dans les terrains situés sur le quai Saint-Bernard.

Art. II. Les vins et eaux-de-vie conduits à l'entrepôt conserveront la facilité d'être réexportés hors de la ville sans acquitter l'octroi.

Art. III. Cette exportation ne pourra avoir lieu que par la rivière ou par les deux barrières de Bercy et de la Gare. Dans ce cas les transports devront suivre les quais et sortir en deux heures.

Art. IV. Les vins destinés à l'approvisionnement de Paris n'acquitteront les droits d'octroi qu'au moment de la sortie de l'entrepôt.

Art. V. L'entrepôt sera disposé pour placer tant à couvert qu'à découvert jusqu'à 150,000 pièces de vin.

Art. VI. Notre ministre de l'intérieur nous soumettra d'ici au 1er juin l'aperçu des dépenses que pourraient exiger l'achat des terrains et les devis des constructions à faire, etc.

Signé : NAPOLÉON.

On se mit à l'œuvre. M. Gauché, qui construisit la halle aux vins, en a donné lui-même la description.

« Cet établissement, dit-il, est précédé d'une vaste place avec allées d'arbres le long du quai et dans les rues transversales. Il est divisé en cinq grandes masses de constructions par les rues de Bordeaux, de Bourgogne, de Champagne, de Languedoc et de Touraine, ainsi appelées du nom des principaux vignobles de France. Deux de ces masses sont au centre, sous les noms de magasins de l'Yonne et de la Marne. Les trois autres divisions ont quatre-vingt-neuf celliers, plus deux passages en galerie conduisant à une plus grande galerie qui donne entrée à quarante-neuf caves. Les masses de constructions au-dessus des celliers sont moins grandes, parce qu'elles laissent autour d'elles une terrasse. Ces constructions sont également au nombre de cinq, dont deux sont sur les côtés (magasins de la Loire et de la Seine), les

trois autres dans le fond, environnant le bâtiment destiné aux eaux-de-vie. Ce bâtiment est divisé en quarante magasins séparés par une galerie, etc. Derrière les magasins des eaux-de-vie s'élèvent aussi deux bâtiments flanqués de pavillons avec bureaux pour la grille de sortie sur la rue Saint-Victor. Un de ces bâtiments est destiné au mesurage des esprits, par le moyen de cylindres exactement jaugés, dont les qualités sont reconnues sur une échelle placée près d'un tube de verre dans lequel le liquide se met au niveau de celui renfermé dans le cylindre. Cet appareil sert à mesurer en une seule fois les pièces contenant même jusqu'à six cents litres. Un deuxième bâtiment semblable est destiné à l'opération du mouillage ou de la réduction des eaux-de-vie au degré convenu par les ventes. A gauche du magasin de la Loire et le long de la rue de Seine (aujourd'hui rue Cuvier), pour cacher l'irrégularité du terrain, on a construit vingt et un petits celliers d'inégale grandeur. L'excédant des terrains formant l'angle des rues Cuvier et Saint-Victor a été utilisé par la construction d'un grand magasin public pour renfermer les eaux-de-vie, etc. D'après les plans présentés pour la disposition des marchandises, l'entrepôt a été considéré comme pouvant contenir deux cent huit mille pièces de vin, etc. Les magasins des eaux-de-vie en renferment plus de dix-sept mille. »

La Halle aux vins a coûté près de vingt millions à la ville de Paris. Elle fait l'admiration de tous les étrangers. Une ville de quatrième ordre et ses faubourgs seraient aisément placés dans son enceinte, qui occupe une superficie de cent trente-quatre mille mètres.

Pendant le règne de Napoléon, toutes les maisons qui existaient encore sur les ponts disparurent, et l'on put jouir de l'aspect du cours de la Seine. Les quais d'Orsay, de Billy, du Louvre, etc., furent achevés. Les ponts d'Austerlitz et d'Iéna établirent des communications entre les deux rives de la Seine.

La Saint-Barthélemy.

Le pont d'Austerlitz, commencé en 1802, achevé en 1806, se compose de cinq arches en fer supportées par des piliers et des culées en pierre de taille. Le pont d'Iéna, situé en face du Champ-de-Mars, fait communiquer le quai de Billy avec le quai d'Orsay. Il fut commencé en 1809, et achevé en 1813. Il offre un plan parfaitement horizontal, et consiste en six arches de forme elliptique, entre lesquelles sont des corniches imitées du temple de Mars à Rome, ornées de guirlandes de laurier et de la couronne impériale. Il doit son nom à la célèbre bataille gagnée par les Français sur les Prussiens le 14 octobre 1806.

Un très-grand nombre de fontaines, parmi lesquelles nous citerons celles du palais de l'Institut et de la place du Châtelet, répandirent les eaux de la Seine et les eaux de l'Ourcq dans divers quartiers de Paris.

Occupons-nous maintenant des institutions universitaires, commerciales, littéraires, de l'Empire. Une énumération succincte nous suffira.

La nouvelle organisation de l'instruction publique fixa, en 1808, le chef-lieu de l'Académie de Paris à la Sorbonne, et amena l'établissement des quatre lycées : le lycée Bonaparte, actuellement lycée Bourbon ; le lycée Napoléon, aujourd'hui lycée Henri IV ; le lycée impérial (lycée Louis-le-Grand) ; et le lycée Charlemagne.

Le musée du Luxembourg s'éleva en 1803 le musée d'artillerie vers la même époque. La Banque de France, fondée en 1806, fut installée en 1811 dans l'ancien hôtel de la Vrillière, approprié à cette destination.

Un seul théâtre nouveau s'éleva sous l'Empire : c'est celui des Variétés, ouvert au public en 1807. Napoléon supprima beaucoup de petits théâtres élevés à Paris sous la République.

Une innovation heureuse se produisit en 1806 dans le système du numérotage des maisons. Sous la République, une seule série de numéros commençait toutes les maisons d'une section. De là une confusion extrême, une difficulté réelle à trouver les adresses des habitants. On numérota par rue, numéros pairs d'un côté, numéros impairs de l'autre.

III.

Paris sous Louis XVIII, sous les cent-jours, sous Charles X. — Révolution de juillet 1830.

Louis XVIII fit son entrée à Paris le 3 mai 1814, par le faubourg et la rue Saint-Denis. Déjà, le comte d'Artois avait été nommé lieutenant général, le 12 avril, et il avait été accueilli avec enthousiasme par une partie de la population parisienne assez considérable pour encombrer son passage. Il rassura les esprits inquiets, en leur disant : « *Plus de conscription, plus de droits réunis* ! *Il n'y a rien de changé en France : il n'y a qu'un Français de plus.* Entré aux Tuileries, il s'écria : « *Ah ! qu'il est doux de se reposer dans la maison de ses pères !* » Puis, s'adressant aux maréchaux qui l'accompagnaient, il ajouta : « *Et sur vos lauriers, messieurs !* »

Trois jours après le départ de Napoléon pour l'île d'Elbe, le même comte d'Artois signa à Paris, avec les princes alliés, les conventions par lesquelles il abandonna cinquante-trois places fortes au delà des anciennes limites de la France, avec tout le matériel, qu'on a évalué à deux cent soixante millions de francs. Le 30 mai le traité de Paris délivra la capitale et la France de l'occupation étrangère, et le 2 juin suivant la charte constitutionnelle fut promulguée. Tout eût été pour le mieux alors, si le roi, prenant une allure ferme sur le trône, se fût contenté, dès sa rentrée aux Tuileries, *de se coucher*, comme on l'a dit, *dans les draps de Napoléon*. Mais immédiatement après commença la série des fautes qui constituent l'*anarchie paternelle de 1814*.

Dès le 5 avril, une ordonnance royale organisa une cour à la vieille mode, dont les membres avaient de gros traitements, cour toute composée de vieux seigneurs émigrés et inconnus à la nation. Aucune des promesses libérales n'était tenue.

Dans la séance du 4 juin, à la chambre des députés, Louis XVIII, après avoir proclamé la Charte, procéda à l'installation de la chambre des pairs ; mais on n'entendit pas avec plaisir, dans cette solennité, employer deux formules qui rappelaient l'étiquette de l'ancien régime : « Messieurs les pairs, asseyez-vous... Messieurs les députés, le roi vous permet de vous asseoir. » Une ordonnance relative à l'observation du dimanche devint l'objet des quolibets du public.

La marche illogique et indécise d'un gouvernement qui ne savait ménager ni les intérêts ni les susceptibilités de la nation avait excité un mécontentement général ; l'armée surtout était profondément blessée de voir dans les cadres de ses officiers des émigrés ou des

hommes qui n'avaient jamais servi, ou des soldats qui n'avaient porté les armes que contre la France.

Aussi, Napoléon, quittant l'île d'Elbe pour reconquérir le trône, traversa la France sans obstacle, et arriva le 20 mars 1815 dans la capitale que Louis XVIII, arraché à sa profonde sécurité, avait été forcé de quitter la veille.

L'histoire des cent-jours, dans la capitale, se résume par l'assemblée du champ de mai (2 juin) par le retour de l'empereur après la funeste journée de Waterloo, et par les délibérations des représentants qui le forcèrent à abdiquer de nouveau.

Une capitulation, plus désastreuse que la première, livra encore Paris aux alliés (3 juillet 1815).

Louis XVIII rentra. La tranquillité de la capitale ne fut point troublée pendant les premières années de son règne. Malgré les fautes de ses conseillers et l'effervescence des esprits, aucun désordre grave ne s'y était encore manifesté, quand le duc de Berry fut assassiné par Louvel en sortant de l'Opéra (13 février 1820).

Le duc de Berry était le second fils du comte d'Artois et neveu de Louis XVIII. Né à Versailles en 1778, il avait suivi sa famille dans l'émigration, avait fait partie de l'armée de Condé, et avait épousé la princesse Caroline, de la maison de Naples. Louvel en assassinant le duc de Berry avait voulu frapper le seul prince qui pût perpétuer la famille royale, avait voulu mettre fin à la branche aînée des Bourbons. Il fut condamné à mort par la cour des pairs, et subit le dernier supplice avec fermeté, en assurant qu'il n'avait pas de complices.

Au mois de juin de la même année (1820), à la suite de violents débats soulevés à la chambre des députés par la discussion de la loi électorale, des troubles éclatèrent à Paris ; le gouvernement accrut l'irritation en voulant la réprimer par la force, et la lutte parlementaire s'établit surtout en 1823. La majorité de la chambre des députés alla jusqu'à ordonner l'expulsion de Manuel, l'orateur le plus hardi de l'opposition. Mais Louis XVIII, accablé d'infirmités, mourut en 1824, et pour quelque temps on espéra que son successeur saurait conquérir et conserver une popularité nécessaire au repos de la France.

Après l'avénement de Charles X, qui fut salué à son entrée dans Paris par de vives acclamations, les hostilités recommencèrent. Et pourtant les réponses affables, les actes de bonté facile de Charles X, avaient séduit tout d'abord les Parisiens. Le roi abolit la censure : cette mesure excita à Paris une approbation unanime ; l'enthousiasme redoubla. On avait tant besoin de croire au bon vouloir du monarque ! Ce fut une erreur.

En 1825 les funérailles du général Foy fournirent à une partie de la population parisienne l'occasion de manifester ses dispositions peu favorables à la Restauration, qui voulait continuer les errements de la monarchie absolue. Rien ne troubla ses obsèques, auxquelles l'autorité militaire prêta toutes ses pompes ; mais il était aisé de voir que les mécontentements croissaient. Une souscription s'ouvrit pour les enfants du général Foy, mort sans fortune : en moins de six mois elle produisit un million. Foy représentait le pur libéralisme.

On ne tint pas compte des idées du jour ; au lieu de progresser naturellement, on rétrograda par système. Les ministres abandonnèrent tout à coup les principes libéraux, et sévirent contre la presse ; ils annoncèrent une loi restrictive de cette liberté, ironiquement qualifiée de *loi de justice et d'amour*, et ils la présentèrent.

Rien de plus impolitique, rien de plus dangereux.

L'Académie française, les journaux, les imprimeurs, les libraires réclamèrent énergiquement contre cette mesure. Le gouvernement

Les moines excitent le peuple contre Henri IV.

répondit par des destitutions, manière d'envenimer les questions et d'avoir la raison du plus fort.

Quoi qu'il en soit, les funérailles de l'académicien la Rochefoucauld-Liancourt, mort dans la défaveur du roi, hâtèrent le retrait de la loi sur la presse. La royauté semblait s'amender. L'opposition prenait de jour en jour des forces nouvelles. Au mois d'avril 1827, le roi avait annoncé qu'il passerait la revue de la garde nationale au Champ-de-Mars. Là, se firent entendre les cris de : *A bas les ministres! à bas les jésuites!* peu après, la garde nationale parisienne était licenciée. Charles X et ses conseillers portaient ainsi un coup terrible aux institutions reconnues en principe par la Charte.

Au mois de novembre de la même année, les élections des députés dans les colléges de Paris avaient été presque toutes libérales. Les députés de la Seine étaient : MM. Dupont de l'Eure, Jacques Laffitte, Casimir Périer, Benjamin Constant, Schonen, Ternaux, Royer-Collard, Louis, Alexandre de Laborde, Odier, Vassal, Jacques Lefebvre. Il y eut dans les rues une bruyante explosion de triomphe populaire : des rassemblements se formèrent et aux cris de *vive la Charte!* des barricades furent élevées.

La force armée intervint, et la répression des troubles qui durèrent plusieurs jours, amena de sanglantes collisions. Un vent de révolution soufflait déjà dans l'air. Paris assez calme sous le ministère Martignac, époque de transition et de demi-confiance, s'émut de nouveau lorsque l'adresse des deux cent vingt et un qui protesta contre le ministère Polignac, succédant à celui de Martignac. C'était un véritable défi porté au libéralisme. Une fois sur cette pente, le gouvernement risquait de se perdre. Paris, en 1830, avait envoyé à la Chambre douze députés de l'opposition : MM. Vassal, Alexandre de Laborde, Odier, Jacques Lefebvre, Mathieu Dumas, Demarçay, Eusèbe Salverte, de Corcelles, Schonen, Chardel, Bavoux, Charles Dupin.

Le 26 juillet, des ordonnances qui suspendaient la liberté de la presse et changeaient la loi électorale parurent dans le journal officiel; et le lendemain la résistance armée s'organisa contre ce coup d'État. Le 28, Paris s'insurgea tout entier, mille barricades s'improvisèrent; la lutte s'engagea entre la troupe et le peuple, qui s'empara de l'Hôtel-de-Ville. La capitale fut mise en état de siége. Le 29, le Louvre, les Tuileries, les casernes, après une action vive, meurtrière, tombèrent au pouvoir des insurgés, le drapeau tricolore remplaça le drapeau blanc et flotta sur tous les monuments. La victoire appartint au peuple, et les troupes royales, hors d'état de résister, se retirèrent.

Une commission fut nommée pour offrir au général La Fayette le commandement de la garde nationale, pour le prier de proclamer un gouvernement provisoire. La Fayette accepta. Au même instant, le général Gérard se présenta pour diriger les opérations actives, et le général Pajol demanda à combattre sous ses ordres. On délibéra sur la nomination d'une commission municipale, chargée de pourvoir à tout ce qu'exigeait le salut de la capitale. Cette commission se composa de MM. Audry de Puyraveau, Gérard, Jacques Laffite, Casimir Périer, Lobeau, Mauguin, de Schonen, Odilon Barrot.

Le général La Fayette partit aussitôt pour l'Hôtel-de-Ville, dont le général Dubourg lui remit le commandement, et il adressa aux Parisiens la proclamation suivante :

« Mes chers concitoyens et braves camarades! la confiance du peuple de Paris m'appelle encore une fois au commandement de sa force publique. J'ai accepté dévouement et avec joie les devoirs qui me sont confiés; et, de même qu'en 1789, je me sens fort de l'approbation de mes honorables collégues aujourd'hui réunis à Paris. Je ne ferai point de profession de foi : mes sentiments sont connus. La conduite de la population parisienne dans ces derniers jours d'épreuve me rend plus que jamais fier d'être à sa tête. La liberté triomphera, ou nous périrons ensemble.

» *Vive la liberté! vive la patrie!*

» LA FAYETTE. »

Le 31 juillet, le duc d'Orléans, que l'on avait nommé lieutenant général du royaume, se rendit à l'Hôtel-de-Ville, sans autre garde que le peuple. A son arrivée, le prince fut reçu par le général Dubourg. Alors, M. Viennet lut la déclaration de la chambre des députés qui conférait la régence générale du royaume au duc d'Orléans. Celui-ci confirma par quelques mots les promesses contenues dans cette déclaration. Le général Dubourg dit, en se tournant vers le prince : « Vous venez de prendre des engagements, faites en sorte de les tenir; car, si vous les oubliez, le peuple qui est là, sur la Grève, saurait bien vous le rappeler.—Monsieur, répondit le duc d'Orléans, vous ne me connaissez pas.... Je suis un honnête homme; quand il s'agit de mon devoir, on ne me laisse ni gagner par la prière ni intimider par la menace. »

Cependant, deux cent dix-neuf députés se considérèrent à tort comme représentant la France entière et ils ne voulurent pas que la révolution de juillet fût faite pour le peuple : ils l'escamotèrent (qu'on nous pardonne cette expression en faveur de sa justesse). Ils déclarèrent le trône vacant, et appelèrent le duc d'Orléans à l'occuper. La bourgeoisie l'emportait.

Le duc d'Orléans accepta la couronne, et laissa penser que son règne *serait la meilleure des Républiques*. Il prêta serment à la Charte modifiée. Un grand enthousiasme avait d'abord saisi les masses chantant la *Marseillaise* et la *Parisienne*, croyant avoir accompli une véritable révolution. Elles se trompaient. Charles X avait pris le chemin de l'exil, mais la royauté ne partait pas encore avec lui.

IV.

État moral de Paris pendant la Restauration. — Luttes entre le carbonarisme et les associations religieuses. — Fondations diverses sous Louis XVIII et Charles X.

Les règnes de Louis XVIII et de Charles X furent une *restauration* presque complète du passé antérévolutionnaire. Aussi, combien de fondations éphémères! Que d'essais rétrogrades, soit sous le rapport politique, soit sous le rapport religieux!

Après Waterloo, une terreur blanche s'organisa à Paris et dans toute la France, une lutte sourde mais acharnée s'établit entre les derniers soutiens de l'empire et les nouveaux défenseurs du trône et de l'autel.

Paris vit de tristes exécutions. On y faisait la chasse aux *bonapartistes*. Ceux-ci conspiraient. A tout instant des arrestations avaient lieu. C'était tel ou tel vieux général qui rêvait un second retour de l'île d'Elbe; c'était tel ou tel négociant, *ami de la Charte*, qui s'était permis de trouver mauvais les actes du gouvernement, et qui s'était affilié au carbonarisme. Une foule de faits caractéristiques de cette époque offrent un intérêt saisissant et laissent à penser quelle était sa physionomie véritable, depuis 1815 jusqu'à 1830. Nous nous reprocherions de ne passer sous silence.

Le général Bonnaire avait défendu vaillamment la place de Condé en 1815. Après le retour des Bourbons on le traduisit devant un conseil de guerre, on l'accusa d'avoir participé au meurtre d'un colonel hollandais nommé Gourdon, qui s'était introduit dans Condé avec des proclamations des transfuges Bourmont et Clouet. Les habitants de la ville tenaient pour l'empereur et avaient fouillé Gourdon, Le conseil de guerre condamna le général Bonnaire à la déportation; il voulut qu'on le dégradât sur la place Vendôme, devant la colonne dont les bas-reliefs représentaient aux yeux des exécuteurs quelques-uns des glorieux faits d'armes de Bonnaire. Ce général ne put résister au chagrin que lui causa cette humiliation. Deux mois après il mourait dans la prison de l'Abbaye.

En 1814, déjà, la place Vendôme avait été le théâtre d'une odieuse scène. Le 31 mars, des royalistes purs, des *amis des alliés* qui s'étaient élancés au-devant des souverains étrangers, lors de leur entrée à Paris, se portèrent sur la place Vendôme. Ils voulaient arracher de la colonne la statue de Napoléon pour la traîner dans la fange des rues. M. Sosthènes de Larochefoucauld réclama et obtint le misérable honneur d'attacher la corde au cou de la statue. Pendant ce temps, Maubreuil versait à boire et distribuait de l'argent aux royalistes. Les chefs de la bande s'étaient imaginé que lorsque le câble serait fixé à la statue, ils en amèneraient facilement la chute avec des chevaux qui la tireraient, avec leurs propres efforts. Ils s'attelèrent; mais la statue résista. Plusieurs jours s'écoulèrent, et leurs tentatives demeurèrent toujours infructueuses. Exaspérés par leur impuissance, les royalistes allaient employer la mine et faire sauter le monument entier, lorsque, par bonheur, l'autorité étrangère intervint pour empêcher cet acte honteux de vandalisme. Toutefois, l'intention des souverains alliés n'était pas de respecter la statue. Ils apprirent que l'artiste qui l'avait fondue possédait seul le secret de sa résistance; ils lui ordonnèrent, sous peine de mort, de procéder à cette opération. L'artiste obéit. Le 7 avril, la statue de Napoléon, descendue de son piédestal, rentra dans les ateliers du fondeur. Qui le croirait? l'ordre qui enjoignait au sieur Delaunay, artiste fondeur, de procéder sur-le-champ à l'enlèvement de la statue *sous peine d'exécution militaire*, porte la date du 4 avril 1814, et il est signé d'un nom français, du comte de Rochechouart. Au bas on avait ajouté ces mots : « A exécuter sur-le-champ; signé, Pasquier, préfet de police. » Une autre statue de Napoléon a été placée sur la colonne le 20 juillet 1833 et inaugurée le 28 du même mois.

La mort de Labédoyère et celle du maréchal Ney excitèrent dans Paris une grave rumeur; les Parisiens se réjouirent au contraire de l'évasion de Lavalette. Une conspiration éclata en 1816, où des ouvriers seuls furent impliqués, où la police fut provocatrice, émut vivement toutes les classes de la société, constamment tenues en alerte par les procès correctionnels et par des condamnations pour délits de presse. Toutefois, les historiens l'ont remarqué, la *Cour prévôtale* de la Seine fit peu parler d'elle. D'ailleurs, ajoute l'un d'eux, on ménageait la capitale à cause de sa bourgeoisie, qu'on croyait toute dévouée aux Bourbons; à cause de ses ouvriers, dont on redoutait l'inimitié, surtout à cette époque, où une disette, causée par la désastreuse récolte de 1816, vint s'ajouter à tous les malheurs de la France. Le pain valait alors à Paris vingt-cinq sous la livre, et il aurait valu trois fois davantage sans le conseil municipal, qui dépensa vingt-cinq millions pour maintenir ce prix. Comme dans les plus tristes jours de la révolution, on faisait queue aux portes des boulangers, et l'on fut obligé de rationner la population : les mairies et les bureaux de bienfaisance étaient assiégés par une foule de malheureux livrés aux angoisses de la faim : enfin les rues étaient pleines de paysans que la misère avait chassés de la Champagne et de la Bourgogne, et qui venaient mendier dans Paris. »

Des troubles survinrent à cause de la mort d'un étudiant, tué par un soldat. A la suite de ces troubles, qui durèrent plusieurs jours, sur les boulevards et dans les rues Saint-Martin et Saint-Denis, des sociétés secrètes se formèrent. On se proposa de renverser les Bourbons à l'aide de conspirations. Le *carbonarisme* se fonda. Mais la police déjoua facilement ses complots. Les quatre sergents de la Rochelle périrent : la naissance du duc de Bordeaux et la mort de Napoléon redonnèrent de la consistance au gouvernement.

Au carbonarisme s'opposait la *congrégation*. Paris vit s'établir en son sein une *Société des bons livres*, une *Société des bonnes lettres*, une *Société des bonnes études*, et une *association pour la défense de la religion catholique*.

Le but de la *Société des bons livres*, c'était de publier des ouvrages de morale, de science et d'histoire, destinés à ne laisser dans la mémoire et à n'offrir à l'esprit que des faits et des doctrines conciliables avec le catholicisme, qui ne pussent affaiblir le respect et l'obéissance dus à la religion et à ses ministres, à la royauté et à ses représentants. Cette société devait également reviser, c'est-à-dire refondre, à cet effet, les anciens auteurs latins et français les plus usuels.

La *Société des bonnes lettres* était placée sous le patronage de Chateaubriand. On la dénommait ainsi par opposition à celle des *belles lettres*. C'était une sorte d'Athénée. Il s'y faisait des cours et des lectures publiques, où les *saints principes* brillaient de tout leur éclat. Des pairs, des députés, des généraux, des banquiers même, figuraient au nombre des auditeurs.

Quant à la *Société des bonnes études*, elle était instituée pour la jeunesse des écoles, notamment pour les étudiants en droit. Elle les réunissait dans des conférences oratoires. Là ils discutaient, sous la direction de jurisconsultes congréganistes, les questions de droit public ou privé. Laissons parler M. de Lacretelle, membre de l'Académie française et professeur d'histoire à la faculté des lettres de Paris. Voici ce qu'il raconte sur cette association : « En 1821, quelques étudiants en droit qui suivaient mon cours d'histoire à la faculté des lettres me prièrent avec beaucoup d'instances de leur donner des leçons particulières dans un établissement qu'ils m'annoncèrent s'être formé sous le titre de Société des bonnes études. J'y consentis avec joie, et j'imaginai un plan de conférences qui pouvait les former à la méditation de nos lois politiques et à l'exercice de la parole. Tandis que je partageais ce sujet entre des jeunes gens pénétrés pour la plupart des sentiments qui m'animaient, je fus fort surpris de voir entrer dans mon cabinet, où se tenait la conférence, trois personnages qui s'annoncèrent comme les commissaires de la Société des bonnes études. Deux d'entre eux étaient membres de la chambre des députés, et le troisième un candidat à la députation.

» Ils m'annoncèrent que cet établissement avait été fondé par des pères de famille au nombre de quatre-vingts ou cent, qui sous y avaient contribué par une souscription de mille francs; que les élèves restaient sous leur direction, et que les commissaires étaient spécialement chargés de surveiller leurs études. Je m'aperçus bientôt que le sujet proposé par moi était loin de recevoir leur approbation.

» Huit jours après ils m'honorèrent d'une visite et me représentèrent, sous les formes bénignes et polies, que le sujet des dissertations indiquées avait déplu à plusieurs pères de famille fondateurs, et qu'il eût mieux valu proposer un sujet tel que celui de l'état de société fondé sur le pouvoir paternel, en un mot un commentaire des doctrines de M. de Bonald. Je persistai dans le choix que j'avais fait, et je crus que toutes mes liaisons étaient rompues avec la Société des bonnes études; mais les jeunes gens se déclarèrent avec feu pour le sujet que je leur avais proposé, on craignit sans doute de les irriter; les conférences s'ouvrirent.

» L'auditoire me causa beaucoup d'étonnement. Le sévère pays latin avait peu vu tant d'éclat. Le premier banc était occupé par des ecclésiastiques dont le maintien, à défaut de costume, paraissait tout à fait monacal : c'étaient les jésuites de Montrouge. Derrière eux se tenaient avec toutes les formes de la déférence et du respect d'illustres personnages, tels que MM. le vicomte Mathieu de Montmorency, le prince de Polignac, le marquis depuis duc de Rivière, l'abbé duc de Rohan, et un fort grand nombre de pairs et de députés. Les jésuites écoutaient d'un air sévère ou dédaigneux les conférences où les jeunes gens animés du zèle monarchique le plus pur montraient en même temps du zèle constitutionnel.

» J'assistai deux ou trois fois, comme spectateur, à d'autres séances, et je n'y entendis plus une de ces dissertations pour le rétablissement du droit d'aînesse et d'autres thèses semblables. M. Berryer, qui présidait, parlait fort dédaigneusement de nos institutions nouvelles. »

Dans plusieurs circonstances, le zèle religieux des congréganistes se manifesta. Ce n'étaient qu'offices dans les églises, que processions dans les rues, que promenades de reliques, que missions dans toute la France.

Bientôt, dans l'église des Petits-Pères, les missionnaires multi-

plièrent les *exercices*. Chaque soir, leurs prédications, entremêlées de cantiques chantés sur des airs d'opéra-comique ou de vaudeville, attiraient une foule immense, qui, refluant de l'intérieur de l'église dans les rues voisines, arrêtait la circulation à une distance assez considérable. Au dehors de l'édifice religieux, des cris confus, des rires, des quolibets moqueurs, s'élevaient du sein de tous les groupes; au dedans, la détonation de pois fulminants et de pétards composés de matières exhalant les odeurs les plus fétides interrompaient les cantiques et les sermons. Le gouvernement voulut mettre un terme à ces désordres; mais au lieu d'en supprimer la cause en suspendant la Mission, il résolut de donner raison à celle-ci et la fit protéger par de nombreux détachements de troupes. Ce déploiement de forces augmenta le désordre; les curieux affluèrent plus nombreux, plus animés, et aux cris de : *A bas les missions! à bas les missionnaires!* La cavalerie reçut l'ordre de dissiper les attroupements; elle chargea, culbuta et frappa au hasard; nombre de citoyens furent arrêtés, et parmi ceux-ci deux députés, le général Demarçay et M. de Corcelles, qui, le lendemain, 1er mars, se plaignirent à la tribune des outrages dont l'un et l'autre ils avaient été l'objet. Le général Demarçay avait été jeté contre un mur par le cheval d'un gendarme; M. de Corcelles n'avait évité d'être atteint par un coup de sabre, qui renversa son chapeau, qu'en détournant l'arme avec sa canne. Saisis tous deux par la force publique, raillés, insultés par elle et détenus au corps de garde malgré la déclaration de leurs noms et de leur qualité, ils n'avaient obtenu leur liberté qu'au bout de quatre heures d'arrestation. Les ministres défendirent leurs agents en faisant observer que les deux membres de la gauche avaient eu le tort de vouloir traverser les rues dont le passage était interdit; que, violant une consigne, on pouvait les arrêter, puisque l'inviolabilité attachée à leur titre cessait dans le cas de flagrant délit; enfin, ils ajoutèrent, relativement à la cause même des troubles, que la liberté des cultes étant un des droits garantis par la Charte, ils seraient coupables envers le roi et le pays s'ils ne la faisaient pas respecter.

Des dissentiments d'opinions entre les élèves de l'École de Droit amenèrent une émeute. Cette émeute éclata à l'occasion du cours d'un professeur congréganiste. D'un côté, l'on cria : *Vive la Charte!* de l'autre, *Vive le roi!* tantôt c'était un service funèbre qui causait des rixes entre les citoyens; tantôt c'était un sermon prononcé pour émouvoir les passions, qui mettait les Parisiens aux prises.

Malgré ces actes d'intolérance d'une part, d'opposition de l'autre, la royauté semblait avoir quelque avenir.

Les quinze années de paix dont jouit la France pendant les deux restaurations favorisèrent le développement matériel de prospérité publique dans Paris. La plus grande partie des travaux d'embellissement et d'assainissement, commencés sous l'Empire, furent continués ou achevés; le régime des prisons et des hospices reçut des améliorations notables; pour l'éclairage des rues, on employa le gaz hydrogène (1819). En 1823 on estimait le nombre des rues de Paris à 1,070, outre 120 culs-de-sac et 70 places.

¦ ¡Parmi les institutions et établissements nouveaux fondés dans la capitale vers la même époque, citons : la Caisse d'épargnes (1818), l'École des beaux-arts (1819), l'École des chartes (1821), le Musée des antiquités égyptiennes (1827), l'École centrale des arts et des manufactures (1828), les églises Notre-Dame-de-Lorette (1823) et de Sain-Vincent-de-Paul (1824), les collèges Saint-Louis (1820), Stanislas (1822), Sainte-Barbe (1823), les théâtres du Gymnase-Dramatique, des Nouveautés (aujourd'hui Vaudeville), etc., la salle de l'Opéra, rue Lepelletier (1821), la salle Ventadour (aujourd'hui Théâtre-Italien), les ponts des Invalides, de l'Archevêché et d'Arcole (1827). On décora les églises de statues et de tableaux; une nouvelle statue équestre d'Henri IV fut placée sur la terre-plein du Pont-Neuf, etc.

La fondation de l'*École des chartes* a beaucoup contribué à la régénération de la science historique; une foule d'érudits en sont sortis, et, grâce à eux, bien des manuscrits déchiffrés nous ont éclairci les questions difficiles de l'époque du moyen âge; l'*École des arts et manufactures* nous a donné d'excellents ingénieurs civils; l'*École des beaux-arts*, enfin, a multiplié chez nous les peintres, les sculpteurs, les architectes, etc.

V.

Paris sous le règne de Louis-Philippe Ier. — Insurrection des 5 et 6 juin. — Banquet de la réforme. — Révolution de février 1848.

Peu de règnes virent autant d'événements que celui de Louis-Philippe Ier. A peine la révolution de juillet fut-elle accomplie, que la royauté ne répondit pas aux vœux des masses, que les mécontentements et les émeutes éclatèrent de toutes parts. Des clubs, des sociétés populaires effrayèrent la bourgeoisie : on les ferma.

Dans le même temps (septembre 1830) des doctrines sociales nouvelles apparurent. Les prédications *saint-simoniennes* commencèrent, et le parti républicain, évincé après la victoire de 1830, compta ses adhérents et se montra prêt à revendiquer ses droits. Le nombre des mécontents croissait. Les ministres coupables, conseillers de l'ex-roi

4.

Charles X, comparurent devant la chambre des pairs, transformée en cour suprême criminelle : le peuple demanda leur mort. Pendant six jours, la garde nationale se tint sous les armes. En apprenant l'arrêt de détention qui frappait les ex-ministres, les Parisiens voulurent prendre les armes. L'autorité réprima le mouvement.

Les 13 et 14 février 1831, après un service célébré par les légitimistes à Saint-Germain-l'Auxerrois, pour l'anniversaire de la mort du duc de Berry, des dévastations nombreuses furent commises sur divers points de la capitale.

En 1832, le choléra décima la population parisienne. On cria à l'empoisonnement. Casimir Périer, ministre, succomba l'un des derniers. La haute bourgeoisie passa la revue de ses partisans au convoi de ce grand politique.

Un mois après la disparition du fléau, les républicains à leur tour se comptèrent. Lamarque, général, chef de l'opposition, mourut. A son convoi, les cris de *Vive la République!* se firent entendre. Un tumulte épouvantable eut lieu. Un journal raconte ainsi les détails de la démonstration :

« La place de la Madeleine, raconte un journal, la rue Saint-Honoré, la rue Royale et la place de la Révolution étaient, dès dix heures, couvertes de citoyens de toutes les classes se disposant à suivre le convoi. Au moment où le char funèbre est arrivé devant la porte du général, les chevaux ont été dételés et renvoyés; des jeunes gens de toutes les classes ont transporté le corps sur le corbillard, d'autres s'y sont attelés, et le cortège s'est mis en marche dans l'ordre suivant : un bataillon du 1ᵉʳ régiment de ligne, armes baissées, tambours et musique en tête; une colonne profonde d'ouvriers marchant en rangs; de nombreux pelotons des six premières légions de la garde nationale, armés seulement du sabre; des lignes nombreuses mêlées de citoyens, d'invalides, de gardes nationaux au nombre de sept à huit mille; le char funèbre traîné au moyen de longues cordes, auxquelles étaient attachés au moins trois cents jeunes gens de toute condition. Le char était pavoisé de drapeaux tricolores et couvert de couronnes d'immortelles. Une foule immense autour du corbillard faisait entendre le cri de Vive la liberté! Derrière le char, le fils du général, des invalides portant les insignes du défunt, le général La Fayette donnant le bras au maréchal Clauzel, une nombreuse députation de la Chambre des députés et beaucoup d'officiers de tout rang et de toute arme. Puis venaient, après un bataillon d'infanterie de ligne, les réfugiés de toutes les nations, précédés de leurs drapeaux et mêlés à un grand nombre de gardes nationaux, une longue colonne de pelotons des six dernières légions de la garde nationale et de la banlieue; l'artillerie de la garde nationale en très-grand nombre, un peloton de la garde nationale à cheval, la société de l'*Union de Juillet*, avec sa bannière garnie de crêpe et couronnée d'immortelles, les écoles de droit, de médecine, de pharmacie, du commerce, d'Alfort, avec des drapeaux, la société des Amis du peuple, des corporations d'ouvriers précédés de bannières, etc. Des voitures de deuil fermaient ce long cortège. »

Une insurrection éclata. Pendant deux jours (5 et 6 juin 1832) Paris fut en armes. Le sang coula affreusement aux alentours de l'église Saint-Merry. Arrestations, emprisonnements, mise de Paris en état de siège, suspension de journaux, tels furent les actes du gouvernement vainqueur.

Les saint-simoniens ne tardèrent pas à être traduits en police correctionnelle, à être condamnés pour outrage à la morale publique. Les saint-simoniens avaient posé et discuté les principales questions du socialisme.

On célébrait le cinquième anniversaire de la révolution de Juillet 1830 (28 juillet 1835), lorsque Louis-Philippe, passant la revue, faillit être atteint par une machine infernale, œuvre de Fieschi. Il y eut quatorze victimes.

Le 12 mai 1839, une émeute éclata, et n'amena pour résultat que la condamnation à mort de Barbès et de Blanqui, dont la peine fut commuée.

En 1840, les Chambres votèrent une somme de cent quarante millions pour construire les fortifications de Paris; le 14 décembre de la même année Paris vit un spectacle solennel : les restes mortels de Napoléon furent transportés aux Invalides au milieu d'un immense concours de population.

Depuis le 12 mai 1839, aucune émeute n'avait éclaté; les tentatives d'assassinat contre la personne du roi perdaient de leur fréquence, lorsqu'un homme, Quénisset, tira sur le duc d'Aumale revenant d'Afrique. L'acte eut lieu dans le faubourg Saint-Antoine à la hauteur de la rue Traversière. Un procès s'instruisit. Les pairs, devenus juges, comprirent parmi les coupables un rédacteur de journal, Dupoty, qu'ils accusèrent de *complicité morale*. Paris entier fit entendre un long cri d'indignation. Le gouvernement se souilla par cette œuvre d'iniquité.

D'autres faits devaient le compromettre plus sérieusement encore aux yeux des masses. Déjà des procès honteux pour l'administration publique avaient éveillé les clameurs populaires. Les concessions du préfet de police, Gisquet; du chef du bureau de la ville, Hourdequin; du directeur de la manutention des vivres militaires, Bénier, étaient connues. Pour comble survint l'affaire Teste. Au prix de cent

mille francs donnés à lui-même, un ministre, avait accordé à des particuliers la concession d'une mine. Immense fut l'effet produit sur l'esprit des Parisiens, indignés de la conduite que tenaient des membres de l'administration et du gouvernement. Chacun reconnut que la corruption jouait alors le plus grand rôle en politique. L'assassinat de la duchesse de Praslin par son mari, par un pair de France, par l'héritier d'un des noms les plus illustres, épouvanta, exaspéra la population parisienne. L'opposition profita avec raison de ces incidents.

Dans la séance du 28 décembre 1847, à la Chambre des députés, Louis-Philippe avait prononcé ce discours :

« Messieurs les Pairs, messieurs les Députés,

» Je suis heureux, en me retrouvant au milieu de vous, de n'avoir plus à déplorer les maux que la cherté des subsistances a fait peser sur notre patrie. La France les a supportés avec un courage que je n'ai pu contempler sans une profonde émotion. Jamais, dans de telles circonstances, l'ordre public et la liberté des transactions n'ont été si généralement maintenus. Le zèle inépuisable de la charité privée a secondé les communs efforts. Notre commerce, grâce à sa prudente activité, n'a été que faiblement atteint par la crise qui s'est fait sentir dans d'autres Etats. Nous touchons au terme de ces épreuves. Le ciel a béni les travaux des populations, et d'abondantes récoltes ramènent partout le bien-être et la sécurité. Je m'en félicite avec vous.

» Je compte sur votre concours pour mener à fin les grands travaux publics qui, en étendant à tout le royaume la rapidité et la facilité des communications, doivent ouvrir de nouvelles sources de prospérités. En même temps que des ressources suffisantes continueront d'être affectées à cette œuvre féconde, nous veillerons tous sur une scrupuleuse économie sur le bon emploi du revenu public, et j'ai la confiance que les recettes couvriront les dépenses dans le budget ordinaire de l'Etat, qui vous sera incessamment présenté.

» Un projet de loi spécial vous sera proposé pour réduire le prix du sel, et alléger la taxe des lettres, dans la mesure compatible avec le bon état de nos finances.

» Des projets de loi sur l'instruction publique, sur le régime des prisons, sur nos tarifs de douanes, sont déjà soumis à vos délibérations. D'autres projets vous seront présentés sur divers sujets importants, notamment sur le régime des biens communaux, sur le régime des hypothèques, sur les monts-de-piété, sur l'application des caisses d'épargne à de nouvelles améliorations dans la condition des classes ouvrières. C'est mon vœu constant que mon gouvernement travaille, avec votre concours, à développer, en même temps, la moralité et le bien-être des populations.

» Mes rapports avec toutes les puissances étrangères me donnent la confiance que la paix du monde est assurée. J'espère que les progrès de la civilisation générale s'accompliront partout, de concert entre les gouvernements et les peuples, sans altérer l'ordre intérieur et les bonnes relations des Etats.

» La guerre civile a troublé le bonheur de la Suisse. Mon gouvernement s'était entendu avec les gouvernements d'Angleterre, d'Autriche, de Prusse et de Russie, pour offrir à ce peuple voisin et ami une médiation bienveillante. La Suisse reconnaîtra, j'espère, que le respect des droits de tous, et le maintien des bases de la Confédération Helvétique, peuvent seuls lui assurer les conditions durables de bonheur et de sécurité que l'Europe a voulu lui garantir par les traités.

» Mon gouvernement, d'accord avec celui de la reine de la Grande-Bretagne, vient d'adopter les mesures qui doivent parvenir enfin à rétablir nos relations commerciales sur les rives de la Plata.

» Le chef illustre qui a longtemps et glorieusement commandé en Algérie a désiré se reposer de ses travaux. J'ai confié à mon bien-aimé fils, le duc d'Aumale, la grande et difficile tâche de gouverner cette terre française. Je me plais à penser que, sous la direction de mon gouvernement, et grâce au courage laborieux de la généreuse armée qui l'entoure, sa vigilance et son dévouement assureront la tranquillité, la bonne administration et la prospérité de notre établissement.

» Messieurs, plus j'avance dans la vie, plus je consacre avec dévouement au service de la France, au soin de ses intérêts, de sa dignité, de son bonheur, tout ce que Dieu m'a donné et me conserve encore d'activité et de force. Au milieu de l'agitation que fomentent des passions ennemies ou aveugles, une conviction m'anime et me soutient : c'est que nous possédons dans la monarchie constitutionnelle, dans l'union des grands pouvoirs de l'Etat, les moyens assurés de surmonter tous ces obstacles et de satisfaire à tous les intérêts moraux et matériels de notre chère patrie. Maintenons fermement, selon la Charte, l'ordre social et toutes ses conditions; garantissons fidèlement, selon la Charte, les libertés publiques et tous leurs développements. Nous transmettrons intact aux générations qui viendront après nous le dépôt qui nous est confié, et elles nous béniront d'avoir assuré et défendu l'édifice à l'abri duquel elles vivront heureuses et libres. »

En ce moment pourtant un banquet réformiste s'organisait dans le douzième arrondissement. Presque toutes les nuances de l'opposition allaient y être représentées. Le 19 février 1848, une note fut communiquée aux journaux qui plaidaient la cause de la réforme électorale :

« Les députés de l'opposition se sont réunis de nouveau ce matin afin de délibérer sur la part qu'ils doivent prendre à la manifestation qui se prépare pour le maintien du droit de réunion contesté et violé par le ministère. Après avoir entendu le rapport de sa commission, l'Assemblée a reconnu, à l'unanimité, qu'il était plus que jamais nécessaire de protester, par un grand acte de résistance légale, contre une mesure contraire aux principes de la constitution comme aux textes de la loi. En conséquence, il a été résolu que, mardi prochain, on se rendrait en corps au lieu de la réunion.

» Une telle résolution est le plus bel hommage que les députés puissent rendre à l'intelligence, au patriotisme, aux sentiments généreux de la population parisienne. Les députés de l'opposition ne sauraient admettre, avec les ennemis de la liberté, qu'un peuple dont on méconnaît les droits soit condamné à choisir entre l'obéissance servile et la violence. Ils en sont donc certains d'avance, la population tout entière comprendra qu'une manifestation pour le droit contre l'arbitraire n'a pour but si elle ne restait pas paisible et régulière. Paris a fait souvent des efforts héroïques, de grandes révolutions. Il est appelé aujourd'hui à donner un autre exemple aux peuples, à leur montrer que, dans les pays libres, l'attitude calme et ferme du citoyen respectant la loi, défendant son droit, est la plus irrésistible comme la plus majestueuse des forces nationales. Deux grands résultats seront ainsi obtenus : la consécration d'un droit intérieur à toute constitution libre, et la preuve éclatante du progrès de nos mœurs politiques. Les députés de l'opposition comptent donc sur la sympathie et sur l'appui de tous les bons citoyens comme ceux-ci peuvent compter sur leur dévouement infatigable et sur la fermeté de leurs résolutions.

» Séance tenante, il a été donné lecture d'une lettre par laquelle les députés acceptent l'invitation des commissaires du 12e arrondissement. 80 députés l'ont déjà signée. »

Quelques jours après, on lut encore dans les journaux :

La commission générale, chargée d'organiser le banquet du douzième arrondissement, croit devoir rappeler que la manifestation fixée à demain mardi a pour objet l'exercice légal et pacifique d'un droit constitutionnel, le droit de réunion politique, sans lequel le gouvernement représentatif ne serait qu'une dérision.

Comme il est naturel de prévoir que cette protestation publique peut attirer un concours considérable de citoyens; comme on doit présumer que les gardes nationaux de Paris, fidèles à leur devise de *liberté, ordre public*, voudront, en cette circonstance, accomplir ce double devoir; qu'ils voudront défendre la liberté en se joignant à la manifestation, protéger l'ordre et empêcher toute collision par leur présence; que dans la prévision d'une réunion nombreuse de gardes nationaux et de citoyens, il semble convenable de prendre des dispositions qui éloignent toute cause de trouble et de tumulte.

La commission a pensé que la manifestation devait avoir lieu dans un quartier de la capitale où la largeur des rues et des places permit à la population de s'agglomérer sans qu'il en résultât d'encombrement.

A cet effet, les députés, les pairs de France, et les autres personnes invitées au banquet, s'assembleront mardi, à onze heures, au lieu ordinaire des réunions de l'opposition parlementaire, place de la Madeleine, n° 2.

Les souscripteurs du banquet, qui font partie de la garde nationale, sont priés de se réunir devant l'église de la Madeleine, et de former deux baies parallèles, entre lesquelles se placeront les invités.

Le cortège aura en tête des officiers supérieurs de la garde nationale qui se présenteront pour se joindre à la manifestation.

Immédiatement après les invités et les convives se placera un rang d'officiers de la garde nationale;

Derrière ceux-ci, les gardes nationaux fermés en colonne, suivant le numéro des légions;

Entre la troisième et la quatrième colonne, les jeunes gens des colléges, sous la conduite de commissaires désignés par leur légion;

Puis les autres gardes nationaux de Paris et de la banlieue, dans l'ordre désigné plus haut.

Le cortège partira à onze heures et demie, et se dirigera, par la place de la Concorde et les Champs-Elysées, vers le lieu du banquet.

La commission, convaincue que cette manifestation sera d'autant plus efficace qu'elle sera plus calme, d'autant plus imposante qu'elle évitera même tout prétexte de conflit, invite les citoyens à ne pousser aucun cri, à ne porter ni drapeau, ni signe extérieur; elle invite les gardes nationaux qui prendraient part à la manifestation à se présenter sans armes. Il s'agit ici d'une protestation légale et pacifique, qui doit être surtout puissante par le nombre et l'attitude ferme et tranquille des citoyens.

La commission espère que dans cette occasion tout homme présent se considérera comme un fonctionnaire chargé de faire respecter l'ordre; elle se confie à la présence des gardes nationaux; elle se confie aux sentiments de la population parisienne, qui veut la paix publique avec la liberté, et qui sait que, pour assurer le maintien de ses droits, elle n'a besoin que d'une démonstration paisible, comme il convient

à une nation intelligente, éclairée, qui a la conscience de l'autorité irrésistible de sa force morale, et qui est assurée de faire prévaloir des vœux légitimes par l'expression légale et calme de son opinion !

A cette déclaration, les ministres firent répondre par le préfet de police :

PROCLAMATION.

HABITANTS DE PARIS !

Une inquiétude, qui nuit au travail et aux affaires, règne depuis quelques jours dans les esprits. Elle provient des manifestations qui se préparent. Le gouvernement, déterminé par des motifs d'ordre public qui ne sont que trop justifiés, et usant d'un droit que les lois lui donnent et qui a été constamment exercé sans contestation, a interdit le banquet du douzième arrondissement. Néanmoins, comme il a déclaré devant la chambre des députés que cette question était de nature à recevoir une solution judiciaire, au lieu de s'opposer par la force à la réunion projetée, il a pris la résolution de laisser constater la contravention, en permettant l'entrée des convives dans la salle du banquet, espérant que ces convives auraient la sagesse de se retirer à la première sommation, afin de ne pas convertir une simple contravention en un acte de rébellion. C'était le seul moyen de faire juger la question devant l'autorité suprême de la cour de cassation.

Le gouvernement persiste dans cette détermination : mais le manifeste publié ce matin par les journaux de l'opposition annonce un autre but, d'autres intentions; il élève un gouvernement à côté du véritable gouvernement du pays, de celui qui est institué par la Charte et qui s'appuie sur la majorité des chambres : il appelle une manifestation publique, dangereuse pour le repos de la cité; il convoque, en violation de la loi de 1831, les gardes nationaux, qu'il dispose à l'avance en haie régulière, par numéro de légion, les officiers en tête. Ici, aucun doute n'est possible, de bonne foi; les lois les plus claires, les mieux établies, sont violées. Le gouvernement saura les faire respecter; elles sont le fondement et la garantie de l'ordre public.

J'invite tous les bons citoyens à se conformer à ces lois, à ne se joindre à aucun rassemblement, de crainte de donner lieu à des troubles regrettables. Je fais cet appel à leur patriotisme et à leur raison, au nom de nos institutions, du repos public, et des intérêts les plus chers de la cité.

Paris, le 21 février 1848.

Le pair de France, préfet de police,
G. DELESSERT.

De plus, le préfet fit placarder une ancienne ordonnance contre les attroupements; le commandant supérieur des gardes nationales de la Seine défendit aux gardes nationaux d'assister à la manifestation réformiste. Enfin le banquet fut interdit. On lut le 21 février, dans *le National* :

« Une grande et solennelle manifestation devait avoir lieu aujourd'hui en faveur du droit de réunion contesté par le gouvernement. Toutes les mesures avaient été prises pour assurer l'ordre et pour prévenir toute espèce de trouble. Le gouvernement était instruit, depuis plusieurs jours, de ces mesures, et savait quelle serait la forme de cette protestation. Il n'ignorait pas que les députés se rendraient en corps au lieu du banquet, accompagnés d'un grand nombre de citoyens et de gardes nationaux sans armes. Il avait annoncé l'intention de n'apporter aucun obstacle à cette démonstration, tant que l'ordre ne serait point troublé, et de se borner à constater, par un procès-verbal, ce qu'il regarde comme une contravention, et ce que l'opposition regarde comme l'exercice d'un droit. Tout à coup, en prenant pour prétexte une publication dont le seul but était de prévenir les désordres qui auraient pu naître d'une grande affluence de citoyens, le gouvernement a fait connaître sa résolution d'empêcher par la force tout rassemblement sur la voie publique, et d'interdire, soit à la population, soit aux gardes nationaux, toute participation à la manifestation projetée. Cette tardive résolution du gouvernement ne permettait plus à l'opposition de changer le caractère de la démonstration; en se trouvait donc placée dans l'alternative ou de provoquer une collision entre les citoyens et la force publique, ou de renoncer à la protestation légale et pacifique qu'elle avait résolue. Dans cette situation, les membres de l'opposition, personnellement protégés par leur qualité de député, ne pouvaient pas exposer volontairement les citoyens aux conséquences d'une lutte aussi funeste à l'ordre qu'à la liberté. L'opposition a donc pensé qu'elle devait s'abstenir et laisser au gouvernement toute la responsabilité de ses mesures. Elle engage tous les bons citoyens à suivre son exemple.

» En ajournant ainsi l'exercice d'un droit, l'opposition prend envers le pays l'engagement de faire prévaloir ce droit par toutes les voies constitutionnelles. Elle ne manquera pas à ce devoir, elle poursuivra avec persévérance et avec plus d'énergie que jamais la lutte qu'elle a entreprise contre une politique corruptrice, violente et antinationale.

» En ne se rendant pas au banquet, l'opposition accomplit un grand acte de modération et d'humanité. Elle sait qu'il lui reste à accomplir un grand acte de fermeté et de justice. »

Les députés de l'opposition demandèrent la mise en accusation du ministère coupable :

« 1° D'avoir trahi au dehors l'honneur et les intérêts de la France;

» 2° D'avoir faussé les principes de la constitution, violé les garanties de la liberté et attenté aux droits des citoyens;

» 3° D'avoir, par une corruption systématique, tenté de substituer à la libre expression de l'opinion publique les calculs de l'intérêt privé, et de pervertir ainsi le gouvernement représentatif;

» 4° D'avoir trafiqué, dans un intérêt ministériel, des fonctions publiques, ainsi que de tous les attributs et priviléges du pouvoir;

» 5° D'avoir, dans le même intérêt, ruiné les finances de l'État, et compromis ainsi les forces et la grandeur nationales;

» 6° D'avoir violemment dépouillé les citoyens d'un droit inhérent à toute constitution libre, et dont l'exercice leur avoit été garanti par la Charte, par les lois et par les précédents;

» 7° D'avoir enfin, par une politique ouvertement contre-révolutionnaire, remis en question toutes les conquêtes de nos deux révolutions et jeté dans le pays une perturbation profonde. »

Les 22, 23, 24 février, Paris se couvrit de barricades aux cris de : vive la réforme! On se porta sur les points principaux de la ville. Après une lutte assez courte, et cependant décisive, la démocratie prit sa revanche de juillet.

Les actes se succédèrent, précipités, incohérents, inutiles, de la part de la royauté. On lut cette affiche :

Citoyens de Paris,

L'ordre est donné partout de suspendre le feu.

Nous venons d'être chargés par le roi de former un nouveau ministère.

La Chambre va être dissoute. Un appel est fait au pays.

Le général Lamoricière est nommé commandant en chef de la garde nationale de Paris.

MM. Thiers, Barrot, Lamoricière, Duvergier de Hauranne sont ministres.

LIBERTÉ, ORDRE, RÉFORME.

Signé : ODILON BARROT, A. THIERS.

Puis, Louis-Philippe abdiqua. On n'accepta pas son abdication, il fallait une révolution complète. Elle le fut, quand les combattants eurent affiché sur les murs de la capitale :

AU NOM DU PEUPLE FRANÇAIS.

Proclamation du gouvernement provisoire au peuple français.

Un gouvernement rétrograde et oligarchique vient d'être renversé par l'héroïsme du peuple de Paris. Ce gouvernement s'est enfui en laissant derrière lui une trace de sang qui lui défend de revenir jamais sur ses pas.

Le sang du peuple a coulé comme en juillet, mais cette fois, ce peuple généreux ne sera pas trompé. Il a conquis un gouvernement national et populaire, en rapport avec les droits, les progrès et la volonté de ce grand et généreux peuple.

Un gouvernement provisoire sorti d'acclamation et d'urgence par la voix du peuple et des députés des départements, dans la séance du 24 février dernier, est investi momentanément du soin d'assurer et d'organiser la victoire nationale; il est composé de : MM. Dupont de l'Eure, Lamartine, Crémieux, Arago (de l'Institut), Ledru-Rollin, Garnier-Pagès, Marie.

Le gouvernement a pour secrétaires : Armand Marrast, Louis Blanc, Ferdinand Flocon, Albert, ouvrier.

Ces citoyens n'ont pas hésité un instant à accepter la mission patriotique qui leur était imposée par l'urgence. Quand la capitale de la France est en feu, le gouvernement provisoire est dans le salut public; la France entière le comprendra, et lui prêtera le concours de son patriotisme. Sous le gouvernement populaire que proclame le gouvernement provisoire, tout citoyen est magistrat.

Français, donnez au monde l'exemple que Paris donne à la France; préparez-vous par l'ordre et par la confiance en vous-mêmes aux institutions fortes que vous allez être appelés à vous donner.

Le gouvernement provisoire veut la République, sauf ratification, par le peuple, qui sera immédiatement consulté sur la forme définitive du gouvernement de la nation que proclamera la souveraineté du peuple.

L'unité de la nation formée désormais de toutes les classes des citoyens qui la composent; le gouvernement de la nation par elle-même, la liberté, l'égalité et la fraternité pour principe, le peuple pour devise et pour mot d'ordre, voilà le gouvernement démocratique que la France se doit à elle-même et que nos efforts sauront lui assurer.

Les membres du gouvernement provisoire :

Signé : DUPONT (de l'Eure).   GARNIER-PAGÈS.   Armand MARRAST,
LAMARTINE.   MARIE.   Louis BLANC,
A. CRÉMIEUX.   F. ARAGO.   Ferdinand FLOCON,
                                                   ALBERT, secrétaires.

Malgré ces protestations d'union, l'incohérence de vues, l'absence de principes communs, l'opposition de doctrines, l'inexpérience gouvernementale qui caractérisaient cette réunion d'hommes remarquables devaient nécessairement produire de déplorables tiraillements, paralyser l'action générale, empêcher les résolutions importantes ou favoriser les mesures funestes.

Quoi qu'il en soit, parmi les actes du gouvernement provisoire on remarqua surtout une série de décrets relatifs au rétablissement de la tranquillité et de la confiance dans la capitale. Ainsi, des ordres furent donnés aux maires et au ministère de la guerre pour la mobilisation et l'armement des citoyens qui demandaient des armes.

On interdit aux membres de l'ex-chambre des pairs de se réunir.

On prononça la dissolution de la chambre des députés, en annonçant qu'une Assemblée nationale serait convoquée aussitôt que le gouvernement provisoire aurait réglé les mesures d'ordre et de police nécessaires pour le vote des citoyens.

On mit tous les détenus politiques en liberté.

On adressa à l'armée cette proclamation :

« GÉNÉRAUX, OFFICIERS ET SOLDATS,

» Le pouvoir, par ses attentats contre les libertés, le peuple de Paris par sa victoire, ont amené la chute du gouvernement auquel vous aviez prêté serment. Une fatale collision a ensanglanté la capitale. Le sang de la guerre civile est celui qui répugne le plus à la France. Le peuple oublie tout en serrant les mains de ses frères qui portent l'épée de la France.

» Un gouvernement provisoire a été créé; il est sorti de l'impérieuse nécessité de préserver la capitale, de rétablir l'ordre, et de préparer à la France des institutions populaires analogues à celles sous lesquelles la République française a tant grandi la France et son armée.

» Vous saluerez, nous n'en doutons pas, ce drapeau de la patrie, remis dans les mains du même pouvoir qui l'avait arboré le premier. Vous sentirez que les nouvelles et fortes institutions populaires qui vont émaner de l'Assemblée national ouvrent à l'armée une carrière de dévouement et de services que la nation, libre, appréciera et récompensera mieux que les rois.

» Il faut rétablir l'unité de l'armée et du peuple un moment altérée.

» Jurez amour au peuple, où sont vos pères et vos frères, jurez fidélité à ses nouvelles institutions, et tout sera oublié, excepté votre courage et votre discipline. La liberté ne vous demandera plus d'autres services que ceux dont vous aurez à vous réjouir devant elle et à vous glorifier devant ses ennemis! »

Le maire de Paris, averti que des citoyens avaient manifesté l'intention de détruire les résidences qui avaient appartenu à la royauté déchue, afin de détruire jusqu'aux derniers vestiges de la tyrannie, leur rappela que ces édifices appartenant désormais à la nation; que, d'après une résolution prise par le gouvernement provisoire, ils devaient être vendus, pour leur prix être affecté au soulagement des victimes de la glorieuse révolution et aux dédommagements que réclamaient le commerce et le travail. Il invita donc tous les bons citoyens à se souvenir que les édifices nationaux étaient placés sous la sauvegarde du peuple.

Le général Subervie fut nommé ministre de la guerre; le général Bedeau, commandant de la 1re division militaire; M. Etienne Arago, commissaire du gouvernement provisoire près la direction générale des postes; M. Guinard, chef d'état-major général de la garde nationale de Paris; M. Buchez, adjoint au maire de Paris; M. Recurt, adjoint au maire de Paris, fut idéologue du maire de Paris près la préfecture; le général Duvivier fut chargé de l'organisation de la garde nationale mobile, dont il était nommé commandant général.

Comme les craintes tenaient toujours Paris en alarmes, le gouvernement publia cette proclamation le 25 février au soir :

« L'émotion qui agite Paris compromettrait, non la victoire, mais la prospérité du peuple; elle retarderait le bénéfice des conquêtes qu'il a faites dans ces deux immortelles journées.

» Cette émotion se calmera dans peu de temps, car elle n'a plus de cause réelle dans les faits. Le gouvernement renversé le 22 s'est enfui. L'armée revient d'heure en heure à son devoir envers le peuple et sa gloire : le dévouement à la nation seule. La circulation, suspendue par les barricades, se rétablit prudemment, mais rapidement; les subsistances sont assurées, les boulangers, que nous avons entendus, sont pourvus de farines pour trente-cinq jours. Les généraux nous apportent les adhésions les plus spontanées et les plus complètes. Une seule chose retarde encore le sentiment de la sécurité publique : c'est l'agitation du peuple qui manque d'ouvrage, et la défiance mal fondée qui fait fermer les boutiques et arrête les transactions.

» Demain l'agitation inquiète d'une partie souffrante de la population se calmera sous l'impression des travaux qui vont reprendre et des enrôlements soldés que le gouvernement provisoire a décrétés aujourd'hui.

» Ce ne sont plus des semaines que nous demandons à la capitale et au peuple pour avoir réorganisé son pouvoir populaire et retrouvé le calme qui produit le travail. Encore deux jours, et la paix publique sera complétement rétablie! encore deux jours, et la liberté sera inébranlablement assise! encore deux jours, et le peuple aura son gouvernement. »

Pour remédier à la misère la plus pressante des ouvriers parisiens, le gouvernement décida que les objets engagés au mont-de-piété depuis le 1er février, et consistant en linge, vêtements, hardes, etc., dont le prêt ne dépasserait pas dix francs, seraient rendus aux déposants.

Les Tuileries durent désormais servir d'asile aux invalides du travail.

Les enfants des citoyens morts en combattant furent adoptés par la patrie. La République se chargea de tous les secours à donner aux blessés et aux familles des victimes du gouvernement monarchique.

Vingt-quatre bataillons de garde nationale mobile furent immédiatement recrutés dans Paris : ces gardes nationaux devaient recevoir une solde de un franc cinquante centimes par jour, être armés et habillés aux frais du pays.

Le gouvernement provisoire, informé que quelques militaires avaient déserté et remis leurs armes, donna les ordres les plus sévères pour que les soldats qui abandonnaient ainsi leurs corps fussent arrêtés et punis selon la rigueur des lois.

Le gouvernement de la République française s'engagea à garantir l'existence de l'ouvrier par le travail. Il s'engagea à garantir du travail à tous les citoyens; il reconnut que les ouvriers devaient s'associer entre eux pour jouir du bénéfice légitime de leur travail. Il rendit aux ouvriers auxquels il appartenait le million qui allait échoir de la liste civile.

Il arrêta que toutes les propriétés de la liste civile, de Louis-Philippe et de la couronne étaient devenues propriétés de l'État.

Il déclara que les fonctionnaires de l'ordre civil, judiciaire, militaire et administratif étaient déliés de leurs serments.

Au nom du gouvernement provisoire, le citoyen Lagrange fut nommé gouverneur de l'Hôtel-de-Ville. A ce titre, il fut spécialement et uniquement chargé de la direction des forces et de la police de l'intérieur de l'Hôtel. Tous les officiers et soldats se mirent en rapport direct avec lui. Le citoyen Lagrange ne dut compte qu'au gouvernement provisoire. Les élèves de l'École polytechnique furent à sa disposition partout où il requerrait leur concours, quand ils n'avaient pas une autre mission par ordre du gouvernement provisoire. Il en fut de même des employés de l'Hôtel autres que les employés de l'administration.

On requit les boulangers de Paris de mettre à la disposition des chefs de postes de la garde nationale, jusqu'à concurrence d'un cinquième de leur fabrication, et en échange de bons de payement qui leur seraient remboursés à l'Hôtel-de-Ville, le pain destiné à la nourriture des citoyens armés. La distribution en devait être faite par lesdits chefs.

Des causes de discorde existaient néanmoins dans la population parisienne. Le gouvernement provisoire avait déclaré que la nation adopterait les couleurs nationales pour drapeau. Bien des combattants avaient arboré déjà le drapeau rouge. On vit placarder sur les murs cette réponse au gouvernement provisoire :

« Les combattants républicains ont lu avec une douleur profonde la proclamation du gouvernement provisoire qui rétablit le coq gaulois et le drapeau tricolore.

» Le drapeau tricolore inauguré par Louis XVI a été illustré par la première République et par l'Empire; il a été déshonoré par Louis-Philippe.

» Nous ne sommes plus, d'ailleurs, ni de l'Empire, ni de la première République.

» Le peuple a arboré la couleur rouge sur les barricades de 1848. Qu'on ne cherche pas à le flétrir.

» Elle n'est rouge que du sang généreux versé par le peuple et la garde nationale.

» Elle flotte, étincelante, sur Paris; elle doit être maintenue.

» Le peuple victorieux n'amènera pas son pavillon. »

Cette lutte de drapeau, que l'on crut terminée par une phrase de M. de Lamartine, n'était pas assoupie. Elle se réveilla bientôt.

Mais avant de tracer l'histoire de Paris sous la République, voyons ce qui s'y fit de nouveau pendant le règne de Louis-Philippe Ier, de 1830 à 1848.

VI.

Fondations du règne de Louis-Philippe Ier. — L'Hôtel-de-Ville. — La place de la Concorde. — La colonne de Juillet.

Après la révolution de juillet, la ville de Paris grandit rapidement et éprouva de notables améliorations matérielles. L'Arc-de-Triomphe de l'Étoile et le palais du quai d'Orsay (1840) s'achevèrent; le palais des Beaux-Arts, les églises de la Madeleine (1842) et Saint-Vincent-de-Paul (1845), etc., furent terminées. L'Hôtel-de-Ville fut entièrement restauré et flanqué de nouveaux bâtiments. On applaudit aux travaux qui complétèrent ce monument. L'Hôtel-de-Ville offrait tant de souvenirs à la bourgeoisie et au peuple! Là s'étaient

organisées toutes les révolutions; de là étaient sorties presque toutes les chartes arrachées au pouvoir par les masses populaires.

L'Hôtel-de-Ville date du règne de François Ier.

Pierre de Viole, prévôt des marchands, posa la première pierre de l'Hôtel-de-Ville qui existe maintenant, dont la façade fut élevée sur la place de Grève pour masquer le portail de l'église Saint-Jean-en-Grève, malgré les réclamations du curé de cette église, avec lequel le prévôt des marchands avait eu quelques démêlés. Le premier et le second étage furent élevés de 1532 à 1549. A cette époque, un architecte italien, Dominique Boccardo dit Cortone, présenta au roi Henri II un nouveau projet qui fut adopté, et dont on commença immédiatement l'exécution. Les travaux toutefois avancèrent lentement, et en 1583 l'édifice n'offrait encore que l'aspect représenté en la gravure que l'on fit alors de ce monument. L'Hôtel-de-Ville ne fut achevé qu'en 1606, sous le règne de Henri IV, par les soins du prévôt des marchands, François Miron, et sous la conduite d'André du Cerceau, qui fit quelques changements aux dessins de l'architecte italien.

En 1801, le local de l'Hôtel-de-Ville a reçu des agrandissements considérables consistant principalement dans la réunion de l'hôpital et de l'église du Saint-Esprit, et dans celle de la communion de l'église Saint-Jean, qui a été démolie.

Le 26 mars 1836, le conseil municipal de la ville de Paris adopta le projet de MM. Lesueur et Godde pour l'agrandissement et l'embellissement de l'Hôtel-de-Ville, et, le 14 juillet 1837, M. Vinelle, l'un des principaux entrepreneurs de la capitale, se rendit adjudicataire de tous les travaux à faire pour isoler et agrandir, sur une immense échelle, ce grand monument. Cinq années ont suffi pour démolir plus de trente maisons, jeter les fondations et élever le vaste monument qu'on admire aujourd'hui, dont les grosses constructions ont été achevées vers la fin de 1841. L'Hôtel-de-Ville présente un parallélogramme régulier, un peu plus long que large, ayant vingt-cinq croisées sur chacune des façades tournées à l'est et à l'ouest, et dix-neuf sur les façades tournées au nord et au sud. Quatre pavillons à trois étages flanquent les quatre angles, et deux pavillons intermédiaires s'élèvent au milieu des grands côtés, non compris le beffroi, qui domine la première entrée. Ces pavillons sont unis par des corps de bâtiment à deux étages avec mansardes; cinq cours, malheureusement irrégulières, partagent intérieurement les nombreuses constructions de ce splendide édifice. Du côté du midi sont les grands et les petits appartements préfectoraux; dans le soubassement sont les cuisines, à l'entre-sol les petits appartements où loge le préfet; au premier, auquel on monte par un magnifique escalier construit dans le pavillon sud-ouest, sont les grands appartements municipaux communiquant avec les anciens; au-dessus, dans les mansardes, sont des bureaux. Ces grands appartements sont meublés et décorés avec un luxe inouï : on n'y voit que dorures, sculptures, peintures et tentures; que lustres et girandoles d'or; que fauteuils, divans, sophas dorés ou de palissandre. Il y a la salle d'entrée, le salon rouge, le salon bleu, le salon des Saisons, le salon jaune; la salle à manger est tout en stuc. Les plafonds, les murs et les panneaux sont chargés de peintures exécutées par Hesse, Schopin, Vauchelet. Le plafond des bals, dans les appartements d'honneur, a été peint par M. Picot. C'est une grande composition au milieu de laquelle, sur un trône éclatant de lumière, dans le péristyle d'un temple, est assise la Ville de Paris sous les traits d'une femme. A droite du spectateur se tiennent la Concorde, et le Commerce, la Garde civique, l'Armée, l'Agriculture et l'Industrie. De l'autre côté, on remarque l'Abondance, la Paix, l'Art médical, les Arts intellectuels, les Arts laborieux, l'Enseignement. Les deux extrémités du tableau laissent entrevoir des paysages. Dans l'un s'élèvent au loin les tours de Notre-Dame; c'est l'ancien Paris. Dans l'autre, on aperçoit le sommet de la colonne, qui rappelle la glorieuse époque de l'Empire. Dans les airs, et formant comme une auréole autour de la ville, apparaissent sous un jour affaibli, avec les costumes de leur temps, le Poussin, Molé, la Fontaine, Racine, Bossuet, Molière, Fénelon, Pascal, Du Guesclin, saint Bernard, Sully, Philibert Delorme et Bayard. En avant de la façade méridionale, du côté de la Seine, est un charmant jardin orné de fontaines jaillissantes.

Depuis peu, toutes les niches de la façade de l'Hôtel-de-Ville ont reçu les hôtes qui leur avaient été promis lorsque l'on traça le plan des deux ailes qui flanquent aujourd'hui la façade primitive. Voici les noms des magistrats et des grands hommes auxquels la ville de Paris a décerné les honneurs publics et solennels : Perronet, Voyer d'Argenson, Mansard, Lebrun, Lesueur, Vincent de Paul, Vacquerie, Philibert Delorme, Goslin, Pierre Lescot, Jean Goujon, Boylaux, Hugues Aubriot, Saint-Landry, Molé, Juvénal des Ursins, de Viole, Luillier, G. Budé, Miron, Henri Estienne, J. Aubry, Molé, Rollin, l'abbé de l'Épée, Turgot, Bailly, Frochot.

L'Hôtel-de-Ville a été le théâtre de la plupart des événements remarquables de l'histoire de la capitale.

Sur la place de la Concorde, embellie de fontaines, on dressa l'obélisque; et sur la place de la Bastille on éleva la colonne de juillet.

Sur la place de la Concorde s'était élevée autrefois la statue de Louis XV, modelée par Bouchardon. On y voyait le roi couronné de lauriers et coiffé à la moderne. Il portait le vêtement romain. Le cheval seul se distinguait par la beauté et l'élégance de ses formes. Plus tard, le sculpteur Pigalle avait exécuté aux quatre angles du piédestal des figures en forme de cariatides représentant la Paix, la Prudence, la Force et la Justice. Les quatre Vertus du piédestal attirèrent à Louis XV de malignes allusions. La plus sanglante était celle-ci :

> O la belle statue! ô le beau piédestal!
> Les vertus sont à pied, le vice est à cheval.

En 1763, un individu était monté sur le cheval, lui avait attaché au cou une boîte de fer-blanc, et lui avait mis sur la poitrine cet écriteau : *N'oubliez pas ce pauvre aveugle, s'il vous plaît!* Louis XV se livrait alors aux caprices de la marquise de Pompadour.

L'aveuglement de ce prince précipita les événements, amena la crise révolutionnaire. Vers la fin de son règne, la place de la Concorde se peupla de danseurs de corde, d'avaleurs de sabres, de mangeurs de serpents, de marchands de pain d'épice, de pantins. Du 22 au 23 septembre, le feu se mit aux baraques. Le lendemain la place fut vide.

Ravaillac.

Quinze ans après, la *place Louis XV* devint la *place de la Révolution*. Le peuple abattit la statue du *roi bien-aimé*. Un des pieds du cheval résista à la destruction, ce qui fit dire à un plaisant : « La royauté a encore un pied dans l'étrier. »

La guillotine se dressa en ce lieu. Dans la séance du 23 août 1792, « le procureur de la commune entendu, le conseil général arrêta que la guillotine resterait dressée jusqu'à ce qu'il en eût été autrement ordonné; à l'exception néanmoins du couteau, que l'exécuteur des hautes œuvres serait autorisé d'enlever après chaque exécution. »

Une loi du 26 octobre 1795 donna à cette place le nom de *place de la Concorde*. Quelques jours après, en restaurant la statue de la Liberté on trouva dans le globe qui portait la déesse un nid de tourterelles. L'augure parut favorable; il confirma la dénomination de la place.

Sous Charles X, une ordonnance du 27 avril 1826 établit : « Il sera élevé un monument à la mémoire de Louis XVI, au centre de la place située entre les Tuileries et les Champs-Elysées, laquelle prendra le nom de *place Louis XVI*. » Cette ordonnance ne reçut pas d'exécution. Après la révolution de 1830, on rétablit la *place de la Concorde*. Enfin, le 25 décembre 1836, au milieu d'un immense concours de spectateurs, M. Lebas procéda à l'érection de l'obélisque de Louqsor, présent du pacha d'Egypte. L'obélisque décorait à Thèbes le palais de Louqsor.

Les travaux d'embellissements pour la place de la Concorde et pour les Champs-Elysées ont coûté 1,516,057 francs 53 centimes.

Sur la Place de la Bastille on voyait encore, avant juillet 1830, un éléphant colossal, auquel se rattachaient quelques souvenirs de gloire. Un décret impérial, rendu au palais des Tuileries le 24 février 1811, portait ce qui suit : « L'éléphant destiné à orner la fontaine de la Bastille sera coulé en bronze. La matière de ce monument ne sera pas comprise dans la dépense; elle sera fournie par nos arsenaux, et notre ministre de la guerre affectera à cette destination *les pièces de bronze qui ont été prises dans la campagne de Friedland.* » L'éléphant n'exista jamais qu'en plâtre.

Une ordonnance royale du 6 juillet 1831 prescrivit l'érection d'un monument funéraire en l'honneur des victimes des trois journées. La première pierre en fut posée par Louis-Philippe le 27 du même mois. La *colonne de Juillet* est d'ordre corinthien. Des inscriptions, des palmes, des couronnes d'immortelles, des rameaux de chêne, les armes de la ville, le coq gaulois et le lion, symbole astronomique du mois de juillet, ornent le piédestal. Sur le fût, divisé en trois parties, sont gravés en lettres d'or les noms des victimes. Le chapiteau supporte une statue, — le génie de la Liberté, tenant un flambeau d'une main, des fers brisés dans l'autre et déployant ses ailes. Le monument a été terminé au commencement de 1840 et inauguré le 29 juillet de la même année.

Sous Louis-Philippe encore, le Louvre s'enrichit du musée maritime et du musée espagnol. La galerie Dupuytren vint offrir des ressources immenses à l'école de chirurgie. L'hôtel Cluny, collection d'antiquités, colligée par M. Dusommerard, se transforma en musée public du moyen âge.

De magnifiques embarcadères pour les chemins de fer d'Orléans, de Versailles, de Rouen et du Nord ont été construits. Un puits artésien qui donne trois mètres cubes d'eau par minute a été foré dans l'enceinte de l'abattoir de Grenelle, et un réservoir destiné à en recevoir les eaux a été élevé près de la place du Panthéon. Trois nouveaux théâtres se sont ouverts : le théâtre des Folies-Dramatiques, le théâtre Beaumarchais (1834), le théâtre historique (1846). Le pont Louis-Philippe appelé aujourd'hui pont de la Réforme, et celui du Carrousel ont été jetés sur la Seine, ainsi que les deux passerelles qui de l'île Saint-Louis conduisent, l'une au quai des Célestins, l'autre au quai Saint-Bernard. Parmi les rues nouvelles, citons la rue Rambuteau. Enfin les fortifications de Paris sont, comme nous l'avons dit déjà en parlant de la politique du règne de Louis-Philippe, une œuvre de cette époque. Le mur d'enceinte, d'environ douze lieues de circonférence, est protégé par quatorze forts.

VII.

Paris après la révolution de février 1848. — Le 17 mars, le 16 avril, le 15 mai, les journées de juin. — Nomination et installation de L.-N. Bonaparte.

Ce que Paris éprouva de secousses pendant la durée du gouvernement provisoire, chacun se le rappelle encore. Le peuple avait été souvent trompé. Il avait souvent combattu aux profits de la bourgeoisie; satisfaire, dans la limite du juste, les intérêts nouveaux. Il se défia de ses chefs. Il voulut se gouverner lui-même. Toutes les classes de la société s'émurent. Des clubs manifestèrent leurs vœux politiques, et, en certaines occasions, ils s'opposèrent aux actes de l'autorité provisoire. Tout à coup, des mésintelligences profondes s'élevèrent entre les membres du gouvernement. Elles apparurent directement dans cette adresse de M. Garnier-Pagès aux Parisiens :

« CITOYENS,

» Le jour même où vous avez reconquis votre liberté, vous m'avez appelé au poste de maire de Paris.

» Nommé par le peuple, je devais au peuple le dévoûment de toutes mes forces. Je les lui ai consacrées avec toute l'énergie qui est en moi.

» Citoyens! le gouvernement provisoire avait une tâche immense : formuler les principes qui conduisent à l'amélioration du sort du peuple; satisfaire, dans la limite du juste, à tous les intérêts légitimes; maintenir l'ordre; établir la confiance; asseoir sur des bases inébranlables la liberté, l'égalité, la fraternité; en un mot, fonder à tout jamais le gouvernement républicain. Ce noble but a été poursuivi avec une résolution clairvoyante et ferme. J'y ai aidé dans la limite du pouvoir que le peuple m'avait donné, et j'ai la confiance que nous avons réussi.

» Par la sagesse du peuple, l'ordre est désormais établi. Dans cette situation, un citoyen éminent par ses vertus, par ses talents et son caractère, M. Goudchaux, a voulu quitter le poste où la confiance du peuple et celle du gouvernement provisoire l'avaient tout d'abord appelé. N'ayant accepté que provisoirement le ministère des finances, malgré les instances réitérées du gouvernement il n'a pas cru devoir le conserver plus longtemps.

» Le gouvernement provisoire m'a désigné pour le remplacer, et il me donne pour successeur à la mairie de Paris un homme que l'éclat de son talent, la constance de ses principes, son dévoûment à l'ordre et à la liberté recommandent à l'estime de tous les bons citoyens. Il m'en a coûté, croyez-le, de quitter cette haute magistrature dont vous m'aviez investi, mais j'ai dû obéir, et je suis venu servir la République là où le gouvernement provisoire a pensé que mes services pouvaient être le plus utiles.

» Mais avant de quitter cet Hôtel-de-Ville, où la volonté du peuple m'avait installé, je dois, citoyens, vous exprimer la gratitude dont mon cœur est plein. Je croyais la tâche au-dessus de mes forces; vous me l'avéz rendue presque facile. Les jours les plus agités de ma vie en sont aussi les plus beaux!

» Merci, de toute mon âme, ô mes concitoyens, merci! En quelque situation que votre volonté me porte, comptez que je consacrerai toujours au service de la patrie, à la grandeur de notre République, tout le dévouement que le peuple est en droit d'exiger.

» GARNIER-PAGÈS. »

On remplace les lanternes par des réverbères.

M. Armand Marrast devint maire de Paris. La fraction modérée du gouvernement commençait à l'emporter sur les radicaux. Ce fut alors que, par contre, le ministre de l'intérieur, Ledru-Rollin, lança cette circulaire, qu'il envoya à tous les commissaires de la République:

« CITOYEN COMMISSAIRE,

» La circulaire qui vous est parvenue et qui a été publiée traçait vos devoirs. Il importe que j'entre avec vous dans quelques détails, et que je précise plus nettement ce que j'attends de votre patriotisme, maintenant que, par vos soins, la République est proclamée.

» Dans plusieurs départements on m'a demandé quels étaient vos pouvoirs. Le citoyen ministre de la guerre s'en est inquiété en ce qui touche vos rapports avec les chefs militaires. Plusieurs d'entre vous veulent être fixés sur la ligne de conduite à suivre vis-à-vis de la magistrature; enfin la garde nationale et les élections, les élections surtout, doivent être l'objet de votre constante préoccupation.

§ 1er. Quels sont vos pouvoirs?

» Ils sont illimités. Agents d'une autorité révolutionnaire, vous êtes révolutionnaires aussi. La victoire du peuple vous a imposé le mandat de faire proclamer, de consolider son œuvre. Pour l'accomplissement de cette tâche, vous êtes investi de sa souveraineté, vous ne relevez que de votre conscience, vous devez faire ce que les circonstances exigent pour le salut public.

» Grâce à nos mœurs, cette mission n'a rien de terrible. Jusqu'ici vous n'avez eu à briser aucune résistance sérieuse, et vous avez pu demeurer calme dans votre force; il ne faut pas cependant vous faire illusion sur l'état du pays. Les sentiments républicains y doivent être vivement excités, et pour cela il faut confier toutes les fonctions politiques à des hommes sûrs et sympathiques. Partout les préfets et les sous-préfets doivent être changés; dans quelques localités on réclame leur maintien; c'est à vous de faire comprendre aux populations qu'on

ne peut conserver ceux qui ont servi un pouvoir dont chaque acte était une corruption. La nomination des sous-commissaires remplaçant ces fonctionnaires vous appartient. Vous m'en référerez toutes les fois que vous éprouverez quelque hésitation. Choisissez de préférence des hommes appartenant au chef-lieu; vous ne les prendrez dans l'arrondissement même que lorsque vous les saurez dégagés d'esprit de coterie; n'écartez pas les jeunes gens. L'ardeur et la générosité sont le privilége de cet âge, et la République a besoin de ces belles qualités.

» Vous pourvoirez aussi au remplacement des maires et des adjoints. Vous les désignerez provisoirement, en les investissant du pouvoir ordinaire. Si les conseils municipaux sont hostiles, vous les dissoudrez, et, de concert avec les maires, vous constituerez une municipalité provisoire; mais vous n'aurez recours à cette mesure que dans un cas de rigoureuse nécessité. Je crois que la grande majorité des conseils municipaux peut être conservée, en mettant à leur tête des chefs nouveaux.

§ 2. Vos rapports avec les chefs militaires.

» Vous exercerez les pouvoirs de l'autorité exécutive; la force armée est donc sous vos ordres. Vous la requérez, vous la mettez en mouvement; vous pouvez même, dans les cas graves, suspendre un chef de corps, en m'en référant immédiatement. Mais vous devez apporter de grands ménagements dans cette partie de vos fonctions. Tout ce qui, de votre part, blesserait la juste susceptibilité des chefs de corps ou du soldat serait une faute inexcusable. J'ai appris que dans plusieurs départements les commissaires n'ont pas établi sur-le-champ un lien entre eux et l'autorité militaire; je m'en étonne et vous invite à ne pas manquer à ces règles si simples de bonne politique et de convenance. L'armée a montré, dans les derniers événements, sa vive sympathie à la cause républicaine; il faut se la rattacher

Un frondeur.

de plus en plus. Elle est peuple comme nous; elle est la première barrière qui s'opposerait à une invasion. Elle va entrer pour la première fois en possession de droits politiques. Honorez-la donc, et conciliez-vous les bons sentiments de ceux qui la commandent; n'oubliez pas non plus que vos pouvoirs ne sauraient toucher à la discipline. Ils se résument en ces deux mots: Vous servir de la force militaire ou la contenir, et la gagner par des témoignages d'estime et de cordialité.

§ 3. Vos rapports avec la magistrature.

» La magistrature ne relève de l'autorité exécutive que dans le cercle précis tracé par les lois. Vous exigerez des parquets un concours dévoué: partout où vous ne le rencontrerez pas, vous m'en avertirez, en m'indiquant le nom de ceux que recommandent leur droiture et leur fermeté. J'en ferai immédiatement part au ministre de la justice. Quant à la magistrature inamovible, vous la surveillerez, et si quelqu'un de ses membres se montrait publiquement hostile, vous pourriez user du droit de suspension que vous confère votre autorité souveraine.

§ 4. La garde nationale.

» Vous recevrez de moi des instructions détaillées sur l'organisation de la milice civique. J'ai tâché d'y prévoir et d'y résoudre toutes les difficultés que vous pouvez rencontrer. Celles qui naîtront d'obstacles imprévus et locaux seront levées par votre patriotisme. En faisant procéder aux élections, vous vous conformerez aux décrets du gouvernement, c'est-à-dire que, par dérogation à la loi de 1831, vous ferez nommer tous les officiers sans exception par les gardes nationaux, en commençant par les grades supérieurs. Vous surveillerez soigneusement l'action des sous-commissaires et des municipalités, et vous les obligerez à vous rendre un compte exact de leurs opérations.

§ 5. Des élections.

» Les élections sont votre grande œuvre ; elles doivent être le salut du pays. C'est de la composition de l'assemblée que dépendent nos destinées. Il faut qu'elle soit animée de l'esprit révolutionnaire, sinon nous marchons à la guerre civile et à l'anarchie. A ce sujet, mettez-vous en garde contre les intrigues des hommes à double visage, qui, après avoir servi la royauté, se disent les serviteurs du peuple. Ceux-là vous trompent, et vous devez leur refuser votre appui. Sachez bien que, pour briguer l'honneur de siéger à l'Assemblée nationale, il faut être pur des traditions du passé. Que votre mot d'ordre soit partout : des hommes nouveaux, et autant que possible sortant du peuple.

» Les travailleurs, qui sont la force vive de la nation, doivent choisir parmi eux ceux que recommandent leur intelligence, leur moralité, leur dévouement : réunis à l'élite des penseurs, ils apporteront à la discussion de toutes les grandes questions qui vont s'agiter l'autorité de leur expérience pratique. Ils continueront la révolution et la contiendront dans les limites du possible et de la raison. Sans eux, elle s'égarerait en vaines utopies, ou serait étouffée sous l'effort d'une faction rétrograde.

» Éclairez les électeurs, et répétez-leur sans cesse que le règne des hommes de la monarchie est fini.

» Vous comprenez combien ici votre tâche est grande. L'éducation du pays n'est pas faite. C'est à vous de la guider. Provoquez sur tous les points de votre département la réunion de comités électoraux, examinez sévèrement les titres des candidats. Arrêtez-vous à ceux-là seulement qui paraissent présenter le plus de garantie à l'opinion républicaine, le plus de chances de succès. Pas de transactions, pas de complaisances. Que le jour de l'élection soit le triomphe de la révolution. »

Cette circulaire donna un prétexte aux hommes qui ne voulaient pas de la République. Ils crièrent à l'arbitraire, et partout des opposants naquirent.

« Ce que le ministre de l'intérieur dit des commissaires extraordinaires mérite d'être conservé, remarque un historien de la révolution de 1848. On y trouve la réponse à toutes les attaques odieuses dont ces agents furent l'objet de la part des contre-révolutionnaires. Il explique la pensée qui avait provoqué l'envoi dans les départements de ces commissaires chargés de pouvoirs illimités. — On a abusé de ce mot nécessaire, s'écria le ministre devant l'Assemblée nationale, pour diriger contre moi des attaques les plus passionnées. Pour le juger, il faut se reporter à deux mois de distance, et alors on le comprendra ; et on comprendra aussi que le lendemain de la révolution, entouré de vainqueurs sortis des barricades, je ne pouvais, sous peine de trahison, confier à d'autres mains que les leurs le dépôt de la défense de la liberté. Pleins d'ardeur, de dévouement et de foi civique, ils devaient pénétrer le pays de l'idée qu'ils avaient fait triompher. Qui le conteste ? La question n'était pas là. Il fallait des soldats pour continuer et propager la victoire, et surtout pour la rendre durable et pacifique. Que des fautes aient été commises, ajoutait Ledru-Rollin, cela est possible ; quand je les ai connues, je n'ai pas hésité à prononcer des révocations. Mais qu'on me cite, au milieu de ce grand et rapide mouvement, une seule atteinte grave portée aux droits des citoyens par ces hommes courageux et fermes qu'on n'a pas craint de qualifier de proconsuls ! Les citoyens ont répondu en investissant de leurs suffrages la plupart d'entre eux qui sont au milieu de vous. —

» Le ministre déclara encore hautement que les instructions envoyées par lui, instructions qui avaient servi de prétexte à tant de déclamations passionnées, étaient indispensables. — Je ne les aurais point écrites, affirmait-il, qu'elles seraient nées de la force même des choses. —

» Mais, dans son opinion, il fallait donner à l'avance les moyens de vaincre tous les obstacles, afin que les obstacles n'eussent point à se présenter.

» — J'aurais manqué aux antécédents de ma vie, ajoutait-il, j'aurais démenti les doctrines que j'ai constamment professées, si je n'avais été en même temps l'homme de la révolution qui doit transformer la société et le pays, l'homme du gouvernement qui accomplit le progrès

par la puissance des idées et qui proscrit tout appel à la violence et au désordre...

» — C'est ainsi qu'en quelques jours j'ai fait armer et équiper la garde nationale de Paris, et essayé de faire armer celle des départements, persuadé qu'un fusil discipliné est un instrument d'ordre, parce qu'il est le symbole de la dignité du citoyen.

» Abordant ensuite les calomnies dont il avait été l'objet, le ministre assurait qu'il n'y avait répondu qu'en redoublant de dévouement à la chose publique. — Je n'ai jamais vu dans ce débordement sans exemple, disait-il, qu'une raison de plus de défendre intrépidement une cause que la fureur de quelques insensés voulait compromettre en ma personne. J'ai eu confiance dans le bon sens de la nation, dans la justice de l'Assemblée, et j'ai pensé que, soldat de la révolution, je devais tout souffrir pour elle, et ne pas perdre à relever d'odieux mensonges le temps précieux que son service réclamait tout entier.

» Ledru-Rollin se montrait fier d'avoir organisé, en trois semaines, le suffrage universel, considéré comme impossible peu de mois auparavant, et d'avoir été ainsi l'instrument du premier acte de virilité du peuple recouvrant ses droits. Comme tous les républicains, il aurait voulu introduire dans le mécanisme de l'administration des changements destinés à la rendre plus simple et plus démocratique. Mais réfléchissant que ces réformes ne devaient être ni isolées, ni partielles, et qu'elles seraient plus sagement accomplies par l'Assemblée nationale, il s'était abstenu, par la crainte de jeter le trouble dans l'action administrative.

» — Pourquoi m'en cacherais-je ? s'écriait-il. Je me suis surtout inquiété de sauver la Révolution et l'ordre. J'ai voulu conserver à la victoire populaire sa grandeur, sa pureté, sa portée sociale : j'ai voulu aussi, en la défendant contre les préjugés et les attaques de la réaction, mettre cette victoire à l'abri contre les violences d'ambitions ou d'impatiences dangereuses.

» Il termina ainsi : — On ne fonde vraiment que ce qui est mûr dans les idées, concluait-il, au sujet des ambitions qui provoquent des coups de main. La supériorité véritable consiste à distinguer celles qui, raisonnablement, peuvent être mises en pratique. Aujourd'hui la main du peuple a déchiré le voile. Le doute n'est plus possible pour personne. Bien imprudent et bien coupable celui qui voudrait arrêter la Révolution à la stérile conquête de formes politiques. Ces formes ne sont qu'un instrument de liberté mis aux mains de la nation appelée désormais à siéger elle-même. Mais pour elle la voie est tracée, le but indiqué. C'est à réaliser, dans l'ordre social, le dogme de l'égalité et de la fraternité que doivent tendre tous nos efforts. Soutiens de cette sainte cause, nous serons dignes de notre mission en l'acceptant dans toute son étendue, et, par là, nous n'aurons pas seulement rendu à l'homme à sa dignité naturelle, nous aurons assuré la gloire et le bonheur de notre commune patrie, et contribué à émanciper le monde. —

Au 17 mars 1848, le peuple s'émut en voyant les œuvres de la réaction qui levait la tête ; au 18 avril, les radicaux, les socialistes tentèrent d'épurer le gouvernement ; au 15 mai, une foule se dirigea vers l'Assemblée nationale pour la dissoudre. Les germes de la division entre les partis existaient de tous les côtés. Les ateliers nationaux créés dès le début de la révolution craignaient qu'on ne voulût les dissoudre. Les 21, 23 et 24 juin virent éclater la foudre. Paris devint un horrible champ de bataille. Le canon gronda dans les quartiers populeux. On se battit avec un acharnement épouvantable. Plusieurs milliers de citoyens, des généraux, l'archevêque de Paris, périrent dans cette longue collision.

Force resta à l'Assemblée nationale, qui avait nommé Eugène Cavaignac chef du pouvoir exécutif. Ce poste, Cavaignac le garda pendant six mois. Paris, mis en état de siège, vit dissoudre trois légions de sa garde nationale et transporter un grand nombre de ses habitants. Chose honteuse ! les dénonciations furent à l'ordre du jour : le voisin envoya son voisin aux pontons ; le parent déposa contre son parent.

Cependant la constitution votée par l'Assemblée nationale commença à fonctionner. Elle adoptait un président pour chef du pouvoir exécutif. Le 10 décembre, Louis-Napoléon Bonaparte emporta la majorité des suffrages ; le 20, il fut installé. Les émeutes du 13 juin et du 29 janvier effrayèrent plus que de raison la capitale ; l'exil frappa les socialistes principaux ; et les élections du 10 janvier 1850 donnant raison en quelque sorte à leurs principes, la majorité de la chambre restreignit le suffrage universel (loi du 31 mai).

Après 1848 comme après 1830, le choléra fit dans Paris des milliers de victimes. Les ouvriers, privés de travaux d'abord, puis maltraités par le fléau, supportèrent leur misère avec courage, avec résignation. La faim ne leur conseilla aucune révolte impie. A la République il appartenait d'opérer ces prodiges.

On comprendra que nous ne nous étendions pas sur les améliorations physiques opérées dans Paris depuis la révolution de 1848. Toutefois, nous ne pouvons passer sous silence les plus importantes : telles que l'hospice général de la République (d'abord hôpital Louis-Philippe) ; la nouvelle bibliothèque Sainte-Geneviève, premier monument spécialement affecté à une collection de livres ; les travaux de l'église Sainte-Clotilde poursuivis avec ardeur ; l'achèvement des réparations de la Sainte-Chapelle; la continuation de celles que l'on a entreprises depuis plusieurs années à Notre-Dame, etc.

Peu de mois s'écoulent sans qu'un monument s'achève ou se commence pour l'utilité ou le plaisir des Parisiens. Aussi, quand l'étranger parcourt la capitale de la France, il éprouve un sentiment d'admiration qu'il n'essaie pas de cacher; il la proclame maîtresse des autres villes de l'Europe; il la préfère à Londres même, plus grande, mais moins gaie; plus commerciale, mais moins artistique et moins savante que Paris.

PROMENADE DANS LES RUES DE PARIS.

Pour écrire une histoire véritablement populaire de notre capitale, ne convient-il pas de dérouler devant les yeux du lecteur le panorama du Paris actuel? Ne faut-il pas le conduire d'arrondissement en arrondissement, l'initier à la physionomie, lui faire connaître les variétés historiques de chaque quartier?

Paris renferme environ douze cent mille habitants. Sous le rapport administratif, il se partage en douze arrondissements, divisés chacun en quatre quartiers; les neuf premiers sont sur la rive droite, les trois autres sur la rive gauche.

PREMIER ARRONDISSEMENT.

Le 1er arrondissement, situé dans la partie la plus occidentale de la rive droite de la Seine, contient une foule de monuments dignes d'être remarqués.

C'est surtout de la *Place de la Concorde* que l'on jouit d'un spectacle merveilleux. Cette place n'a pas de rivale en Europe. Au centre s'élève l'obélisque de Louqsor, formé d'une seule pierre de granit rose. Il est érigé sur un piédestal de granit français poli : les hiéroglyphes incrustés sur les quatre faces présentent les noms et les surnoms de Sésostris, roi d'Égypte, avec le récit de ses exploits. Aux deux côtés de l'obélisque, on aperçoit des bassins à eau jaillissante ornés de figures. La place est traversée dans le sens de sa longueur par une chaussée de huit compartiments qui, dallés en bitume, sont entourés par des trottoirs au bord desquels brillent vingt candélabres. Sur la balustrade des fossés, vingt piédestaux supportent des colonnes richement décorées. Huit pavillons sont surmontés de statues représentant les principales villes de France. Au midi et au delà du fleuve, que l'on traverse sur le pont de la Concorde, l'œil plonge sur le palais Bourbon, où siège l'Assemblée nationale. Nous avons tracé l'historique de la place de la Concorde lorsque nous avons parlé des travaux exécutés sous Louis-Philippe. A l'est, s'élèvent les Tuileries. Entre elles et le Louvre, on voit la place du Carrousel ornée d'un arc de triomphe. La rue de Rivoli appartient aussi au 1er arrondissement, qui comprend, de plus, l'hôpital Beaujon, le ministère des affaires étrangères et celui de la justice, l'abattoir du Roule, le collège Bourbon, le palais de l'Élysée-Bourbon, où Napoléon signa son abdication après la bataille de Waterloo, et qui sert de demeure au président de la République.

Beaucoup de monuments anciens ont disparu dans cet arrondissement. L'*hôtel de Rambouillet*, parmi eux, avait obtenu une juste célébrité. Longtemps, ainsi que nous l'avons dit plus haut, on y distribua des brevets d'immortalité; les habitués formaient une camaraderie pour ainsi dire féroce. On vit dans l'hôtel de Rambouillet les premières croisées qui aient paru.

L'*église Saint-Philippe-du-Roule*, située rue du Faubourg-du-Roule, a été commencée en 1769, et achevée en 1784. L'architecte Chalgrin en a donné les plans et dessin.

Le *monument de Louis XVI*, construit par Percier et Fontaine, est situé au bout d'une avenue de cyprès formant une espèce de cour, où l'on entre par trois issues donnant rue d'Anjou, rue de la Madeleine et rue de l'Arcade. Des deux côtés règnent deux galeries, représentant deux suites de tombeaux, où l'on parvient par un portique qui forme l'entrée d'une chapelle en forme de croix, éclairée par le haut, dont les trois branches sont terminées par des hémicycles. Dans l'hémicycle du milieu il y a un autel en marbre blanc, avec un christ en cuivre doré et six flambeaux; dans l'hémicycle de droite, on remarque un groupe en marbre blanc, par Bosio, dont le sujet est l'apothéose de Louis XVI. Le testament de ce roi est gravé en lettres d'or sur un socle noir. Dans l'hémicycle de gauche, un autre groupe en marbre blanc représente Marie-Antoinette et la Religion sous l'emblème d'une femme voilée tenant une croix. On a gravé sur le socle en marbre noir la dernière lettre adressée par cette princesse à madame Élisabeth.

Le *jardin de Monceau* a son entrée dans la rue de Chartres-du-

Roule. Le duc d'Orléans, père de Louis-Philippe, créa ce jardin en 1778, sur l'emplacement d'un quartier qui portait le nom de *Petite-Pologne*. On appela bientôt cette maison de plaisance les *Folies de Chartres*. L'abbé Delille a chanté Monceau :

> J'en atteste, ô Monceau! tes jardins toujours verts;
> Là des arbres absents les tiges imitées,
> Les splendides berceaux, les grottes enchantées,
> Tout vous charme à la fois. Là, bravant les saisons,
> La rose place à naître ou milieu des glaçons;
> Et les temps, les climats, vaincus par des prodiges,
> Semblent de la féerie épuiser les prestiges.

En mai 1794, la Convention nationale décida que Monceau ne serait point vendu, mais entretenu pour être affecté à divers établissements. Il devint jardin public. Napoléon le donna plus tard à l'archichancelier Cambacérès, qui le rendit quatre ou cinq ans après au donateur. Napoléon réunit alors Monceau à son domaine particulier. En 1814, Louis XVIII rendit cette propriété, seul parc existant dans Paris, au duc d'Orléans.

Dans la *rue de Valois-du-Roule*, le père de Louis-Philippe avait une petite maison où il donna, le 25 mars 1779, au duc de Fitz-James, son cousin, à l'occasion de son mariage, un souper appelé le *souper des veuves*. On avait rassemblé là les maîtresses de ce prince et de différents seigneurs mariés ou près de se marier. On avait tout tendu de noir. Hommes et femmes portaient le deuil. Les flambeaux de l'Amour s'éteignaient, pour être remplacés par ceux de l'Hymen. L'empire de la raison succédait, en un mot, à l'empire du plaisir.—Plus tard, à la suite d'une orgie, le prince gagna dans cette même maison au duc de Fitz-James la somme de huit cent mille francs, dette dont celui-ci ne put se libérer qu'en vendant l'hôtel de l'Infantado, rue Saint-Florentin, et plusieurs autres propriétés.

Rue des Champs-Élysées, nº 1, est l'hôtel construit par Grimod de la Reynière. Le fils de cet administrateur général des postes a laissé une singulière réputation, celle d'un incomparable connaisseur en bonne chère, celle d'un fin gourmet. Celui-ci a habité cet hôtel jusqu'en 1814. Pour humilier l'orgueil de son père, charcutier enrichi, Grimod s'imagina un jour d'inviter à souper une réunion hétérogène de convives roturiers de tous états. On leur présenta un service en charcuterie, qui avait été, disait-il, fourni par un de ses parents. Un autre jour, étant sur le point de se retirer à la campagne, où il mourut en 1838, cet homme d'esprit chercha à savoir sur quels amis il pouvait compter. Il feignit d'abord d'être gravement malade, puis fit répandre le bruit de sa mort et distribuer de nombreux billets de convocation pour ses obsèques. On devait enterrer Grimod à l'heure du dîner. Les vrais amis arrivèrent à l'heure dite, mais en petit nombre. Ils furent introduits dans une salle à manger, où le défunt était assis devant une table somptueuse. Le plus magnifique repas tint lieu de messe des morts, et tout Paris s'égaya de cette aventure.

Au nº 30 du *quai de Billy* s'élevait autrefois la manufacture royale des tapis de la couronne, la *Savonnerie*.

Cette manufacture, qui fut pendant longtemps un des établissements industriels les plus importants de Paris, fut établie pour imiter les tapis de Perse en faveur de Pierre Dupont, qui en avait conçu l'idée et qui en eut la direction, et auquel Simon Lourdet succéda en 1626; l'un et l'autre réussirent si parfaitement dans la fabrication des tapis de pied, qu'ils obtinrent des lettres de noblesse. Sous le ministre Colbert, la manufacture de la Savonnerie reçut une nouvelle organisation.

Abandonnée ensuite momentanément, elle reprit une nouvelle activité en 1713, époque où le duc d'Antin en fit restaurer les bâtiments. Cette manufacture a été réunie récemment à la manufacture nationale de tapisserie des Gobelins.

Attenant à la manufacture de la Savonnerie était une chapelle sous l'invocation de Saint-Nicolas, sur la porte de laquelle on lisait l'inscription suivante, qui indique l'objet de cette pieuse fondation :

« La très-auguste Marie de Médicis, mère du roi Louis XIII, pour » avoir, par sa charitable magnificence, des couronnes au ciel comme » en la terre, par ses mérites, a établi ce lieu de charité pour y être » reçus, alimentés, entretenus et instruits les enfants tirés des hôpi-» taux des pauvres enfermés; le tout à la gloire de Dieu, l'an de » grâce 1615. »

Lors des massacres de la Saint-Barthélemy, un amas immense de corps morts fut enseveli dans la Seine, qui en rejeta dix-huit cents sur le quai de Billy (alors quai des Bons-Hommes), où le prévôt des marchands les fit couvrir à la hâte d'un peu de terre.

Dans la *rue de la Chaussée-d'Antin*, nº 9, mademoiselle Guimard, danseuse de l'Opéra, célèbre par son luxe, sa maigreur, ses grâces, les actes de bienfaisance de ses amants, avait fait bâtir, par l'architecte Ledoux, une maison et un théâtre que l'on nommait le temple de Terpsichore. Maîtresse en titre alors du prince de Soubise, le seigneur le plus dissolu de la cour, mademoiselle Guimard attirait dans son hôtel une foule nombreuse de philosophes, de beaux-esprits, d'artistes, de littérateurs. Elle avait trois soupers par semaine : l'un composé des premiers seigneurs de la cour; l'autre d'auteurs, d'artistes et de savants; le troisième de gens *les moins choisis*, d'amateurs d'orgie.

La maison de mademoiselle Guimard représentait le temple de la déesse de la danse; le portail était décoré de quatre colonnes, au-dessus desquelles il y avait un charmant groupe isolé : c'était Terpsichore couronnée par Apollon. Derrière les colonnes on voyait un délicieux bas-relief représentant le triomphe de la muse de la danse, que des Amours traînaient sur un char que précédaient des bacchantes et que suivaient les Grâces accompagnées de la musique.

L'ouverture du théâtre eut lieu en décembre 1772. On n'y entrait que par billets. C'était un rendez-vous des plus jolies filles et des plus aimables libertins de Paris. Il s'y trouvait des loges grillées pour les honnêtes femmes, pour les gens d'église, pour les personnes qui craignaient de se compromettre.

Mademoiselle Guimard se ruina. Son hôtel, mis en loterie, passa aux mains d'une comtesse. Il fut acheté vers 1796 par le banquier Perregaux. Ainsi M. Laffitte commença à faire sa fortune dans le temple de la dissipation.

Rue Neuve-de-Berry, n° 12, demeurait, en 1831, la comtesse de Genlis, dont on connaît le goût pour les déménagements, et à laquelle M. d'Ormensenne demandait un jour très-sérieusement : « Où logez-vous cette semaine, madame? » Fille d'un gentilhomme de province ruiné, elle vint à Paris à l'âge de seize ans, où une jolie figure, une bonne éducation et un talent remarquable sur la harpe la lancèrent dans le monde par l'entremise de sa tante, madame de Montesson, épouse du duc d'Orléans.

Madame de Genlis devint gouvernante des enfants du duc de Chartres, charge qui prêta à mille quolibets outrageants : la correspondance de Grimm et les mémoires de Bachaumont sont remplis d'anecdotes où elle est traitée avec une sévérité que sa qualité de femme nous interdit de rapporter. Nous citerons seulement les vers suivants, dont on multiplia des copies à cette époque :

> Aujourd'hui prude, hier galante,
> Tour à tour folle et docteur,
> Genlis, douce gouvernante,
> Deviendra dur gouverneur,
> Et, toujours femme charmante,
> Saura remplir son destin :
> On peut bien être pédante
> Sans cesser d'être c....

Lorsque le duc de Chartres l'institua gouvernante des princes ses enfants, et qu'il alla, suivant l'usage, prendre les ordres du roi à cet égard, Louis XVI lui dit : « J'ai un Dauphin, Madame pourrait être grosse, le comte d'Artois a plusieurs princes,... vous pouvez faire ce que vous voudrez », et lui tourna le dos. Madame ne fut pas grosse, les fils du comte d'Artois furent évincés de la couronne, et l'élève de la gouvernante est monté sur le trône.

Rue Basse-du-Rempart, n° 6, demeurait et est morte, le 15 janvier 1815, mademoiselle Raucourt, actrice célèbre du Théâtre-Français. On prétend que, se sentant mourir, elle conserva assez de sang-froid pour dire en souriant : « Voilà la dernière scène que je jouerai ; il faut la jouer d'une manière convenable. » Elle était loin de prévoir les troubles auxquels devaient donner lieu ses funérailles. L'entrée de l'église Saint-Roch, à laquelle elle avait fait des dons considérables, lui ayant été refusée, le peuple, justement indigné, enfonça les portes; et il commençait à remplir lui-même les cérémonies d'usage, lorsque Louis XVIII envoya un de ses aumôniers : l'ordre fut rétabli, et la foule accompagna paisiblement le convoi au cimetière de l'Est.

Rue Basse-du-Rempart, n° 68, existait naguère une maison (elle a été démolie au commencement de 1843) qui fut, avant 1789, le rendez-vous de tout ce que la cour, la finance avaient de jeune, de riche, de brillant en hommes à la mode. C'était une maison élégante, coquette, mystérieuse, construite tout exprès pour l'intrigue, toute composée de dégagements secrets, de couloirs obscurs et d'escaliers dérobés. Elle était habitée par mademoiselle Duthé, célèbre dans les fastes de la galanterie, qu'un prince (comte d'Artois) qui régna depuis avait mise à la mode. C'était une beauté régulière, grande, bien faite, un peu fade, blonde et bête à faire plaisir. En voyant son appartement, on avait peine à concevoir que le temple suffit à l'idole. Cet appartement se composait de quatre petites pièces, d'un grand salon formant demi-cintre et d'une terrasse donnant sur le boulevard, qui était la pièce principale, et où mademoiselle Duthé se montrait presque tous les jours. C'est là qu'assise sur une causeuse elle étendait sur un tabouret le pied le plus élégamment chaussé, ou qu'appuyée sur un bras complaisant elle faisait admirer le mol abandon de sa taille. Là se tenait une cour qui inquiétait quelquefois celle de Versailles, où l'on débitait des propos peu mesurés et des vérités hardies contre les personnages du rang le plus élevé.

La place du Carrousel, aujourd'hui si grande, par suite de récentes démolitions, a été l'un des premiers théâtres des événements de la révolution de juillet 1830. Près de *l'hôtel de Nantes*, qui a enfin été jeté bas, fut tué, le 29, Farçy, rédacteur du *Globe*. En mémoire de

cet événement, on avait encastré dans le mur de cette maison l'inscription suivante :

A CETTE PLACE A ÉTÉ TUÉ JEAN-GEORGES FARÇY, AGÉ DE VINGT-NEUF ANS,
ÉLÈVE DE L'ÉCOLE NORMALE,
LE 29 JUILLET 1830, EN COMBATTANT POUR LES LOIS.

L'inscription n'existe plus.

Qui reconnaîtrait exactement l'emplacement d'une foule de bâtiments pleins de souvenirs historiques? Les hôtels de Rambouillet et de Longueville ont disparu, comme a disparu le gai *théâtre du Vaudeville*, rue de Chartres-Saint-Honoré. On remarque assez curieusement que l'ouverture de cette salle eut lieu le 12 janvier 1792, dans un temps peu favorable aux plaisirs, par une pièce de Piis, en trois actes. La pièce, ennuyeuse mais de circonstance, fut sifflée comme jamais on ne siffla de mémoire théâtrale. Le *Vaudeville* devint la proie d'un incendie le 18 juillet 1836, à quatre heures du matin.

Le premier arrondissement est riche en variétés historiques. Rappelons, pour terminer notre promenade dans ces quartiers, qu'en face du Champ-de-Mars il fut question, sous l'Empire, de bâtir un palais destiné au roi de Rome. Les fondations sortirent de terre. Mais, après la guerre d'Espagne, on voulut donner à la prise du Trocadero, voisin de Cadix, une importance qu'elle n'avait pas. On simula une prise du Trocadero, comme plus tard Ruggieri a fait la prise d'Anvers, et la première pierre d'un monument à ériger fut posée non loin de la barrière actuelle de Sainte-Marie. Le gouvernement de la Restauration ne tarda pas à abandonner lui-même ce projet ridicule. Il se contenta de faire passer sous l'arc de triomphe, fabriqué en planches et en toile, le *grand vainqueur du Trocadero*, arc de triomphe digne d'une gloire si éclatante!

DEUXIÈME ARRONDISSEMENT.

Le deuxième arrondissement offre des édifices et des monuments aussi remarquables que le premier.

La place Vendôme forme un carré de beaux hôtels, au centre desquels s'élève la colonne Vendôme, surmontée de la statue de Napoléon. Le Palais-National, dont les galeries présentent aujourd'hui un bazar d'une merveilleuse variété, fut commencé en 1629, sur les dessins de Mercier, et terminé en 1636. Nous avons indiqué dans notre histoire les origines de la colonne Vendôme et du Palais-National.

A l'extrémité de la rue Vivienne on voit le palais monumental de la *Bourse*, qui renferme le tribunal de commerce. On en posa la première pierre en 1808 sur l'emplacement de l'ancien cloître des filles Saint-Thomas. Les constructions, commencées sur les plans de l'architecte Brongniart, qui mourut en 1813, avant d'avoir terminé son œuvre, furent continuées par Labarre selon les dessins primitifs. Lorsque le convoi de Brongniart passa devant la Bourse, on lui fit faire une station au pied du monument. Deux ou trois cents ouvriers descendirent aussitôt de leurs échafaudages, et se rangèrent en une double haie, la tête découverte, l'air respectueux et recueilli pour rendre hommage à celui qui avait dirigé leurs travaux.

La rue Richelieu compte au nombre des plus commerçantes, des plus luxueuses. Au n° 34, le grand Poquelin de Molière rendit le dernier soupir dans une modeste chambre du deuxième étage.

Molière, enfant de Paris, était né en 1622. Son père, J. Poquelin, tapissier, valet de chambre du roi, l'avait destiné à exercer la même profession. Mais Molière montra de bonne heure du goût pour les lettres, pour le théâtre surtout, et il obtint de sa famille qu'on le fit étudier. Après avoir terminé ses études, il remplit encore les fonctions de tapissier du roi. Entraîné par son amour pour l'art dramatique, il joua d'abord sur des théâtres particuliers, et finit par devenir comédien de profession. De 1646 à 1658, il parcourut la province avec une troupe qu'il avait formée, jouant des pièces, la plupart composées par lui-même. En 1658, il vint se fixer à Paris : il y ouvrit, en premier lieu à la salle du Petit-Bourbon, puis au Palais-Royal, un théâtre qui ne tarda pas à attirer la foule. Molière fit représenter le *Malade imaginaire* en 1673. A la quatrième représentation de cette pièce, ce sublime auteur, dont la santé était depuis longtemps altérée, voulut continuer à jouer, malgré les conseils de ses amis, de peur, disait-il, de faire perdre leur journée à tous ceux qu'il employait. Mais à la fin de la pièce, au moment où il prononçait le mot *juro*, il fut pris d'une convulsion; on l'emporta mourant. Il expira le 17 février 1673, à peine âgé de 51 ans. En 1778, l'Académie française qui avait obéi aux préjugés, qui n'avait pu le mettre au nombre de ses membres, à cause de sa profession, plaça son buste dans la salle de ses séances, avec ce vers de Saurin pour inscription :

> Rien ne manque à sa gloire, il manquait à la nôtre.

En janvier 1844, on a élevé un monument à la mémoire de Molière sur l'emplacement de la maison qu'il habitait.

A l'angle de la rue Richelieu et du boulevard des Italiens, demeuruit un autre poëte comique, Regnard, né aussi à Paris en 1647. Regnard nous fait ainsi connaître son habitation :

Au bout de cette rue où ce grand cardinal,
Ce prêtre conquérant, ce prélat amiral,
Laissa pour monument une triste fontaine,
Qui fait dire au passant que cet homme, en sa haine,
Qui du trône ébranlé soutint tout le fardeau,
Sut répandre le sang plus largement que l'eau,
S'élève une maison modeste et retirée
Dont le chagrin surtout ne connaît pas l'entrée.
. . . .
Mes voisins ont appris l'histoire de ma vie
Dont mon valet souvent les désennuie.
. . . .
Demande-leur encore où loge en ce marais
Un magistrat qu'on voit rarement au palais;
Qui, revenant chez lui lorsque chacun sommeille,
Du bruit de ses chevaux bien souvent les réveille;
Chez qui l'on voit entrer, pour orner ses celliers,
Force quartauts de vin et point de créanciers :
Si tu veux, cher ami, leur parler de la sorte,
Aucun ne manquera de te montrer ma porte.

Regnard, dans sa maison de Paris citée pour sa table et sa cave, avait parmi ses hôtes, outre l'élite des auteurs, le prince de Conti et le grand Condé.

La *Bibliothèque Nationale*, l'une des plus richement pourvues qui existent dans l'univers, est située aussi dans la rue Richelieu. Les rois de la première et de la seconde race n'avaient pas de bibliothèque, mais seulement quelques volumes pour leur usage particulier : des missels, des psautiers, des bibles, des livres liturgiques et de plain-chant. On sait que le roi Jean possédait huit à dix volumes. Charles V, son successeur, aima la lecture, traduisit lui-même plusieurs ouvrages et porta sa collection jusqu'à neuf cent dix volumes. Ces volumes étaient placés dans une tour du Louvre appelée *Tour de la Librairie*.

Gillet Mallet, valet de chambre, puis maître d'hôtel du roi, eut la garde de ces livres, et, en 1373, en composa un inventaire encore conservé à la Bibliothèque Nationale. Ils consistaient en livres d'église, de prières, de miracles, de vies de saints et surtout en traités d'astrologie, de géomancie, de chiromancie et autres productions des erreurs du temps, erreurs que le roi adoptait. Après la mort de Charles V, cette collection de livres fut en partie dispersée et enlevée par des princes ou officiers de la cour. Deux cents volumes du premier inventaire manquèrent; mais comme le roi recevait de temps en temps quelques présents de livres qui réparaient un peu les pertes, la bibliothèque se trouva encore composée, en 1423, d'environ huit cent cinquante volumes. Cette collection disparut pendant que le duc de Bedford, en qualité de régent de France, séjournait à Paris. Ce prince anglais, en 1427, l'acheta tout entière pour la somme de douze cents livres. Il paraît qu'il en fit transférer une partie en Angleterre. Ces volumes étaient pour la plupart enrichis de miniatures, couverts de riches étoffes et garnis de fermoirs d'or ou d'argent.

Louis XI rassembla les volumes que Charles V avait répartis dans diverses maisons royales y joignit les livres de son père, ceux de Charles son frère, et, à ce qu'il paraît, ceux du duc de Bourgogne. L'imprimerie, qui commença sous son règne à être en usage, favorisa l'accroissement de sa bibliothèque. Louis XII fit transporter au château de Blois les volumes que ses deux prédécesseurs, Louis XI et Charles VIII, avaient rassemblés au Louvre, où se trouvaient les commencements d'une précieuse collection de livres, dont plusieurs provenaient de ceux que le duc de Bedford avait tirés du la tour du Louvre pour les transférer en Angleterre. Charles VIII avait réuni à la bibliothèque royale celle des rois de Naples ; Louis XII augmenta celle que les ducs de Milan possédaient à Pise.

François Ier, en 1544, avait commencé une bibliothèque à Fontainebleau. Il l'accrut considérablement en y transférant les livres que Louis XII avait réunis à Blois, dont on fit alors l'inventaire, qui se composait d'environ mille neuf cent quatre-vingt-dix volumes, dont mille huit cents imprimés; trente-huit ou trente-neuf manuscrits grecs, apportés de Naples à Blois par le célèbre Lascaris.

François Ier enrichit de plus la bibliothèque de Fontainebleau d'environ soixante manuscrits grecs, que Jérôme Fondul acquit par ses ordres dans les pays étrangers. Jean de Pins, Georges d'Armagnac et Guillaume Pellicien, ambassadeur à Rome et à Venise, achetèrent pour le compte du roi tous les livres grecs qu'ils purent trouver. Deux cent soixante volumes en cette langue furent, d'après le catalogue dressé en 1544, le résultat de ces acquisitions. Depuis, François Ier envoya dans le Levant Guillaume Postel, Pierre Gilles et Juste Tenelle; ils rapportèrent quatre cents manuscrits grecs et une quarantaine de manuscrits orientaux. La bibliothèque de Fontainebleau s'accrut encore des livres du connétable de Bourbon, dont François Ier confisqua tous les biens.

Henri II, en 1556, d'après les insinuations de Raoul Spifame, rendit une ordonnance qui serait devenue très-profitable si on l'eût

exactement observée. Elle enjoignait aux libraires de fournir aux bibliothèques royales un exemplaire en vélin et relié de tous les livres qu'ils imprimeraient par privilége.

Henri IV, maître de Paris, ordonna, par lettres du 14 mai 1593, que la bibliothèque de Fontainebleau serait transférée à Paris et déposée dans les bâtiments du collége de Clermont, que les jésuites, chassés de Paris et de la France, venaient d'évacuer. Mais cet ordre ne fut exécuté qu'au mois de mai 1595. La bibliothèque royale fut alors recueillie dans les salles de ce collége. Elle s'augmenta, vers cette époque, d'un grand nombre de livres précieux. Catherine de Médicis avait laissé une collection de manuscrits hébreux, grecs, latins, arabes, français, italiens, au nombre de plus de huit cents. Cette collection provenait de la succession du maréchal Strozzi, qui l'avait achetée après la mort du cardinal Ridolfi, neveu du pape Léon X. Catherine se l'appropria sous le vain prétexte que ces livres provenaient de la bibliothèque des Médicis. Après sa mort, ils étaient restés en dépôt chez Jean-Baptiste Benivieni, abbé de Bellebranche, aumônier et bibliothécaire de cette reine. Henri IV ordonna l'acquisition de cette collection. Trois commissaires en firent l'estimation, en mars 1597, et la portèrent à la somme de cinq mille quatre cents écus. Les jésuites furent rappelés en 1604; on leur rendit leur collége de Clermont et on transféra la bibliothèque du roi dans une salle du cloître du couvent des Cordeliers. Ces livres étaient alors sous la garde de Casaubon.

Sous Louis XIII, la Bibliothèque royale fut enrichie des livres de Philippe Hurault, évêque de Chartres, au nombre de cent dix-huit volumes, dont cent manuscrits grecs ; de ceux du sieur de Brèves, ambassadeur à Constantinople, qui consistaient en cent huit beaux manuscrits syriaques, arabes, persans, turcs, qui avaient été acquis et payés par le roi pour faire partie de sa bibliothèque : mais le cardinal de Richelieu s'empara de cette collection, ainsi que de la bibliothèque de la Rochelle, dont il composa la sienne, qu'il légua à la Sorbonne. Sous le même règne, la bibliothèque du roi, restée au couvent des Cordeliers, fut transférée dans une grande maison appartenant à ces religieux et située rue de la Harpe, au-dessus de l'église Saint-Côme. Elle consistait alors environ seize mille sept cent quarante-six volumes, tant manuscrits qu'imprimés.

Sous le règne de Louis XIV et sous le ministère de Colbert cette bibliothèque acquit une consistance et des richesses qu'elle n'avait jamais eues, et pour la première fois elle fut rendue accessible au public : elle favorisa puissamment les progrès des connaissances humaines. Elle s'accrut 1° du fonds du comte de Béthune, composé de mille neuf cent vingt-trois volumes manuscrits, dont plus de neuf cent cinquante sont remplis de lettres et de pièces originales sur l'histoire de France ; 2° dans le même temps, de la bibliothèque de Raphaël Trichet, sieur Dufresne, composée de neuf à dix mille volumes imprimés, d'une quarantaine de manuscrits grecs, de cent manuscrits latins et italiens, etc., etc. ; 3° d'un recueil immense de pièces sur le cardinal Mazarin, en cinq cent trente-six volumes ; etc.

Louvois succéda à Colbert dans la direction de cette bibliothèque ; il continua son ouvrage et chargea les ministres français dans les cours étrangères d'acheter des manuscrits et des imprimés : il en arriva de toutes parts. Le changement le plus notable qu'elle éprouva sous le règne de Louis XIV fut sa translation de la rue de la Harpe dans la rue Vivienne. La Bibliothèque était devenue trop nombreuse pour être contenue dans le local qu'elle occupait. En 1666, Colbert acheta des héritiers de M. de Beautru deux maisons voisines de son hôtel, rue Vivienne ; ils les fit disposer convenablement, et les livres y furent transportés. Sous la régence du duc d'Orléans, on transféra la bibliothèque rue Richelieu, dans l'immense hôtel de Mazarin, dont elle occupe encore une partie des bâtiments.

En 1684, la Bibliothèque nationale possédait cinquante mille cinq cent quarante-deux volumes ; en 1775, près de cent cinquante mille, et environ deux cent mille en 1790. Elle est riche aujourd'hui de plus de neuf cent mille volumes imprimés, et de quatre-vingt mille manuscrits, sans compter plusieurs centaines de milliers de pièces relatives à l'histoire générale. Elle se divise en quatre départements : 1° imprimés ; 2° manuscrits, chartes, diplômes, etc. ; 3° monnaies, médailles, pierres gravées et autres monuments antiques ; 4° estampes, cartes géographiques et plans.

A la place qu'occupe aujourd'hui la *fontaine Richelieu* se trouvait autrefois l'hôtel Louvois, dont la rue voisine prit le nom. En 1793, mademoiselle de Montansier y fit construire un théâtre, appelé d'abord de la Nation et des Arts, et qui fut occupé par l'Opéra depuis 1794 jusqu'en 1820. C'est là qu'on brilla Grassari, Albert, Branchu, Vestris, Gardel, Montessu, Bigottini. C'est en allant à ce théâtre que le premier consul faillit périr par la machine infernale ; c'est en sortant de ce théâtre que le duc de Berri fut assassiné le 13 février 1820, à la porte de la rue Rameau ; il y mourut le lendemain. En expiation de ce crime, l'Opéra fut transporté dans la salle provisoire qu'il occupe aujourd'hui ; on démolit l'édifice, et sur son emplacement l'on construisit une *chapelle expiatoire*. Mais, en 1830, cette chapelle fut détruite avant d'avoir été achevée, et l'on fit une promenade ornée d'une fontaine élevée sur les dessins de M. Visconti. L'un des côtés de cette promenade est occupé par la rue Louvois, où se trouvait en 1792 (n° 6) le théâtre des Amis de la Patrie; il fut fermé plusieurs fois, rouvert en 1801 sous la direction de Picard, et occupé par le Théâtre-Italien en 1808. C'est aujourd'hui une maison particulière.

La rue *Rameau* doit sa dénomination au célèbre compositeur de ce nom, mort en 1764, à l'âge de quatre-vingt-trois ans. Louis XV lui avait accordé des lettres de noblesse. Rameau était si avare, qu'il ne voulut pas les faire enregistrer, parce que cela entraînerait à des frais. Le curé de Saint-Eustache se présenta à son lit de mort, et pérora longtemps en vain. L'illustre malade, fatigué, ennuyé de ses obsessions, s'écria avec fureur : « Que diable venez-vous me chanter là, monsieur le curé?... vous avez la voix fausse ! »

Rue *Favart*, n° 4, habitait Collot-d'Herbois; rue *Gaillon*, *hôtel des Etats-Unis*, demeurait Saint-Just; rue de *Grétry* n° 1, logea Brissot de Warville.

Rue *Chabanais* habitait Chamfort, en 1793; dénoncé, emprisonné, rendu à la liberté, le séjour des cachots avait été si pénible à cet écrivain, qu'il jura de ne jamais tomber vivant au pouvoir de ses ennemis. Lorsqu'on vint l'arrêter pour la seconde fois, il passa dans son cabinet, se tira un coup de pistolet sur le front, se fracassa le nez, s'enfonça l'œil droit. Etonné de vivre encore, il tenta de se couper la gorge. En entrant, on le trouva baigné dans son sang. Pendant qu'on disposait l'appareil nécessaire à ses blessures, Chamfort dicta aux officiers civils la déclaration suivante : « Moi, Sébastien-Roch-Nicolas Chamfort, déclare avoir voulu mourir en homme libre plutôt que d'être conduit en esclave dans une maison d'arrêt; déclare que si par violence on s'obstinait à m'y traîner dans l'état où je suis, il me reste assez de force pour achever ce que j'ai commencé. Je suis homme libre; jamais on ne me fera rentrer vivant dans une prison. » Chamfort expira le 23 avril 1794, après avoir souffert les douleurs les plus cruelles.

Rue *Bergère*, presque en face du Conservatoire de musique, dont nous allons parler, on remarquait, il y a quelques années, l'*hôtel Rougemont de Loewemberg*, magnifique habitation dont les jardins s'étendaient jusqu'au boulevard Montmartre. On les voyait du dehors, à travers une grille de fer. Cet hôtel qui, assure-t-on, avait coûté six cent mille francs, a été vendu quatre millions à une société d'entrepreneurs, qui ont construit plusieurs maisons considérables sur son emplacement. Là existe maintenant la rue *Rougemont*.

Rue de la *Tour-d'Auvergne*, n° 11, habitait en 1822, le général Berton, chef de la conspiration de Saumur, décapité à Poitiers, en 1825.

Nous passons sous silence la Banque de France, pour nous arrêter au *Conservatoire national de musique*, rue du Faubourg-Poissonnière. Sur la proposition du baron de Breteuil, cet établissement fut créé par arrêt du conseil du 3 janvier 1784. Il prit d'abord le nom d'*Ecole royale de chant et de déclamation*. Ouverte le 1er avril de la même année, sous la direction de Gossec, cette école était destinée à fournir des sujets à l'Opéra. On y enseignait le chant, la musique instrumentale, l'harmonie, la composition musicale et la danse. En 1786, le duc de Duras proposa d'y annexer une école de déclamation pour le Théâtre-Français. On mit à exécution ce projet. Les artistes les plus renommés de l'époque, Molé, Fleury, Dugazon, furent les premiers professeurs de cet établissement. Talma y a étudié.

L'année 1789 avait fait tomber cette école naissante. Heureusement Sarrette en réunit les débris auxquels il donna une vie nouvelle. Quarante-cinq musiciens des gardes françaises se réunirent à lui, et formèrent le noyau de la garde civique. Peu de temps après le corps municipal porta à soixante-dix-huit le nombre des exécutants, et créa, en 1792, une école gratuite de musique, d'abord placée dans la rue Saint-Pierre-Montmartre, puis transférée dans la rue Saint-Joseph.

Au mois de novembre 1793, le nom d'*Institut national de musique* fut donné à cet établissement. Deux ans après, c'était le *Conservatoire de musique*.

L'empereur Napoléon constitua définitivement le Conservatoire, et le plaça dans l'ancien hôtel des Menus-Plaisirs. Depuis sa création, cette institution, éminemment utile à l'art lyrique et à l'art dramatique, a compté cinq directeurs : Gossec, Sarrette, Perne, Chérubini, Auber.

Au n° 76 de la rue Poissonnière est située la caserne de la *Nouvelle-France*. D'intéressants souvenirs se rattachent à cette caserne. Hoche et Bernadotte ont été sergents à la *Nouvelle-France*. La chambre qu'occupait ce dernier sert aujourd'hui de cantine aux sous-officiers.

Le *Grand-Opéra* (théâtre de la Nation, Académie nationale de musique) appartient au deuxième arrondissement. Il est situé rue Lepelletier. L'opéra ne fut introduit en France que sous le ministère du cardinal Mazarin, mais avec de la musique et des paroles italiennes. L'abbé Perrin hasarda le premier des vers d'opéra en français. Le 26 juin 1669, il obtint des lettres patentes qui lui permettaient d'« établir en la ville de Paris et autres du royaume des académies de musique pour chanter en public, pendant douze années, des pièces de théâtre, comme il se pratique en Italie, en Allemagne et en Angleterre. » Au mois de mars 1671, l'abbé Perrin ouvrit une salle dans le jeu de paume de la rue Mazarine. On y représenta *Pomone*. L'entreprise ne réussit pas : un certain marquis de Sourdéac mit la main sur

la caisse et l'emporta. Au mois de mars 1682, Louis XIV donna ces lettres patentes :

« Louis, etc.... Les sciences et les arts étant les ornements les plus considérables des Etats, nous n'avons point eu de plus agréables divertissements depuis que nous avons donné la paix à nos peuples, que les faire revivre en appelant près de nous tous ceux qui se sont acquis la réputation d'y exceller, non-seulement dans l'étendue de notre royaume, mais aussi dans les pays étrangers, et pour les y obliger davantage à s'y perfectionner, nous les avons honorés de notre bienveillance et de notre estime, et comme entre les arts libéraux la musique y tient un des premiers rangs, nous avions, dans le dessein de la faire réussir avec tous ses avantages, par nos lettres patentes du 26 juin 1669, accordé au sieur Perrin une permission d'établir en notre bonne ville de Paris et autres de notre royaume des académies de musique pour chanter en public des pièces de théâtre, comme il se pratique en Italie, en Allemagne et en Angleterre, pendant l'espace de douze années; mais ayant été depuis informé que les peines et les soins que le sieur Perrin a pris pour ces établissements n'ont pu seconder pleinement notre intention et élever la musique au point que nous nous l'étions promis, nous avons cru, pour y mieux réussir, qu'il était à propos d'en donner la conduite à une personne dont l'expérience et la capacité nous fussent connues, et qui eût assez de suffisance pour former des élèves, tant pour bien chanter et actionner sur le théâtre qu'à dresser des bandes de violons, flûtes et autres instruments. A ces causes, bien informé de l'intelligence et grande connaissance que s'est acquise notre très-cher et bien-amé Jean-Baptiste Lully, au fait de la musique dont il nous a donné et nous donne journellement de très-agréables preuves depuis plusieurs années qu'il est attaché à notre service, qui nous ont convié de l'honorer de la charge de surintendant et compositeur de la musique de notre chambre, nous avons audit sieur Lully permis et accordé, permettons et accordons par ces présentes d'établir une académie royale de musique dans notre bonne ville de Paris qui sera composée de tel nombre et qualité de personnes qu'il avisera bon être, que nous choisirons et arrêterons sur le rapport qui nous en sera fait, pour faire des représentations par-devant nous, quand il nous plaira, des pièces de musique qui seront composées tant en vers français qu'autres langues étrangères, pareille et semblable aux académies d'Italie, pour en jouir sa vie durant, et après lui celui de ses enfants qui sera pourvu et reçu en survivance de ladite charge de surintendant de la musique de notre chambre, avec pouvoir d'associer avec lui qui bon lui semblera, pour l'établissement de ladite académie, et pour le dédommager des grands frais qu'il conviendra faire pour lesdites représentations, tant à cause des théâtres, machines, décorations, habits, qu'autres choses nécessaires, lui permettons de donner en public toutes les pièces qu'il aura composées, même celles qui auront été représentées devant nous, sans néanmoins qu'il puisse se servir pour l'exécution desdites pièces des musiciens qui sont à nos gages, comme aussi de prendre telles sommes qu'il jugera à propos, et d'établir des gardes et autres gens nécessaires aux portes des lieux où se feront lesdites représentations, faisant très-expresses inhibitions et défenses à toutes personnes de quelque qualité et condition qu'elles soient, même les officiers de notre maison, d'y entrer sans payer, comme aussi de faire chanter aucune pièce entière en musique, soit en vers français ou autres langues étrangères, sans la permission par écrit dudit sieur Lully, à peine de 10,000 livres d'amende et de confiscation des théâtres, machines, décorations, habits et autres choses, applicable un tiers à nous, un tiers à l'hôpital général et l'autre tiers audit sieur Lully, lequel pourra aussi établir des écoles particulières de musique en notre bonne ville de Paris, et partout où il jugera nécessaire pour le bien et l'avantage de ladite académie royale, et d'autant que nous l'érigeons sur le pied de celle des académies d'Italie, où les gentilshommes chantent publiquement en musique sans déroger, nous voulons et nous plaît que tous gentilshommes et demoiselles puissent chanter auxdites pièces et représentations de notre dite académie royale de musique, sans que pour ce ils soient censés déroger audit titre de noblesse, ni à leurs privilèges, charges, droits et immunités.

» Révoquons, cassons et annulons par ces présentes, toutes permissions et privilèges que nous pourrions avoir ci-devant donnés et accordés, même celui dudit sieur Perrin pour raison desdites pièces de théâtre en musique, sous quelques noms, qualités, conditions et prétexte que ce puisse être, etc.

» Donné à Versailles au mois de mars l'an de grâce 1662, et de notre règne le 20°.

» Signé : Louis. »

Une fois en possession de son privilège, Lully transféra son théâtre au jeu de paume du Bel-Air, rue de Vaugirard. L'ouverture eut lieu le 15 novembre 1672. La salle du Palais-Royal étant restée inoccupée par suite de la mort de Molière, Lully vint y établir son théâtre. Le succès couronna son zèle et ses talents. Lully mourut en 1687. Francine, son gendre, avait hérité de son privilège. Francine géra mal; ses successeurs ne cessèrent de grever de dettes énormes l'*académie de musique*. Alors, le gouvernement en confia l'administration à la prévôté des marchands. Cela dura jusqu'en avril 1757, époque où l'Académie fut affermée pour trente années à Francœur et à Rebel.

Le 6 avril 1763 un terrible incendie dévora la salle de l'Opéra, et, le 24 janvier suivant, les acteurs prirent possession du théâtre des Machines faisant partie du palais des Tuileries. Des lettres patentes du 11 février 1764 avaient ordonné la reconstruction du théâtre du Palais-Royal, dont l'inauguration eut lieu le 26 janvier 1770, par la reprise de *Zoroastre*, opéra de Rameau. Ce théâtre jeta bientôt l'éclat le plus vif. Voltaire le célébra :

> Il faut se rendre à ce palais magique
> Où les beaux vers, la danse, la musique,
> L'art de charmer les yeux par les couleurs,
> L'art plus heureux de séduire les cœurs,
> De cent plaisirs font un plaisir unique.

Alors brillaient Vestris, Gardel, Dauberval, mademoiselle Guimard et Sophie Arnould.

Après avoir été de nouveau incendié, l'Opéra s'établit à la Porte-Saint-Martin ; puis il vint s'installer dans le théâtre que mademoiselle Montansier avait fait construire dans la rue Richelieu, en face de la Grande Bibliothèque. L'inauguration eut lieu par une pièce mêlée de chants et de danses. Ce fut à cette représentation qu'on vit pour la première fois le parterre garni de banquettes. Après la mort du duc de Berry, cette salle fut immédiatement fermée. On la démolit. Une autre salle s'éleva rue Peletier. Là existe encore l'*Académie nationale de musique*.

L'*Opéra-Comique* (salle Favart) fait partie du deuxième arrondissement, ainsi que le *Théâtre-Italien* (salle Ventadour), le théâtre actuel du Vaudeville et celui des Variétés.

Dans la *rue de Clichy* se trouve la prison pour dettes : la prison de Clichy avoisine les terrains de l'ancien Tivoli, fréquenté, sous la Restauration, par une foule élégante.

Notre-Dame-de-Lorette, église construite avec un luxe éblouissant, ressemble plutôt à un lieu de divertissement qu'à un monument religieux. Elle est située à l'extrémité de la rue Lafitte, dans la rue Olivier. Une ordonnance royale du 3 janvier 1822 prescrivit la construction de cette église. En 1833, un concours fut ouvert entre dix architectes. Le projet qui obtint la préférence fut celui dont l'épigraphe avait reproduit ces deux vers :

> Que de l'or le plus pur cet autel soit paré,
> Et que du sein des monts le marbre soit tiré.

L'auteur de ce projet adopté, M. Hippolyte Lebas, ne ménagea ni l'or ni le marbre. Notre-Dame-de-Lorette a coûté 2,050,000 francs.

Saint-Roch, paroisse située dans la *rue Saint-Honoré*, ne mérite guère l'attention du visiteur qu'à cause de son portail. Plusieurs personnages célèbres y sont enterrés. A côté de la tombe de Maupertuis, l'astronome, on voyait celle de Lenôtre, qui dessina sous les yeux de Louis XIV les jardins des Tuileries et de Versailles, le parterre du Tibre à Fontainebleau, et la magnifique terrasse de Saint-Germain-en-Laye. Lenôtre était né à Paris en 1613. Louis XIV, en 1675, voulut, pour reconnaître son mérite hors de ligne, lui accorder des lettres de noblesse et lui donner des armes. « Sire, dit Lenôtre, j'ai mes armes, et j'y tiens : trois limaçons couronnés d'une pomme de chou ; permettez-moi d'y joindre une bêche, car je dois à cet instrument toutes les bontés dont Votre Majesté m'accable. » En face de Lenôtre avaient été inhumés les restes du peintre Mignard. Cet habile artiste avait peint neuf fois le portrait de Louis XIV. A la dixième fois, le roi lui dit : « Mignard, vous me trouvez vieilli ? — Sire, répliqua le peintre courtisan, je vois quelques lauriers de plus sur le front de Votre Majesté. » Ce compliment plut beaucoup au *grand roi*. Une semaine après, les portes de l'Académie s'ouvraient à deux battants, et Mignard était reçu le même jour membre, professeur, recteur, directeur et chancelier. Le 10 août 1821, on plaça au-dessus d'un des bénitiers de la grande nef, à gauche en entrant, une table de marbre avec une inscription indiquant la date de la naissance et le jour de la mort de Pierre Corneille.

Outre le jardin du Palais-National, le second arrondissement possède les superbes boulevards Montmartre et des Italiens, où les *lions* et les *lionnes* de Paris se promènent habituellement.

C'est sur le boulevard des Italiens, dans un café tenu par un nommé Chrétien, juré au tribunal révolutionnaire, que se rassemblait la compagnie des *tape-dur*, qui, armés de bâtons noueux gros comme le bras, auxquels ils donnaient par dérision le nom de *Constitution de l'an III*, parcouraient le Palais-National et les promenades publiques pour insulter les passants.

Les *passages* de l'Opéra, de Choiseul, etc., servent aussi de promenade et d'abri aux piétons les jours de pluie ou pendant un orage. Le premier est un rendez-vous d'agioteurs. Rien n'égale le luxe des boutiques situées dans les rues Vivienne et Richelieu. Ce sont des bazars magnifiques où la mode étale complaisamment ses plus brillants caprices, ses fantaisies les plus nouvelles.

Il existait autrefois, *rue Neuve-Saint-Augustin*, un hôtel bâti en 1707 par l'architecte Levé pour un riche financier qui avait plus d'argent que de goût. Cet hôtel appartint successivement au comte de Toulouse et au duc d'Antin. En 1757 il fut vendu au maréchal de

Richelieu, qui dépensa pour l'embellir des sommes considérables, tout le produit des contributions qu'il avait fait lever sur le pays de Hanovre lors de la guerre de 1756 à 1757. On voyait dans les jardins trois statues admirables : l'une d'elles était antique ; les autres, attribuées à Michel-Ange, ont été transportées au Musée.

TROISIÈME ARRONDISSEMENT.

Le *troisième arrondissement* renferme les boulevards Poissonnière et Bonne-Nouvelle, promenades moins fréquentées que celles des premier et deuxième arrondissements, mais où abondent les importantes maisons de commerce en gros.

Parmi les bazars, nous citerons ceux de Bonne-Nouvelle et de l'Industrie, tous deux de création moderne. La prison Saint-Lazare, l'église Saint-Eustache, l'hôtel des Postes appartiennent à cet arrondissement.

La *prison Saint-Lazare* était autrefois un prieuré d'Augustins de fondation royale. Les rois y séjournaient pendant quelques semaines, pour recevoir le serment de fidélité et les soumissions des autorités. A leur mort, on y déposait leurs corps quelques jours avant de les porter à Saint-Denis. Plus tard, ce prieuré fut uni à une léproserie. Saint Vincent de Paul, ayant institué l'ordre des missions en 1632, reçut la maison de Saint-Lazare pour y établir le chef-lieu de sa congrégation. Une seule condition importante lui était imposée, celle de continuer à recevoir les lépreux, alors très-nombreux à Paris.

Le corps de saint Vincent de Paul a été inhumé dans le chœur de l'église Saint-Lazare, au pied du maître autel. Avant la révolution de 1789, on y voyait sa tombe en marbre, sur laquelle on lisait :

> ICI REPOSE
> LE VÉNÉRABLE VINCENT DE PAUL,
> PRÊTRE, FONDATEUR OU INSTITUTEUR
> ET SUPÉRIEUR GÉNÉRAL
> DE LA CONGRÉGATION
> DE LA MISSION ET DES FILLES DE LA CHARITÉ,
> IL MOURUT
> LE XXVII SEPTEMBRE MDLX,
> DANS LA QUATRE-VINGT-CINQUIÈME ANNÉE
> DE SON AGE.

En face de Saint-Lazare, il existait encore, avant 1789, un monument en pierres, indiquant la première halte de Philippe le Hardi, lorsqu'il porta, pieds nus, sur ses épaules, le cercueil de saint Louis, depuis Notre-Dame jusqu'à Saint-Denis. Les haltes de Philippe le Hardi avaient été indiquées de distance en distance par des espèces de tours gothiques, surmontées de croix, ornées de fleurs de lis, avec quatre niches qui contenaient les statues en pied et de grandeur naturelle de saint Louis, du roi Philippe III, du comte de Nevers et du comte de Clermont, ses fils. Ces tours consacraient le souvenir de la piété filiale du fils de saint Louis. Elles ont été renversées en 1793.

L'*église Saint-Eustache* doit figurer au nombre des plus remarquables que possède Paris. L'attachement des habitants de cette paroisse pour leurs pasteurs était si grand, qu'il devenait souvent impossible de changer ceux-ci de cure. Vers le milieu du dix-septième siècle, le curé de Saint-Eustache, appelé Merlin, tomba malade et mourut. L'archevêque de Paris se hâta de lui donner un successeur, qui vint pour prendre possession de sa cure. Mais le neveu de Merlin, quoique simple prêtre, crut devoir s'y opposer ; il prétendait que cette cure lui appartenait, en vertu d'une résignation que son oncle lui avait faite. Rien de moins concluant qu'un argument pareil. Cependant, fortifié dans ses prétentions par la haute bienveillance des dames de la halle, et comptant beaucoup sur l'appui de ses paroissiens, le neveu de Merlin persista. Toute la population du quartier s'émut, s'assembla en tumulte pour le protéger, crut devoir envoyer contre celle, et installa le neveu de son ancien et cher curé. Trois jours dura cet étrange désordre. Les dames de la halle envoyèrent à la reine une députation. L'orateur féminin expliqua le mieux qu'il lui fut possible les causes de l'émeute, et résuma son grand discours en ces termes : « Le bon curé Merlin a reconnu son neveu pour successeur, d'ailleurs les Merlin ont toujours été curés de Saint-Eustache, *de père en fils*, et les paroissiens n'en souffriront pas d'autres. » C'était parler énergiquement. La reine eût voulu satisfaire *ces dames* : les canons de l'Église s'y refusaient. Alors l'émeute prit un caractère de gravité qui inquiéta les autorités municipales. Déjà les bourgeois commençaient à barricader les rues, lorsqu'on apprit que l'archevêque de Paris venait de céder. Merlin remplaça son oncle. Le calme se rétablit. Le lendemain des plaisants firent placarder sur l'église une affiche ainsi conçue :

AVIS.

La cure de Saint-Eustache est à la nomination des dames de la halle.

La *place des Victoires* doit sa naissance à François, vicomte d'Aubusson, duc de la Feuillade, pair et maréchal de France, qui, plein d'enthousiasme pour Louis XIV, fit sculpter le buste du roi pour le mettre en un lieu apparent. Le prévôt des marchands participa à cette œuvre. Le 18 mars 1686, on célébra l'inauguration de la statue de Louis XIV. Le duc de la Feuillade paya cher son enthousiasme pour le monarque, dont l'emblème était le soleil. De son vivant même, quelque méchante langue afficha sur le piédestal du monument ce dystique gascon :

> La Feuillade, sandis, jé crois qué tu mé bernes,
> Dé placer le soleil entre quatré lanternes.

Saint-Simon poursuivit également le duc de la Feuillade de ses sarcasmes : « Si Louis XIV, dit-il, eût laissé faire, M. de la Feuillade aurait adoré son roi comme un Dieu. »

Les protestants quittant la France après l'Édit de Nantes

Quant à l'hôtel des Postes, établissement très-considérable aujourd'hui, ce n'était, vers la fin du quinzième siècle, qu'une grande maison, ayant pour enseigne l'Image saint Jacques. Les produits généraux de l'hôtel des Postes s'élevaient, en 1842, à quarante-huit millions huit cent quatre-vingt-dix-sept mille deux cent vingt-six francs. Nul doute qu'ils n'aient considérablement augmenté depuis.

La rue Jean-Jacques-Rousseau offre deux souvenirs. Non-seulement l'auteur d'Emile y demeura à la fin de juin 1770, mais Talma habitait l'hôtel Bullion, lorsqu'il débuta le 21 novembre 1787.

Rue de la Tonnellerie n° 3 est né Molière, dont nous avons plus haut indiqué la vie et la mort. Naguère logeait là un fripier, qui vénérait la mémoire du grand comique. En 1789, M. Alexandre Lenoir fit placer, avec l'agrément de ce propriétaire, le buste de Poquelin de Molière, avec cette inscription gravée sur un marbre blanc :

J.-B. Poquelin de Molière est né dans cette maison le 15 janvier 1620.

Au-dessous était une sentence composée par Santeuil : Castigat ridendo mores (il corrige les mœurs en riant).

Quelques années plus tard, un autre fripier, moins lettré, ou moins respectueux pour Molière que son prédécesseur, fit repeindre la devanture de la boutique. Le buste de Molière, chef-d'œuvre de Houdon, fut barbouillé en noir avec cette indication : A la tête noire. La police ordonna au fripier de rétablir les choses dans leur ancien état. La maison fut vendue par la suite; on en rebâtit la façade. Un nouveau buste, sculpté par Coysevox remplaça celui de Houdon, et fut placé dans une niche ornée des attributs de Thalie, de masques comiques et d'accessoires. Au-dessous, on lit encore :

J.-B. POQUELIN DE MOLIÈRE.
Cette maison a été bâtie sur l'emplacement
de celle où il naquit l'an 1622.

Rue Mandar, n° 2. La société chantante du Caveau a pris naissance

chez un restaurateur de cette rue. Les sociétaires y firent des dîners qu'on appela les dîners du Vaudeville, auxquels succédèrent les dîners du Caveau moderne. Ils se séparèrent en 1817. Quelques-uns d'entre eux fondèrent les Soupers de Momus, dont l'existence a été très-courte.

La rue Vide-Gousset rappelle qu'on y volait en plein jour, il y a cent ans. Sous le ministère déplorable de l'abbé Terray, on trouva plaisant d'effacer le nom de cette rue et de lui substituer celui du ministre.

Rue de la Jussienne, n° 10, habita le sieur Perruchot, régisseur général des armées du roi, directeur général du monopole des grains flétri sous le nom de Pacte de famine.

Rue du Jour, habita Poupart, curé de Saint-Eustache, connu pendant l'époque révolutionnaire pour son extrême tolérance, pour ses relations excellentes avec les hommes les plus exaltés du temps. Enfin, au n° 8 de la rue du Mail demeura en 1824 Emile Brault, poète patriotique, auteur de la Colonne, et dans la rue des Fossés-Montmartre, hôtel de la Liberté, logea en 1794 Fabre d'Eglantine, l'un des hommes les plus fameux de la Révolution.

QUATRIÈME ARRONDISSEMENT.

Le quatrième arrondissement, renfermé pour ainsi dire dans les trois que l'on vient de parcourir, et borné par la Seine, contient le Louvre, commencé par François Ier et continué par ses successeurs. L'origine du Louvre se perd dans la nuit des temps. Ce qu'il y a de certain, toutefois, c'est qu'il existait à l'état de forteresse, antérieurement à Philippe-Auguste. François Ier résolut de le faire abattre,

Le banquier Law.

et de construire sur son emplacement un édifice plus élégant. Ce prince en confia l'exécution à Sébastien Serlio, Italien. Cet habile architecte, auquel on avait montré le dessin de Pierre Lescot, seigneur de Clagny, eut la rare générosité d'avouer au roi que le projet de l'artiste français était préférable au sien. Pierre Lescot se mit à l'œuvre pour bâtir ce que l'on a appelé le vieux Louvre, un palais composé d'une grande galerie ayant deux pavillons.

Henri II le continua, l'augmenta d'une aile, et bâtit la belle salle des Cariatides, dont les sculptures sont dues au ciseau du célèbre Jean Goujon. Sous le règne de Charles IX, s'éleva la portion du bâtiment en aile qui existe aujourd'hui du côté du jardin de l'Infante, et en retour sur le bord de la rive jusqu'au guichet du petit clocher. Henri IV acheva les bâtiments qui forment l'entrée du Musée. Il eut le premier la pensée de réunir le Louvre aux Tuileries. Ce prince ajouta une salle de spectacle dans l'espace occupé aujourd'hui par le petit escalier; il termina également la galerie qui borde la rivière.

Louis XIII acheva le pavillon de l'Horloge et la façade de ce côté. Mazarin et Colberts'occupèrent de ce monument dont, sous Louis XIV, Claude Perrault exécuta la magnifique colonnade.

Le Louvre est réuni aux Tuileries du côté de la Seine par une galerie qui correspond aux deux édifices. Lorsqu'on aura terminé l'aile opposée, ce château sera unique au monde par sa beauté délicate et grandiose.

L'église Saint-Germain-l'Auxerrois se trouve en face de la colonnade du Louvre. On la regarde comme l'une des plus anciennes et des plus remarquables de Paris. Restaurée en 1833, 1839 et 1840 par M. Godde, architecte, elle a repris sa splendeur première.

Les nombreuses halles de Paris sont pour la plupart dans l'arrondissement que nous visitons. Leur histoire suit pas à pas celle de la ville même.

Quand la Cité était encore tout Paris, il y avait près de *Saint-Germain-le-Rond* un établissement nommé le *marché Palu*. Le développement de la capitale motiva la fondation d'un second marché sur la place de Grève, et ce marché subsista jusqu'au règne de Louis VI. Mais la population augmentait toujours dans des proportions extraordinaires ; Louis VI résolut de créer, à côté du chemin qui conduisait à l'abbaye Saint-Denis, un établissement beaucoup plus vaste que celui qu'on abandonnait. Il choisit les *Champeaux*, propriété commune au roi, à l'évêque de Paris, au chapitre Sainte-Opportune, etc. Par un accord passé entre Philippe-Auguste et Guillaume, évêque de Paris, la couronne acquit l'entière propriété des halles, moyennant une redevance annuelle. Sous saint Louis, les *halles* (ainsi nommées, dit Gilles Corrozet, « pour ce que chacun y allait ») reçurent de nouveaux accroissements. Il y eut trois marchés, deux affectés aux drapiers, le troisième aux merciers et aux corroyeurs. De plus, les fripiers obtinrent le droit de s'établir aux halles, qui, dès la fin du treizième siècle, contiurent un marché aux tisserands, deux étaux aux foulons, une halle du lin et des chanvres, une pour les toiles, une pour le blé, une des merciers, une halle des chaudronniers, des étaux aux gantiers, aux pelletiers, aux fripiers, aux chaussetiers, aux drapiers, aux tapissiers, aux cordonniers, aux tanneurs. A cette époque, le chiffre exact du produit du loyer des halles de Paris se montait à 908 livres 10 sous 4 deniers parisis, revenu considérable.

Au seizième siècle, nouvel agrandissement. Les halles de Paris furent entièrement rebâties à neuf. En 1553, on élargit les anciennes voies publiques qui les environnaient, et l'on perça de nombreuses communications. Chaque corps de métier eut pour ainsi dire sa rue spéciale : rue de la *Cordonnerie*, rues de la *Petite* et *Grande-Friperie*, de la *Cossonnerie*, des *Fourreurs*, de la *Heaumerie*, de la *Lingerie*, de la *Chanvrerie*, de la *Tonnellerie*, des *Potiers-d'Etain*, etc. On entoura les halles presque partout d'une galerie couverte. D'où le nom de *Piliers des halles*.

Une ordonnance de 1368, une autre de 1371 obligèrent les marchands de venir vendre aux halles le mercredi, le vendredi et le samedi, sous peine de garantir sous d'amende, leur enjoignirent de ne rien vendre ni étaler ailleurs, sous peine de payer dix livres parisis. On exécuta ponctuellement ces salutaires ordonnances. En 1410, un drapier encourut une amende de vingt sous parisis pour n'être pas venu à la halle un samedi ; peu de temps après, l'autorité confisqua deux balivets de toile qui avaient été vendus hors de la halle, et l'on força l'acheteur à payer une amende de quarante sous parisis.

Avant la révolution de 1789, les halles appartenaient généralement aux seigneurs qui jouissaient des droits de *hallage*. La loi du 15-28

mars 1790 abolit ces droits, et en 1806, un décret porta que les halles seraient abandonnées aux communes d'après estimation contradictoire. Alors tous les marchés de Paris, sauf quelques rares exceptions, devinrent la propriété de la ville, au profit de laquelle se perçoivent les droits de place. Napoléon voulut porter remède à l'insuffisance de l'emplacement affecté aux halles. Il décréta la construction d'une immense halle, depuis le marché des Innocents jusqu'à la halle des farines. Le marché seul des *Prouvaires* fut exécuté.

Mais depuis quelques années on a compris qu'il était indispensable d'agrandir et d'améliorer ces établissements. Aujourd'hui, les approvisionnements occupent aux halles du centre une superficie de 36,225 mètres. Les légumes et fruits occupent environ 800 revendeuses au marché des Innocents ; ils ont produit, en 1841, 15,190,000 francs.

Ce que Paris désirait, des *halles centrales*, vient d'être décidé. Le 15 septembre 1851, le président de la République en a posé la première pierre. Le préfet de la Seine a remis à Louis-Napoléon Bonaparte la boîte aux médailles et aux monnaies. Après l'avoir ouverte et en avoir examiné le contenu, le président l'a remise à M. Baltard, premier architecte, qui l'a placée dans la pierre destinée à la recevoir. Cette boîte a reçu, indépendamment de la plaque commémorative, une pièce de monnaie de chaque métal et de chaque module. On y a placé également deux médailles, l'une en argent et l'autre en cuivre. Les modèles de ces médailles frappées à l'effigie de Louis-Napoléon ont été offerts, le premier à M. le ministre de l'intérieur, et le second à M. le préfet de la Seine.

Une médaille à la même effigie, en or, de la valeur de 1,700 fr., a été remise au président de la République. Le second architecte, M. Callé, a présenté ensuite au chef de l'Etat l'élégante truelle en ébène et acier, tandis qu'un ouvrier lui présentait de son côté l'auget, également en bois d'ébène, garni d'acier, qui renfermait le mortier.

Laissant les architectes achever le scellement de la boîte, Louis-Napoléon Bonaparte est retourné à sa place, où M. le préfet de la Seine lui a adressé le discours suivant :

« MONSIEUR LE PRÉSIDENT,

» Au nom du corps municipal de Paris, je vous remercie d'être venu ajouter à l'éclat de cette solennité. Nous attendions cette marque de votre bienveillant intérêt pour la ville dont la prospérité préoccupe sans cesse votre gouvernement ; votre présence au milieu de nous est aussi un hommage à la mémoire de l'empereur, qui, en 1811, désignait lui-même l'emplacement sur lequel vont s'établir les halles centrales.

» En conviant à cette cérémonie les représentants des nations étrangères, le corps législatif et les hauts fonctionnaires de la capitale, l'administration a voulu dignement inaugurer la série des grands travaux qu'elle peut entreprendre aujourd'hui, grâce aux puissantes ressources que le patriotisme éclairé de l'Assemblée nationale et l'énergique appui de M. le ministre de l'intérieur lui ont assurées. L'année 1851 sera pour la ville de Paris une année féconde. Tandis qu'à l'étranger elle étale les merveilles de son industrie et occupe dans cette lutte pacifique un rang glorieux, elle donne à ses vieux quartiers l'air et la lumière, et orne les nouveaux d'utiles embellissements. Nos rues étroites disparaissent ; le Louvre et l'Hôtel-de-Ville sont dégagés ; la Seine voit ses ponts restaurés, ses quais élargis ; la rue de Rivoli s'achève ; enfin, d'autres projets sont à l'étude : ils répondent aux besoins des autres quartiers de la ville.

» Partout, monsieur le président, votre bienfaisante initiative se fait sentir, et nos travaux reçoivent de votre constante sollicitude une salutaire impulsion. Paris comprend tout ce qu'il vous doit, il sait vos

Paris centre de la mode.

fréquentes visites dans ses établissements publics, dans les ateliers de ses fabricants, et il sait aussi que partout votre passage est marqué par de sages réformes, d'utiles encouragements

» En posant aujourd'hui cette pierre consacrée par les bénédictions de l'Église, vous ouvrez de nouvelles voies au commerce parisien ; vous assurez pour longtemps le travail de l'ouvrier. Paris, votre ville natale, accueille avec bonheur ces nouveaux témoignages de votre intérêt, et le corps municipal me charge de vous en exprimer ici toute sa reconnaissance. »

A ce discours de flatteur, le président a répondu :

« Messieurs,

» Voici quarante ans que l'on songe à élever un vaste monument destiné à préserver de l'intempérie des saisons cette classe nombreuse qui souffre journellement pour alimenter Paris de ce qui est nécessaire à son existence. Mais grâce à la direction éclairée du ministre de l'intérieur, grâce au concours énergique du conseil municipal de Paris et de son digne chef, grâce aux décisions de l'Assemblée nationale, cette œuvre que j'ai tant souhaitée s'accomplit enfin.

» La construction de ces halles, véritable bienfait pour l'humanité, facilite l'approvisionnement de Paris et appelle un plus grand nombre de départements à y concourir. Ce n'est donc pas une œuvre purement municipale, car Paris est le cœur de la France, et plus sa vie est active et puissante, plus elle se communique au reste du pays.

» En posant la première pierre d'un édifice dont la destination est si éminemment populaire, je me livre avec confiance à l'espoir qu'avec l'appui des bons citoyens et avec la protection du ciel, il nous sera donné de jeter dans le sol de la France quelques fondations sur lesquelles s'élèvera un édifice social assez solide pour offrir un abri contre la violence et la mobilité des passions humaines. »

Puisse le *palais du peuple* être bientôt achevé !

Il y a dans l'histoire des halles un point qu'il ne faut pas oublier. Aux halles était le *pilori du roi*. A côté du pilori on voyait une croix en pierre au pied de laquelle les débiteurs insolvables venaient faire publiquement leur cession de biens et recevoir le bonnet vert des mains du bourreau. Le *pilori des halles et la croix des insolvables* ont disparu en 1786.

Parfois les halles ont pris une formidable attitude politique. Pendant la Fronde, les habitants des halles exercèrent une grande influence sur les affaires du temps. Ils s'enorgueillirent d'avoir à leur tête un petit-fils de Henri IV. La popularité de ce frondeur, du duc de Beaufort, lui avait valu le nom de *Roi des halles*. Aussi quand le duc de Beaufort, provoqué, s'apprêtait à tirer son épée, il disait à son adversaire : « Allons hors de Paris, car si j'étais tué vous seriez assommé par mes dames de la halle. »

La *Halle aux blés*, construite il y a un siècle environ, est un édifice de forme circulaire, percé à jour de toutes parts et environné de maisons. Cette halle est surmontée d'une coupole hémisphérique ; près d'elle, s'élève une colonne terminée par un méridien. On l'appelle colonne de *Médicis*, parce qu'elle servait d'observatoire à la veuve de Henri II, qui s'y livrait à des études astrologiques. Au pied de cette colonne, la fontaine de Sainte-Catherine répand des eaux peu abondantes.

Au centre du *Marché des Innocents*, la halle par excellence, est érigée la belle fontaine des Innocents qui existait primitivement à l'angle des rues aux Fers et Saint-Denis. Elle avait été exécutée, en 1551, par Pierre Lescot pour l'architecture, et par Jean Goujon pour les sculptures. Non loin du marché des Innocents passe la *rue de la Ferronnerie*, où le 14 mai 1610 Henri IV fut poignardé par Ravaillac. Cette rue, d'abord très-étroite, s'élargit beaucoup en 1671.

Dans la *rue des Bourdonnais*, n° 11, était autrefois la *maison des Carneaux*, qui avait pour enseigne la *Couronne d'or*. On l'a démolie en 1841. Cet hôtel avait été habité en 1383 par Philippe, duc de Touraine, depuis duc d'Orléans, frère du roi Jean. L'*impasse des Bourdonnais*, qui donne dans la rue de ce nom, était autrefois une voirie qui s'étendait dans la rue de la Ferronnerie. Elle s'appelait le Marché aux Pourceaux, la place aux Chats, la fosse aux Chiens. La place aux Chiens était le lieu où l'on faisait plus particulièrement périr les hérétiques et les faux monnayeurs pendant le seizième siècle. On les jetait dans une chaudière d'eau bouillante, et ils mouraient dans d'atroces tortures. En 1879, une femme de la secte des Turlupins, Jehanne Debentonne, fut brûlée sur ce marché avec une autre sectaire.

Rue Béthizy, n° 20, était l'*hôtel de Montbazon*, de sinistre mémoire. On y assassina l'amiral de Coligny. Plus tard le peintre Carle Vanloo l'habita longtemps, et dans la chambre même où tomba Coligny, naquit en 1740 ou 1744 la célèbre Sophie Arnould. Le père de cette grande artiste tenait hôtel garni ; il fit donner à sa fille une éducation brillante, et ce fut malgré les résistances vives de sa mère que Sophie, dont la princesse de Modène trouvait la voix admirable, entra aux Menus-Plaisirs. La jeune fille alla vite, et ne tarda pas à devenir la reine de l'Opéra. Dans sa maison se pressa tout ce que Paris avait de plus illustre et de plus élevé. La littérature s'y donna rendez-vous. On y coudoya d'Alembert, Helvétius, Diderot, Mably,

Duclos, J.-J. Rousseau, Dorat, Rulhière, Gentil Bernard, etc. Sophie Arnould a laissé une réputation de femme d'esprit. Sous la Révolution, il lui arriva de dire « qu'elle était bonne citoyenne, qu'elle *connaissait les droits de l'homme*. » On rit, on ne la persécuta pas.

L'étroite *rue Saint-Germain-l'Auxerrois* renfermait le *Fort-l'Evêque*, prison, siége de la juridiction temporelle de l'évêque de Paris, et résidence de son prévôt. Les condamnations étaient variées. Les condamnés à mort subissaient le pendaison, le supplice des flammes, ou quelquefois seulement le coupement des oreilles. Cette prison possédait, comme les autres, des *oubliettes*, espèces de cachots humides et noirs où les détenus mouraient abandonnés du monde entier.

La prison du Fort-l'Evêque était aussi un lieu de détention provisoire pour les gentilshommes que le guet surprenait dans des endroits suspects. Point de jugement. Le ministre, ou le lieutenant général de police, envoyait au Fort-l'Evêque. Les notabilités dramatiques, principalement, y passèrent d'ennuyeux moments.

Le 10 avril 1765, Brizard, d'Auberval, Molé, Lekain, furent conduits au Fort-l'Evêque pour avoir *refusé* de jouer dans le *Siége de Calais* avec Dubois, qui s'était rendu coupable d'une bassesse, mais qui était protégé par la favorite d'un premier gentilhomme de la chambre. Deux jours après la superbe Clairon subit la même peine, mais ce fut pour elle une sorte de triomphe. Conduite en prison dans la voiture et sur les genoux de la femme de l'intendant de Paris, elle reçut les visites de la cour et de la ville. Le soir, on faisait sortir les prisonniers pour jouer les marquis et les rois au théâtre, et on les ramenait après la représentation. Vestris et d'autres ont fait aussi un séjour plus ou moins long au Fort-l'Evêque. Sur un rapport du ministre Necker, une ordonnance de Louis XVI du 30 août 1780 supprima cette prison et celle du petit Châtelet, et les détenus furent transférés à l'hôtel de la Force, qui fut alors converti et disposé en prison plus vaste et plus salubre. Le *Fort-l'Evêque* a été détruit dans les premières années du dix-neuvième siècle.

Au coin d'un passage qui conduisait du *cloître Saint-Germain-l'Auxerrois* à la *place du Louvre*, se voyait autrefois un vaste hôtel, la maison du Doyenné, où Gabrielle d'Estrées mourut. Gabrielle était, comme on sait, maîtresse de Henri IV et duchesse de Beaufort. Elle avait passé une partie du carême à Fontainebleau ; Henri IV l'éloigna par bienséance pendant les cérémonies de Pâques, la reconduisant lui-même à Melun pour qu'elle allât jusqu'à Paris. « Ces deux amants, dit Sully, semblaient avoir un pressentiment qu'ils ne se reverraient plus ; ils s'accablaient de caresses, les larmes aux yeux, et se parlaient comme s'eût été pour la dernière fois. La duchesse recommandait au roi ses enfants et ses domestiques. Le prince l'écoutait et s'attendrissait sans pouvoir la rassurer. Ils prenaient congé l'un de l'autre, et aussitôt ils se rappelaient, s'embrassaient et ne pouvaient se séparer. »

Gabrielle d'Estrées vint loger chez Zameth, Italien fort riche, et intéressé dans une foule de spéculations. Zameth s'était qualifié une fois de *seigneur suzerain de dix-sept cent mille écus*.

Son caractère plaisant, spirituel et enjoué, l'avait rendu agréable à Henri IV. La duchesse fut accueillie par son hôte avec toutes sortes d'égards et de prévenances. Se promenant dans le jardin de ce financier après avoir mangé un citron, Gabrielle sentit tout à coup un feu dans le gosier et des douleurs si aiguës dans l'estomac, qu'elle s'écria : « Qu'on m'ôte de cette maison, je suis empoisonnée. » On la transporta dans son hôtel du Doyenné. Son mal redoubla ; elle éprouva des crises, des convulsions si terribles qu'on ne pouvait regarder sans effroi cette tête si belle quelques heures auparavant. Elle expira la veille de Pâques 1599, vers sept heures du matin. On ouvrit son corps, où l'on trouva son enfant mort. Henri IV fit prendre le deuil à toute sa cour, le porta la première semaine en violet et la seconde en noir.

Zameth fut accusé de la mort de Gabrielle ; il était sujet du duc de Florence, et l'on a déjà parlé du mariage de Henri IV avec Marie de Médicis. « On empoisonna cette favorite, dit un écrivain contemporain, parce que le roi était déterminé à l'épouser, et vu les troubles qui en seraient advenus, on fit un service qu'on rendit à ce prince et à l'État. » — « Cela peut être, observe Sainte-Foix, mais on conviendra que de pareils services sont plus infâmes que ceux du bourreau. La plupart des historiens, ajoute le même écrivain, n'attribuent cette mort si frappante qu'aux effets d'une grossesse malheureuse. »

Près du Louvre, dans la *rue Saint-Honoré*, est situé l'*Oratoire*, autrefois habité par une société d'érudits, les Oratoriens. La congrégation des Oratoriens donna à la France un grand nombre d'hommes célèbres, parmi lesquels nous citerons : Dumarsais, le président Hénault, Malebranche, Mascaron et Massillon. L'avocat général Talon a dit de cette institution : « C'est un corps où tout le monde obéit et où personne ne commande. » Les Oratoriens furent supprimés en 1792.

Entre les numéros 71 et 75, *rue Saint-Denis*, Philippe de Gastine, riche marchand de Paris, assemblait ses coreligionnaires dans sa maison. Ils y célébraient leur culte. Le parlement condamna Gastine avec son beau-frère Nicolas Croquet. Sa maison fut rasée, et sur le terrain qu'elle occupait on éleva une croix de pierre sur laquelle on avait représenté le triomphe du saint sacrement et les pères de l'Église. « La croix de Gastine, dit un contemporain, était une haute pyramide de pierre, ayant un crucifix au sommet, dorée et diaprée, avec un récit en lettres d'or sur le milieu, de ce que dessus, et des vers latins, le tout si confusément et obliquement déduit, que plusieurs estimaient que le composeur de ces vers et inscriptions (on dit que c'estoit Es tienne Jodelle, poëte françois, homme sans religion, et qui n'eut onc autre Dieu que le ventre), s'était mocqué des catholiques et des hugnenots..... Toutes les pièces de la pyramide furent transportées au cimetière Saint-Innocent, où le tout est demeuré debout, au grand profit des prêtres de ce lieu, auxquels les biens vinrent en dormant ceste nuict-là... »

La translation de la croix de Gastine ne s'opéra point sans encombre. Bien des gens du peuple voulurent s'y opposer énergiquement; mais l'émeute s'apaisa bientôt : un vendeur d'oranges fut pendu à une fenêtre de la maison la plus voisine du lieu où l'on avait saisi le coupable.

La *rue des Vieilles-Étuves* tire son nom des anciens bains ou étuves qui y étaient établis. Ces étuves étaient très-nombreuses au treizième siècle. On criait dans les rues quand les fourneaux étaient prêts :

> Oïez c'on crie au point du jor :
> Seignor, qu'or vous alez baingnier
> Et estuver sans delacer;
> Li bains sont chaut, c'est sans mentir !

Les étuves étaient des lieux de plaisir, de *périls*, de débauches. On reprochait aux femmes de les fréquenter. Sauval, qui écrivait vers 1660, a dit : « Vers la fin du siècle passé, on a cessé d'aller aux étuves. Auparavant, elles étaient si communes, qu'on ne pouvait faire un pas sans en rencontrer. »

Au treizième siècle il y avait à Paris vingt-six étuves : une rue de la Croix-Blanche, une rue des Trois-Chandeliers, une rue des Noyers, deux rue Saint-Denis, une rue Saint-Paul, deux rue Thibaut-aux-Dés, une rue des Vieilles-Etuves-Saint-Honoré, une rue Saint-Martin, une rue Simon-le-Franc, deux rue de l'Hirondelle, une rue de la Cité (Saint-Barthélemy), une quai de la Mégisserie, une place du Marché-Neuf, une rue de Marivaux, trois rue de la Bucherie, deux rue de la Vieille-Lanterne, une rue des Vieilles-Etuves-Saint-Martin, une rue des Poulies, une rue du Roi-de-Sicile.

La *rue du Petit-Bourbon* était autrefois le prolongement de la rue des Poulies jusqu'à la Seine. Le palais du connétable de Bourbon s'élevait au coin de cette rue. Lorsque, après sa rébellion, on l'eut déclaré traître, infâme, criminel de lèse-majesté, ce fut là qu'on brisa ses armoiries. Le bourreau barbouilla de jaune les portes et les fenêtres de sa maison.

La duchesse de Bedford, femme du régent de France pour le roi d'Angleterre, mourut le 13 novembre 1432, au palais du Petit-Bourbon.

En 1525, ce palais fut [démoli presque entièrement. On ne conserva que la chapelle et une vaste galerie, où l'on établit un théâtre pour les fêtes et ballets de la cour. Là , les princes et Louis XIV lui-même dansèrent en public.

Le 19 mai 1577, des comédiens italiens que le roi Henri III avait fait venir de Venise, s'installèrent sur le théâtre du Petit-Bourbon. Le spectacle se payait quatre sous par personne. Qu'on juge si la foule des amateurs dut être considérable ! Une seconde et une troisième troupe parurent en 1584 et en 1588; en 1645, le théâtre du Petit-Bourbon fut occupé par des bouffons italiens, appelés en France par Mazarin. Molière, ainsi que nous l'avons dit, joua au Petit-Bourbon, qui fut démoli en 1660, pour servir d'emplacement à une partie de la colonnade du Louvre.

Mentionnons encore, comme curiosités de cet arrondissement, les passages Véro-Dodat et du Saumon, le premier formé en 1826, le second reconstruit de 1825 à 1830; l'hôtel des Fermes, et la fontaine des Trois-Maries (entre le Louvre et le pont Neuf), sur la place du même nom.

A mesure qu'on s'éloigne des quartiers élégants et neufs de Paris, on entre dans le rayon des arrondissements où abondent les établissements industriels. Les bruits des métiers nous annoncent le travail persévérant de l'ouvrier; les maisons de cinq à huit étages font penser à la population nombreuse qui y végète, presque toujours privée d'air et de soleil. Plus de luxe, plus de monuments nouveaux. On est dans un autre Paris, non le Paris des plaisirs variés, mais celui de l'éternel labeur.

CINQUIÈME ARRONDISSEMENT.

Nous entrons dans les quartiers populeux, dans le sanctuaire du commerce parisien, si l'on peut s'exprimer ainsi. Le cinquième arrondissement contient les *boulevards Saint-Martin et Saint-Denis*. Les deux portes qui décorent chacun de ces boulevards sont des arcs de triomphe représentant les victoires de Louis XIV. La porte Saint-Denis est le plus bel ouvrage de François Blondel. D'après l'opinion générale, Rome et la Grèce n'ont jamais rien offert de plus parfait en ce genre.

A l'entrée du *boulevard du Temple*, on s'arrête devant une vaste fontaine, le *Château-d'Eau*, imitation de la fontaine des Lions, dans l'Alhambra de Grenade.

Un Italien, nommé Torré, artificier habile et physicien instruit, ouvrit en 1764 un spectacle pyrique sur le boulevard Saint-Martin, à la place où commence aujourd'hui la rue de Lancry, qui n'existait pas alors. [Il avait un local spacieux et commode; les feux d'artifice qui composaient son spectacle offraient aux Parisiens une perfection dont ils ne se doutaient pas encore. On faisait des pièces pour les jeux pyriques de Torré, comme on écrit des rôles pour les chevaux du Cirque national. On y joua, par exemple, avec un très-grand succès, *les Forges de Vulcain*. Vénus paraissait : elle demandait des armes pour Enée, son fils, à son complaisant époux.

Torré avait, non pas inventé, mais retrouvé la composition de ce terrible feu grégeois, qui dévorait tout ce qu'il touchait, parce qu'il résistait victorieusement à tous les moyens employés pour l'éteindre. En cette circonstance, Louis XV fit preuve de sentiments fort honorables : il donna de grands éloges à l'habileté de Torré, mais en même temps il lui acheta son secret, ne voulant pas permettre qu'on l'employât, fût-ce contre les Anglais, contre ses ennemis.

Un établissement tel que celui de Torré faisait peur à ses voisins. Au bout de quatre ans, les habitants des environs portèrent plainte, arguant du danger perpétuel que couraient leurs maisons. L'autorité trouva ces réclamations justes; elle les appuya, et défendit à Torré de continuer ses feux d'artifice. A titre d'indemnité, elle lui accorda la permission de donner des bals publics et des fêtes foraines, auxquels il ajouta des intermèdes italiens, des farces et des chants. La foule accourut au *Waux-Hall d'été*. Ainsi se nommait l'établissement de Torré, qui mourut dans le mois de mai 1780. Le Vaux-Hall ferma.

A peu de distance de la *rue de Lancry*, sur le boulevard, s'élèvent deux théâtres : l'Ambigu-Comique et la Porte-Saint-Martin. Ce dernier théâtre fut tout entier construit en charpente dans le délai de soixante-quinze jours, sous la direction de l'habile architecte Lenoir. Lorsqu'on le livra au public (1781), il était, sous le rapport de la solidité et de l'élégance, un des plus beaux qu'il y eût en ce genre à Paris. Construit pendant sa source dans le désir que l'on avait de plaire au roi et aux Parisiens. Sous le nom d'*Académie royale de musique*, le grand Opéra donnait alors ses représentations au théâtre du Palais-Royal, qu'un effroyable incendie détruisit au mois de juin 1781. Paris demeura dans la stupeur. Plus d'Opéra ! On se désolait bien autant que si le feu eût pris à la grande bibliothèque ou à quelque musée, pour en dévorer les incomparables richesses. En trois mois, la nouvelle salle fut entreprise, terminée, décorée, inaugurée même. L'Opéra se soutint sur le théâtre de la Porte-Saint-Martin jusqu'en 1793. A cette époque, il alla s'établir rue Richelieu, et ensuite rue Lepelletier.

L'*Ambigu-Comique*, situé *boulevard Saint-Martin*, n° 2, eut pour fondateur Audinot, auteur et acteur de la Comédie italienne. Comme on lui avait fait un passe-droit ce théâtre, en 1764, Audinot loua à la foire Saint-Germain une baraque où il établit un théâtre de marionnettes. On y joua, en 1769, une pantomime, *les Comédiens de bois*, qui attira tout Paris. Cette pantomime vengeait Audinot. Elle était la caricature très-ressemblante des principaux acteurs et actrices de la Comédie italienne. Le gentilhomme de la chambre distributeur de grâces et de faveurs était représenté par Polichinelle, dont le grotesque excitait le fou rire. La même année, notre acteur loua un terrain sur le boulevard du Temple, et fit élever le *théâtre de l'Ambigu-Comique*, ouvert le 9 juillet 1769. Par permission , des enfants jouèrent concurremment avec ses comédiens de bois. A force de soins et d'exercices, Audinot, homme actif et intelligent, parvint à rendre son spectacle intéressant : d'abord les oisifs et la basoche s'y portèrent; ensuite les femmes de la cour ne dédaignèrent pas de s'y montrer. En peu de temps, ce petit spectacle devint le rendez-vous de la cour et de la ville. Audinot agrandit sa salle en 1772, où les marionnettes y parurent pour la dernière fois dans le *Testament de Polichinelle*. Peu à peu, les acteurs enfantins étaient remplacés; le répertoire s'augmenta de plusieurs nouveautés analogues à leur talent croissant, et le théâtre de l'Ambigu-Comique devint un théâtre comme un autre. Un genre qu'Audinot avait adopté et qui y fit fureur, était celui de la grande pantomime historique ou romanesque; tout Paris voulut voir en son temps la pantomime du *Maréchal des logis*.

En 1786, la salle fut reconstruite dans la forme où elle est restée jusqu'en 1827. « C'est, dit l'Almanach des spectacles de 1791, une des plus belles et des plus vastes du royaume ; l'intérieur est construit dans le goût gothique : la société y est mieux composée que dans la plupart des spectacles du boulevard. » Les pantomimes étaient montées à ce théâtre avec le plus grand soin. Vers 1792, on y donna celle de *Dorothée*, qui attira longtemps la foule, et dans laquelle il y avait une procession magnifique ; les prêtres en aube, les chantres portant chape, les enfants de chœur, les châsses, les reliques, les cardinaux, les pénitents blancs et noirs, les croix, les bannières, enfin tous les signes de la religion défilaient au milieu des cris et des applaudissements de la multitude.

Le théâtre de l'Ambigu-Comique tomba en décadence et fut forcé de fermer en 1799. Il ne tarda pas à se relever de ses ruines. Dans la nuit du 13 au 14 juillet 1827, un incendie le dévora en moins d'une

5.

heure, et l'on construisit une salle (celle qui existe aujourd'hui)au coin de la rue de Bondy. Elle a été inaugurée le 7 juin 1829.

Le théâtre de la Porte-Saint-Martin et celui de l'Ambigu-Comique sont, au point de vue littéraire, les deux plus remarquables du boulevard.

Le canal Saint-Martin, qui traverse les cinquième, sixième, septième et huitième arrondissements, approvisionne les quartiers voisins. La première pierre en fut posée le 3 mai 1822.

L'hôpital des Incurables et l'hôpital Saint-Louis, qui datent du règne de Henri IV, appartiennent au cinquième arrondissement.

On distinguait autrefois une butte située près de l'extrémité du faubourg Saint-Martin, entre les rues des Morts et de la Butte-Saint-Chaumont. Là s'élevait le fameux gibet de Montfaucon. C'était une masse de cinq à six mètres de haut, composée de dix ou douze assises de gros quartiers de pierre brutes bien liées, formant une plate-forme carrée. On montait à cette plate-forme par une large rampe de pierre, dont l'entrée était fermée par une porte solide. Sur les trois côtés de cette plate-forme s'élevaient seize piliers carrés en pierre de taille, unis entre eux à moitié de leur hauteur et à leur sommet par de doubles poutres de bois, qui s'enclavaient dans leurs chaperons et supportaient des chaînes de fer destinées à suspendre les condamnés. De longues échelles, perpétuellement dressées le long de ces piliers, servaient à monter les patients au gibet; au centre de la masse qui supportait les piliers, il y avait une cave qui servait de charnier pour les cadavres des suppliciés. Ces cadavres restaient là jusqu'à consommation entière. Pendant les temps de troubles, notamment sous Charles IX, on y voyait se balancer ordinairement cinquante à soixante cadavres. Un peu en avant du gibet s'élevait une croix, au pied de laquelle les cordeliers confessaient pour la dernière fois les condamnés.

En 1761, tout ce qui existait encore de l'ancien gibet de Montfaucon, ainsi que l'ancienne voirie qui s'y était établie, fut transporté derrière la Villette. L'enclos des fourches patibulaires fut démoli en 1790.

Voici la liste des grandes pendaisons faites au gibet de Montfaucon:
Pierre de la Brosse, médecin et favori de Philippe III (30 juin 1278);
Enguerrand de Marigny, surintendant des finances, pendu sous le règne de Louis X (1315);
Henri Tapperel, prévôt de Paris (1320);
Gérard de la Guette, surintendant des finances, sous le règne de Philippe-le-Long, exposé à Montfaucon (1322);
Jourdain, seigneur de l'Isle, condamné à être traîné à la queue d'un cheval, puis pendu (22 mai 1323);
Pierre Rémy, surintendant des finances (25 mai 1328);
Massé des Maches, trésorier du roi (1331);
René de Siran, maître des monnaies (1333);
Hugues de Cuisy, président au parlement, pour fait de corruption (21 juillet 1336);
Adam de Hourdin, conseiller au parlement, pour falsification de dépositions de témoins (3 juillet 1348);
Jean de Montagu, surintendant des finances, pendu par les aisselles (17 octobre 1436);
Pierre des Essarts, après avoir été traîné sur une claie, pendu à un gibet d'une élévation extraordinaire (1er juillet 1413);
Olivier-le-Daim, ministre et barbier de Louis XI (1484);
Semblançay, surintendant des finances, dont les juges furent maudits par le peuple (12 août 1524);
Jacques de Beaune, surintendant des finances sous François Ier (14 août 1527);
Jean Poncher, trésorier du Languedoc (24 septembre 1533);
Le président Gentil, membre du parlement (1543);
Le corps de l'amiral Coligny, assassiné le jour de la Saint-Barthélemy, après avoir été mutilé, fut pendu par les cuisses avec des chaînes de fer (1572);
Briquemaut et Cavagnes, pendus en Grève comme complices de l'amiral, et exposés à Montfaucon (1572);
Laurent Garnier, pendu par arrêt du parlement, pour avoir tué un collecteur des tailles, et réhabilité : exemple contre la peine de mort;
Perrette Mauger, accusée de vol et de recel d'objets volés, condamnée à souffrir mort et à estre enfouye toute vive devant le gibet. Elle fut exécutée en 1460.

Au n° 78 de la rue du Faubourg-Saint-Martin est une caserne. Le 28 juillet, un détachement de gendarmerie avait à combattre une foule de citoyens armés. Il témoigna l'intention de se rendre et de fraterniser. Les citoyens reconduisirent ce détachement à la caserne; mais à peine les gendarmes furent-ils rentrés dans leur quartier qu'ils se saisirent de leurs armes et dirigèrent un feu meurtrier sur ceux qui les avaient accompagnés. Les patriotes se battirent, prirent et reprirent plusieurs fois la caserne après une des plus sanglantes. Devenus maîtres de la place, ils se vengèrent : ils brûlèrent tout ce qui avait appartenu à leurs agresseurs.

Dans la rue des Filles-Dieu était le couvent de ce nom, fondé en 1226 près de Saint-Lazare, pour y retirer des pécheresses qui toute leur vie avaient abusé de leur corps. C'était un lieu de station pour les criminels que l'on exécutait à Montfaucon. D'ordinaire, le patient

partait du Châtelet, accompagné de son confesseur, d'un lieutenant-criminel, du procureur du roi, etc. Il marchait nu-tête. Parfois on le liait. Quand le cortège était arrivé devant le couvent des Filles-Dieu, le condamné était introduit dans la cour : on le conduisait au pied d'un crucifix de bois adossé à l'église du couvent et abrité par un dais. Là, l'aumônier du monastère, après avoir récité quelques prières à son intention, lui donnait de l'eau bénite et lui faisait baiser une croix. Cette cérémonie terminée, on se remettait en marche.

La cour des Miracles, près de la place du Caire, contenait autrefois des repaires de mendiants et de filous. Ceux-ci, en y entrant, déposaient le costume de leurs rôles, leurs haillons, leurs bosses, leurs béquilles.

Il y avait beaucoup de cours de miracles dans Paris. Les principales se trouvaient : dans la cour du Roi-François, rue Saint-Denis, n° 328; dans la cour Brisset, rue de la Mortellerie, entre les rues Pernelle et de Long-Pont; dans la cour Gentier, rue des Coquilles; dans la cour de la Jussienne, rue de la Jussienne, n° 23; dans la cour et passage du marché Saint-Honoré, entre les rues Saint-Nicolas, Saint-Honoré et de l'Echelle; dans la cour des Miracles, rue du Bac, n° 63; dans le passage et cour des Miracles, rue des Tournelles, n° 26, et cul-de-sac Jean-Beausire, n° 21.

Celle des environs de la place du Caire était la plus fréquentée de toutes. Sauval la décrit ainsi : « Elle consiste en une place d'une grandeur très-considérable et en un très-grand cul-de-sac puant, boueux, irrégulier, qui n'est point pavé. Autrefois il confinait aux dernières extrémités de Paris; à présent (sous le règne de Louis XIV) il est situé dans un des quartiers des plus mal bâtis, des plus sales et des plus reculés de la ville, entre la rue Montorgueil, le couvent des Filles-Dieu et la rue Neuve-Saint-Sauveur, comme dans un autre monde. Pour y venir, il se faut souvent égarer dans de petites rues vilaines, puantes, détournées; pour y entrer, il faut descendre une assez longue pente tortue, raboteuse, inégale; de toutes parts on n'y voit que logis bas, enfoncés, obscurs, difformes, faits de terre et de boue..... On s'y nourrissait de brigandages; on s'y engraissait dans l'oisiveté, dans la gourmandise et dans toutes sortes de vices et de crimes : là, sans aucun souci de l'avenir, chacun jouissait à son aise du présent, et mangeait le soir avec plaisir ce qu'avec bien de la peine et souvent avec bien des coups il avait gagné dans tout le jour : car on y appelait gagner ce qu'ailleurs on appelait dérober; et c'était une des lois fondamentales de la cour des Miracles de ne rien garder pour le lendemain. Chacun y vivait dans une grande licence; personne n'y avait ni foi ni loi; on n'y connaissait ni baptême, ni mariage, ni sacrement. Il est vrai qu'en apparence ils semblaient reconnaître un Dieu le Père, qu'ils avaient volé dans quelque église, et où tous les jours ils venaient adresser des espèces de prières. Des femmes et des filles, les moins laides se prostituaient pour deux liards, les autres pour un double (deux deniers), la plupart pour rien. Plusieurs donnaient de l'argent à ceux qui avaient eu des enfants avec leurs compagnes, afin d'en avoir comme elles, pour exciter la compassion et obtenir des aumônes.

» Cette bande de voleurs avait quelques lois et un chef suprême qui avait le titre de coesre. Tous ces brigands gueusaient dans les quartiers que le coesre leur assignait; ils contrefaisaient des soldats estropiés, ou bien montraient au public leurs membres couverts d'ulcères factices; souvent ils se plaignaient de malheurs imaginaires, ou bien amusaient la foule pour aider leurs camarades à couper des bourses, que, selon la mode du temps, on portait pendues à la ceinture. Ces faux aveugles et ces faux boiteux offraient chaque soir en rentrant le miracle d'une guérison parfaite. Toutes les supercheries, tous les crimes, toutes les entreprises hardies étaient tentées par eux; la capitale était enveloppée de cette nuée de gens sans aveu comme d'un vaste réseau. »

Louis XIV purgea Paris des cours de miracles, dont la population, dit-on, s'élevait jusqu'à quarante mille têtes. Dans la cour des Miracles, demeurait, en 1793, le journaliste Hébert, le Père Duchêne.

Rue Rambuteau, n° 49, une maison a été édifiée sur l'emplacement de l'ancienne propriété de Jacques Cœur, argentier du roi Charles VII, en 1450. On voit sur la façade de la nouvelle construction un buste colossal, avec cette devise :

JACQUES CŒUR.
PROBITÉ, PRUDENCE, DÉSINTÉRESSEMENT.

La Halle aux cuirs, rue Mauconseil, n° 34, a été élevée dans le lieu où se trouvait le Théâtre de l'hôtel de Bourgogne, construit lui-même sur une partie du terrain qu'occupait l'hôtel d'Artois ou de Bourgogne, habité par les ambitieux princes qui firent tant de mal à la France. En 1543, les Confrères de la Passion, réunis aux Enfants de Sans-Souci, élevèrent en ce lieu une salle qui devint le berceau du Théâtre-Français. Sous Henri IV, les représentations de l'hôtel de Bourgogne étaient encore grossières; sous Louis XIII, on commença à y jouer de véritables comédies. On ne payait alors que dix sous aux galeries et cinq sous au parterre. En 1600, les comédiens se séparèrent en deux troupes : l'une conserva son premier théâtre, l'autre alla s'établir au Marais; Molière forma la troisième troupe au Petit-Bourbon, comme on sait.

La première représentation gratis se donna en 1660 à l'hôtel de Bourgogne à l'occasion de la paix des Pyrénées. Ce fut une pièce de Thomas Corneille, *Stilicon*, que l'on joua devant le peuple. Un journaliste rendit compte en ces vers de la représentation :

Floridor et ses compagnons,
Sans être invités, ni semons
Que par la véritable joie
Que dans le cœur la paix envoie,
Pour réjouir grands et petits,
Jeudi récitèrent gratis
Une de leurs pièces nouvelles,
Des plus graves et des plus belles,
Qu'ils firent suivre d'un ballet
Gai, divertissant et follet;
Contribuent de bonne grâce
Aux plaisirs de la populace,
Par cette générosité,
Autrement libéralité,
Qui fut une évidente marque
De leur zèle pour le monarque

A l'hôtel de Bourgogne furent représentés les premiers chefs-d'œuvre de Pierre Corneille, depuis le *Cid* jusqu'à la *Mort de Pompée*; à l'hôtel de Bourgogne encore furent applaudies les tragédies de Jean Racine, depuis *Andromaque* jusqu'à *Phèdre*, dans l'intervalle de 1667 à 1677. Les dernières pièces jouées à ce théâtre furent des drames de Mercier, des vaudevilles de Piis et Barré, des comédies de Desforges, Florian, etc. On ferma cet établissement en 1783.

Au nombre des monuments détruits dans le cinquième arrondissement, citons l'*église de Saint-Sauveur*, *rue Saint-Denis*, n° 277, église sur l'emplacement de laquelle on a établi des bains confortables et déjà anciens. L'église de Saint-Sauveur avait une sorte de spécialité : on y enterrait beaucoup d'individus à qui peut-être on eût refusé ailleurs une sépulture. Là furent inhumés en effet plusieurs anciens acteurs qui avaient acquis une juste célébrité avant la renaissance de l'art dramatique en France, Turlupin, Gros-Guillaume, Gautier-Garguille, Guillot Gorju et Raymond Poisson, *premier crispin*, qui compte probablement au nombre des nobles aïeux d'Antoinette Poisson, marquise de Pompadour.

A disparu aussi, dans la *rue Saint-Denis*, l'*église Saint-Jacques de l'Hôpital*. Les Confrères de Saint-Jacques célébraient chaque année leur fête au mois de juillet par une procession qui ressemblait plutôt à une cérémonie païenne qu'à un acte de chrétiens. Elle se composait de tous les pèlerins qui se trouvaient alors à Paris. Ils marchaient tenant d'une main un cierge, de l'autre leur bourdon; ils avaient, suspendue en sautoir, une calebasse pleine de vin que de temps en temps ils portaient à leur bouche pour mieux imiter les pèlerins en voyage. L'un d'entre eux, habillé à la façon de saint Jacques, terminait la procession. Au retour, on dînait dans les salles de l'hôpital. Seul, le saint assistait au dîner sans manger, parce que les saints, dépouillés de leur enveloppe charnelle, ne mangent pas.

SIXIÈME ARRONDISSEMENT.

Cet arrondissement renferme les deux rues les plus populeuses et les plus importantes de Paris, les rues Saint-Martin et Saint-Denis. Dans la première est situé le *Conservatoire des arts et métiers*. Cet établissement, éminemment utile aux arts et aux industriels, tient la place d'une grande partie des bâtiments de l'ancienne abbaye de Saint-Martin-des-Champs, qui remonte à des temps fort reculés. On sait que nos rois de la première race avaient pour *monsieur saint Martin* une vénération qui ressemblait à de l'idolâtrie. Peu de temps après la mort de ce juste, son tombeau était devenu le but unique des pèlerinages, et il était regardé comme le patron de la France et de ses souverains. Ceux-ci faisaient porter la chape de saint Martin au milieu des combats : c'était sur cette chape sacrée que l'on prêtait les serments les plus solennels, les plus inviolables. Saint Martin eut une église ou chapelle à Paris dès le commencement du septième siècle. Les bâtiments du prieuré, l'église comprise, avaient été par la suite entourés de hautes murailles, flanquées d'espace en espace de petites tours, qui donnaient au monastère de Saint-Martin l'aspect d'une forteresse. Les religieux qui l'habitaient, seigneurs hauts justiciers dans leur enclos et dans leurs domaines, avaient une prison et un bailliage qui jugeait toutes les affaires civiles et criminelles du ressort, sauf l'appel au parlement. Il restait des bâtiments du onzième siècle au moment de la révolution, que le sanctuaire et le fond de l'église. La suppression des ordres monastiques frappa les religieux de Saint-Martin comme tous les autres. Le prieuré se transforma en Conservatoire des arts et métiers.

Grégoire, ancien évêque de Blois, provoqua le premier la création de cet établissement devant le comité d'instruction publique de la Convention nationale dont il faisait partie. Il y avait alors à Paris trois dépôts de machines; on les réunit pour former le fonds du Conservatoire, qui peu à peu s'agrandit et devint très-considérable. En 1810, on ajouta à cet établissement une école gratuite en faveur des jeunes gens qui se destinaient aux arts; en 1819, le gouvernement dota le Conservatoire de trois chaires, l'une d'économie industrielle, les autres de chimie et de mécanique appliquées aux arts. On y avait aussi adjoint un conseil d'amélioration composé de savants distingués. Depuis ce temps, l'établissement a pris une extension nouvelle, et aujourd'hui il compte parmi les plus vastes de Paris.

Près de là s'élève le *Marché du Temple*, qui a remplacé le couvent et la tour portant le même nom. Le Temple, habité par les templiers, formait un vaste enclos dans lequel se trouvaient plusieurs corps de bâtiments accompagnés de cours et de jardins. Le plus considérable existe encore : c'était le palais du grand prieur.

La Tour du Temple, comme la Tour de Londres, ne consistait pas seulement en une tour; elle se composait d'un immense édifice à quatre étages. Elle servit quelquefois de magasin d'armes, quelquefois aussi de prison d'État. Là furent enfermés Louis XVI, sa femme, ses enfants et sa sœur.

Le marché a quatre grandes sections divisées par compartiments. Ces compartiments, formés par des piliers de bois et des cloisons en planches, et recouverts d'une toiture, offrent aux marchands quinze ou dix-huit cents boutiques de fripiers, matelassiers, cordonniers, chapeliers, etc. C'est une foire perpétuelle.

Sur le *boulevard du Temple*, promenade variée s'il en fut jamais, une foule de théâtres se coudoient. Nous ne pouvons les énumérer tous. Un mot seulement du *Cirque Olympique* (aujourd'hui Théâtre-National), du *théâtre de la Gaîté* et des *Funambules*.

Le premier, qui avait des chevaux pour acteurs, a existé à Paris depuis le temps du Directoire. Le sieur Franconi, écuyer célèbre, le dirigeait. Peu après la Restauration, un incendie dévora le Cirque-Olympique en quelques heures. Mais Paris ne pouvait se passer de ce théâtre : une nouvelle salle fut promptement construite, plus vaste, plus régulière, plus belle que l'ancienne. Le succès ne récompensa pas les efforts de Franconi; son magnifique théâtre fut livré à une troupe rivale, et bientôt on n'y représenta plus que des pièces guerrières, où les coups de fusil et la canonnade forment un dialogue assourdissant, mais très-national.

Le second théâtre dont nous ayons à parler, c'est celui de *la Gaîté*, assez mal nommé d'ailleurs, puisqu'on y joue des drames et des mélodrames sanglants. L'origine de *la Gaîté* remonte au règne de Louis XV.

Nicolet avait débuté, comme Audinot, aux foires Saint-Germain et Saint-Laurent. La foule ne lui avait pas manqué. Ses représentations consistaient en voltiges, danses sur la corde, danses ordinaires, tours de force et d'adresse. D'où le proverbe : « De plus en plus fort, comme chez Nicolet. » Un singe, dressé par lui, mit le sceau à sa réputation. Il obtint un prodigieux succès. Nicolet chercha à profiter de l'heureuse veine. Il avait parmi ses associés ou employés le sieur Taconnet, homme rempli de verve gauloise, de reparties plaisantes, dignes d'amuser un auditoire de promeneurs. Taconnet composa plus de soixante petites pièces ou parades; dont quelques-unes auraient pu être jouées sur une plus noble scène. L'abbé de Lattaignant, chanoine de Reims, voulut bien devenir le suppléant ou l'émule de Taconnet.

La réussite de Nicolet éveilla les jalousies. A l'ombre de leur privilége, les grands comédiens lui firent interdire la parole. L'autorité n'en ferma pas moins les yeux sur l'infraction de son ordonnance : Nicolet amusait tant la population parisienne! Et puis, en 1772, il avait eu l'insigne honneur de conduire sa troupe devant Louis XV, à Choisy. Le roi avait paru satisfait, et Nicolet, avec la protection de madame Dubarry, avait obtenu la permission de prendre pour ses acteurs le titre pompeux de *grands danseurs du roi!*

Après la révolution, le genre de Nicolet changea. Le mot de *Gaîté* ne resta que sur la façade de son théâtre; les larmes coulèrent au dedans. Le feu prit à la salle, qui ne tarda pas à être reconstruite en fer.

Les *Funambules* ont vu naître et mourir Deburau père, l'excellent mime. Ce théâtre, éminemment populaire, ne se désemplit pas. Pierrot amuse tout le monde, le marchand, le littérateur, l'artiste.

Le boulevard du Temple est le rendez-vous du peuple parisien. Ce ne sont partout que tréteaux, que parades, que boutiques en plein vent, qu'allées et venues de promeneurs de toute sorte. Son animation ne se ralentit jamais; les années ne le touchent guère, et tant qu'il y aura dans Paris des bourgeois et des gamins, les environs du Jardin Turc verront la foule.

Dans la *rue Notre-Dame-de-Nazareth*, n° 17, est située la *synagogue des Israélites*. L'intérieur du temple se compose d'une grande salle entourée de colonnes d'ordre dorique, supportant une galerie supérieure, éclairée au moyen de grandes baies à plomb, avec des entrecolonnements, et fermée par des grillages en bois. La voûte est à plein cintre et percée de dix ouvertures ou lanternes; en face de la porte, et à l'extrémité du temple, s'élève le tabernacle, entouré d'une balustrade, et décoré de deux colonnes corinthiennes, dont l'entablement supporte les tables de Moïse. Entre ces deux colonnes est placé le Pentateuque, écrit sur des rouleaux en parchemin et contenu dans une armoire fermée par un rideau. A droite et à gauche du tabernacle sont deux tribunes destinées aux membres du consistoire central et du consistoire départemental. Le teïba ou autel, est placé au centre de l'édifice; on y arrive par trois marches : à l'extrémité, et en face du tabernacle, est un chandelier à neuf branches. Le service commence, les jours de fête et de sabbat, à sept heures et demie du matin, et le soir, en toute saison, une heure avant le coucher du soleil. Pendant les cérémonies du soir, le temple est éclairé par trente et une lampes et par six lustres portant des bougies.

Rue Saint-Martin, au coin de la *rue Aumaire*, le prieur de l'abbaye Saint-Martin possédait autrefois son échelle ou ses fourches patibulaires.

Rappellerons-nous les massacres de la *rue Transnonain*? C'est une rue de triste mémoire; outre les déplorables événements qui nous touchent de si près (14 avril 1834), elle a été, pendant la *peste noire*, au moyen âge, le refuge des juifs que l'on brûlait et massacrait de toutes parts. Le peuple les y égorgea en si grand nombre, que leurs cadavres, laissés sans sépulture, servirent pendant plusieurs mois de pâture à un troupeau de loups qui rendirent le quartier inhabitable. Cette rue, d'abord dite *rue des Hérétiques*, prit ensuite le nom de *Trans-nonésére*, d'où vint plus tard le verbe *transnoniser*, égorger. De ce nom, enfin, on a fait celui de *Transnonain*.

Dans cette rue, Doyen construisit une salle de spectacle où l'on joua la comédie bourgeoise, où se produisirent Menjaud, Samson, David, Huet, Ligier, Bocage, Féréol, Beauvalet, Paul, Bouffé, Arnal, etc.; mesdames Cœlina Fabre, Dussert, Fitzelier, Brohan, Paradol, Bourbier, etc. La maison où se trouvait la salle de Doyen a été justement celle que saccagèrent les mitrailleurs du 14 avril 1834.

Dans la *rue des Lombards* était le *poids du roi*. Là se tenait un poids public qui avait d'abord appartenu au souverain. Louis le Gros donna les revenus du *pois* à un certain Henri de Puelle, en 1169. Depuis ce temps, le *pois* passa dans les mains de divers particuliers, retomba dans le domaine de la couronne, en sortit de nouveau et devint en définitive la propriété de l'église métropolitaine de Paris. On voyait là les poinçons, les matrices, les étalons des poids et mesures en usage dans la capitale.

La maison nº 8 de la *rue des Lombards* vit la première victime du choléra : c'était un portier. Il mourut le 13 février 1831.

SEPTIÈME ARRONDISSEMENT.

L'emplacement occupé aujourd'hui par les *Archives nationales*, situées dans les *rues de Paradis et du Chaume*, nº 12, réunissait dans son enceinte plusieurs hôtels, souvent mentionnés dans l'histoire de Paris. Au coin de la rue des Quatre-Fils et de celle du Chaume se trouvait une vaste propriété appelée *le Grand Chantier du Temple*. Le connétable de Clisson fit construire sur cet emplacement un hôtel qui, après sa mort, fut possédé par le comte de Penthièvre. Ce gentilhomme était demeuré fidèle à Charles VII; les Anglais devenus maîtres de Paris, confisquèrent tous ses biens et louèrent l'hôtel de la rue des Quatre-Fils dix livres parisis. A partir de l'époque de cette confiscation, l'histoire se tait pendant plus d'un siècle. Cette propriété appartenait en 1552 au sieur Babon de la Bourdaisière, qui, par contrat du 15 juin 1553, la vendit à Anne d'Est, épouse de François de Lorraine, duc de Guise, qui la donna le 27 octobre 1556 au cardinal de Lorraine. Celui-ci la céda le 4 novembre suivant à Henri de Lorraine, prince de Joinville, son neveu.

L'ambitieuse maison de Guise ne pouvait se contenter du modeste manoir de Clisson.

Du côté de la rue de Paradis s'élevait l'Hôtel des rois de Navarre de la maison d'Evreux. Il devint la propriété du duc de Nemours, comte d'Armagnac. Convaincu du crime de haute trahison, ce seigneur eut la tête tranchée, et l'on confisqua tous ses biens. L'hôtel passa alors au comte de Laval, qui le vendit en 1545 au sieur Brinon, conseiller au parlement de Paris. Il fut ensuite acquis par Charles de Lorraine. Le cardinal en fit cession le 11 juin 1556 à François son frère. En 1557, le même cardinal acquit de Louis Douliet la moitié d'une maison aboutissant à la rue des Quatre-Fils et côtoyant l'ancien hôtel de Clisson. En 1561, il fit acquisition de l'autre moitié. François de Lorraine avait acheté, le 16 juin 1560, l'hôtel de la Roche-Guyon, qui appartenait alors à Louis de Rohan, comte de Montbazon. Cette propriété se trouvait dans la rue Vieille-du-Temple, en face de celle Barbette; elle communiquait à la maison de Guise. Les princes lorrains ayant réuni tous ces bâtiments à la propriété de Louis Douliet, composèrent une vaste habitation d'où le chef de cette orgueilleuse famille dictait ses volontés au faible Henri III. Le redoutable duc de Guise était là pendant les barricades. Le principal corps de logis, qui s'étend depuis la rue du Chaume jusqu'à l'endroit où commençait l'ancien jardin, et dont la façade régnait le long du passage qui conduisait à la rue Vieille-du-Temple, avait été construit par Henri, duc de Guise, sur les dessins de Lemaire, célèbre architecte du temps. Nicolo décora la chapelle des peintures à fresque qu'on y voyait encore avant la révolution. Les Guise firent aussi construire la rampe en fer et l'escalier par lequel on montait dans les appartements donnant sur la rue du Chaume; les croix de Lorraine qui en forment un des ornements ne laissent aucun doute à cet égard. Les bâtiments qui sont à l'angle de la rue du Chaume et de celle des Qua-

tre-Fils, ont été construits aussi par les princes de cette maison. En 1697, François de Rohan, prince de Soubise, acheta cette propriété des héritiers de la duchesse de Guise. Il prit dès lors le nom d'hôtel de Soubise, qu'il conserva jusqu'à nos jours.

Le prince chercha à donner un ensemble régulier aux divers bâtiments de son hôtel. Les travaux commencèrent en 1706. La principale porte qui se présentait en pan coupé sur l'angle de la rue du Chaume et du passage, et qui était flanquée de deux tourelles qui subsistent encore, fut fermée pour en ouvrir une nouvelle dans l'alignement de la rue du Chaume, faisant face à la rue de Braque, et destinée à desservir le passage. La porte principale fut pratiquée dans la rue de Paradis. On la décora de colonnes accouplées, d'ordre composite à l'intérieur et corinthien à l'extérieur, avec couronnement en ressaut, formant sur chaque face un avant-corps dont l'attique était peint aux armes du prince. Les statues d'Hercule et de Pallas, sculptées par Coustou jeune et par Bordy, figuraient sur l'avant-corps. Plusieurs artistes célèbres contribuèrent à la décoration et à l'embellissement des appartements. Carle Vanloo, Bertout, etc., en firent un séjour de magnificence royale. Tel on voyait encore l'hôtel ou plutôt le palais de Soubise au moment où la révolution en fit une propriété nationale.

Ajoutons les renseignements suivants, renseignements extraits en partie d'une brochure publiée par M. Dessalles, employé distingué des archives. — Dans la solitude des cloîtres qui furent longtemps les seuls foyers de lumières, les moines élaborèrent quelques vastes compositions historiques pour lesquelles l'existence humaine était souvent insuffisante. Il était difficile, presque impossible aux hommes de lettres, de rassembler les matériaux nécessaires à composer notre histoire nationale et administrative. Cette admirable et précieuse collection de titres et de documents généraux que nous devons à la révolution, était autrefois disséminée dans un grand nombre d'établissements religieux et enfouie dans plusieurs édifices de nos grandes villes. — Les archives ne furent d'abord que le dépôt de l'Assemblée constituante. Par un article de son règlement du 29 juillet 1789, cette assemblée, en créant cet établissement, ordonna qu'on y conserverait les pièces originales qui lui seraient adressées et l'une des deux minutes du procès-verbal de ses séances. Ce dépôt fut définitivement constitué sous le nom d'*Archives nationales*, par décret du 7 septembre 1789, sanctionné par le roi le 12 du même mois. Tant que la représentation nationale résida à Versailles, les archives furent placées dans une salle voisine de la sienne. Lorsque cette assemblée vint à Paris, les archives furent immédiatement transportées dans la bibliothèque des Feuillants, puis aux Capucins de la rue Saint-Honoré. Le 1er juin 1790, la Constituante ordonna qu'on y déposerait les formes, planches et tout ce qui avait servi à la confection des assignats de la première émission; enfin, le 27 février 1791, on y transporta les caractères de l'imprimerie du Louvre, les machines de l'Académie des sciences, et les minutes des greffes des commissions extraordinaires du conseil d'Etat. Les archives reçurent encore de nouvelles richesses des offrandes de livres, de médailles, d'estampes et de bustes qui furent faites à l'Assemblée. — Ce ne fut qu'à partir de l'année 1793 qu'on songea à faire des archives le centre de tous les dépôts appartenant à l'Etat.

Rue Saint-Martin, nº 96, était l'église *Saint-Julien-des-Ménétriers*, fondée en 1330, par deux ménétriers, qui firent bâtir en ce lieu un petit hôpital en faveur des pauvres passants. Ils étaient représentés sur le portail jouant du violon. La chapelle Saint-Julien-des-Ménétriers a été démolie pendant la révolution et convertie en maison particulière.

Rue du Chaume, nºs 19 et 21, existait le *couvent de la Merci*. Arnoul de Braque, bourgeois de Paris, fonda un hôpital en cette maison particulière auprès d'une poterne de Paris, située entre la porte du Temple et la porte Barbette. En 1613, la reine Marie de Médicis y plaça les religieux de la Merci ou de la Rédemption des captifs. Un poëte moderne a consacré ces vers à leur louange :

Mais si le roi Louis, quittant son héritage,
Alla chercher la mort aux lieux où fut Carthage;
Si dans Byzance en feu, le Turc a sa fureur
Immola sans pitié le dernier empereur;
Si Rhodes, à son tour, cette île-forteresse
D'où sortit tant de fois la foudre vengeresse,
Perdit ses chevaliers, Spartiates chrétiens;
La charité doit rompre des liens :
Elle dompta la force, et fit tomber les armes
Devant la croix du Christ en son tribut de larmes.
Frères de la Merci! Jamais nom respecté
Ne s'inscrira plus près de la Divinité...
Relevant par un mot le courage qui ploie,
Des ongles du lion ils arrachaient la proie,
Et reménaient ensuite, heureux et triomphants,
Aux femmes leurs époux, aux mères leurs enfants.
Jamais la charité n'eut un plus beau symbole :
Car ils touchaient les rois par des récits plaintifs,
Et, du pauvre lui-même acceptant une obole,

Quêtaient par l'univers la rançon des captifs !...
Leur immense tendresse étonnait l'infidèle ;
Ni les lointaines mers, ni la dure saison
Ne suspendaient leurs pas ou n'émoussaient leur zèle ;
Et souvent on les vit réclamer la prison
D'un esclave ignoré, que sa longue souffrance
Avait dépossédé des biens de l'espérance,
Et qui se demandait, en entendant leur voix,
Si Dieu s'était fait homme une seconde fois !...

Cabanis et un autre amateur de théâtre métamorphosèrent la galerie du couvent de la Merci en une petite salle de spectacle. C'était le *théâtre de la rue du Chaume.*

Au n° 10 *de la rue du Grand-Chantier,* demeurait en 1757 le garde des sceaux de Machault, qui, voulant provoquer les aveux de Damiens, l'assassin de Louis XV, tortura lui-même ce malheureux en lui brûlant les jambes avec des pincettes rougies au feu, en présence du chancelier Maupeou et de Rouillé, ministre des affaires étrangères.

Au n° 14 *de la même rue* demeurait, en 1815, le procureur général Bellart, célèbre dans le procès du maréchal Ney, dans celui du comte de Lavalette, et dans la conspiration dite de la Rochelle. Il épuisa contre le prince de la Moskowa toutes les ressources de l'art. Il fut impitoyable, immodéré. Aussi, pendant le procès de Ney, un journaliste défenseur des principes monarchiques, ne put se contenir en entendant Bellart. Il s'écria, de manière à être entendu par plus de cent personnes qui l'entouraient : « Malheureux ! laisse-le donc cuire, tu le mangeras après. »

Madame du Deffant a logé dans la *rue des Quatre-Fils,* n° 22. Charmante personnalité que celle de cette femme ! Après avoir passé l'âge des galanteries, elle devint le charme et l'âme des conversations d'un cercle qui se tenait chez elle. Sa société était le rendez-vous des illustrations en tout genre de l'époque. Elle se composait d'étrangers *francisés,* de grands seigneurs, de ministres, de femmes aimables, d'hommes d'esprit. On voyait successivement et parfois concurremment, chez madame du Deffant, d'Alembert, Montesquieu, Voltaire, Walpole, Pont de Veyle, etc.

Au n° 8 *de la même rue* demeuraient le prince Jules de Polignac et le duc de Rivière, que l'on arrêta dans l'hôtel le 4 mars 1804, lors de la conspiration de Georges Cadoudal.

La *prison de la Force* n'existe plus. Elle était située *rue Pavée-au-Marais,* n° 22, et *rue du Roi-de-Sicile,* n° 2.

En 1265, Charles, roi de Naples et de Sicile, possédait dans la rue dite *du Roi-de-Sicile* un hôtel qui devint la propriété du duc d'Alençon en 1202. Cet hôtel fut cédé à Charles VI en 1389. Plusieurs princes et cardinaux l'acquirent successivement ; enfin le duc de la Force l'acheta. De là le nom que l'hôtel a conservé. Le bureau des saisies réelles, pour la contrainte, la ferme des cartes y furent établis.

Cependant, sous Louis XVI, des réclamations s'élevèrent de tous côtés en faveur des prisonniers de Paris. Le 30 août 1780, une déclaration royale ordonna l'établissement d'une prison de la Force, en même temps que la suppression du Fort-l'Evêque et du Petit-Châtelet. L'hôtel se changea en prison dans l'espace de deux années. Au mois de janvier 1782, les détenus y furent transférés.

En six départements se divisait la prison de la Force. Le premier servait au concierge et aux employés subalternes; le deuxième aux prisonniers retenus pour n'avoir pas payé les mois de nourrice de leurs enfants; le troisième aux débiteurs civils; le quatrième aux prisonniers de police; le cinquième aux femmes; le sixième au dépôt de mendicité. Bien des changements ont été opérés par la suite dans ces divisions.

On convertit aussi l'hôtel de Brienne en prison, vers la même époque : ce fut la *Petite-*Force, par opposition à la *Grande.* Ces deux prisons, d'abord distinctes, se réunirent bientôt pour disparaître ensemble, quand on eut construit la *Nouvelle-Force,* dans le quartier du faubourg Saint-Antoine.

Au n° 24 *de la même rue* existe le magnifique hôtel de Lamoignon, qui appartenait autrefois au duc d'Angoulême, fils naturel de Charles IX et de Marie Touchet. Le duc d'Angoulême, au dire de l'espiègle Tallemant des Réaux, « aurait été le plus grand homme de son siècle s'il eût pu se défaire de l'humeur d'escroc que Dieu lui avait donnée. » Il demandait à M. de Chevreuse : « Combien donnez-vous à vos secrétaires? — Cent écus, dit M. de Chevreuse. — Ce n'est guère, reprit-il, je donne deux cents écus aux miens. Il est vrai que je ne les paye pas. » Quand ses gens demandaient leurs gages, il leur disait : « C'est à vous de vous pourvoir : quatre rues aboutissent à l'hôtel d'Angoulême, vous êtes en beau lieu, profitez-en si vous voulez. »

Lamoignon posséda cet hôtel, où naquit Malesherbes, l'un des défenseurs de Louis XVI.

L'hôtel de Sully, rue Saint-Antoine, n° 24, fut construit par un certain Galet, riche partisan. Ce Galet avait une passion effrénée pour le jeu. Il perdit sa propriété d'un coup de dés. On le vit jouer aux cartes, vers la fin de sa vie, sur les marches de ce même hôtel avec des gens qui avaient été ses valets.

La fondation de l'*Imprimerie nationale,* située dans la *rue Vieille-du-Temple,* n° 89, ne date que du ministère du duc de Luynes. Le

2 février 1620, Louis XIII rendit l'ordonnance qui constitua le premier privilège des imprimeurs nationaux. On lit dans cet acte que les sieurs Nurel et Mettayer, imprimeurs ordinaires du roi, pourront seuls imprimer les édits, ordonnances, règlements, déclarations, etc. Richelieu, devenu premier ministre en 1621, s'empara de cette belle création et sut lui donner plus tard de grands développements. L'Imprimerie nationale fut définitivement organisée en 1642. Sur la présentation du cardinal, Sublet des Noyers reçut le titre d'intendant, Truchet-Dufrêne fut nommé correcteur, et Sébastien Cramoisy imprimeur. On consacra pour ainsi dire ce bel établissement en commençant ses travaux par l'impression de l'*Imitation de Jésus-Christ.* D'abord établie au Louvre, l'Imprimerie nationale fut transférée à l'hôtel de Toulouse (aujourd'hui la Banque de France). Un décret du 6 mars 1809 affecta à l'Imprimerie nationale une partie de l'hôtel de Soubise. Cette dépendance était appelée Palais-Cardinal, en raison d'Armand Gaston, cardinal de Rohan, qui en avait ordonné la construction en 1712. En fondant l'Imprimerie nationale, nos rois avaient pour but de créer cet établissement dans l'intérêt des lettres, et non pour l'utilité des services publics. Cette imprimerie n'avait qu'un petit nombre de travaux pour le compte de l'Etat, et son directeur n'était qu'une espèce d'entrepreneur à qui on livrait un matériel précieux et unique en lui imposant certaines charges. La famille Anisson Duperron, en possession du privilège depuis 1691, employa tous les moyens pour centraliser dans cet établissement toutes les impressions affectées aux services publics.

Un arrêt du 22 mai 1775 réunit à l'Imprimerie nationale celle qui avait été formée dès 1683 dans l'hôtel de la guerre à Versailles, chargée d'imprimer les différents ouvrages relatifs aux départements de la guerre et de la marine. Un autre arrêt du conseil de 1789 y réunit aussi l'imprimerie dite *du cabinet,* à Versailles. L'Assemblée constituante conserva l'administration générale de l'imprimerie, mais ne poursuivit pas l'idée d'y réunir toutes les impressions des services publics. La Convention sut réaliser complètement cette idée, et constitua en 1795, l'*Imprimerie de la République,* qu'elle destina à tous les besoins du gouvernement. Le 24 mai 1804, l'Imprimerie de la République prit le titre d'Imprimerie impériale. Un décret du 24 mars 1809 modifia son organisation et lui donna plus d'unité. Cette imprimerie resta exclusivement chargée des impressions du ministère, du service de la maison impériale, de celui du conseil d'Etat et de l'impression du *Bulletin des lois.* La Restauration, préférant les idées de l'ancienne monarchie, déclara dans une ordonnance du 28 décembre 1814, que l'*Imprimerie royale* cesserait d'être régie au frais de l'Etat. Un directeur dut prendre pour son compte cette administration. Il gardait, en qualité d'usufruitier, les poinçons et tout le matériel de l'administration. Des plaintes nombreuses s'élevèrent contre un pareil état de choses, et une ordonnance de 1823 réorganisa l'imprimerie sur le pied où elle est encore aujourd'hui. Après la révolution de juillet, quelques réformateurs imprudents demandèrent la suppression de l'Imprimerie sous prétexte qu'elle était inutile, dispendieuse ou nuisible à l'intérêt privé. Une commission fut nommée ; après un examen approfondi, elle émit l'avis de conserver cette belle institution. L'administration de l'Imprimerie nationale est confiée à un fonctionnaire qui porte le titre de directeur. Cinq employés supérieurs dirigent sous ses ordres les diverses parties du service. Les employés sont désignés par le garde des sceaux. L'Imprimerie nationale occupe 125 presses ordinaires et deux presses mécaniques mues par la vapeur. Son cabinet de poinçons possède pour la typographie étrangère : 1° quarante caractères ou alphabets différents; 2° deux corps de chinois gravés anciennement; 3° un autre corps de chinois exécuté d'après un nouveau système. On a gravé deux nouveaux corps de géorgien, un caractère guzurati, et l'on a frappé deux nouveaux corps de caractères hébreux. La typographie étrangère vient en outre d'être augmentée de neuf corps, nouvelle gravure, de caractères allemands. La typographie française se compose de cinquante-sept corps de caractères romains, dont seize de nouvelle gravure. Les caractères de l'Imprimerie nationale ont été en grande partie renouvelés dans ces dernières années.

Ce fut le *Pont-Notre-Dame,* bâti en 1412, écroulé en 1499, reconstruit en 1507, et dont les maisons ont été démolies en 1787, que le légat passa en revue l'infanterie ecclésiastique de la Ligue, parurent une foule de capucins, de minimes, de cordeliers, de jacobins, de carmes, de feuillants. Ils avaient tous la robe retroussée, le capuchon bas, le casque en tête, la cuirasse sur le dos, l'épée au côté, le mousquet sur l'épaule. L'évêque de Senlis les commandait. Ils marchaient quatre à quatre, ayant avec eux plusieurs rangs d'écoliers. Les curés de Saint-Jacques-la-Boucherie et de Saint-Côme, ligueurs sans rivaux, remplissaient au milieu de cette troupe les fonctions de sergents-majors. Peu habitués, comme on le pense bien, au maniement des armes, ces soldats ecclésiastiques oubliant que leurs fusils étaient chargés à balles, voulurent dignement et bruyamment saluer le légat. Ils tuèrent un de ses aumôniers, placé à côté de lui. Le légat eut peur, brisa les saints bataillons, et s'en alla.

Le Temple des Billettes, situé dans la *rue des Billettes,* n° 18, était autrefois l'église du couvent des Carmes-Billettes. Voici de quelle manière les principaux historiens nous racontent l'origine de cette communauté religieuse. Le 12 avril 1290, un juif, nommé Jonathas, fut accusé d'avoir commis un sacrilége en plongeant une hostie consacrée dans un vase rempli d'eau bouillante. Le peuple, furieux, se rassembla, pénétra de vive force dans la maison. Jonathas fut arrêté, condamné, puis brûlé vif. Sa propriété, ses jardins et ses autres biens furent confisqués au profit du roi Philippe le Bel. La maison où le prétendu crime avait été commis fut donnée par le roi à un bourgeois de Paris, qui fit construire (1294) sur son emplacement une chapelle qu'on nomma la maison des *Miracles*.

Guy de Joinville, seigneur de Dongeux, avait, en 1286, fait bâtir à Boucheraumont, dans le diocèse de Châlons-sur-Marne, un hôpital pour y recevoir les malades et les pauvres passants. Cet hôpital était desservi par une communauté séculière d'hommes et de femmes sous le titre de la protection de la sainte Vierge; leurs belles attributions leur avaient fait donner le nom d'hospitaliers de la Charité-Notre-Dame. Le succès de cet établissement fit naître au fondateur la pensée d'en former un semblable à Paris; il jeta les yeux sur la maison des Miracles, que le bourgeois Reinier Flaming consentit à lui céder.

Une maison de jeu sous Louis XVI.

Ces religieux n'appartenaient à aucun ordre connu; ils portaient sur leurs habits de petits scapulaires ou billettes, et le peuple les désigna bientôt sous le nom de *religieux des billettes*. Le pape, en 1346, leur imposa la règle de saint Augustin. La reine Clémence de Hongrie enrichit cette communauté, que l'on appelait alors *couvent où Dieu fut bouilli!!* Au-dessus de l'ancienne chapelle des Miracles, on lisait encore, en 1685, cette inscription : « *Ci-dessous, le juif fit bouillir la sainte hostie.* » L'église fut rebâtie en 1754, sur les dessins d'un religieux dominicain nommé Claude. En 1790, le couvent des Carmes-Billettes fut supprimé, et devint propriété nationale. Une partie de ses bâtiments fut affectée en 1812 au culte luthérien.

HUITIÈME ARRONDISSEMENT.

Hugues Aubriot posa la première pierre de la *Bastille* le 22 avril 1370.

Cette forteresse n'avait dans l'origine que deux tours; on en ajouta bientôt deux autres. Vers l'année 1383, Charles VI en fit bâtir quatre nouvelles, les réunit par de gros murs et les entoura d'un fossé. Sous Henri II, en 1553, on éleva de nouvelles fortifications, qui furent achevées en 1559. Ces travaux consistaient en une courtine flanquée de bastions, bordée de larges fossés à bord de cuve. Les propriétaires furent taxés pour cette dépense depuis 4 livres jusqu'à 24, suivant le produit qu'ils tiraient de la location de leurs maisons.

Au mois d'août 1418, les Bourguignons assiégèrent la Bastille pour s'emparer des Armagnacs qui s'y étaient réfugiés; les portes furent brisées. On voulut transférer les prisonniers au Grand-Châtelet; l'escorte fut attaquée, et le peuple massacra les malheureux Armagnacs.

Cette Bastille, qui avait été construite pour mettre la capitale à l'abri des attaques des Bourguignons et des Anglais, servit de prison d'Etat lorsque la crainte de ces agressions n'exista plus. De grands noms se rattachent à l'histoire de cette forteresse. Louis de Luxembourg, comte de Saint-Pol, connétable de France sous Louis XI, fut mis à la Bastille, le 27 novembre 1475, pour crime de lèse-majesté. Il eut la tête tranchée en place de Grève, le 19 décembre de la même année.

Jacques d'Armagnac, duc de Nemours et comte de la Marche, y fut également emprisonné pour crime de haute trahison. On le décapita aux halles, le 4 août 1477.

La cruauté du roi Louis XI se montra ingénieuse dans la punition qu'infligea ce prince à Guillaume de Harancourt, évêque de Verdun. On lit dans les comptes et ordinaires de la prévôté de Paris : « Pour avoir fait de neuf une grande cage de bois de grosses solives, membrures et sablières contenant neuf pieds de long sur huit pieds de large, et de hauteur sept pieds entre deux planchers, lissée et boujonnée à gros boujons de fer, laquelle a été assise entre une chambre étant de l'une des tours de la Bastille Saint-Antoine, à Paris, par devers la porte dudit Saint-Antoine, en laquelle cage est mis et détenu prisonnier, par le commandement du roi, notre dit seigneur l'évêque de Verdun, » etc. (Voir Sauval, tome III, p. 228.)

Comme on l'indique, les prisons de la Bastille ne restèrent pas dégarnies sous ce règne; Louis XI enfonçait aussi bien ses griffes de fer dans les camails soyeux des évêques que dans les manteaux dorés des ducs et pairs. Si quelque imprudent avait un instant rêvé un joyau de sa couronne, Louis XI le devinait; fût-il l'allié, le frère ou l'ami du roi, l'étreinte était cruelle, l'imprudent ne bougeait plus.

Au commencement de l'année 1589, le parlement de Paris fut enfermé à la Bastille; voici à quelle occasion : Bussi-Leclerc, qui de maître d'armes était devenu procureur au parlement, fut, après l'évasion de Henri III, élevé par la Ligue à la dignité de gouverneur de la Bastille. Le 16 janvier, Bussi-Leclerc, accompagné de vingt-cinq hommes, tous déterminés ligueurs, se transporte au palais, pénètre dans la grand'chambre, le pistolet à la main : « Conformément au décret de la Sorbonne, dit-il insolemment, que tous les Français soient déliés du serment de fidélité et d'obéissance envers le roi, et qu'on ne mette plus son nom dans les arrêts. » Il se retire alors, rentre peu de temps après suivi de sa troupe, et s'écrie avec l'accent de la plus vive colère : « Puisque vous délibérez aussi longtemps sur une requête aussi juste, vous prouvez par là qu'il existe des traîtres parmi vous. » Alors, tirant un papier de sa poche : « Que ceux dont je vais appeler les noms me suivent à l'Hôtel-de-Ville, où le peuple les demande. » Le premier président de Harlay est aussitôt nommé. Alors tous les conseillers se lèvent : « Nous n'avons pas besoin, disent-ils, d'une plus longue lecture, nous suivrons tous notre président. » L'assemblée comptait ce jour-là plus de soixante membres; Bussi-Leclerc se met à leur tête. Ils traversent le pont au Change, au milieu des flots de la populace, qui les accable d'outrages. Ils arrivent enfin sur la place de l'Hôtel-de-Ville, où les clameurs augmentent. Bussi leur fait prendre le chemin de la Bastille. A peine sont-ils arrivés qu'il intime l'ordre de les enfermer tous. Pour les obliger à se racheter plus tôt, le gouverneur ne leur fit donner que du pain et de l'eau, et le peuple exprima sa satisfaction dans des couplets où Bussi-Leclerc était désigné sous le nom de *grand pénitencier du parlement*.

Charles de Gontaut, duc de Biron, pair et maréchal de France, convaincu d'intelligence avec l'étranger, eut la tête tranchée dans la cour de la Bastille, le 31 juillet 1602.

Il avait été condamné la veille. Dans cet intervalle, ses parents s'étaient adressés au roi pour demander que l'exécution eût lieu à la Bastille, afin d'épargner au maréchal la honte d'un supplice en place de Grève. Henri IV accorda cette triste faveur à Biron. Quand on lut au maréchal ce passage de la sentence : *pour avoir attenté à la personne du roi*, « Il n'en est rien, s'écria-t-il, cela est faux! ôtez cela! » Il répéta allant au supplice : « A la vérité, j'ai failli; mais pour la personne du roi, jamais! non, jamais! » Quelques moments après, ses gardes consternés viennent lui baiser la main. Il monte sur l'échafaud, regarde autour de lui d'un air inquiet, cherchant la hache du bourreau, qu'on cache à ses yeux. Alors un tremblement général le saisit, il tombe à genoux. Au moment où l'on s'approche du maréchal pour lui couper les cheveux, il s'écrie d'une voix tonnante : « Qu'on ne m'approche pas! Si je mets en fougue, j'étrangle la moitié des gens qui sont ici. » Son œil étincelant, son geste, sa menace, glacent d'effroi les plus hardis. Peu à peu il se calme, se remet à genoux, et le bourreau lui abat la tête d'un seul coup.

Charles de Valois, comte d'Auvergne et d'Angoulême, un des complices du maréchal, plus coupable que Biron, eut néanmoins la vie sauve. Il était frère utérin d'Henriette d'Entragues, marquise de Verneuil, maîtresse de Henri IV.

Quoique la Bastille fût affectée principalement aux prisonniers d'Etat, le roi Henri IV y fit garder le trésor royal; c'est ce que nous apprend le poëte Regnier dans sa treizième satire :

Prenez-moi ces abbés, ces fils de financiers,

Dont depuis cinquante ans les pères usuriers,
Volant de toutes mains, ont mis en leur famille
Plus d'argent que le roi n'en a dans la Bastille.

Sully nous dit dans ses mémoires : « Vers l'an 1610, le roi avait pour lors quinze millions huit cent soixante-dix-huit mille livres d'argent comptant dans les chambres voûtées, coffres et coques étant en la Bastille, outre dix millions qu'on avait tirés pour bailler au trésorier de l'épargne. »

Victime de la haine du cardinal de Richelieu, le célèbre maréchal de Bassompierre fut mis à la Bastille en 1631, et n'en sortit qu'à la mort du ministre. La délivrance du maréchal inspira ces vers à un poëte; c'est Bassompierre qui parle :

Enfin, dans l'arrière-saison,
La fortune d'Armand s'accorde avec la mienne :
France, je sors de prison
Quand son âme sort de la sienne.

Montgolfier s'élève en ballon.

Le roi Louis XIII accueillit favorablement Bassompierre, et lui demanda son âge. Le maréchal, qui avait alors soixante ans, dit à Sa Majesté qu'il n'en avait que cinquante. Cette réponse surprenait le roi. « Sire, ajouta l'habile courtisan, je retranche dix années passées à la Bastille, parce que je ne les ai pas employées au service de Votre Majesté. »

En 1634, on fit quelques réparations à la Bastille, pour fortifier ce château, et pour en agrandir les dépendances. Le 10 juin 1663, Nicolas Fouquet, surintendant général des finances, accusé de concussion, fut transféré de Vincennes à la Bastille.

La disgrâce de Fouquet nous rappelle Pélisson, dont l'infortune moins méritée fut supportée aussi honorablement. Lors de la chute du surintendant, Pélisson, premier commis de Fouquet, resta fidèle au malheur. Il fut mis à la Bastille : on prit tous les moyens pour lui arracher les secrets de son bienfaiteur. On lui offrit la liberté, de l'or; Pélisson résista. Dans le même cachot fut enfermé un Allemand, chargé de rapporter toutes les paroles qui échappent parfois à la captivité trop confiante. Pélisson le devina, et bientôt sa résignation, sa bonté gagnèrent le cœur de cet homme, qu'il réhabilita en l'associant à son infortune. A l'aide de cet agent, Pélisson répandit dans le public trois mémoires en faveur de Fouquet. Louis XIV, irrité, donna l'ordre de traiter le prisonnier avec la dernière rigueur; l'encre et le papier qui lui servaient à défendre son ami lui furent enlevés. On lui laissa seulement quelques ouvrages des Pères de l'Eglise, et plusieurs livres de controverse. Un Basque grossier et stupide, qui tirait des sons monotones d'une musette, n'offrait au pauvre prisonnier qu'une faible distraction contre la solitude. Pélisson sut bientôt se créer une nouvelle société : dans un soupirail qui reflétait une lumière douteuse sur sa prison, une araignée avait tendu sa toile; Pélisson résolut

d'apprivoiser l'insecte. Au moment où le basque jouait de son instrument, Pélisson plaçait des mouches sur le bord du soupirail, l'araignée peu à peu s'enhardissait et allait saisir sa proie, que le prisonnier éloignait pour familiariser l'insecte. Au bout de quelque mois, l'araignée était habituée au son de la musette, et allait saisir la mouche jusque sur les genoux du prisonnier. D'autres consolations pénétrèrent dans cette triste demeure. Le public applaudissait à la noble conduite de Pélisson, et de nombreux amis sollicitaient sa liberté. Louis XIV, revenu de ses préventions, finit par l'accorder. Pélisson consacra le souvenir de sa délivrance en brisant tous les ans à la même époque les chaînes de quelques prisonniers.

L'homme au masque de fer entra à la Bastille le 18 septembre 1698. Il portait un masque de velours noir, bien attaché sur le visage, et qu'un ressort tenait derrière sa tête. Il logeait dans la tour de Bataudière. Sa mort arriva presque subitement, le 19 novembre 1703. Il fut enseveli dans un linceul de toile neuve et enterré à Saint-Paul le lendemain à quatre heures, sous le nom de *Marchiali*. Son enterrement coûta quarante livres.

Voltaire, âgé de 22 ans, fut mis à la Bastille le 17 mai 1717, pour avoir composé des poésies contre le régent et la duchesse de Berri. L'une de ces pièces avait pour titre : *Puero regnante*. Sorti de prison le 11 avril 1718, il fut mis de nouveau à la Bastille le 28 mars 1726. Voici à quelle occasion : Voltaire avait été insulté d'une manière indigne par M. de Rohan-Chabot. Il fut arrêté et conduit dans la forteresse pour avoir cherché le moyen de se venger. A peine fut-il en prison qu'il écrivit une lettre au ministre du département de Paris, au sujet de son incarcération. Nous nous bornerons à citer un fragment de cette lettre :

« Je remontre très-humblement à Son Excellence que j'ai été assassiné par le brave chevalier de Rohan, assisté de six coupe-jarrets, derrière lesquels il était hardiment posté. J'ai toujours cherché depuis ce temps l'occasion de réparer, non mon honneur, mais le sien, ce qui était trop difficile, etc. » Voltaire sortit de prison le 29 avril suivant.

Revue passée par Charles X. Avril 1830.

A la Bastille aussi resta quatre années Thomas Arthur de Lally, accusé d'avoir été la cause de la perte de tous les établissements français dans l'Inde, jugé par le parlement, condamné à avoir la tête tranchée en Grève.

Quelques années avant la révolution, l'avocat Linguet fut mis à la Bastille. Là, ce prisonnier s'amusait à écrire des mémoires contre le gouvernement. Un jour, un homme pâle, grand et fluet, entra dans son cachot. «Pourquoi me dérangez-vous? dit Linguet avec l'accent de la colère. — Monsieur, je suis le barbier de la Bastille, répondit le Figaro des prisonniers d'Etat. — Ceci est différent, mon cher; puisque vous êtes le barbier de la Bastille, faites-moi le plaisir de me raser. » Linguet se remit à écrire.

Le peuple parisien a vengé les victimes de la Bastille le 14 juillet 1789.

Rue des Tournelles, nº 32, habitait la belle, la phénoménale *Ninon de l'Enclos*, qui mourut le 17 octobre 1706. Chez cette femme, madame de Maintenon passa sa première jeunesse. Chez elle encore, Molière lut son *Tartuffe* devant Racine, La Fontaine, Lully, Saint-Evremont, Chapelle, etc. Dans son salon vinrent le duc d'Enghien, qui fut plus tard le *Grand Condé*, Des Yveteaux, Marion Delorme, Cinq-Mars, etc. On voit sur la cheminée, au-dessus du chiffre de Ninon, un groupe sculpté qui représente une femme avec des tablettes qu'elle appuie sur le Temps, et suspendant son travail pour se regarder dans un miroir que lui offre l'Amour.

Madame de Sévigné a demeuré pendant sept ans dans l'*hôtel Carnavalet*, *rue Culture-Sainte-Catherine*, nº 23, hôtel construit en 1544, sur les dessins de Pierre Lescot. On montre le balcon du haut duquel la mère faisait, au jour du départ, un dernier signe d'adieu à sa fille. On montre le cabinet où madame de Sévigné a écrit sa correspondance, avec ce style inimitable qui en a fait un chef-d'œuvre du genre épistolaire. On a conservé la table de marbre sur laquelle la mère et la fille déjeunaient au jardin sous les sycomores.

Pendant la révolution, l'hôtel Carnavalet reçut pour quelque temps les bureaux de la direction de la librairie. Puis, on y établit l'Ecole des ponts et chaussées. Aujourd'hui il est occupé par une institution de jeunes gens.

Rue Saint-Claude, nº 30, logea longtemps le célèbre *Cagliostro*. En 1810 seulement, on vendit le mobilier de cet habile homme. Dans l'appartement de Cagliostro, tous les effets de l'optique et de l'acoustique étaient très-adroitement ménagés. A l'aide de ce double artifice, il faisait apparaître, à un moment donné, les ombres de certains personnages.

Dans la rue Saint-Claude aussi demeura la comtesse de la Motte, devenue si célèbre par l'affaire du *collier*.

Marion Delorme a eu sa maison *rue Saint-Antoine*, *impasse Guéménée*. « Marion, dit Tallemant des Réaux, était une belle personne, d'une grande mine, qui chantait bien, jouait bien du théorbe, et faisait tout de bonne grâce; si elle eût voulu se marier, elle eût eu vingt-cinq mille écus en mariage; mais elle ne le voulut pas; elle était magnifique, dépensière et naturellement lascive. Elle avouait qu'elle avait eu inclination pour sept ou huit hommes et non davantage : des Barreaux, qui fut le premier, Rouville, Miosseul, ... Arnaud, Cinq-Mars, de Chatillon et de Brissac. Elle mourut au mois de juin 1650 à l'âge de trente-neuf ans, dans tout l'éclat de sa beauté, d'une forte dose d'antimoine qu'elle avait prise pour se faire avorter et qui la tua. Soret, dans sa *Muse historique* du 30 juin 1650, fait mention de sa mort en ces termes :

> La pauvre Marion de Lorme,
> De si rare et plaisante forme,
> A laissé ravir au tombeau
> Son corps si charmant et si beau.

On la vit morte durant vingt-quatre heures, sur son lit, avec une couronne de pucelle. Enfin le curé de Saint-Gervais dit que cela était ridicule. »

L'*église Saint-Ambroise*, située à *l'angle des rues Popincourt et Saint-Ambroise*, église bâtie en 1659, servait autrefois de chapelle aux religieuses Annonciades du Saint-Esprit. L'ordre des Annonciades fut fondé par Jeanne de France, fille de Louis XI et première femme de Louis XII. Etablies d'abord à Bourges, ces religieuses quittèrent cette ville pour venir à Paris, rue de Sèvres, occuper une maison qu'elles cédèrent peu de temps après à l'Abbaye-aux-Bois. Le 12 août 1636, elles s'installèrent à Popincourt, où elles demeurèrent jusqu'en 1780, époque de la suppression de leur communauté. En 1781, deux rues furent tracées sur l'emplacement de cette maison. La première a pris le nom de rue Saint-Ambroise; la deuxième, appelée de Beauharnais, a été supprimée par décision ministérielle du 9 octobre 1818. La chapelle, qui était propriété nationale, fut vendue le 2 prairial an V, et devint en 1802 la seconde succursale de la paroisse Sainte-Marguerite. L'église Saint-Ambroise a été rachetée par la ville de Paris le 31 août 1811 moyennant 67,500 francs. Elle a été restaurée et considérablement agrandie; elle a été bénite le 15 novembre 1818.

On a construit, il y a peu d'années, la *Prison de la Roquette*, située *rue de la Roquette*, nº 112, pour remplacer la prison de Bicêtre, où ne se trouvent plus que des vieillards et des fous. Elle a été achevée en 1836. Elle a coûté environ la somme d'un million trois cent mille francs. Trois grilles de fer et quatre portes en chêne séparent la rue de la Roquette du grand préau de la prison. Ce préau est vaste; des bancs de pierre l'entourent de trois côtés. Au milieu, sur une petite éminence, il y a une fontaine à réservoir. Tout près de là s'élève un superbe arbre en fer pour le réverbère. Des bâtiments de trois étages encadrent le préau au nord, à l'est et à l'ouest. La chapelle de la prison se voit dans la partie méridionale. Le bâtiment du nord est occupé par l'administration; les bâtiments de l'est et de l'ouest servent aux ateliers et aux cellules des détenus. Au rez-de-chaussée du premier travaillent les tailleurs, les cordonniers et chaussonniers ou natteurs; au rez-de-chaussée du second sont les ébénistes, les semeleurs et les serruriers. Les cachots occupent le rez-de-chaussée, dans le quartier de l'infirmerie.

Rien n'a été épargné pour rendre sûre la *prison de la Roquette*, d'où les détenus s'évadent très-difficilement.

Au nº 111 de la même rue, on remarque la *prison des Jeunes détenus*, datant de 1837, ayant coûté plus de deux millions à la ville de Paris, et ressemblant à un château fort, avec quatre tours aux angles et une chapelle au milieu.

L'*hôpital Saint-Antoine* occupe une partie de l'emplacement de l'ancienne abbaye Saint-Antoine-des-Champs, dont nous traçons ici l'origine.

Un pauvre curé de Neuilly-sur-Marne, nommé Foulques, vint à Paris vers 1198. L'éloquence de ses prédications apostoliques étonna tous les habitants. Il prêchait avec tant de véhémence contre les usuriers et les femmes adonnées à la débauche, qu'il fit bientôt de nombreuses conversions. Les filles de mauvaise vie profitaient surtout de ses pieuses instructions, plusieurs abjurèrent la débauche et se coupèrent les cheveux en signe de pénitence. Foulques de Neuilly pourvut à l'entretien de celles qui voulaient se séparer entièrement de la vie mondaine. Pour ces dernières fut construite l'abbaye Saint-Antoine. La première chapelle de ce monastère fut bâtie par Robert de Mauvoisin. La grande église était due à la pieuse munificence de saint Louis. Tout près des fossés de cette abbaye, Louis XI conclut en 1465 une trêve avec les princes qui s'étaient armés contre lui pendant la guerre dite du *bien public*. Le roi prétendit que la trêve avait été violée, et, pour perpétuer le souvenir de cette félonie, il fit élever en ce lieu une croix de pierre. En fouillant le sol, on trouva en 1562 cette inscription : « L'an MCCCCLXV fut ici tenu le landit des trahisons et fut par unes tresves qui furent données, maudit soit qui en fut cause. » Ce monument ne fut construit qu'en 1479, comme le prouve le compte du domaine de cette année. Les bâtiments du monastère et le sanctuaire de son église furent reconstruits vers 1770, sur les desseins de l'architecte Lenoir, surnommé le Romain. L'église était richement décorée; on y voyait plusieurs tombeaux, entre ceux de Jeanne et de Bonne de France, filles de Charles V. Elle a été démolie. Son emplacement forme aujourd'hui la petite place où se trouve l'entrée de l'hôpital. Tout le vaste terrain connu autrefois sous le nom de Clos de l'Abbaye fut aliéné en cinq lots, le 29 messidor an VI.

Un décret de la Convention, du 17 juin 1795, convertit les bâtiments de l'Abbaye en hôpital assimilé à celui de l'Hôtel-Dieu. Cet établissement contient deux cent soixante-deux lits. Il est desservi par les sœurs de Sainte-Marthe.

Le *boulevard Beaumarchais* doit son nom à l'auteur du *Mariage de Figaro* qui avait là sa maison. Du côté du boulevard était la porte d'entrée, au-dessus de laquelle on a lu pendant longtemps cette inscription :

> Ce petit jardin fut planté
> L'an premier de la liberté.

Beaumarchais, né à Paris en 1732, mourut subitement le 19 mai 1799 dans sa maison du boulevard.

La *rue du Faubourg-Saint-Antoine* fut longtemps le forum où gronda la colère du peuple.

La *maison* nº 232 appartenait en 1791 au fameux Santerre. Celui-ci sortit d'une brasserie pour diriger les masses qui attaquèrent, au 10 août, le palais des Tuileries.

Santerre, général, se distingua dans la guerre de la Vendée. Son ancienne profession lui valut cette épitaphe grotesque que l'histoire effacera peut-être :

> Ci-gît le général Santerre,
> Qui n'eut de Mars que la bière.

La *rue de Charenton* commence à la place de la Bastille et finit à la barrière qui ouvre la route des départements de l'est; son extrémité s'appelait autrefois la vallée de Fécamp; elle devint célèbre, en 1621, par une attaque des catholiques contre les protestants, qui revenaient de leur prêche de Charenton. Vers la fin de cette rue était jadis une maison de campagne dont il ne reste plus que la porte d'entrée avec quelques murailles, et qui avait de magnifiques jardins s'étendant jusqu'à la rivière. On l'appelait la Folie-Rambouillet; elle avait été construite au temps de Louis XIII par un financier, Rambouillet, beau-père de Tallemant des Réaux. Tallemant fait une description pompeuse de cette habitation. Près de là était établie la plus formidable des barricades de Condé dans la bataille du faubourg Saint-Antoine; là furent tués les plus illustres seigneurs des deux partis. « Le prince, dit Conrart, y reçut plusieurs coups dans la cuirasse, et ce fut une espèce de miracle qu'il n'y demeurât pas comme tant d'autres. Il faisait alors une chaleur insupportable, et lui qui était armé et agissait plus que tous les autres, était tellement fondu de sueur et étouffé dans ses armes, qu'il fut contraint de se faire débotter et désarmer, et de se jeter tout nu sur l'herbe d'un pré, où il se tourna et vautra comme les chevaux qui se veulent délasser; puis il se fit rhabiller et armer, et il retourna au combat. »

Dans la rue de Charenton débouche la rue *Mazas*, rue nouvelle qui commence au pont d'Austerlitz et doit aboutir à la barrière du Trône. On y trouve l'*embarcadère du chemin de fer de Lyon* et la prison cellulaire *modèle*, dite aussi la *nouvelle Force*, parce qu'elle remplace l'ancienne prison de ce nom : elle occupe 33 hectares de terrain et renferme douze cents cellules comprises dans six ailes rayonnant sur un centre commun.

NEUVIÈME ARRONDISSEMENT.

Cet arrondissement, l'un des moins grands, est l'un des plus riches en souvenirs historiques. Son antiquité lui a fait cette richesse. Pas de places, pas de quais, pas de rues, pas de maisons, pour ainsi dire, qui n'offrent au visiteur un intérêt véritable.

La Cité présentait encore il y a soixante ans, dit un historien moderne, l'aspect peu séduisant qu'elle avait au moyen âge : à l'extérieur, privée de quais, sauf dans sa partie occidentale, ayant ses maisons hautes, fétides, obscures, pressées sur les bords de la Seine, bordée d'eaux sales, d'herbes dégoûtantes, de blanchisseries, de guenilles suspendues de toutes parts, elle offrait à l'intérieur un amas inextricable de ruelles hideuses, de masures noires, de bouges infects, ruche abominable où nos pères se sont entassés pendant des siècles, et dans laquelle on ne comptait pas moins de cinquante-deux rues, six impasses, trois places, dix paroisses, vingt et une églises ou chapelles, deux couvents, outre l'Hôtel-Dieu, les Enfants-Trouvés, le Palais avec ses dépendances, l'Archevéché, le cloître Notre-Dame et la cathédrale. Aujourd'hui, on a fait pénétrer du jour et de l'air dans ce triste quartier, où de tels déblaiements ont été opérés, qu'il n'y restera bientôt plus que dix à douze rues, avec Notre-Dame, l'Hôtel-Dieu et le Palais de Justice.

On y trouve, dans la partie septentrionale, le *quai Napoléon*, qui date de 1802; le *quai Desaix*, formé en 1800 ; le *quai de l'Horloge*, commencé en 1560 et achevé en 1611. La *Tour de l'Horloge*, qui s'élève en face du Pont au Change, ne sonnait que pour les cérémonies royales : elle donna le signal de la Saint-Barthélemy. Dans la partie méridionale, on parcourt le *quai des Orfévres*, construit de 1580 à 1643, quai où abondaient les orfévres et où l'on en voit encore beaucoup; le *quai du Marché-Neuf* et de *l'Archevéché*, où la *Morgue* présente quotidiennement ses lugubres tableaux, 300 à 380 cadavres par année.

Les anciennes rues du *Chevet Saint-Landry* et de *Saint-Pierre-aux-Bœufs* ont formé la rue d'Arcole, qui, prenant du pont du même nom, va jusqu'à la place Notre-Dame, en face de l'*Hôtel-Dieu*. Nous avons indiqué précédemment dans notre histoire les origines de Notre-Dame ; mais l'hôpital mérite notre attention particulière, et c'est ici le lieu où il convient d'en parler.

L'*Hôtel-Dieu* a probablement été fondé vers le milieu du huitième siècle par saint Landry, huitième évêque de Paris. Il prit peu d'accroissement sous Philippe-Auguste, qui accorda à cet établissement toute la paille de sa chambre et de sa maison, toutes les fois qu'il quitterait Paris pour aller coucher ailleurs. Saint Louis donna annuellement des secours à plus de six mille malades, et fit desservir la maison par trente frères, vingt-cinq sœurs et quatre prêtres. Presque tous les rois suivirent son exemple. Ils dotèrent cet hôpital, qui fut successivement agrandi et reconstruit.

Trois ans avant la révolution l'Hôtel-Dieu ne renfermait que 1,200 lits et avait journellement de 2,500 à 6,000 malades. On en entassait jusqu'à six dans un même lit. La mortalité y était de 1 sur 4 1/2, et sur 1,100,000 malades reçus en cinquante ans, plus de 240,000 étaient morts; enfin deux incendies effroyables firent perdre des centaines de victimes. La situation de cet établissement fut révélée en 1785 par Bailly à l'Académie des sciences. Tout le monde alors s'empressa de faire des sacrifices. Huit millions furent souscrits en moins d'un an. Comme on désespérait d'assainir ce cloaque, on résolut de le transporter hors de la Cité et de le remplacer par quatre hôpitaux placés aux quatre extrémités de la ville. Ce projet ne fut pas exécuté. La révolution arriva; la suppression des couvents permit de distribuer les malades de l'Hôtel-Dieu dans de nouveaux hôpitaux. On dégagea ses abords, on lui ajouta de nouveaux bâtiments sur la rive gauche de la Seine; on l'agrandit en 1801 on l'assainit. Aussi l'Hôtel-Dieu, aujourd'hui plus vaste qu'autrefois, ne renferme que huit cents lits. La mortalité n'y est plus que de 1 sur neuf. Sa dépense annuelle s'élève à environ 700,000 francs. Une partie de cette somme provient de l'impôt prélevé sur les spectacles, impôt qui date de 1716.

Le dernier des Estienne, le peintre Lantara et le poëte Gilbert sont morts à l'Hôtel-Dieu.

L'entrée de l'Hôtel-Dieu est décorée d'un portique et d'un péristyle où l'on trouve les statues de saint Vincent de Paul et de Monthyon. La chapelle avait été bâtie en 1380 par Oudard de Maucreux, bourgeois de Paris et changeur : elle a été démolie en 1802 et remplacée par l'ancienne église de Saint-Julien-le-Pauvre.

Traversons la Seine, pour continuer notre promenade dans le neuvième arrondissement.

On remarque au n° 1 de la *rue du Figuier* l'ancien hôtel de Sens. Le siége ecclésiastique de Paris n'était qu'un évêché dépendant de l'archevéché métropolitain de Paris ; les communications entre le haut clergé de cette ville et celui de la capitale durent être pour ainsi dire journalières. Etienne Bécard, archevêque de Sens, acheta au commencement du quatorzième siècle une maison [sur le quai des

Célestins et la légua par testament à ses successeurs. Cette maison, dans la suite, fut cédée à Charles V et servit ainsi que plusieurs autres habitations à former un hôtel de Saint-Paul. En échange de la maison abandonnée par l'archevêque, le roi donna à ce prélat l'hôtel d'Hertoménil, situé au coin de la rue du Figuier. Cet hôtel prit alors le nom d'hôtel de Sens, qu'il conserve encore aujourd'hui. Ce vieux manoir fut reconstruit au commencement du seizième siècle, par l'archevêque Tristan de Salazar. Il servit dans la suite d'habitation à plusieurs prélats illustres, tels que l'archevêque Duprat, chancelier et premier ministre ; Louis de Bourbon, prince de la famille royale ; Louis de Guise, cardinal de Lorraine ; Jean Bertrandi, garde des sceaux, etc. Marguerite de Valois, première femme de Henri IV, y résida plusieurs années. Les échos qui longtemps avaient répété les pieux cantiques des anciens archevêques, redisaient aux passants les refrains joyeux improvisés par la spirituelle Marguerite pour plaire à ses nombreux amants. Le jésuite Lemoine a composé l'épitaphe de cette princesse. Nous rapportons ici cette pièce de poésie, qui nous a paru empreinte de grandeur et d'élégance :

> Cette brillante fleur de l'arbre des Valois
> En qui mourut le nom de tant de puissants rois,
> Marguerite, pour qui tant de lauriers fleurirent,
> Pour qui tant de bouquets chez les Muses se firent,
> Vit bouquets et lauriers sur sa tête sécher,
> Vit par un coup fatal le lys s'en détacher,
> Et le cercle royal dont l'avait couronnée
> En tumulte et sans ordre un trop prompt hyménée,
> Rompu du même coup devant ses pieds tombant,
> La laissa comme un trone dégradé par le vent.
> Epouse sans époux, et reine sans royaume,
> Vaine ombre du passé, grand et noble fantôme,
> Elle traîna depuis les restes de son sort,
> Et vit jusqu'à son nom mourir avant sa mort.

L'hôtel de Sens perdit plus tard sa splendeur. En 1622, l'évêché de Paris fut érigé en archevêché, en faveur de Jean-Francois de Gondy. Alors les archevêques de Sens, dépouillés de leur autorité sur le clergé parisien, cessèrent peu à peu de résider dans la capitale. Leur hôtel fut aliéné. Il appartenait, avant la révolution, à l'archevêché de Paris. Devenu, en 1790, propriété nationale, il fut vendu le 1er ventôse de l'an V.

L'*hôtel des Barres*, quai de la Grève, fut bâti vers 1250. En 1362, les moines de Saint-Maur l'achetèrent avec les moulins qui en dépendaient.

On l'appela alors l'hôtel Saint-Maur. Cet hôtel fut habité plus tard par Louis de Bourdon, l'un des amants d'Isabeau de Bavière. Allant un jour visiter la reine au château de Vincennes, ce gentilhomme rencontra le roi : sans descendre de son cheval, il se contenta de saluer Charles VI. Ce monarque, l'ayant remarqué, ordonna à Tanneguy Duchâtel, prévôt de Paris, de s'emparer de sa personne. La nuit, Louis de Bourdon fut mis à la question, enfermé dans un sac et jeté dans la Seine, avec ces mots sur son linceul : *Laissez passer la justice du roi.*

La ville de Paris possédait au moyen âge un Arsenal particulier. On comptait anciennement, outre son hôtel, plusieurs emplacements qui servaient de dépôts d'armes et de munitions de guerre. Son établissement le plus vaste était situé derrière le couvent des Célestins, dans une partie de terrain connue d'abord sous le nom de Champs-aux-Plâtres. Le surplus de cet emplacement fut possédé par la ville jusqu'en 1533. A cette époque, François Ier, ayant résolu de faire fondre des canons, emprunta une des granges qu'on y avait élevées. Le roi demanda quelque temps après une seconde grange. La ville ne la céda cette fois qu'avec répugnance. En effet, François Ier n'accordait aucun dédommagement. Henri II construisit sur ce terrain plusieurs logements pour les officiers de l'artillerie, sept moulins à poudre, deux grandes halles et plusieurs autres bâtiments. Toutes ces constructions furent démolies le 28 janvier 1562 par l'explosion de vingt milliers de poudre. — Henri IV ayant fait l'acquisition d'un vaste terrain appartenant aux Célestins, augmenta l'étendue de l'Arsenal, l'embellit d'un jardin, etc. Louis XIII et Louis XIV ajoutèrent quelques améliorations et cet établissement.

En 1713 on détruisit une grande partie des anciens bâtiments. En 1718 on éleva de nouvelles constructions sous la direction de l'architecte Germain Boffrand.

La bibliothèque de l'Arsenal est devenue publique en 1830.

L'*hôtel de Lesdiguières* avait son entrée dans la rue de la Cerisaie. Il avait été construit par le fameux financier Sébastien Zameth. Ses héritiers le vendirent à François de Bonne, duc de Lesdiguières et connétable de France. L'hôtel passa ensuite par succession dans la maison de Villeroy et subit enfin le sort de toutes les grandes propriétés, qui furent morcelées pendant la révolution. Pierre le Grand y avait logé en 1717. En 1742, ses magnifiques jardins ne contenaient plus qu'un seul monument : c'était le tombeau d'une chatte qui avait appartenu à Françoise-Marguerite de Gondy, veuve d'Emmanuel de Créqui, duc de Lesdiguières. On y lisait une épitaphe, dont le tour élégant révèle un égoïsme bien naïf :

Cy-gist une chatte jolie.
Sa maîtresse, qui n'aima rien,
L'aima jusques à la folie.
Pourquoi le dire? On le voit bien.

DIXIÈME ARRONDISSEMENT.

Le *Palais de l'Institut* est dans le 10ᵉ arrondissement. Mazarin, par son testament, avait fondé un collége, dit des Quatre-Nations, pour les enfants nobles des quatre provinces réunies à la France pendant son ministère. Ce collége fut bâti par les architectes Levau, Lambert et d'Orbay, sur une partie de l'ancien hôtel de Nesle et sur l'emplacement même de la tour et de la porte de Nesle, détruites en 1663. Dans l'église, où se tiennent aujourd'hui les séances publiques de l'Institut, était le tombeau du cardinal, œuvre de Coysevox, et qui se trouve maintenant au musée de Versailles. Le collége des Quatre-Nations subsista jusqu'en 1792; il servit de prison en 1793 et devint en 1806 le siége de l'Institut national établi en 1795, ou des cinq Académies, française, des sciences, des inscriptions et belles-lettres, des beaux-arts, des sciences morales et politiques. Les Académies, jusqu'à l'époque de la Révolution, avaient tenu leurs séances au Louvre. Au collége des Quatre-Nations avait été adjointe la bibliothèque de Mazarin, rassemblée à grands frais par Gabriel Naudé et composée alors de quarante mille volumes. Cette bibliothèque existe. On a aujourd'hui triplé ses richesses, et elle compte parmi les plus considérables de Paris.

Sur le *quai Malaquais*, entre la tour de Nesle et la rue des Saints-Pères, était un magnifique hôtel bâti par Marguerite de Valois après son divorce. Les jardins de cet hôtel bordaient la Seine. Il a été détruit vers la fin du dix-septième siècle. Sur son emplacement ont été construites de belles maisons dont quelques-unes ont de la célébrité: au nº 1 est mort en 1818 l'antiquaire Visconti; au nº 3 a habité le conventionnel Buzot et est mort en 1807 le peintre Vien; au nº 11 était l'hôtel de Juigné, qui a été habité sous l'Empire par les ministres de la police; au nº 17 est l'hôtel de Bouillon, habité par une nièce de Mazarin, la duchesse de Bouillon, qui y rassemblait les beaux esprits de son temps, qui y est morte en 1714. Cet hôtel appartient aujourd'hui à M. Pellaprat, compromis dans l'affaire Teste et Cubières. L'hôtel de Bouillon attenait à l'hôtel Mazarin, aujourd'hui détruit.

Sur le *quai Voltaire*, nº 21, on voyait un couvent de Théatins, fondé en 1648 par Mazarin. L'église, construite en 1662, possédait le cœur du fondateur et le tombeau de Boursault. En 1790, cette église servit aux prêtres réfractaires, et elle devint en 1800 une salle de spectacle, puis, en 1805, le café des Muses. Elle a été détruite en 1821.

Sur le *quai des Théatins* abondaient les hôtels de la noblesse: hôtels Tessé, Choiseul, Bauffremont, d'Aumont, Mailly, hôtels du ministre Chamillard et du maréchal de Saxe.

Au nº 5 a demeuré le conventionnel Thibaudeau; au nº 9 est mort Denon, conservateur des musées sous l'Empire; au nº 23 était la maison du marquis de Villette, où Voltaire a demeuré pendant les quatre derniers mois de sa vie. En 1778, il y a reçu les hommages de tout Paris. On faisait une sorte de pèlerinage à sa demeure.

La *caserne d'Orsay*, sur le quai de ce nom, était l'hôtel d'Egmont, au dix-septième siècle. Cet hôtel devint en 1740 celui des coches ou voitures de la cour. En 1795, on s'en servit pour le casernement de la légion de police, et en 1800 pour celui de la garde consulaire. Deux grandes ailes construites alors doublèrent son étendue, et il prit le nom de *quartier Bonaparte*. Depuis cette époque, il n'a pas cessé d'être une caserne, d'abord pour la garde impériale, ensuite pour les gardes du corps, enfin pour un régiment de cavalerie. C'est une des plus belles de Paris. A cause de sa position en face des Tuileries, elle a une grande importance.

Sur le même quai s'élève le *palais d'Orsay*, commencé en 1810, terminé en 1842, monument très-imposant par sa masse et son étendue, mais dont l'utilité est à peu près nulle. Les sommes dépensées pour sa construction dépassent dix millions. Le palais d'Orsay sert aux séances du *conseil d'État*, et renferme maintenant la *Cour des comptes*.

Le *palais de la Légion d'honneur* fut construit en 1786 pour le prince de Salm. Madame de Staël y réunissait, sous le Directoire, les hommes politiques et les écrivains les plus remarquables. Il fut acheté par Napoléon, qui y plaça la chancellerie de la Légion d'honneur.

Le *Palais-Bourbon* ou de l'*Assemblée nationale*, situé en face du pont de la Concorde, a été bâti en 1722 par le duc de Bourbon. Ce palais avait son entrée sur la rue de l'Université.

Sous la Convention, il devint la *maison de la Révolution*, où siégeaient la commission des travaux publics et l'administration des charrois militaires. Plus tard s'y firent les cours de l'école des travaux publics ou École polytechnique.

Sous le Directoire, on y construisit une salle pour les séances du conseil des Cinq-Cents.

En 1801, on y plaça le Corps législatif, et de 1806 à 1807 on construisit, sur les dessins de Poyet, la façade et le péristyle.

En 1814, il devint le palais de la Chambre des députés: là sont nés tous les gouvernements et toutes les constitutions que la France a eus depuis cette époque. Louis XVIII, dit un historien, y octroya la Charte le 2 juin 1814; le 8 juillet 1815, les Prussiens en fermèrent les portes à la représentation nationale; le 9 août 1830, Louis-Philippe y vint prononcer son serment à la Charte nouvelle; le 24 février 1848, il fut envahi par les insurgés, qui y firent un 18 brumaire et nommèrent un gouvernement provisoire; le 4 mai, l'Assemblée constituante ouvrit sa session, et, suivant le *Moniteur*, y «acclama la République vingt-quatre fois et d'un cri unanime. » « C'est alors, raconte un journal, que l'Assemblée tout entière est sortie pour aller proclamer la République sur les degrés du palais qui font face au pont et à la place de la Concorde. Les représentants de la France se sont rangés sur les marches; au-dessous d'eux des bataillons de la garde nationale et de l'armée se pressaient autour de leurs drapeaux; les tambours battaient au champ, les hymnes nationaux étaient repris en chœur par le peuple, et c'est au milieu de cette scène inouïe, indescriptible, que *la France a été déclarée République.* » Le 15 mai, une foule envahit le palais de l'Assemblée nationale et en fut bientôt chassée par la force armée. Le 24 juin, tous les pouvoirs exécutifs y furent délégués au général Cavaignac. Le 20 décembre, M. Louis-Napoléon Bonaparte, élu président de la République, y jura « en présence de Dieu et devant le peuple français, de rester fidèle à la République démocratique, une et indivisible, et de remplir tous les devoirs que lui impose la Constitution. »

Le *Palais Bourbon* a subi des changements considérables; les principaux sont: 1º la construction d'une belle salle des séances, trop petite, depuis la révolution de février, pour le nombre des représentants de la France; 2º la destruction de l'hôtel Lassay, dépendant du palais, hôtel qui a servi longtemps de demeure au président de la Chambre des députés. Sur l'emplacement des jardins on a élevé un magnifique bâtiment destiné au ministère des affaires étrangères, et qui n'est pas encore achevé.

L'*hôtel des Invalides*, situé à l'entrée de la plaine de Grenelle, entre le faubourg Saint-Germain et le Gros-Caillou, couvre un espace de trente-deux hectares. La façade a deux cent quatre mètres de longueur; elle est divisée en quatre étages, et est percée de cent trente-trois fenêtres, sans compter celles des mansardes.

Le dôme a son portail particulier, du côté d'une large avenue, bordée de quatre rangées d'arbres. Ce dôme, qui a cent cinq mètres de hauteur, dont la forme est pyramidale, brille par l'élégance, et est orné à l'extérieur de quarante colonnes d'ordre composite. La coupole, divisée en côtes, est chargée dans les intervalles de trophées militaires. Sous l'empire, on avait doré ces trophées et ces côtes.

Le 9 février 1800 fut célébrée aux Invalides une cérémonie en l'honneur de Washington. Le général Lannes présenta au ministre de la guerre Berthier quatre-vingt-seize drapeaux pris en Égypte. Berthier était assis entre deux invalides centenaires. Le 20 mai, d'autres drapeaux conquis sur l'Europe monarchique par la France républicaine ombrageaient le buste du héros américain.

Le 22 septembre 1800, le corps de Turenne fut solennellement transféré aux Invalides. Son tombeau se voit encore dans l'une des chapelles du dôme. Dans une autre chapelle a été construit, en 1807, un monument funèbre à la mémoire de l'illustre Vauban.

Le tombeau de Napoléon, dont les restes ont été apportés aux Invalides le 15 décembre 1840, est en voie d'exécution.

L'hôtel des Invalides s'administre sous la surveillance du ministre de la guerre. Un maréchal de France en est ordinairement gouverneur; son conseil d'administration se compose de militaires des plus hauts grades, et des personnages les plus éminents de l'État. Les plus habiles médecins y traitent les malades, que soignent des sœurs de charité. Quatre à cinq mille vieux soldats vivaient dans cet asile de la gloire. La suppression de la succursale d'Avignon a augmenté leur nombre.

L'*École militaire* est située en face du Champ-de-Mars. En 1751, Louis XV ordonna l'érection de l'École royale militaire en faveur de cinq cents enfants nobles sans fortune, qui y recevraient la même éducation que celle de nos lycées actuels.

Avant la révolution, on voyait dans le vestibule de l'École militaire les figures en pied de Turenne, du grand Condé, du maréchal de Luxembourg et du maréchal de Saxe. Au milieu de la cour était une statue pédestre en marbre de Louis XV. Dans la salle du Conseil, on voyait quatre tableaux représentant la bataille de Fontenoy, les siéges de Tournai, de Lawfeld et de Fribourg. La chapelle renfermait onze tableaux de la vie de saint Louis.

Depuis 1792, l'École militaire a servi de caserne et de dépôt de farines. En 1804, elle fut affectée à la garde impériale. La garde royale l'occupa depuis 1814 jusqu'à 1830. C'est aujourd'hui encore une caserne.

Le *Champ-de-Mars*, vaste terrain régulier, qui s'étend en forme de parallélogramme depuis la façade de l'École militaire jusqu'à la Seine, a une longueur de huit cent soixante-quatorze mètres, une largeur d'environ quatre cent mètres. C'est le lieu où, depuis le 14 juillet 1790, presque toutes les solennités nationales, fêtes, revues, fédérations, se sont célébrées. Aujourd'hui il sert aux courses de chevaux, il se transforme en arène.

L'Institution des jeunes aveugles est située sur le *boulevard des Invalides*, en face de la *rue Masseran*.

Mais, abandonnant ces quartiers excentriques, arrivons dans le faubourg Saint-Germain, où tant d'hôtels s'élèvent encore, où les Castries, les Matignon, les La Rochefoucauld, les Tessé, les Rohan-Chabot, etc., possédaient leurs splendides habitations, où se trouvent aujourd'hui la plupart des ministères.

L'Abbaye-aux-Bois, rue de *Sèvres*, n° 16, était un couvent dont l'abbesse était toujours une grande dame. De nos jours, l'Abbaye-aux-Bois a été le lieu de retraite de plusieurs femmes célèbres : mesdames Récamier, de Céran, de Gouvello, d'Hautpoul, la duchesse d'Abrantès, etc. Le vicomte de Montmorency, chef des congrégations religieuses et des confréries, avait établi là son quartier général pendant la Restauration. Dans ces dernières années, le *parti de l'Abbaye-aux-Bois*, sous la direction de madame Récamier, exerçait une influence extraordinaire, on pourrait presque dire inconvenante, sur les nominations d'académiciens. C'était l'hôtel de Rambouillet du dix-neuvième siècle. La mort de madame Récamier et celle de Chateaubriand ont dissous le cercle littéraire de l'Abbaye-aux-Bois.

L'hospice des Ménages, situé *rue de la Chaise*, n° 28, occupe l'emplacement d'une maladrerie affectée aux lépreux, et supprimée en 1544. La ville étant devenue propriétaire des bâtiments de cette maladrerie, les fit abattre en 1557, et les remplaça par le vaste établissement qui existe aujourd'hui, qui a reçu de notables agrandissements en 1844. On y enferma d'abord des indigents vieux et infirmes et des mendiants incorrigibles, plus tard des libertins, et ensuite des fous des deux sexes. Une ordonnance de 1801 affecta spécialement cet hospice aux ménages.

Le Musée d'artillerie, place *Saint-Thomas-d'Aquin*, fut établi en 1794, dans l'ancien couvent des Feuillants, d'où il a été transféré, en 1797, dans le couvent du noviciat des Jacobins, fondé par le cardinal de Richelieu. Il contient de magnifiques collections d'armes anciennes et modernes, distribuées dans cinq grandes galeries. Les anciennes armes défensives constituent la *galerie des armures*. Les collections d'armes offensives occupent les quatre autres galeries. On a renfermé dans ce musée l'armure de Louis XII, le casque et les brassards de Henri IV.

Le 29 juillet 1830, les patriotes s'emparèrent du Musée d'artillerie. Ils y prirent beaucoup d'armes de toutes sortes, s'en servirent pour attaquer le Louvre et la caserne de Babylone, et les rapportèrent fidèlement après la bataille.

Rue de Lille demeurait, au commencement du règne de Louis XV, madame de Tencin, chez qui s'organisa une cabale financière, qui ne contribua pas peu à mettre en vogue le désastreux système de Law. Devenu plus prudente après la ruine du banquier écossais, après la mort du conseiller de la Fresnaye, qui fut tué dans son appartement, elle forma un cercle littéraire, composé de Marmontel, de Marivaux, de Montesquieu, de Mairan, d'Astruc, de Fontenelle, d'Helvétius, etc.

Au n° 34 de la même rue habitait le peintre Carle Vernet, célèbre dans les fastes de la gastronomie autant que dans l'histoire de l'art.

Au n° 52 était, en 1822, le maréchal Jourdan. Napoléon a dit de lui, à Sainte-Hélène : « En voilà un que j'ai fort maltraité. Eh bien! j'ai appris avec plaisir qu'après ma chute il est demeuré constamment bien; il a montré la cette élévation d'âme qui honore et classe les gens. Du reste, vrai patriote; et c'est une réponse à bien des choses. »

Au n° 73 logeait en cet morte mademoiselle Clairon, d'abord chanteuse à l'Opéra, puis tragédienne célèbre. Elle se retira du théâtre par dépit d'avoir été envoyée au Fort-l'Évêque. Plus tard elle épousa le prince d'Auspach.

Au n° 86 était, sous l'Empire, l'hôtel du prince Eugène Beauharnais; au n° 90 *l'hôtel de Montmorency* était habité, dans ces derniers temps, par le maréchal Mortier, que tua Fieschi; au n° 94 logea et mourut le maréchal Masséna, qu'on surnommait *l'Enfant chéri de la Victoire*. Masséna mourut le 4 avril 1817, âgé de cinquante-neuf ans.

Au n° 105, dans *l'hôtel de Forcalquier*, se tenait la réunion du *Salon vert*, école de satire, de médisance et de noirceur. Cette société a inspiré le *Méchant* à Gresset.

Rue de l'Université, n° 82, habite M. de Lamartine.

Rue Saint-Dominique-Saint-Germain, n° 105, est mort le maréchal Davoust, prince d'Eckmühl; aux n°s 121 et 123 se trouve le palais du banquier hollandais Hope, construit de 1828 à 1842. Il n'existe peut-être pas en Europe une résidence de particulier aussi splendide que ce palais. Les tableaux, les dorures, les bronzes, les marbres, les cristaux, les lustres y fourmillent.

ONZIÈME ARRONDISSEMENT.

Le onzième arrondissement, situé sur la rive gauche de la Seine, renferme des monuments très-remarquables, et son histoire se rattache particulièrement à l'histoire de l'Université.

La porte Bussy était située dans la *rue Saint-André-des-Arts*, près celle *Contrescarpe*. Sa construction, commencée en 1200, n'était pas

encore terminée lorsque Philippe-Auguste la donna à l'abbaye Saint-Germain-des-Prés en dédommagement des terrains qu'il avait fallu prendre à ces religieux pour la construction de la nouvelle enceinte de Paris. Elle fut appelée *porte Saint-Germain* jusqu'en 1352. A cette époque, Jean, abbé de Saint-Germain-des-Prés, la vendit à Simon de Buci, premier président au parlement.

Elle acquit, au commencement du quinzième siècle, une triste célébrité par la trahison de Perrinet-le-Clerc. Quelques Parisiens, excités par la faction de Bourgogne, allèrent secrètement, au nombre de sept à huit, trouver à Pontoise le seigneur de l'Isle-Adam, gouverneur de cette ville pour le duc de Bourgogne, et convinrent avec lui du jour, de l'heure et du lieu où ce commandant se présenterait sous les murs de Paris avec toutes les troupes qu'il pourrait réunir. Dans la nuit du 28 au 29 mai 1418, l'Isle-Adam, suivi de huit cents soldats, arrive sans être aperçu jusqu'à la porte Buci. Perrinet-le-Clerc, qui a dérobé à son père la clef de cette porte, introduit les Bourguignons. Ces derniers, que l'obscurité favorise, s'avancent en silence jusqu'au Châtelet. Là, douze cents Parisiens les rejoignent; alors de concert ils s'écrient : Nostre-Dame-la-Paix! Vive le Roi!... Vive le Dauphin! Les séditieux, dont le nombre s'accroît à chaque instant, se portent en fureur à l'hôtel Saint-Paul, en brisent les portes, pénètrent jusqu'au roi. Ce malheureux prince, dont les chagrins avaient augmenté la folie, les regarde d'un air insouciant et ne sait pas répondre aux questions qui lui sont adressées. Ne pouvant rien en tirer, les conjurés le jettent sur un cheval et vont le montrer au peuple.

A la nouvelle de ce malheur, le connétable d'Armagnac se réfugia rue des Bons-Enfants chez un maçon qui eut la lâcheté de le livrer. Tanneguy-Duchâtel, prévôt de Paris, parvint à sauver le dauphin, le transporta à la Bastille Saint-Antoine, puis le conduisit à Melun, où il fut en sûreté. Le 12 juin 1418, le connétable d'Armagnac, le chancelier de Marle, l'évêque de Coutances son fils, furent massacrés à la Conciergerie, et leurs corps dépouillés restèrent exposés plusieurs jours aux outrages d'une troupe furieuse. Le nombre des prisonniers qui, par suite de ces événements, perdirent la vie par l'eau, par le fer ou par le feu, se monta à quinze cent dix-huit. La porte Buci fut fermée quelque temps après cette catastrophe. François 1er la fit rouvrir; on l'abattit en 1672, en vertu d'un arrêt du 19 août de cette année.

La rue du Cimetière-Saint-André-des-Arts fut ouverte en 1179 sur le territoire de Laas. En 1255 on la nommait rue aux Sachettes, à cause de certaines religieuses revêtues de robes en forme de sacs, qui vers cette époque avaient établi un couvent en cet endroit. Tous les matins ces sœurs parcouraient les rues de la ville, quêtaient leur nourriture en chantant :

> Ça du pain por Dieu aux sachettes,
> Por ces nuns sont granz les presses.

Cette congrégation, n'étant pas légalement autorisée, fut supprimée vers 1350. La rue changea alors sa dénomination et prit celle de *rue des Deux-Portes* jusqu'en 1356, époque de la formation du cimetière de la paroisse Saint-André-des-Arts. Une décision ministérielle, en date du 15 floréal an V, signée Benezeh, fixa la largeur de cette voie publique à 6 mètres. Cette largeur a été portée à 10 mètres en vertu d'une ordonnance du 22 août 1840. Au n° 3 était situé le collége de Boissi. Il fut fondé en 1358 par Étienne Vide, et a été réuni en 1764 à l'Université.

Le marché à la volaille, situé sur le *quai des Grands-Augustins* a été construit sur l'emplacement d'un couvent. Le couvent des Augustins avait été fondé en 1293 sur l'emplacement d'une chapelle. Son église fut édifiée par Charles V, dont la statue décorait le portail : elle renfermait les tombeaux de Philippe de Comines, de Rémy Belleau, de Jérôme Lhuillier, etc. Les jardins et dépendances occupaient l'espace compris entre les rues des Grands-Augustins, Christine, d'Anjou et de Nevers. Sa salle capitulaire, son réfectoire, sa bibliothèque étaient très-vastes : aussi c'était dans ce couvent que se tenaient les assemblées de l'ordre du Saint-Esprit et du clergé.

Le Palais de Justice est situé dans la *rue de la Barillerie*. Il était réservé à notre époque de continuer l'œuvre inachevée des siècles précédents, de terminer de la dernière main à des monuments vénérables sans leur ravir le cachet précieux des temps où ils ont été élevés.

L'État, le département de la Seine et la ville de Paris doivent concourir pour les parts proportionnelles à l'agrandissement et à l'isolement du Palais de Justice. Grâce à cet heureux accord, la capitale de la France comptera bientôt un monument complet de plus.

Le Palais de Justice est presque aussi vieux que celui des Thermes. Il était édifice public même avant l'invasion des Francs dans les Gaules.

Le palais de la Cité fut réparé, agrandi ou rebâti par les maires, qui s'emparèrent du pouvoir sous les rois de la première race. Après son avènement au trône, Hugues Capet abandonna le palais des Thermes pour habiter celui de la Cité.

A dater du règne de Robert le Pieux, l'histoire du palais marche avec plus de sécurité. Ce prince fit construire la chambre de la conciergerie, qui fut depuis la chambre nuptiale de saint Louis; ensuite la chapelle de la conciergerie et celle de la chancellerie. Robert fonda également une autre chapelle dédiée à saint Nicolas. Sur son emplacement, autrefois béni, fut bâtie la salle des Pas-Perdus. La chicane et la controverse aiguisent aujourd'hui leurs armes les plus acérées à l'endroit où jadis on prêchait la paix évangélique et l'oubli des injures.

En 1137, Louis le Gros mourut dans le palais ainsi que son fils (en 1180).

Après lui régna Philippe-Auguste, le bienfaiteur de Paris. C'est au palais qu'il épousa en secondes noces Ingelburge, sœur de Canut, roi de Danemark.

Mais nous avons hâte d'arriver à Louis IX, à ce roi qui fut à la fois un saint et un législateur. Pour recevoir dignement les précieuses reliques apportées d'Orient, la Sainte-Chapelle s'éleva, chef-d'œuvre admirable où se sont rencontrés, fondus d'un seul jet, le génie d'un grand artiste et la piété d'un grand roi. Ce gracieux monument passe pour le type le plus pur de cette architecture dont Philippe-Auguste et saint Louis surprirent le secret chez les Sarrasins. Aux grosses colonnes à chapiteaux, à la colonnette écourtée et sans grâce avaient succédé les minces et longues colonnes en faisceaux ramifiées à leurs sommets, s'épanouissant en fusées, projetant dans les airs leurs délicates nervures. Au plein cintre des Arabes, aux voussures en anse de panier, on substitua les ogives, arceaux en forme d'arête, etc. En imitant les constructions sarrasines, les architectes chrétiens les exhaussèrent et les dilatèrent. Ils plantèrent mosquées sur mosquées, colonnes sur colonnes, galeries sur galeries, ils attachèrent des ailes aux deux côtés du chœur et des chapelles aux ailes. Partout la ligne spirale remplaça la ligne droite; au lieu du toit plat, se creusa une voûte fermée en cercueil ou en carène de vaisseau.

L'architecte de la Sainte-Chapelle n'a pas demandé seulement à la peinture ses vives couleurs, à l'or ses effets étincelants. Des blocs de pierre ont suffi à Pierre de Montreuil, et son génie a déployé librement ses ailes. Tantôt la pierre se dresse en faisceaux de colonnettes sveltes et minces, puis se projette par une courbe flexible en arceaux en vive arête; tantôt elle se divise, se réunit, s'intersecte avec une grâce infinie; plus loin, on la voit s'épanouir en rosaces brillantes, se posant, se prolongeant, se découpant en élégante balustrade, se transformant en bouquets de sculpture, limite indécise entre l'art statuaire et celui de l'architecte; elle serpente quelquefois en festons, s'agence en guirlandes, en couronnes, se couvre, comme une étoffe légère, de mille dessins à souhait pour le plaisir des yeux, s'assouplit, s'anime pour reproduire les fantaisies d'une imagination libre et inépuisable.

Le clergé de la Sainte-Chapelle jouissait de nombreuses prérogatives; l'archichapelain marchait l'égal des évêques.

Nous rappelons aussi aux lecteurs le lutrin chanté par Boileau.

Après la construction de la Sainte-Chapelle, saint Louis ajouta au palais la salle, la chambre, les cuisines qui portent son nom, et la grande chambre du parlement, plus tard restaurée par Louis XII, où siège de nos jours la chambre criminelle de la cour de cassation. Derrière le palais se trouvait le jardin des rois, séparé par un ruisseau de deux petites îles qui cherchaient à se confondre. Dans ce jardin, saint Louis reçut l'hommage de son grand vassal Henri III d'Angleterre.

Enguerrand de Marigny, surintendant des finances et bâtiments sous le règne de Philippe le Bel, fit (en 1298) d'immenses réparations au palais de la Cité. Le logis du roi était parallèle à la rue de la Barillerie. Cette habitation, d'un aspect sombre et sévère, était remarquable par ses portes d'airain, ses cinquante fenêtres sur trois rangs en ogives : il fallait monter quarante-huit degrés de pierre avant de pénétrer dans cette demeure. A droite s'élevaient du côté de la Sainte-Chapelle de vastes constructions, qui servaient aux officiers subalternes, aux cuisines et aux écuries.

Le côté gauche du palais était réservé exclusivement à la justice et aux plaideurs. Là se trouvaient réunies les salles des plaidoiries, la grand' chambre, d'une richesse si imposante, la grand' salle; puis en cet endroit prenaient naissance tous ces escaliers noirs, tortueux, qui semblaient faits exprès pour le temple de la chicane.

En 1375, pendant la captivité du roi Jean, le dauphin Charles, son fils, demeurait au palais, qu'il quitta pour venir habiter son hôtel de Saint-Paul. Lorsque l'empereur Charles IV vint à Paris avec son fils Venceslas, le roi déploya, pour recevoir dignement ses hôtes, un luxe inaccoutumé.

Les clercs commencèrent à donner des représentations publiques sous le règne de Louis XI. Les clercs du parlement jouaient sur la célèbre table de marbre, et ceux du Châtelet élevaient un théâtre devant la porte de ce tribunal. Ils tentèrent encore sous Charles VIII de donner quelques représentations publiques; mais leur critique s'était exercée sur les actes du gouvernement, le roi fit enfermer les acteurs dans les prisons du Châtelet et du Palais.

Les théâtres de la basoche jouirent d'une entière liberté sous le règne de Louis XII. Sous François Ier, la cour prit des mesures sévères contre la basoche.

Il fallait voir, au printemps, les enfants de la basoche revêtus de leur costume éclatant, leur roi en tête, partir à cheval pour la forêt

de Bondy. Ils y coupaient trois grands arbres, en vendaient deux pour faire face au siège actuel de la police municipale.

Un volume ne suffirait pas pour tracer l'historique complet d'un monument si fécond en souvenirs.

Parmi les rois curieux d'embellir et d'honorer le palais, Louis XII doit être mis au premier rang. Sa prédilection pour cet édifice et pour le sénat qui y siégeait allait même si loin, qu'il se faisait un devoir de venir passer des heures entières dans une tribune qu'il avait fait construire au milieu de la grand' chambre.

Le splendide hôtel de la cour des comptes fut aussi construit par les ordres de Louis XII. Le 7 mars, les principales constructions du Palais-de-Justice furent en partie détruites par un incendie.

Le greffier Voisin sauva les registres du parlement. Citons le quatrain que le joyeux compère Théophile improvisa à ce sujet :

> Certes, ce fut un triste jeu,
> Quand, à Paris, dame Justice,
> Pour avoir mangé trop d'épice,
> Se mit le palais tout en feu.

Dans le quartier du Palais de Justice, les monuments se touchent. Ce sont : la Sainte-Chapelle, que nous avons décrite dans l'histoire de Paris proprement dite; la place Dauphine, où le premier attroupement révolutionnaire eut lieu, en août 1788; le Pont-Neuf, dont la première pierre fut posée par Henri III en 1578, et qui ne fut achevé qu'en 1602. Commencé par Jean-Baptiste Ducerceau, il fut terminé par Marchand; sa longueur est de 232 mètres. Alors la Cité fut agrandie par l'adjonction des îlots voisins, et l'on construisit sur ces remblais la place Dauphine et le terre-plein du Pont-Neuf, sur lesquels le nouveau pont dut s'appuyer. Il devint, pendant plus d'un siècle, la promenade favorite des Parisiens, le rendez-vous des oisifs, des charlatans et des saltimbanques. C'était aussi le marché aux vieux livres, mais un arrêt du parlement, en 1649, en délogea les bouquinistes. Enfin, c'était le lieu où les recruteurs et racoleurs exerçaient leur industrie. « Ces vendeurs de chair humaine, dit Mercier, font des hommes pour les colonels, qui les revendent au roi : ces héros coûtent trente livres pièce... Ils se promènent la tête haute, l'épée sur la hanche, appellent tout haut les jeunes gens qui passent, leur frappent sur l'épaule, les prennent sous le bras, les invitent à venir avec eux d'une voix qu'ils tâchent de rendre mignarde. Ils ont leurs boutiques dans les environs, avec un drapeau armorié qui flotte et leur sert d'enseigne. »

Le Pont-Neuf était une voie de communication très-importante; il unissait les trois parties de Paris. Il est resté, par sa position unique et centrale, la plus fréquenté et le plus important de tous.

La Préfecture de police, occupe l'hôtel de la Cour des comptes et l'hôtel des premiers présidents du parlement. L'hôtel de la Cour des comptes avait été bâti en 1504 par Joconde et était un des monuments les plus précieux de la renaissance. Il fut détruit entièrement par un incendie en 1737 et rebâti en 1740. Aujourd'hui il sert de demeure au préfet de police.

L'hôtel des premiers présidents du parlement, dont l'entrée principale se trouve rue de Jérusalem, a été bâti en 1607. Pendant la révolution, les quatre maires de Paris, Pétion, Chambon, Pache et Fleuriot, l'habitèrent. Là siégeait en 1792 le comité municipal de surveillance, qui ordonna les massacres de septembre. En 1800, on y a établi la Préfecture de police.

Le budget du préfet de police se monte à 14 millions; ce fonctionnaire a sous ses ordres, outre la garde municipale ou républicaine, trois cents employés dans ses bureaux, six cents commissaires, inspecteurs, contrôleurs de tout genre, six cents agents de police, sept cents sergents de ville, conséquemment plus de deux mille cinq cents personnes.

La statue de Henri IV et la Samaritaine rendirent surtout le Pont-Neuf populaire. Partout, chez les étrangers, on parlait de ces deux curiosités.

Le monument de Henri IV a été commencé en 1614 : le cheval, œuvre de Jean de Boullogne, fut d'abord placé seul et resta sans cavalier jusqu'en 1635. Richelieu fit monter la statue de Henri IV, devant laquelle fut mutilé le cadavre du maréchal d'Ancre, devant laquelle le peuple brûla l'effigie du ministre de Brienne en 1788. Après le 10 août, le cheval de bronze et son cavalier furent renversés : on les convertit en canons. Sur cette place on établit une batterie destinée à donner l'alarme. Elle a retenti dans toutes les journées révolutionnaires. Une nouvelle statue équestre de Henri IV, œuvre de Lemot, a été élevée en 1817.

La Samaritaine, bâtiment élevé sur pilotis dans la rivière, renfermait une pompe aspirante chargée de donner de l'eau au quartier du Louvre : il avait été construit en 1608, et il fut restauré avec magnificence en 1715 et 1772. Sur sa façade était une fontaine ornée de figures de bronze représentant Jésus-Christ et la Samaritaine, et surmontée d'une horloge à carillons, qui jouait des airs dans les jours de fête. Ce bâtiment a été détruit en 1813.

Le pont Saint-Michel tire son nom d'une chapelle du palais qui en était voisine. Il communique, du quai des orfèvres et du quai du marché Neuf, aux quais Saint-Michel et des Grands-Augustins.

DOUZIÈME ARRONDISSEMENT.

Nous avons décrit déjà le *Panthéon*, monument principal de cet arrondissement; nous ne nous répéterons pas. Le douzième arrondissement est, sans contredit, l'un des plus populeux de Paris. Il renferme ce qu'on a appelé le *quartier latin*, qui est entouré par le Collège de France, l'école Normale, l'école Polytechnique, l'école de Droit, les colléges Louis-le-Grand, Saint-Louis, Rollin, Henri IV. On remarque dans ce dernier collège une tour élevée, reste de l'antique église de Sainte-Geneviève, fondée par Clovis.

C'est aussi près de ce dernier collège que se trouve l'église Saint-Étienne-du-Mont.

Un établissement magnifique attire chaque jour un grand nombre d'étrangers près de la barrière Fontainebleau. Nous voulons parler des *Gobelins*.

La *manufacture des Gobelins*, située dans la *rue Mouffetard*, n° 270, formait une petite colonie composée de drapiers et de teinturiers en laine. Leur industrie ne tarda pas à s'agrandir. En 1450, parmi ses ouvriers on remarqua Jean Gobelins; son habileté lui fit acquérir en peu de temps une fortune considérable, qu'il employa à faire de grandes acquisitions sur les bords de la Bièvre, dont les eaux étaient très-favorables à la teinture. Philibert, son fils, et Denise Lebret, son épouse, continuèrent les travaux de leur père et augmentèrent même la fortune qu'il leur avait laissée. Après leur mort, le partage de leurs richesses, qui consistaient en dix maisons, etc., fut fait en 1510. Leurs successeurs, travaillant avec le même zèle et la même probité, obtinrent aussi de grands résultats. Le peuple voulut honorer les Gobelins à sa manière. Il donna leur nom au quartier où se trouvait le siége de leur établissement.

Aux Gobelins, qui voulaient devenir marquis, succédèrent les sieurs Canage, qui, ne se bornant pas à teindre les laines en écarlate, commencèrent à fabriquer des tapisseries. Les Canage furent remplacés en 1655 par un Hollandais nommé Gluck et par un ouvrier appelé Jean Liansen; tous deux excellèrent dans cette profession. La beauté des ouvrages qui sortaient de leurs ateliers, frappa le grand Colbert, qui les mit sous les yeux du roi. L'hôtel des Gobelins fut acheté, ainsi que plusieurs maisons qui lui étaient contiguës.

La manufacture des Gobelins n'a pas de rivale dans le monde. La France est redevable à cet établissement des progrès extraordinaires que les arts et les manufactures ont faits dans l'espace d'un siècle. On ne saurait calculer le nombre d'ouvrages parfaits qui sont sortis de cette grande et magnifique école.

Sur le *quai de la Tournelle* se trouvent au n° 3 l'hôtel de Nesmond, bâti par le président du même nom, hôtel très-célèbre à l'époque de la Fronde; au n° 5, la Pharmacie centrale des hôpitaux de Paris, établie dans l'ancien couvent des *Miramiones* ou filles de Sainte-Geneviève, qui se consacraient au soulagement des malades et des pauvres. Ce couvent avait été fondé en 1661 par l'une des plus saintes femmes dont s'honore l'histoire de Paris, madame Beauharnais de Miramion, que madame de Sévigné appelle une *mère de l'Église*. Devenue veuve à seize ans, elle consacra sa fortune et sa vie à des œuvres de charité, et on la vit pendant deux années nourrir de son patrimoine sept cents pauvres que l'Hôpital-Général avait été contraint de chasser.

L'établissement des *Enfants Trouvés* est un bienfait dont l'honneur appartient à la charité chrétienne. « Dans cette Rome païenne, dit saint Victor, dans cette Rome si fière de sa police et de ses lois, des pères dénaturés exposaient leurs enfants, et un gouvernement non moins barbare les laissait impitoyablement périr. Des hommes qui exerçaient un infâme métier allaient quelquefois recueillir ces innocentes victimes et les élevaient pour le prostituer. »

L'évêque de Paris et le chapitre de Notre-Dame pourvurent les premiers à l'établissement d'un *hospice* pour les *enfants trouvés*, situé dans la rue d'Enfer, n° 100. Ils affectèrent à cet usage un bâtiment situé au Port-l'Évêque, qu'on appela *Maison de la Crèche*. On plaça dans la cathédrale un vaste berceau dans lequel on mettait ces enfants pour faire appel à la pieuse libéralité des fidèles. Ce dernier asile fit appeler ces innocentes créatures *les pauvres enfants trouvés de Notre-Dame*. Isabeau de Bavière, femme de Charles VI, leur fit un legs de huit francs par son testament du 2 septembre 1431. Suivant un ancien usage, les seigneurs *hauts justiciers* devaient contribuer à l'entretien des enfants trouvés; mais plus tard on les vit refuser leur cotisation en donnant pour excuse que cette charge devait être supportée par l'archevêque et le chapitre de Notre-Dame.

Un arrêt du parlement, en date du 13 août 1552, ordonna que les enfants trouvés seraient mis à l'hôpital de la Trinité et que les seigneurs donneraient une somme de 960 livres par an, répartie entre eux d'après l'étendue de leur justice. Toutefois, on dut conserver à Notre-Dame le bureau établi pour recevoir ces enfants et les aumônes qu'on leur faisait. En 1570, ils furent transférés dans deux maisons situées au port Saint-Landry et qui appartenaient au chapitre de Notre-Dame; mais le sort de ces infortunés ne fut guère amélioré. Les servantes chargées de veiller sur eux se fatiguaient de leur donner des soins. Tantôt, elles les vendaient à des femmes qui avaient be-

soin de se faire sucer un lait corrompu, souvent elles en tiraient profit en les remettant à des nourrices qui voulaient remplacer les enfants qu'elles avaient laissé mourir par leur négligence. Ce trafic infâme ne s'arrêtait pas là: ces femmes vendaient également ces pauvres enfants à des bateleurs, à des mendiants qui, pour exciter la charité publique, mutilaient ces innocentes créatures; enfin, dans les maisons du port Saint-Landry, le prix courant des enfants trouvés était de 20 sols. Le petit nombre de ceux qui survivaient dans cet établissement, garçons ou filles, allait grossir la multitude des mendiants, des voleurs et des femmes perdues qui infestaient la capitale: en sorte que l'on pouvait dire que la misère et le vice se *perpétuaient* ainsi par leurs propres œuvres.

Le fils d'un pauvre paysan des Landes, Vincent de Paul, vint mettre un terme à ces scandaleux désordres. Plusieurs dames pieuses, touchées des vertus du saint homme, voulurent s'associer à son œuvre de charité. Vincent de Paul les rassembla dans l'église Notre-Dame, où se trouvaient exposés ces enfants abandonnés. Après avoir fait une peinture énergique des vices de la société:

« Or sus, mesdames, s'écria-t-il, voyez si vous voulez délaisser à votre tour ces petits innocents dont vous êtes devenues les mères selon la grâce, après qu'ils ont été abandonnés par leurs mères selon la nature. »

Saint Vincent de Paul fonda, en 1638, un nouvel hospice près de la porte Saint-Victor, pour les enfants trouvés, et mit à la tête de cet établissement les dames de la Charité; mais les ressources étaient encore insuffisantes, et les administrateurs prirent le parti de tirer au sort les enfants qui devaient être nourris, les autres (dit l'historien de saint Vincent de Paul) étaient abandonnés; c'est-à-dire qu'on les laissait mourir faute de nourriture. Vincent de Paul, à force de zèle et de patience, parvint à assurer le sort de ces pauvres enfants.

En 1641, le roi Louis XIV leur donna 4,000 livres de rente; trois ans après, cet établissement reçut une nouvelle rente de 8,000 livres, et en 1648 le château de Bicêtre fut affecté au logement des enfants trouvés. L'air trop vif étant nuisible à leur santé, ils furent transférés dans une maison près de Saint-Lazare et placés sous la direction des sœurs de la Charité.

Un arrêt du parlement du 3 mai 1667, ordonna que les seigneurs hauts justiciers seraient obligés de payer annuellement, pour l'entretien des enfants trouvés, la somme de 15,000 livres. Cet arrêt fut confirmé par le conseil d'État le 20 novembre 1668. On acheta enfin l'année suivante une maison et un vaste jardin, terrain situé dans la rue du Faubourg-Saint-Antoine, où l'on plaça l'établissement des Enfants-Trouvés.

Rue du Faubourg-Saint-Jacques, n° 45, est l'*hospice Cochin*,

En parlant de cet établissement consacré à la bienfaisance publique, c'est un devoir pour nous de rappeler l'existence modeste de son fondateur.

Jean-Denis Cochin naquit à Paris le 17 janvier 1726, dans le voisinage de l'église *Saint-Jacques-du-Haut-Pas*, dont il devait être curé pendant les vingt-sept dernières années de sa vie. Accueilli dans son enfance par le supérieur général des Chartreux, le jeune Cochin sentit bientôt se révéler en lui une vocation décidée pour l'état ecclésiastique. Il fut élevé au séminaire de Saint-Magloire, et reçu docteur avec distinction. Bienfaisant par caractère, on le vit bientôt se dévouer à l'instruction des pauvres. Cochin avait à peine trente ans lorsqu'il eut l'honneur d'être appelé à la cure de Saint-Jacques-du-Haut-Pas.

Dix ans après, vers 1765, sévissait à Paris une contagion meurtrière, si heureusement neutralisée depuis par l'inoculation de la vaccine. Ce fut pour le curé Cochin une occasion de dé[p]loyer le zèle et la charité qui remplissaient son âme. De nombreux amis lui proposèrent de déléguer le soin des malades variolés à ceux de ses vicaires qui déjà avaient subi la maladie : « Nullement, répondit le pasteur; que diriez-vous d'un soldat qui demanderait son congé en temps de guerre? »

Le dévouement de Cochin pour ses paroissiens, loin de s'affaiblir, devenait chaque jour plus ingénieux et plus actif. Le faubourg Saint-Jacques était habité en grande partie par des ouvriers qui travaillent aux carrières voisines. Le quartier ne possédait point d'infirmerie, et l'on était obligé de transporter les pauvres blessés à l'Hôtel-Dieu. Souvent les secours étaient donnés trop tard. La sollicitude du bon curé remédia à cet état de choses. Se souvenant de cette parole du Seigneur : « Quiconque ne renonce pas à tout ce qu'il possède ne peut être mon disciple, » Cochin aliéna sa fortune, c'est-à-dire quinze cents livres de revenu, employa l'argent à l'acquisition d'un terrain sur lequel s'éleva un établissement que le modeste fondateur appelait: *Hospice de la paroisse Saint-Jacques-du-Haut-Pas*.

La première pierre fut posée par deux pauvres de la paroisse élus en assemblée de charité, comme étant les plus dignes d'être distingués par leurs vertus. M. Viel, architecte, ami du fondateur, fit les plans et surveilla gratuitement tous les travaux de l'édifice. Commencé vers 1779, cet hospice fut construit, meublé et doté de quinze mille livres de rente dans l'espace de trois années. Le curé Cochin mourut le 3 juin 1783. Son œuvre devait lui survivre. Vers 1784, on donna à cet établissement le nom de son fondateur. L'hospice Cochin ne renferma d'abord que 38 malades. La Convention nationale en porta le nombre à 80. Il dépasse aujourd'hui le chiffre de 135.

Cet hospice est desservi par les sœurs de Sainte-Marthe.

Le *Val-de-Grâce* est un hôpital militaire; il est situé *rue Saint-Jacques*, entre les n°s 275 et 279.

En 1621, les religieuses du Val-de-Grâce, abbaye qui existait près de Bièvre-le-Châtel, transférèrent ce monastère dans l'hôtel du Petit-Bourbon de la rue Saint-Jacques, où elles s'installèrent le 20 septembre de la même année.

Cependant Anne d'Autriche avait promis, si Dieu lui donnait un fils, de faire construire un temple magnifique. Ce fils, qui fut Louis XIV, combla les désirs de sa mère en venant au monde. On entreprit donc la construction de l'église du Val-de-Grâce, dont Louis XIV posa en grande cérémonie la première pierre, le 1er avril 1645. Elle fut achevée vingt ans après.

Une barricade. 1830.

La coupe du dôme, peinte par Mignard, est le plus vaste morceau à fresque qu'il y ait en Europe. Il représente le séjour des bienheureux.

L'abbaye du Val-de-Grâce fut supprimée en 1790. Après le départ des religieuses, on y installa l'hospice de la Maternité, qui y resta jusqu'en 1793, époque où la Convention nationale affecta les bâtiments de ce monastère à un hôpital militaire. On remarque dans la cour d'entrée la statue en bronze du célèbre chirurgien Larrey.

L'*hospice du Midi*, situé *rue des Capucins*, n° 39, a été fondé par Godefroy de La Tour, en 1613, dans l'ancien couvent des Capucins, transféré, en 1783, rue Sainte-Croix-d'Antin. Il sert aux malades vénériens. Dans le dix-septième siècle, et même au commencement du dix-huitième, on envoyait les vénériens à Bicêtre, où un lit en contenait quatre. Une partie couchait par terre, depuis huit heures du soir jusqu'à une heure du matin : ceux-ci faisaient alors lever les malades couchés dans les lits, pour les remplacer. En outre, par ordonnance, les malheureux atteints du mal syphilitique étaient fustigés avant et après leur traitement.

Au coin de la *rue de l'Arbalète*, dans une cour appelée *cour Saint-Benoît*, il y avait un enclos privilégié où les artisans sans maîtrise pouvaient travailler sans crainte d'être inquiétés par les jurés des métiers de la ville.

Rue des Postes, aux n°s 24 et 26, est une maison religieuse, où mourut, en 1845, le père Loriquet, ancien supérieur de la maison des jésuites de Saint-Acheul.

A François Ier appartient l'honneur d'avoir fondé le *Collége de France*, situé dans la *place Cambrai*, n° 1.

Il en conçut l'idée dès le commencement de son règne. Son dessein était de placer ce collège à l'hôtel de Nesle, et d'y faire bâtir une chapelle qui devait être desservie par quatre chanoines et quatre chapelains. Guillaume Petit, confesseur du roi, Guillaume Budé et plusieurs autres appuyèrent fortement ce noble projet. François Ier faisait demander, en 1517, au célèbre Erasme, de venir enseigner à Paris. Erasme refusa en proposant Henri Glareau, dont il fit l'éloge. Mais la conquête de l'Italie, qu'ambitionnait le rival de Charles-Quint, suspendit l'exécution de ce projet, dont le roi ne put s'occuper qu'après le traité de Cambrai. Nos historiens varient sur l'époque de la fondation de ce collége; les uns la fixent à l'année 1529, les autres pensent qu'elle eut lieu seulement en 1530. Jaillot concilie ces deux opinions en disant que François Ier manifesta son dessein et sa volonté par ses lettres patentes du 24 mars 1529, et par la commission du 19 décembre suivant, pour le payement des sommes nécessaires à la construction de ce collége, et qu'il fixa en 1530 le nombre et les honoraires des professeurs qu'il nomma et qu'il institua l'anné suivante.

Le boulevard du Temple.

Dans ce récit aride, il n'est entré que ce qui concerne les monuments de la capitale; mais plusieurs lieux renommés sont dignes de fixer l'attention des visiteurs de Paris. Nous mentionnerons le cimetière du *Père-la-Chaise*, que l'on désigne aussi sous le nom de *cimetière de l'Est*. Parmi les monuments qu'il renferme, nous citerons ceux d'Abailard et d'Héloïse, de Molière, de Chénier, de Masséna, de Manuel, de Casimir Périer, du général Foy, de Monge, etc. Le cimetière du Père-la-Chaise est spécialement destiné à la rive droite de la Seine ainsi que le cimetière de Montmartre; la rive gauche possède le cimetière du Mont-Parnasse ou de l'Ouest.

Outre ces cimetières, qui ressemblent presque à des promenades, Paris, cette ville vivante et toujours remuante, s'agite au-dessus de vastes galeries appelées *Catacombes*, lesquelles s'étendent sous les quartiers Saint-Jacques et du Luxembourg.

FIN DE L'HISTOIRE DE PARIS.